自然は脈動する

ヴィクトル・シャウベルガーの驚くべき洞察

アリック・バーソロミュー
野口正雄――❖訳

HIDDEN NATURE
THE STARTLING INSIGHTS OF VIKTOR SCHAUBERGER

日本教文社

ヴィクトル・シャウベルガー (Victor Schauberger 1885-1958)

シャウベルガーの書籍化プロジェクトにおけるパートナー、カラム・コーツに。
彼のインスピレーションなくしては本書は実現しなかっただろう。

本書を提案した非凡なる出版人ガレス・ミルズ、また本書で検討したテーマのいくつかに、長年にわたって関心を寄せていただいたプリンス・オブ・ウェールズ殿下に。

自然は脈動する　目次

第2部 ● この世界はいかにして機能しているのか 87

第3部●水――生命の源

自然は脈動する

ヴィクトル・シャウベルガーの驚くべき洞察

序章

「私にはもはや自分の心がない。自分の考えすらない。ここまでいろいろやってきたが、私にはもはや何も残されていない。私には未来がないのだ[1]」

これはオーストリアの自然主義者（ナチュラリスト）であるヴィクトル・シャウベルガーの言葉である。彼は、エネルギーレベルで自然がどのように作用しているかを私たちがまったく知らないがために地球環境の神聖性が奪われていることを示すために、一生を捧げたエコ・テクノロジー（自然と調和する技術）の先駆者だった。彼は、人類は、自然を意のままにしようとするのではなく、謙虚な心で自然を探求し、学ぶことから始めるべきであるという信条をもっていたが、これは世の中には受け入れられにくいものだった。私たちがエネルギーを生産し、消費する方法は、人類の将来を危機に追いやってしまっている。ヴィクトルがめざしたのは、非効率で汚染を生み出す中央主権的なエネルギー資源と動力源に頼らざるを得ない状態から人々を解放することであった。

ヴィクトルは悪夢のような厳しい追及に疲れ切り、テキサスから故郷へ戻る飛行機の中で息子のヴァルターに悩みを伝えていた。自ら開発していた新エネルギー、浮揚力、燃料不要の飛行法が可能であることを実証する装置の秘密を引き出そうと詰問されていたのだ。その五日後の一九五八年九月二五日、彼はオーストリアのリンツで失意のうちに生涯を閉じる。父子は、ヴィクトルの謎めいた研究（第18章を参照）の秘密を渡すよう彼を説得するために、おそらくＣＩＡと原子力発電関係者がからんだアメリカの「コンソーシアム」（共同事業体）が立案した、野心的だが問題のある計画に携わっていた。一九四四年に、ヴィクトルは命を脅かされながら、第三帝国のために「空飛ぶ円盤」計画を進めることを強いられていた。この兵器の開発が二年早く開始されていたなら、戦況はドイツ軍優位になっていた可能性もある。

ヴィクトルは、オーストリアの未開のアルプスで森林監視員として働いていたときに、流れの速い渓流の水を詳しく観察して着想を得た。持ち前の鋭い観察力によって独学で技術者となり、やがて、自然が使う内破（implosion、爆縮）的作用、つまり求心的動きを通じて従来の発電機の一二七倍ものエネルギーを引き出す方法をつかむ。一九三七年には、音速の約四倍、一二九〇メートル／秒の推力を生じる内破エンジンを開発していた。一九四一年、ドイツ空軍大将エルンスト・ウーデットから、ドイツで悪化しつつあるエネルギー危機の解決に手を貸してくれるよう依頼を受ける。だがウーデットが死亡し、その後の連合軍の爆撃によって工場が破壊されると、研究は中止される。一九四三年にハインリヒ・ヒムラーが戦争捕虜からなるエンジニアチームとともに新たな秘密兵器システムを開発するよう命じると、ヴィクトルには従う他選択の余地はなかった。

ヨーロッパで戦争が終結する直前に決定的な実験が行なわれた。一九四五年二月一九日にプラハで空飛ぶ円盤が打ち上げられ、三分間で高度一五〇〇〇メートルまで上昇し、時速二二〇〇キロを達成したのである。[2] 五月六日にはその改良型が打ち上げられる予定だったが、その日にアメリカ軍が上オーストリアのレオンシュタインの工場に到着する。ドイツ軍の崩壊に直面した陸軍元帥カイテルは、プロトタイプをすべて破壊するよう命じたという。

ヴィクトルはウィーンのアパートから比較的安全なレオンシュタインに移っていた。そうするうちにロシア軍が東から侵攻してきてウィーンを占領すると、ソヴィエトの特別調査チームはヴィクトルのアパートをくまなく探し、重要論文とモデルをもち去り、アパートを爆破した。

連合軍は、ヴィクトルがこの秘密兵器の開発に関わっていたことを熟知していたようである。戦争終結時に、米軍特殊部隊はレオンシュタインのヴィクトルの家にあった装置をすべて没収し、事情聴取のために彼を九カ月にわたって「アメリカ保護拘置所」に収容する。特殊部隊はできるだけ多くのドイツ人一流科学者を詳細にリストアップし、アメリカの産業と軍事研究を飛躍させるために多数の「敵国の」科学者を連れ帰っていたが、アメリカ側はヴィクトルの一風変わった科学を理解することができなかったらしく、彼を釈放している。アメリカ人はヴィクトルに「原子力エネルギー」の研究をしないよう命じたが、そのおかげでヴィクトルは夢だった燃料のいらない動力の研究が自由にできるようになった。

そのあと九年にわたってヴィクトルは自分の内破研究を続けることができなかったのだが、これは自らの財力ではきわめて進んだ装置に必要となる高品質の材料を購入することができず、スポンサーもいなかったためである。さらに、ドイツのナチス親衛隊に強制されて戦争のための機械を設計したことに対する拭いがたい悔恨もあったのかもしれない。彼は本質的に平和の人であり、何よりも人類が自由になるように役立ちたいと願っていたのだ。そこで彼は地球をもっと肥沃化しようと、実験的に銅性の鋤刃を開発する（第16章参照）。

浮揚力と無抵抗の動き

このような一風変わった人生航路は、かつて第一次世界大戦後にヴィクトルが民間人の生活に戻り、山で働くことになって始まったものだった。手つかずの自然での経験は彼の人生を変えるものとなった。そのような、人類の進路を永遠に変えるために孤独な道を歩むきっかけとなる経験の一つを彼はいきいきと描いている。

早春の、月明かりの照らす産卵期の夜だった。危険な密漁者を捕まえようと滝のそばに座って待ち受けていたところ、何かがすばやく動くのに気づいた。だがそれが何なのかほとんどわからなかった。透き通った水面に落ちた月光は、よどみにいる大きな魚の群れの動きをことごとく照らし出していた。突然、下から大きな魚が滝に対峙するかのようによどみに入って来ると、群れは散り散りになった。その大きな魚は、他のマスを追い立てるかのように体をすばやくくねらせながらあちこちを激しく泳ぎ回った。

その後、大きなマスは突如、溶けた金属のような光沢をもって落ちる巨大な滝の水流の中に消えた。円錐状になった水の流れの下で、一瞬、魚が激しく回転するように舞っているのが見えたが、そのときは、いったいどういうことなのかわからなかった。マスが回転をやめると、みじろぎもせずに上に浮き上がっていくように見えた。滝の下の上り口のところまで来るとマスは体を翻し、自分を強く押し上げて行くような動きで、滝の上部の向こうまでさかのぼって行った。そして速い流水の中で力強く尾を動かすと、姿を消した。

私は考え込みながらパイプにタバコを詰め、吸い終えるまでゆっくりと家路を歩いた。その後もたびたび同じような、マスが高い滝を跳ね上がる動きを目にした。数十年にわたり、一本の鎖に輝くいくつもの真珠とでもいうべき同じような経験を重ねたあと、私はある結論に達したといっていいだろう。だがこの現象を説明できた科学者はいなかった。

うまく光が射していれば、滝のヴェールの中に中空のチューブ状の「浮揚性の流れ(levitaional current)」の通路を見ることができる。これは水がごぼごぼ音を立てて排水溝に流れ込んでできる渦巻きの穴と似ている。この渦巻きは下向きで、吸引力を増しながらあらゆるものを深みに引きずり込む。このような渦巻き、つまり水の竜巻が上へと垂直に生じている状態を思い浮かべてもらえれば、浮揚性の流れの動きをイメージし、マスが落下軸の中を浮き上がっていくようにみえる様子がわかるはずだ。(3)

ヴィクトルは川で何時間も魚を眺めていることがよくあった。マスが速い流れの中でみじろぎもせずに静止し、警戒すると何の前触れもなく、流れに沿って下流に流されるどころか、上流に泳ぎ去ってしまう姿に惹きつけられた。水のエネルギーポテンシャル〔潜在的に利用可能なエネルギー量〕には温度が重要であることを家族から教えられていたことから、ヴィクトルは実験を思い立つ。一〇〇リットルの水を同僚に温めてもらい、自分は流れの速い川に立ち、その上流約一五〇メートルのところから合図とともに注いでもらった。観察していたマスが興奮し、すぐに、尾ひれを激しく動かすかいもなく、速い流れの中にとどまっていることができなくなった様子に彼は注目した。わずかだが平均水温が異常に上昇し、それによって水流が乱れたことがマスの静止能力を損なっていたのである。この不思議な現象を説明してくれる教科書はないかと探しても、見つけることはできなかった。

彼はこのマスのエピソードを、自らの思想形成にもっとも影響を与えたものとしてよく引き合いに出しているが、それは温度と動きが彼の理論と発見の源泉だったからである。その後、空気と水から直接エネルギーを作り出す発電機を開発したときに、この教師役に敬意を表して「トラウト〔マス〕・タービン」（二二、三二七〜三二八ページ参照）と名づけるが、これがあとに「内破マシン」と呼ばれるようになるものだった。

屈せざる者

ヴィクトル・シャウベルガーは、ガリレオからマックス・プランクにいたる過去の先駆者がそうであったように、「専門家」からは疑いの目で見られ、批判を受けた。彼は、人類が神の役割を力ずくで奪い、環境を破壊することによって、自らの天命、過去から受け継いできたものを裏切っているのだと主張した。また人類がまっしぐらに自滅への道をたどっているのを見て取り、およそ三〇年のうちに気候は生存に適さなくなり、食糧源は枯渇し、飲むのに適した水はなくなり、病、悲惨、暴力がはびこるようになるだろうと予言した。

従来の科学者はどうして道を間違ったのだろうか？　自然が働く様子を注意深く観察しなかったためである。そうしていたなら、ヴィクトルのように自然の法則を定式化してそれに従い、人類社会を環境と調和のとれたものにできたはずである。彼がよく言っていたように、「自然を理解し、真似る」ことが重要だったのだ。現代の科学者はそうはせずに、人類は自然より上位に立ち、何ら影響を被ることもなく地球の資源をやりたいように搾取できると考えているのだ。

ヴィクトルは人類の技術がどこで間違ったかをはっきり示している。事態を立て直すためにはどこから手をつければいいのだろうか？　もちろん、今のやり方をまったく逆にすることからだ。それには私たちが根本的に生活観を変え、一人ひとりが社会に大きな変革をもたらすよう努力することが絶対的に必要となる。共通の目的のために多くの人間が団結することによって、はじめてこのような変化を起こすことが可能となるのだ。

彼は主流科学を、傲慢で群れたがりの本能に基づくものだと批判した。また科学者についても視野が狭く、ものごとのつながりを見抜けないとこき下ろしている。ヴィクトルは、今日、私たちがよくやるような、世界の悲惨さの責任を政治家たちに求めることはしなかった。政治家というものはそもそも日和見主義であり、制度の手先であると考えていたのだ。ヴィクトルが世界を危険な状態にしたと責める相手は、自身の敵、彼の言うところの「技術・学術界」の科学者たちであった。[4]

預言者や先駆者の存在は、どんな分野であれ、必然的に既存の体制にとっては異議申し立てに映る。彼らが、現状からうまみを得ている人間たちの利益を脅かしかねないからである。関わってくる利害が大きいほど誹謗中傷の声は大きくなるようである。このように、おそらくもっとも排他的で傲慢な学問分野として、科学は歴史を通じてコペルニクスやケプラー、ガリレオ、現代では生物学の先駆者、ジェームズ・ラヴロック、ルパート・シェルドレイク、メイワン・ホーにいたる偉大な改革者の足を引っ張ってきたのである。

途中までしか教育を受けていなかったにもかかわらず、あるいはおそらくそのために、ヴィクトルにはつねに知識に対する大きな渇望があった。徹夜したり、あらゆる種類の、とくに難解な種類の本を大量に持ち込むことが妻の目には家庭を乱すものに映った。ヴィクトルが、自分は天命を受けているのだと感じていたことは疑いない。それは、ヴィクトルが、夢うつつで書いた文章を、われに返ったあとに読んでひどく驚くことがしばしばあったことからも明らかである。

ヴィクトルは揺るぎない自信をもっており、自身の理論は実現させることができると心の底で確信していたため、当然のように正統科学界とは終生闘い続けることになった。ヴィクトルの思想の研究家カラム・コーツは、ナチス時代に彼が謀略に巻き込まれるのを幸運にも免れたエピソードを記している。[5]だが彼には力強い支援者もいた。いずれも欲得でなびいたり嫉妬に揺れたりしない、独立した精神をもった数少ない科学者である。その中の一人、スイス人のヴェルナー・ツィマーマン教授は著名な社会運動家であり、エコロジーを編集方針とする雑誌「Ｔａｕ」にヴィクトルの論文を載せたこともある。ウィーン大学の物理学教授、フェリクス・エーレンハフト（三三八ページ参照）は、ヴィクトルの内破マシンに関する計算を手伝っている。三人目のフィリップ・フォルヒハイマー教授（一四二ページ参照）はとても忠実な友人で、水文学者（すいもんがくしゃ）として世界的な名声のある人物だった。

ヴィクトル・シャウベルガーについては、水に関する独創的アイデアを思いついた人、あるいは「生きている水」が内包する莫大なパワーを動力源に利用する省エネルギー装置を作った人としてしか知らないという人がほとんどだろう。たしかにその業績は根本的で重要なものであり、エコロジーの先駆者としてのヴィクトルの評価を裏づけるに足るものであった。だが私たちには、人類が地球に与えた損傷を回復するという、よりスケールの大きい難問があり、その懸念を解消するため、自然がどのように働いているのかという一段広いヴィクトルの世界観を示すことが必要になってくるのである。

ヴィクトルの息子ヴァルターは、父と違って科学の正式な教育を受けており、一時、大学で物理学の講師もつとめ、父の着想が主流科学にとっても理解しやすいものとなるように精力的に活動した。一九五〇年にイギリスの多くの一流大学を講演して回り、一流科学者の何人かに父の物理学をどう思うかと訊ねたところ、ヴィクトルの理論は非常に説得力があるということで彼らの意見は一致した。問題は、「世界のすべての教科書を書き換えなければならなくなる」のではないかということだった(6)（三四一～三四二ページ参照）。

もう一つの世界観

ヴィクトルは主流科学界からの悪意に大いに苦しめられた。ヴィクトルが科学界に対したえず不満を漏らしていたために、彼のもっとも重要なメッセージは見えなくなってしまっている。そのメッセージは、科学界の傲慢自体よりもはるかに重要なものである。そのメッセージとは、私たちの文明全体が、どこまでも世界を物質的にとらえるという世界観に囚われてしまっているということである。私たちは、一見やりたいことを自由に何でもできるという興奮、多くの富と娯楽をわがものにできるという魅力のとりことなっている。現在の科学はこのような世界観の産物にすぎないのであり、哲学、教育、宗教、政治、医学もそうなのだ。陰謀説に与するまでもなく、私たちの社会のあらゆる側面が、世界の秩序と生態系の崩壊につながる重大な間違った思い込みから痛手を被っていることがわかるはずである。

真の問題は、一七世紀後半の知的運動、つまり啓蒙運動とその科学版である理性主義が人類社会に大きな裂け目を作り出してしまったことにある。哲学者ルネ・デカルト（「我思うゆえに我あり」で有名）の責任は重大である。この運動によって、人間は自分を偉いものと勘違いし、人間性という概念を自然から切り離す発想が生まれ、あらゆる自然現象を演繹的発想（基本的原理によって具体的な事物を理解する推論手法）で解釈するようになったのである。その結果、経験と思考が、感情と理性が切り離されることになってしまった。私たちの文明では科学的決定論が幅をきかせているために、直感的なものの見方はうさんくさく見られるが、社会のあらゆるレベルで、自分の直感に正直でありたいと望み、理性主義は実は「大いなる迷妄」だと感じている人のあいだに、新たな覚醒が起こりつつある。

私たちは、従来の、一般に認められている現実には収まりきらない経験を日々重ねているものだ。たとえばちょっとした偶然の一致、虫の知らせ、人、状況、場所が発するさまざまな「雰囲気」の感覚、思考が行動に与える影響、ペットとのやり取りなどである。そんなことを気の合う仲間と話していると、自分たちが共犯者で、思想警察が捕まえに来そうなタブーについて話し合っているように思えてくる。このような現象は、「心霊」体験のような、ピントの外れたものと片づけられるのがせいぜいのところだろう。自分たちの生活の大切な部分を「意味あるもの」にする方法や枠組みがないがために、私たちは道に迷ってしまったのだ。そんな経験は従来の通念では扱えないものなのである。

ヴィクトル・シャウベルガーは、理性主義の制約にとらわれない自然のプロセスの研究を、科学的に検証可能な枠組みにあてはめた先駆者の一人である。彼は、科学的、宗教的、哲学的な独断に陥ることなく、先に挙げたような経験も扱える「自然の科学(ナチュラル・サイエンス)」の世界観を描くことによって、世界における人類の位置についての理解の枠を広げた。自然の働き方を理解することで、私たちは自分の経験をはるかに広く、より刺激的な世界観に結びつけることができるようになるのである。『沈黙の春』(邦訳、新潮社)によって環境運動の先駆者という評価を得ているレイチェル・カーソンは、多国籍企業を相手に闘う勇敢な女性だった。ヴィクトルは従来の世界観に立ち向かっているという意味でさらに勇敢なのだ。

変化を実現するためには、世界の見方(環境政策を含む)を根本的に変える必要がある。ヴィクトルの警告の正しさは証明されただろうか？　彼の早すぎる死から四五年以上がたつが、その予言の多くは、彼が見越したよりも早く現実のものとなっている。二〇〇一年九月一一日以前には、環境に配慮しようとする機運は、ゆっくりとではあっても定着していくだろうという希望が多少なりともあった。人類が地球の大気のバランスを危機的なまでに崩したこと、また人類の優先順位を早急に消費から持続に変える必要があることについて認識が広がりつつあった。今や時計の針は三〇年分逆戻りし、破局的な気候変動を回避するために避けて通れない二酸化炭素排出量削減の実施などについて、合意することすらできないありさまである。

ヴィクトルの認識は、人類の文明がどこで間違ったかを理解するための重要な手がかりであり、種としての人類の未来は、彼が再発見した自然のプロセスとのつながりを取り戻せるかどうかにかかっていると私たちは感じている。だから自然がどのように働いているのか、人類社会がどこで間違ったかについてヴィクトルが考えたことを二一世紀の文脈でとらえ直し、彼の洞察から何が学べるかを考えるべきなのである。

私たちが現在置かれている状況を語った次のコメントに見られるように、ヴィクトルは彼ならではのやり方で人類文明を批判している（『我らが無益な骨折り――世界の危機の源 *Unsere sinnlose Arbeit—Quelle der Weltkrise*』、一九三三年）。

人間には何でも自分に引きつけて考える癖がついてしまった（人間中心主義）。その過程で私たちは、真実とはとらえがたいものであること、そしてその真実について、無意識のうちにたえず形式化を行なおうとする頭脳が判断を下していることがわからなくなっているのだ。あとに残されるのは、ほとんどが苦労のすえに脳に刻みつけられたようなものであり、私たちはそんなものにしがみついているのだ。邪魔されることなく、自由に思考を羽ばたかせるにはあまりにも悪条件が多い。このため、この手の理解から生じる活動は必ず排泄物をこねくり回すようなものになって、その臭気は天まで立ちこめてしまう。なぜなら、そもそもの活動のおおもとがすでに腐っているからだ。こんな具合にあらゆるところであらゆるものが間違っているのも、驚くにあたらない。真実は、全知全能の自然のうちにだけ存在するのだから。(7)

ヴィクトルは、現在の人類文明は自然の創造的エネルギーを破壊するものなので、社会には暴力がはびこり、堕落が進むことになるだろうと予言している。自然が私たちに何を求めているかに耳をすませるなら、見た目にも明らかに悪化した状態をもとに戻し、少しずつ人類社会にバランスを取り戻し、やがては自然と歩調を合わせて生きていけるようになるのだろうか？

しかし、自分たちが物質的な達成の頂点にいると思うような傲慢さの中でも、人類の魂は再び覚醒しつつあり、自分たちが生まれてきた自然とのつながりを取り戻すべきだという強い欲求が再び生まれつつある。本書の目的はこの流れを強め、育むことにある。

「自然の科学」に向けて

イギリス国民の大多数は食物の遺伝子組み換え（GM）に反対しているが、これはGMが自然に反するものであることを心の底で知っているからである。GMを普及させる政策は、言いなりになる政治家を味方につけた大企業が利益を上げるために推し進めているものである。GMを正当化しているのは何よりも、自然というものは、人類が当然手にできる利益のために操作し、搾取するために存在しているのだという実利主義的世界観をもつ科学なのである。明らかに説明責任は問題とされないのだ。

二〇〇三年にイギリスでGMをめぐって全国的に議論が行なわれたが、そこで明らかになったのは、人類が地球に対してやりたい放題をできるという考えの傲慢さに多くの人が深く懸念を抱いているということである。だが人々には反論するために拠りどころとすべき科学がないのだ。必要とされているのは、現在、学校や大学で教えられている、方向を誤った科学にとって代わる「自然の科学（サイエンス・オブ・ネイチャー）」なのである。地球には全能なるものとしての自然が存在しているという、ホリスティック（全体論的）な視点に立って事を進めていく必要があるのだ。自然の法則は人類をも支配しているのだが、私たちはそれを軽んじて自分たちの立場を危うくしている。自然とは、私たちが謙虚な心で共存することを学ぶべき対象なのである。

こうした自然の法則とはどんなものなのだろう？　どうすれば人類の立場と、人類に求められていることが何なのかを知ることができるのだろう？　ヴィクトル・シャウベルガーは優れた「自然の科学」の教師であった。ほとんど誰もやっていないことだが、彼は、意識の進化の核心にある驚くべき、そして複雑なプロセスによって、自然の働きを描写し、説明しているのである。

現時点で彼のことを知っているのは、環境問題、有機栽培、代替エネルギー源の開発に関心の高い、ホリスティックな意識をもつ少数の人たちだけである。ヴィクトルについて書かれた文献は、あまり興味のない人には読み進みにくいものも多い。本書はカラム・コーツがヴィクトルの研究について記した独創性に富んだ書物『生きているエネルギー——ヴィクトル・シャウベルガーの理論に関連した諸概念の解説』(*Living Energies: An Exposition of Concepts Related to the Theories of Viktor Schauberger*)』を参考にしている。

現在人類が置かれているエコロジー的苦境を理解しようとするときに、ヴィクトルの洞察がいかに不可欠なものなのかをより多くの読者の方に知っていただくために、専門的になりすぎないようにした本書が役立つことを願っている。新世紀を迎えた今、非常に限定的で欠点だらけの機械論的・決定論的な世界観と、スピリチュアルな要素をも含んだ全体が驚くべきかたちで、たがいに精妙につながりあっているというホリスティックな生命観とのあいだで、激しい思想的対立が生じることになるだろう。

第1部

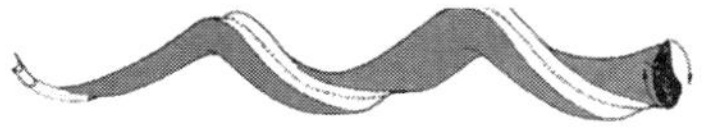

もう一つの世界観

An Alternative Worldview

第1章　ヴィクトル・シャウベルガーの先見性

自然の世界は本来分割できないものなのだが、人間は自然を二つの異なる方向から理解することを運命づけられている。つまり五感（知覚）を通した理解と、頭脳（概念）を通した理解である。子供ならただ見て驚嘆するところを、私たちは理性的判断を躾（しつ）けられるにつれて、感覚的経験の「意味を理解する」ために、目にするものを解釈する方法を、たいていは他人の発想を通じて教えられる。どちらも現実の一つの形ではあるが、この二つの面を意味をなすように合わせることができなければ、世界は私たちの目には理解しがたい謎にしか映らないことだろう。これはまさに、現在の人類社会の根本的な欠点なのであり、現在支配的な主流科学の大きな弱点である。ヴィクトルは次のように述べている。

難しくて理解できないことは何であれとても深遠なものなのだと思っている人は多いが、そんなことはない。理解しにくいものは未熟で、不確かであり、うそであることも多い。至高の知

恵というものはシンプルで、脳を通り抜けてまっすぐ心まで届くものである。(1)

科学の先駆者の中には、両者の溝を埋めることができた人もいる。彼らのとったやり方は、自らを純粋な観察と経験の世界に深く浸し、その知覚の中からひとりでに概念を浮かび上がらせるというものだった。

ヴィクトル・シャウベルガー（一八八五〜一九五八）にはこの稀有の才能があった。そのおかげで、彼は同世代の人間の誰にもまして、一九二〇年代という早い段階で、現在私たちを呑み込もうとしている環境危機を予見したのである。彼は上オーストリアのウルリッヒスベルクに生まれ、先祖は代々アルプスで自然林と野生動物を管理する仕事に携わってきた。ヴィクトルは手つかずの自然を大切にする家庭に生まれたものの、多くの先駆者と同じく、家庭内では反逆児だった。

九人いるきょうだいとは仲良くやっていたようである。背丈が二メートル余りあったために、伝説の巨人「リューベツァール」にちなんだあだ名をもつ父は、少年時代のヴィクトルとはあまりうまくいかなかった。父は現代的な学問を修めて自分を高めるようにという親心からの忠告を、若いヴィクトルが断ったために腹を立てた。兄弟たちは父の忠告に従っている。ヴィクトルがもっとも仲がよかったのは母親だった。それでも彼は、両親がどちらも水に癒しの力があると信じており、川の水質と物を運ぶ力が、気温の低い夜、とりわけ満月のときに強くなると見抜いていたことを語っている。

ヴィクトルは空想にふけりがちな子供だったが、非凡な観察力、鋭い知力、明らかな直感力と超自然的能力に恵まれていた。少年時代にはよく森の中で一人で何時間も過ごしては、流れを探検したり、動物を観察したり、植物を調べたりした。家族から聞いていた話について、さらには手つかずの森とそこに住む生き物について、じかに経験を積むことができたのである。彼は学問の道には関心がなく、林業学校への進学を断っている。そのかわりにもっと実際的な訓練を受けたいと考え、年老いた森林監視員の下で修行を積んだ。若くして結婚し、一五〇キロ南の山中の処女林に職を得てそこに移る。一九一四年、息子が生まれた四週間後に徴兵され、ドイツのカイゼルの軍隊に入隊する。

戦後、すぐに準森林監視員から狩猟管理人へと昇進し、シャオムブルク＝リッペのアドルフ王子が所有する、上オーストリアのシュタイアーリンクにあるブルンネンタールの森林と狩猟地の主任監視員となった。この広大な原野はほとんど人の手が入っておらず、一人になって邪魔が入らないときには自然の働きを研究することができた。この地では生物多様性はそっくり保たれており、多くの壮麗な巨木が立ち並び、そこかしこに野生生物が棲息し、自然のままの川は魚をはじめとする生き物に満ちあふれていた。

水の魔術師

水はいつもヴィクトルを惹きつけた。ある日、彼は部下の監視員とともに人里離れた高台を訪れた。そこには、荒れ果てたドーム状の建造物の下から湧き出る伝説的な泉があった。安全のためにその建物を取り壊すよう部下に命じると、年配の監視員が、建物を取り払うと泉は涸れてしまうだろうと忠告した。ヴィクトルは老監視員の忠告を受けて、検証のために一つ一つの石に番号を振り、位置に印をつけて建物を注意深く解体させた。二週間ほどして再びその場を通りかかると、泉は太陽光にさらされたためにたしかに干上がっていたのだった。すぐに建造物を慎重に復元するよう命じたところ、数日後に泉は再び湧き始めた。この出来事から彼は、水が冷暗所を好んで流れることを学んだ。

ヴィクトルは、自然に内在するやり方でエネルギーを生み出す方法を見つけることに終生関心をもち続けた。マスが強力な「浮揚性の流れ」に乗ることで滝を登っていける方法を解き明かし、その原理を使って初めて開発した発電機が「トラウト・タービン」（三二七〜三二八ページ参照）である。これを完成させるためには、マスが流れの速い川の中で静止でき、突然流れをさかのぼることのできる方法についてさらに正確な情報が必要となった。次ページの図1―1はこの驚くべき現象を示したものである。

マスは水温がもっとも低く、密度とポテンシャルエネルギー（大きさが位置によって決まるエネルギー）が最大となる流れの真ん中で静止する。魚のエラを調べると、それらは導翼と考えられ、水流を逆向きの強い渦巻き流に変えることがわかった。きらめく鱗（うろこ）は水との摩擦を最小にするが、とくに尾に向かって多数の小さな渦巻きを生み出す働きもあり、これが上流への逆流を強め、魚の鼻部にかかる圧力を相殺する。流れとは逆向きの推進力を生む領域がマスの全身に沿って生じるために、同じ場所にとどまれるのである。尾をくねらせて体の後方に負圧を生じさせると、このような逆流を強めることができる。エラを動かすことで横腹の渦巻きを強め、体を急激に上流へと押し上

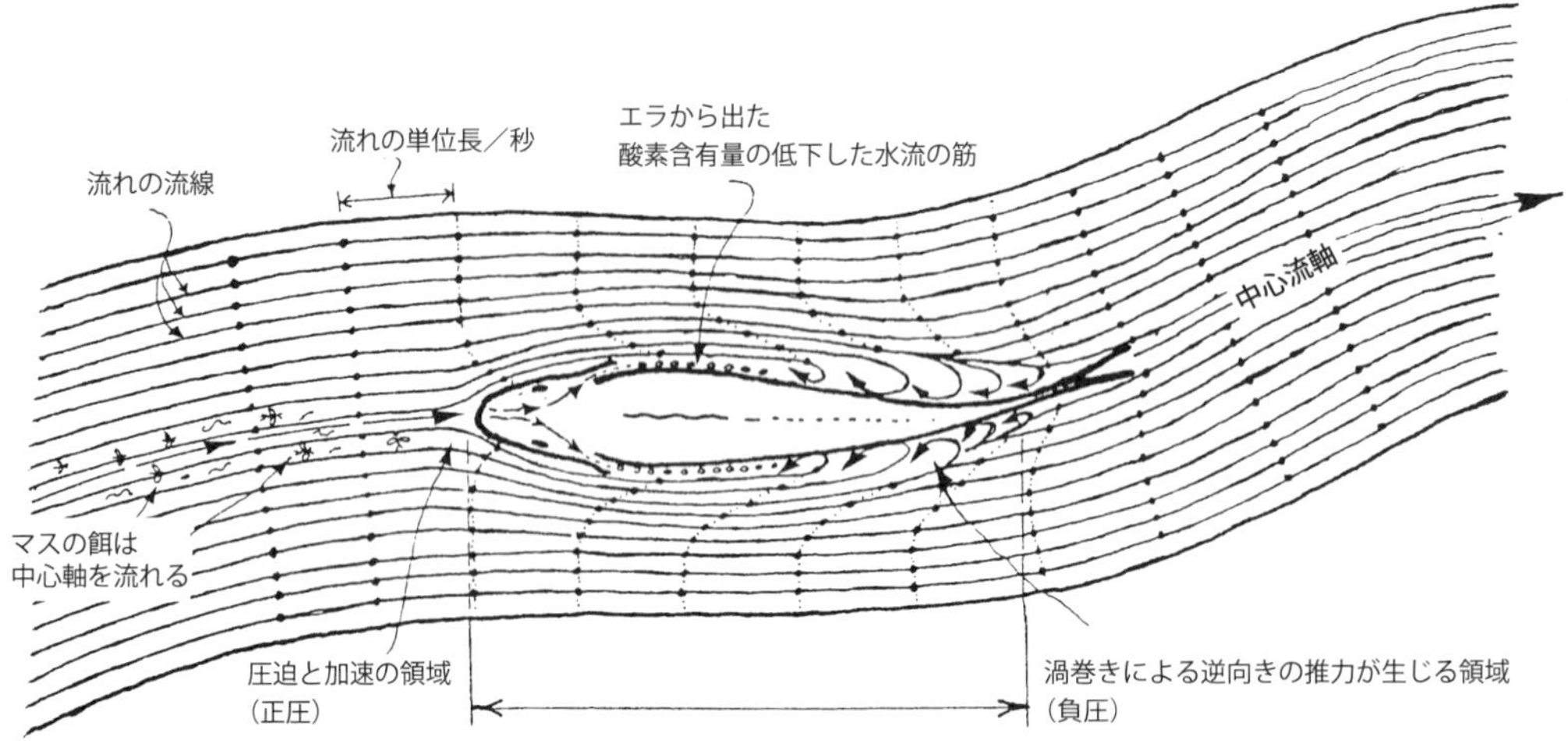

図１—１　静止しているマス
マスは通常、水の密度がもっとも高く、水温のもっとも低い流れの真ん中を泳ぐ。マスの体が水の流れの筋を押しやって圧力をかけ、加速させる。臨界速度を超えると、体の後部に沿って渦巻き、つまり逆流が生じて、流れに逆向する推力が生まれ、流れの速い川でも静止した状態を保つことができる。加速したいときはエラを動かし、横腹に沿ってさらに渦巻きの列を作り、推力を強めて上流に進む。

げさせる。エラの動きが早ければ早いほど、酸素含有量の低下した水が体から吐き出される。これが水中の自由な酸素と結びついて周囲の水塊が膨張し、濡れた石鹸を手の中で握るのと同じ効果が魚に生じる。

他に理解を深めていくのに重要だった経験として彼がしばしば取り上げているのが、息も凍るほど寒い満月の夜にシャモア〔アルプスカモシカ〕のオスを撃ったときのエピソードである。シャモアが峡谷に落ちると、獲物を回収するためにヴィクトルは雪の積もった急な斜面を降りて行った。明るい月の光の中で、ふと足元の川の動きに気づいた。何本かの伐(き)られてまもない緑色の丸太が、まるでダンスをしているかのように表面に浮かび上がっては底に沈んでいたのだ。それだけでなく、巨大な石が水底で旋回し始め、水面まで上がってきて、そこですぐに周りがまた凍るのである。他にも上がってきた石があったがそれらはすべて卵形をしていた。起伏があったりごつごつしている石はこのようには浮かび上がってこないようだった。ヴィクトルはこうした観察から、形状によって異なる動きのパターンがあるというアイデアを深めていった。

水が、気温の低い晴れた夜にもっとも重いものを動かすことができることを目にしたヴィクトルは、この知識を実地に応用した。一九一八年の冬、リンツの街は、戦争により荷引き用の家畜が徴用されたために深刻な燃料不足に陥っていた。細い峡谷には小さな川が流れていたが、丸太を運ぶのには適さないと思われていた。だが彼はこの川を使って自分のアイデアを試そうと考えた。手伝いたいという彼の申し出は当局に許可された。ヴィクトルは次のように顛末を記している。

雪解けのあとに水位が上昇すると砂州(さす)ができるが、晴れた気温の低い夜に水温が下がるとその一部が押し流されるのを目にしていたので、水流の強さが増すのを待った。これは早朝の気温がもっとも低いとき、とくに満月のときに起きるが、冷えて圧縮されるために水は見かけ上少なくなる。私はこのような条件を選んで川に木材を流す計画を練り、一晩に一六〇〇立方メートル分を峡谷まで運んだ。

ヴィクトルは水温がいちばん低いときにはエネルギーが高まって堆積物を押し流し、砂の堆積を掘り起こせることに気づいていたため、この条件なら重い丸太でも運べるはずだと考えたのである。この原理によって彼は水力学の流速理論、とくに川と洪水の管理法を覆すことができた。

木材運搬用の水路

ヴィクトルは自然界の動きについての持論を第三者に示し、技術の専門家や科学者と検討できる方法を模索していた。その機会は一九二二年にめぐってきた。当時、自身が準監視員をつとめていた森林と狩猟地の所有者、シャオムブルク＝リッペのアドルフ王子が破産を免れる方法を探っていた（妻の王女エレンはかなりの浪費家だった）。第一次世界大戦後、成長しつつあった建築業界は木材を求めており、近づきにくい一画に立つ成木が伐採用にとっておかれていた。当時の木材流し法は非常に原始的で、まっすぐな水路をすべらせて峡谷に落とすというものだったが、この方法では丸太の損傷が激しく、薪にしか使えなくなるものも多かった。

王子が離れた区画から丸太を運び下ろせる水路の建設に賞金を懸けると、ヴィクトルは熱心に計画を立てて応募した。だがその提案した方法は、一般的な水力学の原則にことごとく反していたため、地所の管理者は絶対にうまくいくはずがないとして却下した。狩猟旅行で偶然ヴィクトルに出くわした王女は、その方法ならコストがどれくらい省けるのか訊ねた。通常なら一立方メートルあたり一二シリングかかるところを一シリングで可能だと主張したところ、王女はヴィクトルに学位がないにもかかわらず、成功すれば月給を三倍に上げると約束した。彼女にこの件を懇願された王子は取引を有利にするために、水路の建設費はヴィクトルが負担し、一日最低一〇〇〇立方メートルを運搬できるものにするという条件を取りつけた。

ヴィクトルの頭が完全におかしくなったと思った専門家は大いに嘲り、失敗するのを意地悪く期待した。ヴィクトルは次のように記している。


工事は四カ月あまりで完了した。大量の木材が所定の位置に配置された。開通日の前日に試験を行なってみた。平均的なサイズの丸太を一本、水路に流した。一〇〇メートルほど下流に流れると、丸太は突然底にひっかかり、うしろで持ち上がった水が水路からあふれ出した。軽蔑したような作業員たちの顔を見て計算を間違っていたことを悟り、落胆する。水路から丸太を取り除く。水量が少なすぎ、落ち方が急すぎるようだった。どうすればいいのかわからなかったので作業員たちを帰宅させ、じっくり問題を考えることにした。

水路のカーブは正しかった。その点については疑いない。すると何が悪いのだろうか？　水路に沿ってゆっくり歩いて行き、トラップ〔水流から不要物を取り除く装置〕と仕分け用水槽にたどり着いた。ここからさらにかなりの長さの水路が続く。水槽は水でいっぱいになっていた。太陽の照る中、水面に出ている岩の上に座った。

突然、皮ズボンの下で何かが動いているのを感じた。飛び上がって見ると、とぐろを巻いたヘビだった。私はヘビをつかんで放り投げた。ヘビは水槽の中に落ち、そこから逃れようとしたが、傾斜がきつすぎた。ヘビがあちこち泳ぐさまを見て、ヒレもないのにこんなに速く泳げるものかと驚いた。双眼鏡でヘビを観察していると、澄んだ水の中にひねるような独特の動きが見えた。ついにヘビは向こう側の傾斜にたどり着いた。しばらく立ちつくしながら、水平と垂直にねじれるヘビの動きを頭の中で反芻（はんすう）していた。すると突然、ヘビの動きが理解できたのだ！

ヘビの動きは、クーズーアンテロープの角のようにねじれた、らせん状の空間曲線的動きだった。彼は作業員たちを呼び戻し、水槽を空にし、丸太を取り除くよう命じた。そして水路の湾曲部の側壁に木製の薄板を取りつけさせ、銃身の腔線（ライフリング）〔らせん状の溝〕の機能のように水が左に曲がる部分では左回りに、右に曲がる部分では右回りに回旋するようにした。作業員たちに賃金を倍にはずんで朝まで突貫作業を続けさせ、朝の開通式までに改修作業を間に合わせた。

開通には王子と王女、森林局長と多数の水力学の専門家が出席した。専門家たちはヴィクトルが恥辱にまみれるのを見てほくそえんでやろうと待ち構えていた。ヴィクトルは王室の夫妻と森林局長に挨拶してから作業に移った。

鍵を開けると、そのうしろにいる作業員が水の中に小さな丸太を何本も入れ始めた。気づかないうちに直径約九〇センチの重い丸太がその中にまぎれこんだ。古参の丸太伐採職人が叫ぶ、「これは無理です」。私がすばやく合図すると、望まれざるその丸太は高く浮き、流出口に向かって進んだ。丸太はすぐにひっかかって水位が上昇し始めた。誰も一言も口をきかず、その丸太が水から浮き上がるのを見ながら水路があふれるのを待っていた。突然、ごぼごぼという音が聞こえた。重い丸太はまず右に、次に左に振れてヘビのように先端を上げて身をひねり、すばやく流れて行った。数秒後、丸太は最初のカーブを通り過ぎて姿を消した。

ヴィクトルの水路は峡谷のうねりに沿って伸び、カーブ部分には導翼が取りつけられ、湾曲の軸に沿って水が旋回するようになっていた。流路の水温を細かく監視し、必要な箇所に冷水を注入すれば、不可能と思われた条件でも丸太を浮かし、水の使用量をかなり減らし、運搬率をかなり上げられることを彼は知った。ヴィクトルの作った水路の一部は今もオーストリアで見ることができる。シュタイアーリンクの水路は大きな成功を収め、イカれた計画が失敗するものとばかり思って様子を見ていた水力学の技術者を歯ぎしりさせた。ヴィクトルの名声はまたたく間に広まった。ヨーロッパ中から専門家がこの水路の構造を学ぶために訪れた。ヴィクトルは高給で木材流しの国家顧問に任命された。ヴィクトルが、十分に教育を受けていなかったために理解できない技術的問題についても指示を出せたり、少なくとも自分たちより二倍の給与を受け取っていることに学者たちは憤慨した。その後に続いた難局のせいで彼は辞職し、オーストリアの大手建設会社に職を得て、その会社のためにヨーロッパ中に設備を設置することになった。ヴィクトルの成し遂げたことがこれだけだったなら、彼は今も水で木材を運搬する技術に精通した人物として知られていたことだろう。

生命の源としての水

ヴィクトルは水について徹底的に、直感的に研究を行ない、未来への強い影響力をもった論文「水の温度と運動 Temperatur und Wasserbewegung」を書いた。(2) この研究の核心にあるのは微妙な温度の違いがもたらす影響だが、これは現在の水力学や水文学ではまったく考慮されていない要素である。自然な、生きている水。水は一般に均質な物質と考えられているが、彼は水が温度と電荷の微妙に異なる多くの層からなり、それが水の動きと流形、物理的特性に影響を与えることを示した。

ヴィクトルは水を、有機、無機を問わずあらゆる生命を活性化する、脈動し生きている物質ととらえ、「地球の生命の血液」と呼んだ。水としてであれ、血液としてであれ、樹液として（これは実質的に水である）であれ、その存在はあらゆる生命体にとって欠かすことのできない構成要素であり、健康にとってはその質と温度が根本的に重要なのである。健康によい水には複雑な構造があり、その構造によって水は情報を伝え、エネルギー、栄養、癒しをもたらし、自浄作用や、排泄物を排出する能力を発揮する。ヴィクトルは現代文明が崩壊しつつある原因の一つは、〝生命をもたらす存在〟としての水を軽視し、損なってきたことにあると考えた。つまり、水を損なうことによって私たち自身を損なっているのだと。また彼は、人類の危険な技術は、エネルギーや脈動する能力を失い、実質的に〝生命を失った〟貧困な水を生み出すものであるとも確信していた。このような死んだ水は十分な栄養を生み出すことができず、そんな水の退行的エネルギーのために、がんのような退行性の疾患や知能の低下、社会の混乱が生じていると彼は考えた。

自然林（現在の単一種類の樹木を植えた造林地ではなく）は水のゆりかごであり、地球に酸素をもたらす源として最大のものでもある。森林が無分別に伐採されれば地球は温暖化し、深刻な水不足が起こり、砂漠が出現するだろうとヴィクトルは予言した。彼は優れた観察眼で、自然で多様な環境に根づいた樹木が、エネルギーのバイオコンデンサー（太陽と地球からのエネルギーを蓄積し、蓄える生物濃縮装置）として機能している仕組みや、地下水が（人間が邪魔をしないなら）、太陽のエネルギーをバランスさせるために地球のエネルギーを樹木に運んでいる仕組みを見抜いていたのだ。

「動き」がもっとも重要

「動き」についての洞察は、ヴィクトルの発見の中でももっとも重要なものだろう。現在の技術は間違ったタイプの動きを利用している。私たちの使っている機械や加工法は、空気、水などの液体や気体を、自然が物質を分解したり、溶解するときにだけに使う種類の動きにはめ込んでしまう。自然は創造したり、再生する場合には違う種類の動きを利用するのだ。

現在の技術が利用する動きから生じるものは、混沌、雑音、熱であり、生き物には病を、構造には破壊をもたらしてしまう。爆発のときに何が起こるかイメージしてみてほしい。物質は引き裂かれてばらばらになり、破壊される。現在の技術は、劣化したエネルギーを生み出す作用をもっているのだ。「分解」型の動きに寄りかかることによって、私たちの技術は莫大なエネルギー汚染とエントロピーを生み出し、生態系にとって欠かすことのできない生物多様性とバランスに、危険なまでの悪影響を与えているのである。

私たちの使う機械的で技術的な動きのシステムは、ほとんどすべてが熱と摩擦を生じるものであり、動きは（車輪のように）周辺部でもっとも速くなり、分解作用があり、騒々しく、非効率なタイプのものである。これが、私たちが発電を行なう「遠心性の」方法である。これとは対照的に、自然が利用する動きは求心的、渦巻き状で、外側から内側に向かって速度を上げ、温度を下げ、密度を高め、構造化し、より高い質と複雑なシステムが創発するよう促す種類のものなのだ。

らせん形は自然に見られる動きの基本的な形だが、ヴィクトルのエコ・テクノロジーの核心には、「渦巻き」を宇宙のもっとも重要な創造的運動システムとするとらえ方があり（四四ページ参照）、これが価値ある内破研究の鍵なのである。竜巻から植物の生長にいたるまで、らせん形はエネルギーを異なるレベルに変換する自然のメカニズムなのだ（図1―2）。

現在の技術について「他にやりようがあるだろうか？」と訊ねられて、ヴィクトルは次のように

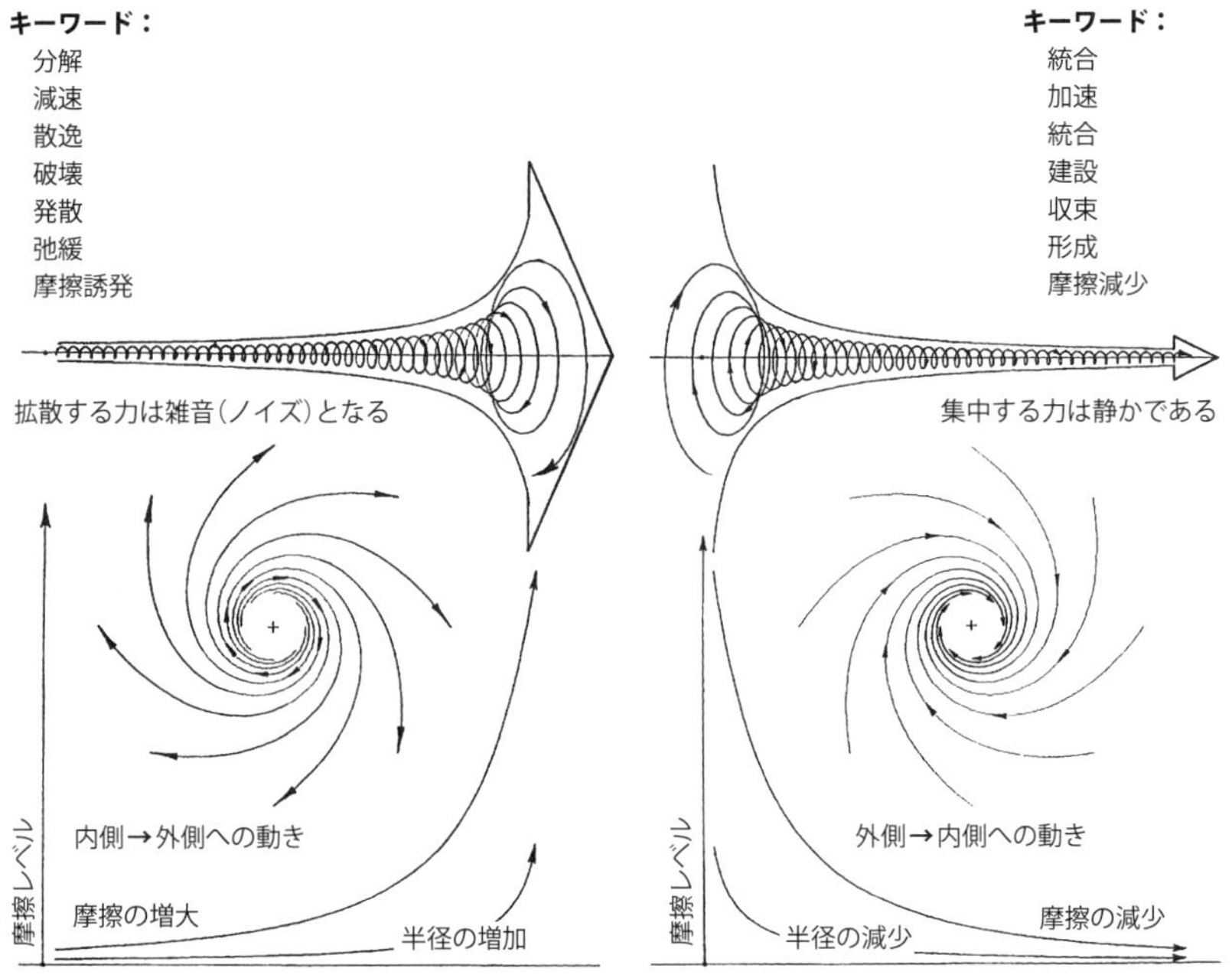

図１―２　遠心性の動きと求心性の動き
現在の技術の作用の仕方である、軸運動→放射運動（内側→外側）と、自然が創造的なエネルギーを生成する方法である、放射運動→軸運動（外側→内側）の比較。

答えている、「今のやり方をそっくり反対にした方法がそうだ」。彼は自然に織り込まれている動きを再現することで、人類が必要とするエネルギーを作り出す可能性こそが、未来の方法だと考えていた。

「温度」が支配する

ヴィクトルのエコ・テクノロジーのもう一つの基礎は、自然界のプロセスで温度がもつ重要性である。現代の技術は莫大な量の廃熱（エントロピー）を生み出し、地球温暖化、とくに都市部や産業の中心地で温暖化を引き起こしている（化石燃料を燃やして生じる二酸化炭素が地球温暖化の主因だ）。廃熱が増えていけば最終的には地球上の生命は滅びてしまうだろう。だが自然の創造性は、よく配慮された涼しさによって成長するのである。

きわめて重要なことだが、ヴィクトルは、温度のわずかな変動が、人間の血液にとって重要であるように、水と樹液の健全な動きにとっても欠かせないものであることを示した。彼は物理的、化学的に「特異点」と呼ばれる四℃の水の重要性を詳細に突き止めたが、この温度では水の密度はもっとも高くなり、生命力、健康、エネルギー量が最大となる。

水が樹木や他の生命体の中でとるあらゆる形態にあっては、温度勾配（温度の上下動）が活発に作用している。自然界の合成と分解のプロセスでは、温度は特異点に近づく（正の勾配）か、遠ざかるか（負の勾配）のどちらかである。それぞれのタイプの温度勾配には、自然の偉大な創造の中で果たすべき特有の機能がある。正（冷却性）の温度勾配は、進化が創造的に展開していくときにもっとも重要な役割を果たす。この点については第8章の最後（一四九〜一五一ページ）でさらに詳しく検討する。

ヴィクトルは、一定のパターンやサイクルから生じる温度の変化によって、生命が活性化したり死がもたらされたりし、増加と減少、分解と再生が生じることを発見した。温度は、生命のあらゆるプロセスを区切り、コントロールする「脈動」を生み出す、内在的エネルギーを支配しているのだ。エネルギーと物質を、あるときには分離し、あるときには結びつけるこのエネルギーの脈動こそが、私たちの知る生命を形作っている無限の個別性と質を生み出すメカニズムなのである。ヴィクトルによれば、周期的な温度の変化によって、新しい独自の生命形態が進化したり、既存の生命体が刷新されるのに適した条件が生じるのだという。

進化

ヴィクトルは、自然の進化の目的は高次の生命体の出現を促し、相互関係性の複雑さを深め、高次の生命形態の意識レベルを上げることにあることを悟った。これらはすべてエネルギーを持続的に精妙化することで生じるものである。

高度な秩序をもつシステムは、環境が悪化すると不安定になることも彼は示した。彼は自然界の生物多様性が低下することで、人間社会には暴力がはびこり、精神性が堕落するだろうと予言している。

私たちは進化を技術的発展という観点から考えるが、ある可能性の側面が、他の面を犠牲にして発達するのなら、結局はバランスを失った人間、ひいては怪物を生み出してしまうことだろう。これは私たちの文明が学ぶべきもっとも重要な教訓の一つであり、野放図なバイオテクノロジー産業によくあてはまることだろう。人類が優先順位と変化の方向を考え直すには、どれほど深刻な危機が必要なのだろうか？

バランス

おそらくヴィクトルの重要な洞察の中で私たちがもっとも注意を払うべきものは、自然界におけるバランスの重要性だろう。生物のもつ属性の性質、その全体性つまり統一性は、一見相反する二つの性質が共鳴してバランスをとりながら成り立っているのだ。このため、たとえば利己主義と利他主義はいずれも人間の性質として欠かせないものではあるが、進化が進んでいくには、利他主義を上位に置くことが必要である。人類の文明は粗雑な性質を優先させているため、私たちの創造的進化は止まり、劣化という暗いエネルギーを引きつけ、その帰結として無秩序と暴力が増えてきてしまっているのだ。

自然のうちに見られるあらゆる性質には、高次の、微細なエネルギーを阻害するような、私たちの世界観が引きつける粗雑な物理的側面がある。このことが全体として、環境にどのような影響を与えるかをこれから見ていく。このように自然のバランスは崩れており、現在の人類において攻撃的エネルギーが優勢になっていることが、そのもっとも明白な証拠である。

内破（爆縮）

自然がエネルギーを生むやり方は静かだが、ヴィクトルが驚くべき量のパワーを生み出す内破マシンで証明しようとしたように、本来的には人類の機械的テクニックよりはるかに効率的で強力なものである。この二種類のエネルギー生成法の違いは、この世界に存在するあらゆるプロセスの質にとって根本的なものである。

この内破（爆縮）テクノロジーは、現在利用されている「爆発式」の方法よりはるかに多くのエネルギーを生み出すが、壊れやすい地球の生態系にダメージを与える廃棄物や汚染などを生み出さないし、地球温暖化も引き起こさない。ヴィクトルは入力したよりもはるかに大量の力を生み出す「オーバーユニティ」マシンを多数発明した。その中には、飛行機、潜水艦、自動車の推進力となるもの、家庭用の電力、熱、冷却をもたらすさまざまな装置、汚染された水から湧き水のように質の高い水を作り出す計り知れない価値をもつ機械などがあった。残念ながら第二次世界大戦終結時に実用モデルは破壊されてしまい、彼の記した詳細な図面は今も紛失したままである。

ヴィクトルの記したこのような装置は、後年、いわゆる「フリーエネルギー」を生み出す方法を探し始めた多くの発明家たちを鼓舞してきた。ヴィクトルの機械の複製にはまだ誰も成功していないようだが、見込みのある機械がいくつか作り出されようとしている。そんな機械の導入に対し立ちはだかる壁は、エネルギー「支配層」の関係者、想像力を欠いた政治家と投資家、既得権益をもつ化石燃料産業界からの妨害である。化石燃料産業界の関係者は、政府にロビー活動を仕掛け、ヴィクトルが思い描いたような、必要とするエネルギーを家庭で安価に作り出すことで人々が真の独立を達成できる日が来るのを、できるだけ遅らせようと腐心しているのだ。

先見性の人

私たちが理解すべきなのは、現在の私たちの技術が生む劣化したエネルギーがどれほど世界を汚染しているかということである。劣化したエネルギーは、過剰な熱によっても、またとりわけ生産的で癒しの力をもつ自然のエネルギーを妨害するだけでなく、劣化を推し進めることでも世界を汚染しているのだ。二酸化炭素の排出量を大きく削減すれば地球温暖化をある程度を抑えることは可能である。だが人類が長期的に生き延びていくためには、現在の技術を放棄し、自然に優しい技術を全面的に採用する以外に方法はないのである。ヴィクトルは進むべき道を指し示してくれている。たとえば、インドのラダックの人々は外の世界からつけ込まれ、経済的搾取に直面して独立を失いつつあったが、現在、彼ら誇り高い人々が経済的自給自足の手段を確保できるように、ヒマラヤ山脈の壊れやすい生態系にエコ・テクノロジーが導入されつつある。(3)

ヴィクトル・シャウベルガーの出自は、一世紀前でさえ珍しいものだった。彼の先祖は数世代にわたってアルプスの未開の森に住んでいた。一族は多くの自然の法則を理解していた。ヴィクトルが大学に行くことを拒んだのは、わけもわからないまま様々なことを教え込まれるのを恐れたからである。自然に内在する神秘的なつながりを見通すことのできる直感と能力をなくしてしまうのではないかと思ったのだ。意識レベルを自在に変えることのできる生まれついての能力こそが、自然の働き方についての非凡な発見をヴィクトルにもたらす鍵であった。彼は一段高い精妙な意識状態に入ることができた。たとえば、川を流れる水に意識を入り込ませ、水が自らの健全性を保つために何を求めているかを直感的につかんで戻ってくることができた様子を記しているのが、その一例である。

とはいえ本書は決して、ロマンティックな過去に立ち返るべきだとか、学問としての科学や、自分たちの生活を向上させるための手段としての技術を捨て去るべきだと主張するものではない。本書は、かつてヴィクトルが述べたように「一オクターブ高く考え」てみるための本なのである。

ヴィクトルは非常に優れた科学者であり、何ものをも見逃さない観察者であり、徹底した研究者であり、インスピレーションあふれる発明家であった。また七〇年前に、私たちが現在経験している気候変動による災害や現代文明の道徳的、精神的堕落を予言していた。だが同時に、このうえなく価値あることだが、自然の真の守護者という人類の立場を再び取り戻す手がかりを私たちに示し、これから見ていくように、この貴重な地球に与えてしまったダメージをいかに修復すべきかを教えてくれているのだ。

第2章　さまざまな種類のエネルギー

自然の微細なエネルギー

過去二〇〇年、技術はますます複雑化し、その用途は加速度的に広がっており、それらははるかに精妙な自然のエネルギーシステムを圧倒し、人類全体に恐ろしい結果をもたらしている。物質的なレベルでは多数の人が恩恵に与っていると主張する人もいるが、地球上の生命の質は深刻なまでに悪化しており、生態系や生物多様性はひどく損なわれている。

なぜこのような事態が起こったのか、ヴィクトル・シャウベルガーほど正確に説得力をもって解き明かしてくれる人はいない。彼は現在の技術が広めているエネルギーによって、生命が進化しようとする衝動が損なわれ、生物と人間の生活の質がどんどん下がり続けていることを突き止めた。製鉄所や屠畜場で、真に創造的になれるはずがあるだろうか？　私たちはたえず騒音と熱を吐き出す無節操な機械に誇りをもっているが、その底には人類が進化の頂点にいるという誤った考えがあるのだ。

近代科学は、自己中心的に支配しようとする傾向があることに加え、ものごとを表層的にしか見ないとヴィクトルは言う。(1) 近代科学の還元主義的(あらゆる事物はばらばらの部分からなるという考え方)、物質主義的な発想法では、ヴィクトルが示したような、あらゆる物質的実体が生じるのに必須のエネルギー作用が理解できなくなってしまう。このエネルギー作用は、あらゆる人間の行動に思想や衝動が必ず先立つのと同じような形で作用するのだ。このような精妙なエネルギーは、自然が進化する過程で必要となる質の向上に欠かすことのできないものである。このようなエネルギーが抑制されれば、生じるのは堕落だけであり、これは人間の向上心にも必ず悪影響をもたらす。つまりエネルギーが原因であり、形は結果なのである。自然の微細なエネルギーを真に理解することなくしては、いかなる創造的プロセスを理解することもできないのだ。

ヴィクトルの世界観

ヴィクトルは、太陽を、男性的に地球を受精させて豊かな自然を生み出す存在ととらえる、古代の世界観を取り入れている。だがやはり古代人と同じく、自然を、神が映し出されたものと考えていた。彼は一八世紀のゲーテの世界観にならって、神を、進んで行く進化を紡ぐ「聖なる機織り」のような存在ととらえた。ヴィクトルがオーストリアの哲学者、ルドルフ・シュタイナーと共通する基盤を見出したのは、この世界観を通じてである。

だがヴィクトルは、地球と自然はそれよりはるかに大きな宇宙(コスモス)の一部であるとも考えていた。目に映る太陽は、太陽系の果てまで伸びる放射体を含む、はるかに巨大な存在の核としての目に見える部分にすぎない。地球はこのような太陽の中にあって太陽風を浴びながら、同じ体内の臓器のように、姉妹惑星とともにらせんを描いて動いているのだ。私たちの身体もまた、体の周りに広がって他者のエネルギーを感受できる、はるかに大きな目に見えない自己(セルフ)の核にすぎないのである。

彼は宇宙をホリスティック（全体的）なシステムととらえる神智学的思想に影響を受け、人間が自然に従属する存在であることを受け入れられない現代の思想を批判した。このような自覚の限界があるために、人類は宇宙の中の自分の位置を受け入れることができないのだという。私たちが自然と呼んでいるのは、その宇宙の一部をなす意識なのである。あらゆる創造をホリスティックにとらえるこうした世界観を支えているのは、エネルギーには人間に知覚できないもっとも精妙なものから、現代社会を支配する粗く物質的なものにいたるまでさまざまな階層があるという考え方である。ヴィクトルはこの多様なレベルを「オクターブ」とも呼んだが（五〇～五二ページ参照）、本書では「次元」、あるいは領域と呼ぶことにする。

なぜヴィクトルの思想はミステリーなのか？

ヴィクトルは同時代の科学者には受け入れられなかったが、それはヴィクトルが根本原理にすえた自然の微細なエネルギーを彼らがまったく理解できなかったためである。ヴィクトルは高度な感性をもっていたため、私たちの多くにはわからない精妙な現象を知ることができた。ヴィクトルの手法（モーダス・オペランディ）はこのようなものなので、私たちは、エネルギーとは何かという問題全体について見る必要がある。

まず、私たちの現在の世界観は物質世界的なものであることを認めなければならない。これがすべての出発点である。私たちが学校で学ぶエネルギーは純粋に機械的、電気的なものだけである。非物質的な現象はどうしても従来の科学には難題となるが、それはその種の現象が現代科学のやり方では説明できないからだ。たとえば思考と感情は誰もが経験するエネルギーだが、研究室では、それらの身体的な影響を調べる以外に研究する方法があるだろうか？

鍼（はり）、ホメオパシー、頭蓋オステオパシーなどの、さまざまな有効なエネルギー医学は正統な医学からは認められておらず、そのために一般に相手にされず、抵抗を受けることも多い。多くの人が鍼が効くのを目の当たりにしたり、直感的に理解するだけではだめなのだ。現代の学問では、説明できないものはインチキ扱いされてしまう。ここで問題にしているのは宗教や信念、価値観ではなく、非物質的レベルでは実際に起こっていることなのだが。

かつての文化は、非物質的な生命エネルギーが持つとほうもない力を知っていた。数千年前の中国では、人体のエネルギー経路に沿って動く生命力（気）が知られていた。当時の中国人は身体の生命エネルギーのバランスの乱れや詰まりを治すために鍼を発達させたが、この治療法は今も中国で広く実践されており、多くの西洋諸国でも認可を受けた施術者や、偏見をもたない医師によって行なわれている。

生命科学は機械的な生命観にかなり縛られているが、物理学は変革を起こしつつある。原子より小さい世界の現象を研究する中から発達した量子力学の理論では、環境は予測不可能なものとされる。エネルギーと物質の境目はぼやけ、物質を構成する最小単位である素粒子と電子はたがいに交換可能なものとなる。物質はエネルギーになり、そこから、あらゆるものはエネルギーであるという結論が導かれる。(2) 残念ながら、個々の科学の分野間には堅固な壁があるため、生命科学や医学はいまだにこの洞察を受け入れることができない。

このような「変則的」現象が学問の対象として扱われる余地がないために、「エネルギー医学」や「代替科学」といった新たな名称が必要になってくる。ヴィクトルは、研究する価値のある対象を、純粋に物理的なもの以上に拡大しようとする代替科学の先駆者なのである。

エネルギーの諸段階

エネルギーがどうやって姿を現すかを私たちは知っている。流水はエネルギーに満ちている。雲が生まれるのにもエネルギーが関わっている。ガソリンを燃焼させているエンジンではエネルギーは活発になっている。だがその本質とは、いつも運動と結びついているように見えるプロセスとは、どんなものなのだろうか？

夏にふわふわした雲を見上げれば、ふと何でできているのだろうと不思議に思うことがある。それぞれの雲はとても希薄で軽いが、目に見えない、たえまなく動いている細かな水滴が数百トン、あるいは数千トンも含まれている。目に見えないほど小さく、ほとんど重さがないものも、集まれば大きく目に見えるものとなる。これは密度の問題である。私たちの宇宙全体の成り立ちもこれと同じである。

物質的実体は何十億個もの原子からなっているが、それぞれの原子はさらに小さな素粒子からなり、その素粒子はエネルギーの渦なのだ。原子より小さな素粒子は、渦の中でたがいの周りを回転しながらより重いエネルギーをもつ粒子を形成し、だんだん密度を高めて速度を落とし、ついには目に見え、触れることすらできる存在となる。

水は密度によって姿を変える物質である。固体、つまり氷の状態では原子の動きはもっとも遅い。融けると動きが速くなり、回転あるいは振動する広い空間が必要になり、密度は低下して液体の水になる。さらに加熱されると粒子は加速し、さらに広い空間を必要とする湯気や、目に見えない気体つまり水蒸気になる。それぞれの状態と外観は、動きと振動というエネルギーの現れ方によって変化し、その運動の度合いは周波数と呼ばれる。振動と周波数の原理によって、この世界の無数のエネルギー形態は決まっているのだ。

私たちが目にする物質的実体は、エネルギーが振動して物質状態になったり解消したりして、目に見える「残像」を作り上げた結果生じており、その周波数と密度のために物体は静止しているように見えているのである。無数の粒子がたえず加速、減速して私たちの目に物質として映る形をとり、固体としてそこにあるという錯覚を生み出しているのだ。あらゆる物質的実体がつねに動いている原子や素粒子から成っていることを理解すれば、あらゆるものはエネルギーであるということが理解できるだろう。

創造的進化の鍵となる渦巻き

渦巻きは、異なる性質やレベルのエネルギーをつなぐ「窓」のような働きをもっている。たとえばブラックホールは、この宇宙で離れた場所、あるいは別の宇宙との間をすらつなぐ渦巻きと考えることができる。渦巻きとらせんは、ヴィクトルにとってあらゆる創造的運動の鍵であることから、彼のトレードマークとなった。あとで見るように、渦巻きは水中でもっとも明瞭に認められるが、水は渦巻きによって自らを浄化し、活性化し、間違った使われ方をしたために生じた悪い記憶のエネルギーを拭い去る、精妙なエネルギーを導き入れるのである。

よどんだいやな感じのする、かび臭い部屋を思い浮かべていただきたい。日光と新鮮な空気が入ってくれれば、不快な雰囲気はすぐに一変する。これが、精妙なエネルギーが必ず粗いエネルギーに勝るという自然の法則である。[3] ヴィクトルが示したように、自然における進化の至上原理は、たえず洗練度を上げ、複雑性と多様性を深めることにあり、そうした営みにおいて、渦巻きは重要なプロセスなのである。

創造的プロセスとしてのエネルギー

ふつう私たちはエネルギーを、往来の激しい道を渡ることのできるような、仕事をする力としてとらえる。だが、思考もエネルギーなのである。人間においては、創造性は思考に依存している。アイデアを思いつくことと、それを実現させようとすることのあいだには複雑な創造的プロセスがある。

アップルパイを作りたいとすると、まずアイデアが湧き、次に計画を立ててそれをイメージに思い描き、最後に実際にパイを作ることになる。これは思っているよりもはるかに重要なことである。靴の紐を結ぶようなごく単純な作業からテニスの大会で優勝するような複雑な課題にいたるまで、必要となる行動をいかにやるかをうまく「心に思い描く」ことができればできるほど、うまくやり遂げられるのである。私たちが創造を行なうよう動機づける力である衝動は、目に見えないエネルギー的なプロセスなのだ。

ヴィクトルは、自然界のエネルギーを、機械的な働きのプロセスとしてではなく、創造のための潜在力（ポテンシャル）として考える必要があることを示している。彼は、自然の働きについて現在私たちが抱いている見方はどうしようもないほど機械的だと批判し、それが現在、人類がここまで苦境に立たされている原因の一つだという。現在の文明は、自然を、目的をもつ創造的なシステムではなく、操作可能な巨大な機械とみなし、資源は人類がほしいままに搾取できるものだと考えている。

エネルギーが生産的であれば、環境の必要に応じた生命体が生まれうる。これは自然が、あたかもバランスのとれた、多様性のある生物群集に必要なものの青写真をもっているかのようでもある。たとえば活力あふれる水の流れる健全な川は、水温を低く保ち、生命力を守るのに必要な樹木を土手に生長させる。

生物物理学者ジェームズ・ラヴロックと生物学者リン・マーギュリスは、古代ギリシアの大地の女神にちなんで地球を「ガイア」と名づけ、このような創造性を認めている。彼らは、地球が生き物のように振舞う様子や、太陽放射線が大きく変動したり、宇宙線が有害作用をもたらすにもかかわらず、地球上の生命に関わる条件がごく狭い範囲の中に維持されている様子について記している。これは、血液の温度を健康に必要な狭い幅（約三七℃）に維持する人体の自己調節システムと似た形で機能しているらしい。機械論的な発想をする科学者なら、それはコンピュータの機能のようなものだと言うだろうが、コンピュータは目的や意味をもって動いているわけではないのだ。

霊的（スピリチュアル）な科学

目的と意味などというものは信念や宗教について言うものだとするのは、私に言わせれば間違った考え方である。目的というものは生物系にも備わっているのだ。働いているハチの社会をじっと眺めていれば、そこには大きな目的があることがわかるだろう！　意味というのはふつうは感覚をもった存在と結びつくものである。人生に意味の感覚がなければ、創造的であることは困難である。ヴィクトルは神については多くを語らなかったが、これから見るように、彼は自然の驚くべき肥沃さの中に、そして自然のあらゆるプロセスの中に疑問の余地のない意味と目的を認めている。そのほうがしっくりくるというのなら、そんな科学を「霊的（スピリチュアル）」な科学と呼んでもよい。

あらゆる生き物を生み出す神を想定したり、自然のあらゆる微細なエネルギーの背後に神が存在すると考える必要はない。おそらく、多くの宗教に見られるような、何ごとかを成し遂げようとするときに呼び出せば助けてもらえる超越者として神をとらえる考え方は、地球の資源を、搾取するための私的財産としてみなすのとほとんど変わらないものなのだ。共創造(co-creation)という概念、つまりあらゆる創造が、創造的プロセスの一部をなし、またそのプロセスに貢献するという考え方のほうが、思慮深い探求者にとっては納得しやすいものだろう。

私たちは自分の生まれた文化の考え方に明らかに影響される。現在の西洋社会の世界観は、人類が地球上に出現して以来五〇万年以上にわたって経験してきた典型からは大きくかけ離れたものである。現在も続くより「正常な」世界観としてもっとも明らかなのは、たとえば仏教の教えやケルト文化、また世界中に見られる、偉大なる霊（あるいは神）が岩や水、あらゆる生物に息吹を吹き込み、またそこに宿るという発想をもつ先住民たちのものである。

私たちは欠けるところのない「真実の」世界から離れてしまっているため、知識を異なる「断片」に分けて、ばらばらの部分、つまり「学問」に区切るのをふつうのことだと思っている。だが実はこれはきわめて異常なことなのだ。伝統的文化に暮らす人々にとっては、宇宙論、科学、霊的な世界は分かち難いものなのだが、それは、自然のあらゆる相互の結びつきには境目がないからである。あらゆるものは一つなのだ。

異なる次元

ヴィクトルはエネルギーの階層については書き残さなかったが、神智学や東洋的なエネルギーの概念に理解を示していたこともあり、そうした概念の一例を、彼の発想の源を知るためにここで見ておきたい。

私たちの物理的時空間の次元は、物質的形態を支えられるように低速で振動する帯域のエネルギーを含んでいる。この三次元の領域には長さ、幅、高さがあるが、人が意識できる三つの要素もある。それは、(一) 物質的世界を存在させる物理的、中立的なエネルギー、(二) 感覚的情報を受け取るのに使われる感情的な陰のエネルギー、(三) 考えや個性を世界に向かって表明する理性的な陽のエネルギーである (注意・ここでいう陰や陽という言葉は質的なものを意味するのではなく、電気的極性に近いものである)。

私たちの日常生活にはこのようなエネルギーの違いが現れている。理性的エネルギーはいちばん変えやすい。感情はそれより変えにくく、ぎっしり詰まった物質的形態はほとんど変えることができない。次元を一つ降りると、意識の一つの側面を失い、一つ上がると一つの側面を新たに手にする。三次元から二次元に移ると、オリジナルな考えを生み出す能力を失ってしまう。逆に三次元から四次元に移ると、時間をつむぐ能力を得る[4]。

私たちの三次元世界の純粋に物理的な条件下では、私たちの意識は、より低い次元をどれも体の外側にあるものとしてとらえ、感じ取るが、逆説的なことに、低い次元は体の内にも外にも存在し、さらにはより上の次元にも浸透しているものなのである (図2—1参照[5])。

発明家や深い洞察力をもつ人たちがときに達する拡大した意識レベルである直感的、霊感的な創造性は高次元に属している。ヴィクトルがこの種のインスピレーションの泉にアクセスできる能力

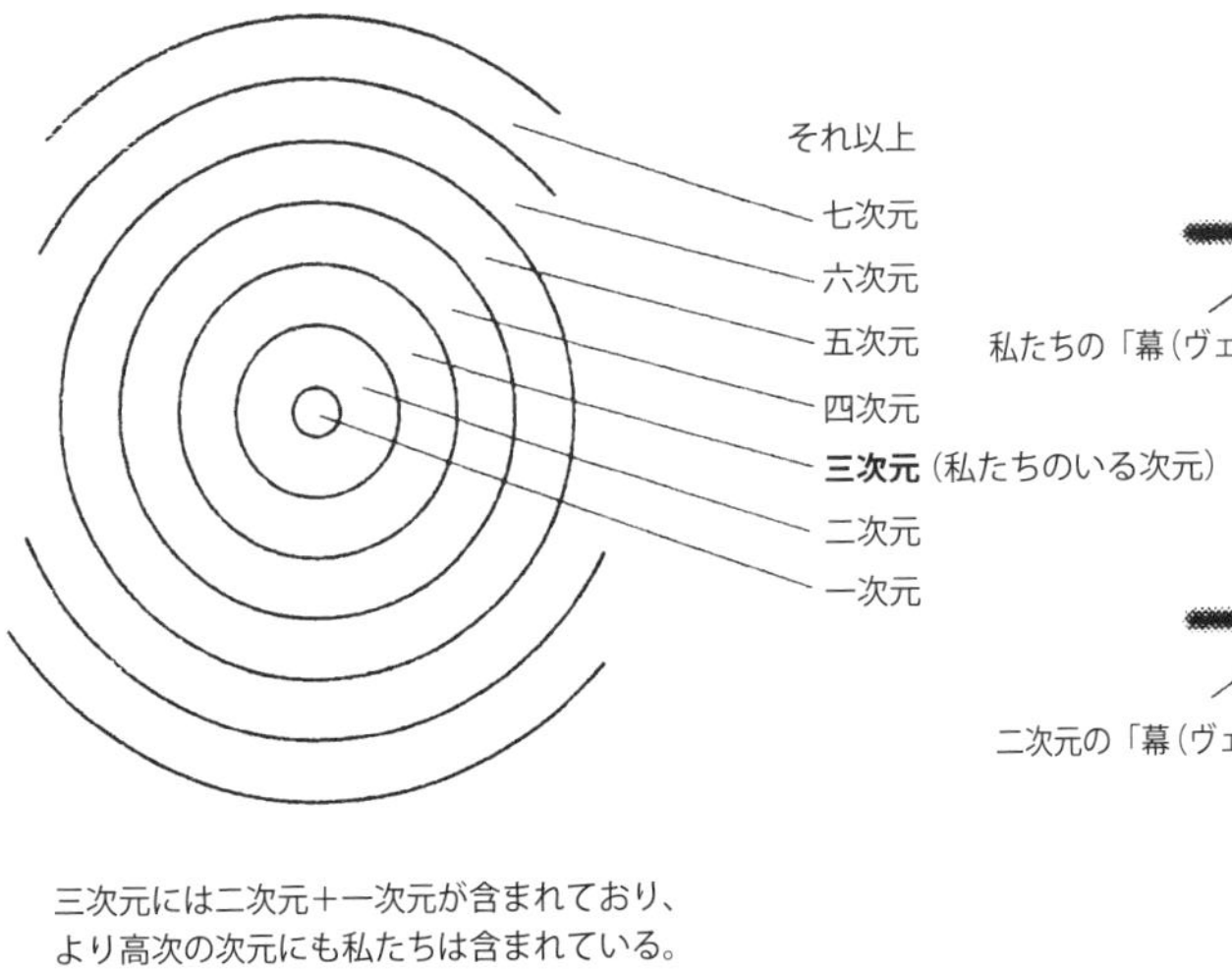

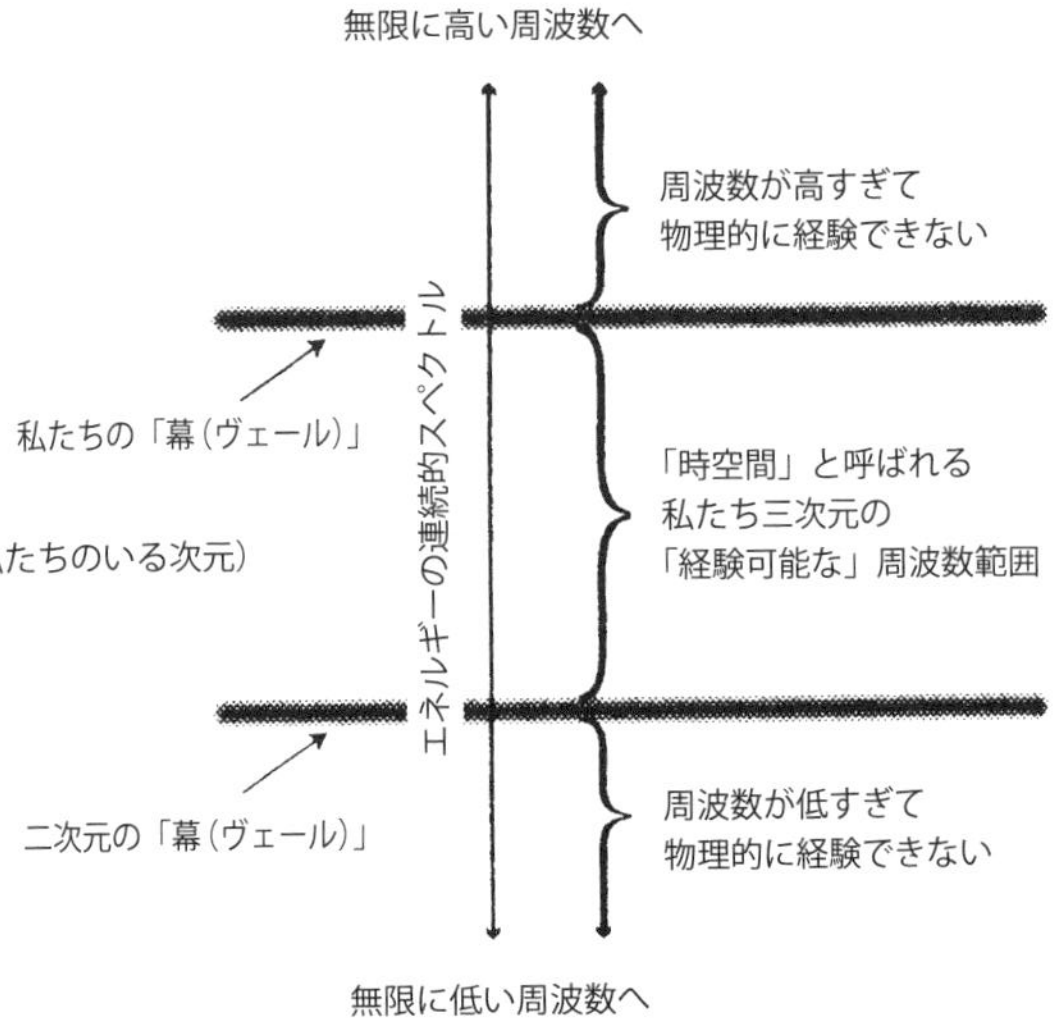

図2—1　異なる次元、あるいは存在のレベル
各次元には上限を定める「幕（ヴェール）」があり、これによって高次のレベルにはアクセスできなくなっている。そこまではいかなくても、意識がより「下位」の状態にある人は、より「高位」の状態にある人に対して無自覚なこともある。（出典：ポール・ウェルシュ・ロバーツ『原子から天使まで *From Atoms to Angels*』より）

をもっていたことは明らかである。あらゆる精妙な次元は地球上に存在しており、三次元とたがいに浸透しあっているのだが、ふつう私たちはそのことに気づかない。[6] 他の動物や人間でも意識レベルが上がれば、感じ取れる範囲は広がる。イヌ、ネコ、ウマと親しくつき合っていれば、動物たちが、人間が気づかない「存在」や、霊的な存在と思われる物質的実体のない「存在」に気づいているかのような例をしばしば経験する。

私たちの意識レベルが下がれば、自分の人生をコントロールしているという感覚は薄れてしまう。私たちの意識の三つの要素がすべて十分に使われていれば、人間であることの可能性を最大限に経験することができる。それは自由意志という贈り物である。

ここでは、現時点で地球上に生じつつある重大なエネルギー的転換について詳しくは検討しない。古代の教えは古来、地球とそこに生きるあらゆる生物がこのような時期により高い次元の存在へと次第に進んでいくことを予言していた。これは神、つまり「全なる存在（All-That-Is）」はたえず意識を進化、拡大させようとしているという考えと一致するものである。人類社会は、物質的（三次元的）な支配を手放したがらない物質主義的な権力構造と、より公平で霊的なものを中心にすえた社会に生きたいと願う人たちのあいだで二極化しつつある。[7]

「オクターブ」を変える

ヴィクトルが（この混乱から抜け出したければ）「一オクターブ高く考えるべきだ」と述べたのは、

物質的な人生観にとらわれず、精妙な側面への気づきを高めよと言いたかったのだと考える人は多い。それは間違いではないが、ヴィクトルは実際に特定の種類のエネルギーを一オクターブ上に上げる方法を示す興味深い考え方を示唆してもいる。

次に記す各項目（ヴィクトルの思想の研究家カラム・コーツによる）は一見すれば矛盾していると思われるかもしれないが、一段興味深い考え方をすれば、これらは一オクターブずつ離れた相補的で、相互関係のあるエネルギーなのであり、一方はもう一方が発展したもの（命題（テーゼ）と反命題（アンチテーゼ）のように）であって、両者が結びつくと調和が生まれて一つのものになるのだ。(8)

【低いオクターブ】		【高いオクターブ】		
物質	×	精神（スピリット）	＝	統一
利己主義	×	利他主義	＝	統一
分析	×	総合	＝	統一
熱さ	×	冷たさ	＝	統一
重力	×	浮揚力	＝	統一
電気	×	磁気	＝	統一
生体電気（バイオエレクトリシズム）	×	生体磁気（バイオマグネティズム）	＝	統一〔この二項については一二九〜一三〇ページ参照〕
圧力	×	吸引力	＝	統一

拡大　×　縮小　＝　統一
遠心力　×　求心力　＝　統一
酸素　×　炭素e　＝　統一〔炭素e（carbone）に関しては五七ページ参照〕
陽　×　陰　＝　統一

例示したこれらの式の「×」のあとの項目は「反命題(アンチテーゼ)」であって、一段洗練されたものであり、思考とそれが実現するまでの空白を橋渡しできることから、創造的進化に貢献する潜在力(ポテンシャル)をもつ。アンチテーゼには、いわば特別な振動エネルギーと力が備わっているのだ。

カラム・コーツは、難解なヴィクトルの概念をドイツ語から翻訳するさいに、高次元の微細エネルギーのさまざまな形態を述べるために自ら新しい言葉を作り出し、それをまとめて「エーテル性(ethericities)」と呼んだ。このような言葉で、彼は生体電気、生体磁気、触媒作用、高周波数、振動性、準物質的性質をもつきわめて強力な諸元素を表現した。

このエーテル性は、さらに「フラクティゲン（fructigen）」、「クオリゲン（qualigen）」、「ダイナゲン（dynagen）」に分類される。これらはそれぞれ、「実りの増大」（フラクティゲン）、「質の生成」（クオリゲン）、「非物質的エネルギーの増幅」（ダイナゲン）を機能とする微細なエネルギーを示すものである。その機能や位置によって、これらの性質は女性性あるいは男性性となる。このため、たとえば女性性フラクティゲンと男性性ダイナゲンというものがある。[9]

これらの用語が役に立つ場合は、本書でもときおり使うことにする。

第3章　対極物の吸引力と反発力

肥沃化をもたらす存在としての太陽

性的生殖ではオスがメスを受精させる必要があることは誰でも知っているが、ヴィクトル・シャウベルガーによれば、地球も同じ原理で作用しているのだという。自然の観点から見れば、この作用は太陽から始まる。地球上に人類が存在したほぼすべての時代にわたって、大地は聖なる存在、地母神（グレート・マザー）とみなされてきた。太陽も、私たちの先祖の世界観の中で同じように重要な位置を占めていた。ほとんどの古代文化で、太陽はもっとも重要な男性神であり、大地を受精させて生命を生み出す存在と考えられていた。一八世紀の思想家、ヨハン・ヴォルフガング・フォン・ゲーテは地球の創造的魂を、「永遠の女性性」、「すべてを高める（浮揚的）」存在と呼んだ。

ヴィクトルは、この重要な自然のプロセスを説明するにあたって、明白な性的表現を使っている。彼によれば、太陽はこの惑星に棲息するさまざまな無数の生命体を生み出すために、母なる地球を妊娠させるのだという。太陽の振舞いは生命体と非常によく似ている。太陽は一定の周期でリズミカルに脈動することが知られている。生命をもたらす太陽のエネルギーは、大気を温め、地中深くまで浸透して、地球（眠れる王女）の諸元素と物質を受精させる。オゾン層を通り抜けることのできる有益な紫外線[1]が地球内部で生じる受容的、受動的な女性エネルギーと結びつくためには減速〔振動速度を下げる〕しなければならない。一方、よりゆるやかな地球のエネルギーは加速〔振動速度を上げる〕しなければならないが、これは両者が共感的な振動速度で共鳴して（第4章参照）、はじめて受精が生じるからである。

あらゆる生命は、粗く物質的なものから霊妙なるものまで、すべて男性と女性のエネルギー、正と負のエネルギーの相互作用によって進化する。それぞれの極性には特有の現れ方があり、太陽のエネルギーは下向きに放射して、地球の表面下に広がる地球のエネルギーと直角に出会う（図3—1参照）。両者のエネルギーがもつ特性と潜在力は対極的だが、たがいを補い合うものである。このような極性をもつエネルギーの相互作用は、吸引と反発のあいだを行き来し、これが季節によって変化する脈動をもたらす。

太陽のエネルギーに青や紫外線光が相対的に多くなり、地球が受動的になっている冬季には、冷たい冬の陽射しによる低温の中で、植物は休眠状態となり、動物の多くは冬眠する。この時期には肥沃化、生殖、成長はもっとも落ち込むが、太陽のエネルギーは地球深くに浸透し続け、地中深くの萌芽的な女性的エネルギーを目覚めさせる。この結合によって、春の多産な成長が生じるのだ。

しかし春と夏には太陽の放射エネルギーは相対的に強くなり、紫外線と赤外線のバランスはスペ

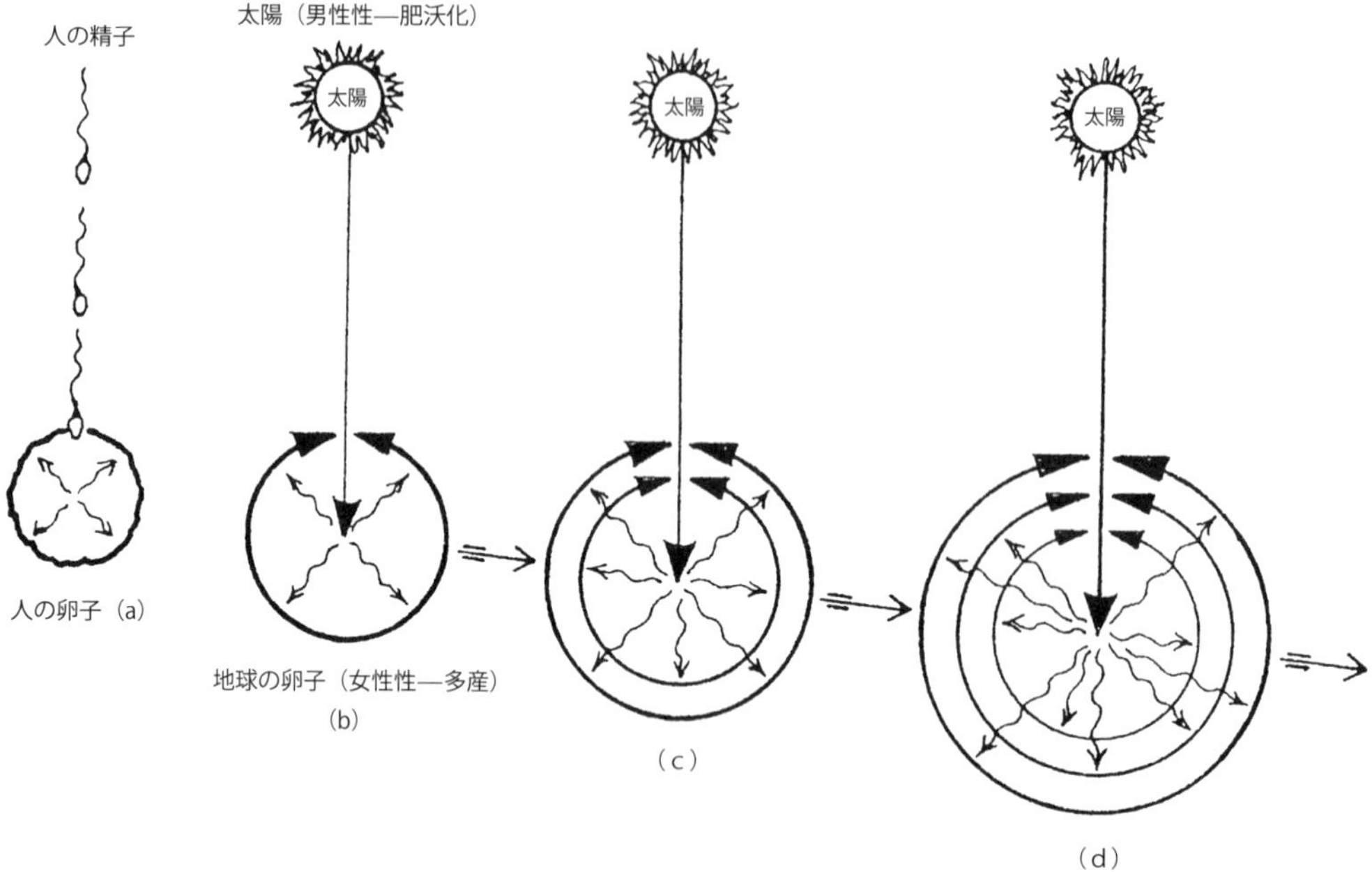

図3―1　宇宙的な受精
ヴィクトルは、人の受精に似たプロセスで、太陽が地球を受精させるととらえた。地球は、進化が進むにつれて発達し、複雑になっていく増殖エネルギー(同心円状の円)を放出して太陽のエネルギーに反応する。

クトルの赤い側に振れる。これによって地球は覚醒し、地球のエネルギーは太陽の高周波数のエネルギーと相互作用を起こして新たなエネルギーを生み出す。これが活発な成長なのである。ヴィクトルはこれを、高次の両極的な微細エネルギーの凝結物が放出されたものととらえた。夏のあいだの数カ月は、太陽のエネルギーは地表に近い、より上方の地層で、対極の女性的エネルギーと融合する。このような受胎のプロセスが繰り返されることで、地球深くから、肥沃なエネルギーの流れが生じてほとんど途切れることなく発散し、成長を刺激して拡大させる。

ヴィクトルは、酸素と水素を除く、当時知られていたあらゆる元素と化合物のほぼすべてを、「女性的」と分類した。例外は銀、亜鉛、ケイ素で、このような元素には父性的な特徴があるとされ、一方、金、銅、石灰岩はより母性的とされた（この点については第17章〔三一三〜三一四ページ〕で詳しく検討する）。ヴィクトルはこれらの元素すべてに〝炭素e（carbone）〟という言葉を使っている（最後の「e」は単なる「炭素 **carbon**」以上の意味を表している）が、これは母なる地球の体内で創り出された多くの生物に、炭素を含むさまざまな物質が存在するためである。

〔訳註・原註8—7参照（「通常のcarbonの意味を広げ、生命の物理的構造形成に用いられるあらゆる範囲の元素を含めるためのもの」）。なお、原語はkohlestoffe（炭素）（通常の綴りはkohle***n***stoffe）で、carboneはこの綴りの違いを英語に翻案したカラム・コーツの造語（『生きているエネルギー』）〕

もちろん太陽のエネルギーは男性的であるとされ、ヴィクトルは酸素を太陽エネルギーの下位形態と考えた。太陽とその補助的存在である酸素の役割は、ともに女性性を受精させ、エネルギーを増殖させることにあり、太陽はあらゆる生命を生み出し、酸素は有機体を成長、発達させる。水素

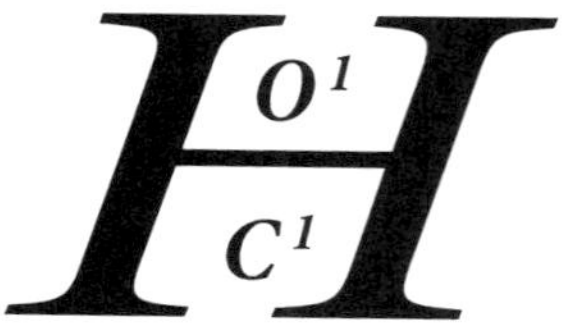

図3—2　ヴィクトルの描いた水素のシンボル
炭素e (C: carbone) と、酸素 (O) の両方の「担体」としての水素。

については、ヴィクトルは酸素と炭素eを運ぶ物質という特別な役割を与えた（図3—2を参照）。視点を大きくして見ると、炭素eからなり、酸素によって受精される地球は、大気をはるか離れれば宇宙の水素ガスの海に浮かんでいるのである。

「matter（物質）」と「material（材料）」という言葉は、どちらもラテン語で母を表す「mater」から来ており、物理的実体は本来女性的であるという考えを裏づけるものである。こうして、あらゆる物理的元素（酸素と水素を除く）は「母なる地球」の、母性的な生殖力をもった構成物質であるととらえることができる。ヴィクトルは、すべての物理的構造と新しい生命体は、このような「母なる物質」と酸素という受精因子が結合することで生まれると考えた。

自然の原動力としての極性

ヴィクトルはしばしば、「極性」が自然の原動力であると述べた。極性をもつ原子の引き合う力と反発力が調和的に相互作用するさまを、「創造のダンス」とも記している。

電気は、電子の正電荷と負電荷によって生じる。磁気は引力と斥力という極性を示す。極性は生物学的な表現としても使われ、対照的な性質、そしてもちろん異なる性のあいだでバランスがとられる。

原子の引力と反発力がなければ、水も植物も化合物も存在しなかっただろう。二個の水素と一個の酸素がたがいに引きつけあうことで、水という驚異の物質が生まれるのだ。

私たちは、科学的な文脈では「男性性」と「女性性」というよりも、たとえば電気で使うように「陽性」と「陰性」という用語になじんでいる。もちろんここでいう陽と陰とは価値判断を示すものではなく、たんに反対の極という意味である。ヴィクトルは、自然を一つの生きた有機的システムとしてとらえており、男性性と女性性という表現を使うほうがふさわしいと考えた。

対極物が作用し合ってバランスをもたらす

私たちは自然は混沌としていると思いがちだが、実際はその逆である。ヴィクトルは自然が非常に厳密な法則にしたがって機能していることを見出した。もっとも重要な法則の一つとして、エネルギーの極性のバランスに関するものがあり、それぞれの極性は特有の現れ方をする。

男性性と女性性は、一つになって完全な人間となる。一方がもう一方なしに存在することはできず、たがいが全体となるためにはもう一方が必要となる。バランスを保つためには、男性性と女性のエネルギーは、人間の男女比から考えて、ほぼ五〇対五〇の割合になる必要があるだろう。

過去三千年余りにわたり、人類社会はおもに男性的なやり方で機能してきたが、現在ではバランスを大きく崩してしまっている。男性的エネルギーの特徴が理性的、身体的で、荒々しく、拡大的、個別的なものであり、女性的エネルギーの特徴は、包含的、直感的、結合的、共感的な傾向があると考えるなら、多くの人は、人類はバランスをとるために後者に向かう必要があることにうなずくことだろう。

バランスに関する自然の法則からすれば、創造的成長が進展していくためには女性性に重きを置くことが必要である。そうでなければ（質を高めるという意味での）成長は滞り、退化が生じる。これはあらゆる質的な面についてあてはまる。たとえば、以下のようなものである。

- 物質とエネルギーあるいは精神（スピリット）
- 混沌と秩序
- 陽と陰
- プラスとマイナス（価値判断的な言葉ではなく、電気的なもの）
- 利己主義と利他主義
- 質と量（現在の人類社会では混同されている）

また、生命を作るエネルギーの、より技術的な側面では以下のようなものがある。これらについては後出の、関連する章で扱うことにする。

- 重力と浮揚力

- 電気と磁気
- 酸素と炭素e
- 遠心力と求心力
- 負の温度勾配と正の温度勾配

「負」的なものがどれほど優勢であれば正しい比率なのだろうか？　古代の中国社会はこの問題に真剣に取り組み、正しいバランスの比は三（六〇パーセント）対二（四〇パーセント）であると考えた。ヴィクトルはこのバランスについて、二対一（六六・七パーセント）という比にたどり着いた。カラム・コーツは、ヴィクトルの息子で数学者、物理学者であるヴァルターと共同研究を行ない、その比率を聖なる幾何学比（黄金比）とされているφ（ファイ）と結びつけた（八〇～八二ページ参照）。φは一・六一八であり、負の割合は六一・八パーセントになる。

対極の存在が相互作用したり結びついたりすることは、あらゆる自然界のプロセスの中に認められる。これは熱さと冷たさについてもあてはまる。熱さと冷たさが起こす重要な相互作用は、多くの生命体で認められる。果物や種子には、霜にさらされないとうまく発芽できないものがある。芽キャベツは初霜のあとがもっとも美味なのだ！　成長は熱さと冷たさの適切な組み合わせによって決まる。

しかし、安定した平衡状態などというものはない。そんな状態では動きは生まれず、画一的となって、進化が起こらなくなってしまう。活発な宇宙の進化と発展は、もともと備わった不均衡によって進むが、これは運動というものが必ず、ある極ともう一方の極のあいだのどこかで生じるからである。

重力と浮揚力

重力は宇宙(コスモス)に存在する強力な物理力として認識されている。だがヴィクトルは、その対極の存在である「浮揚力（levity）」が、自然の中では非常に重要であることを示した。重力に反する力が従来の科学から認められていないのは、おそらく、これが還元主義的な発想にとってはタブーの存在である微細エネルギーの一つだからだろう。浮揚力がなければ、魚が急流の中を遡上(そじょう)するのはきわめて困難だろうし、天に向かって伸びる壮麗な樹木も存在せず、ただ地を這うような生物しか存在しなかったことだろう。(2) 浮揚力は、実は受精を求めてらせん状に地表に立ち上ってくる女性的な微細エネルギーに関係があるのかもしれない。

ヴィクトルの研究によれば、吸引力のほうが圧力よりも強く、浮揚力には重力よりもはるかに大きな潜在力(ポテンシャル)がある。あとで見るが、彼はこれを自作の内破マシンにかなり活かしている（第18章）。浮揚力は、あらゆる健康な生物に存在する生命力として記述すればもっともぴったりくるが、とくに若い生き物では身軽さと相対的な無重力感をもたらす。これは年齢とともにじょじょに弱まっていき、高齢者には自分の体の重さが自覚され、動きにくくなる。この浮揚力が消えると、身体の生命力も消え去ってしまうのだ。

第4章　自然界のパターンと形状

ガイア理論の核心は、あらゆる生命がたがいに結びついているということである。自然とは意識をもつシステムであり、そこで起こるあらゆる現象や出来事は、環境中に存在するあらゆるものに影響を与える。小さな出来事は微小環境に、大きな出来事は全世界に影響を及ぼす。自然界に存在する生命体は共鳴によってたがいに反応し合う。その共鳴は「ガイアの接着剤」と呼べるかもしれない。人が「あの人はノリ（vibes）がよい」だとか「ノリが悪い」などという場合は、共鳴について語っているのである。色彩と香りで昆虫を引きつける花々、ある種の音楽に対する反応、家庭内での「風水」の実践、僧侶の詠唱、ハチの飛び回る音などもそうである。

共鳴とはコミュニケーションと反応を伝える言葉であり、エネルギー的な情報がある物体から別の物体に移る方法である。それは、調和を生み出すメカニズムでもある。たとえば、人体の器官と細胞はそれぞれ特定の周波数で振動しているのだが、健康な身体ではそれがオーケストラを構成する楽器のように調和しながら共鳴している。水は、あらゆる生物においてもっとも重要な構成要素であり、また生命をもたらすものとして、何よりも強力に共鳴を生み出す。

共鳴としての音

音楽家なら誰でもコンサートホールに置いた音叉のCの音を鳴らせば、同じ場所にあるすべてのCの音叉が反応することを知っている。指でワイングラスの縁をこすれば固有の音が生じる。歌手がその音を探り当てて歌えばそのグラスは共鳴し、振動があまりに強ければ砕け散ることさえある。

音はおそらく人間が経験する共鳴の種類としては最古のものだろう。エリコ〔死海近くにあるパレスチナの町〕は破壊的な音の共鳴によって破壊されたと伝えられている〔『旧約聖書』の「ヨシュア記」第六章二〇。祭司たちがラッパを吹き、同時に民衆が大声でときの声を上げたことで町の城壁が崩された〕。古代エジプト、チベット、インカなどの古代社会には建築用の巨石を音を使って浮揚させた様子を描いた言い伝えがある。音楽は、自然の共鳴のパラダイムを越えるものである。人々は数千年にわたり、作物や愛する者、子どもたちに歌や音楽を聞かせてきた。ヴィクトルは、アルプスの農民が、歌を聞かせながら施肥(しひ)液をかき回す様子を書き記している（三一二〜三一三ページ参照）。

以下はカラム・コーツが引き合いに出している例である。

行動キネシオロジー〔運動機能学、BK behavioral kinesiology〕の分野でジョン・ダイヤモンド博

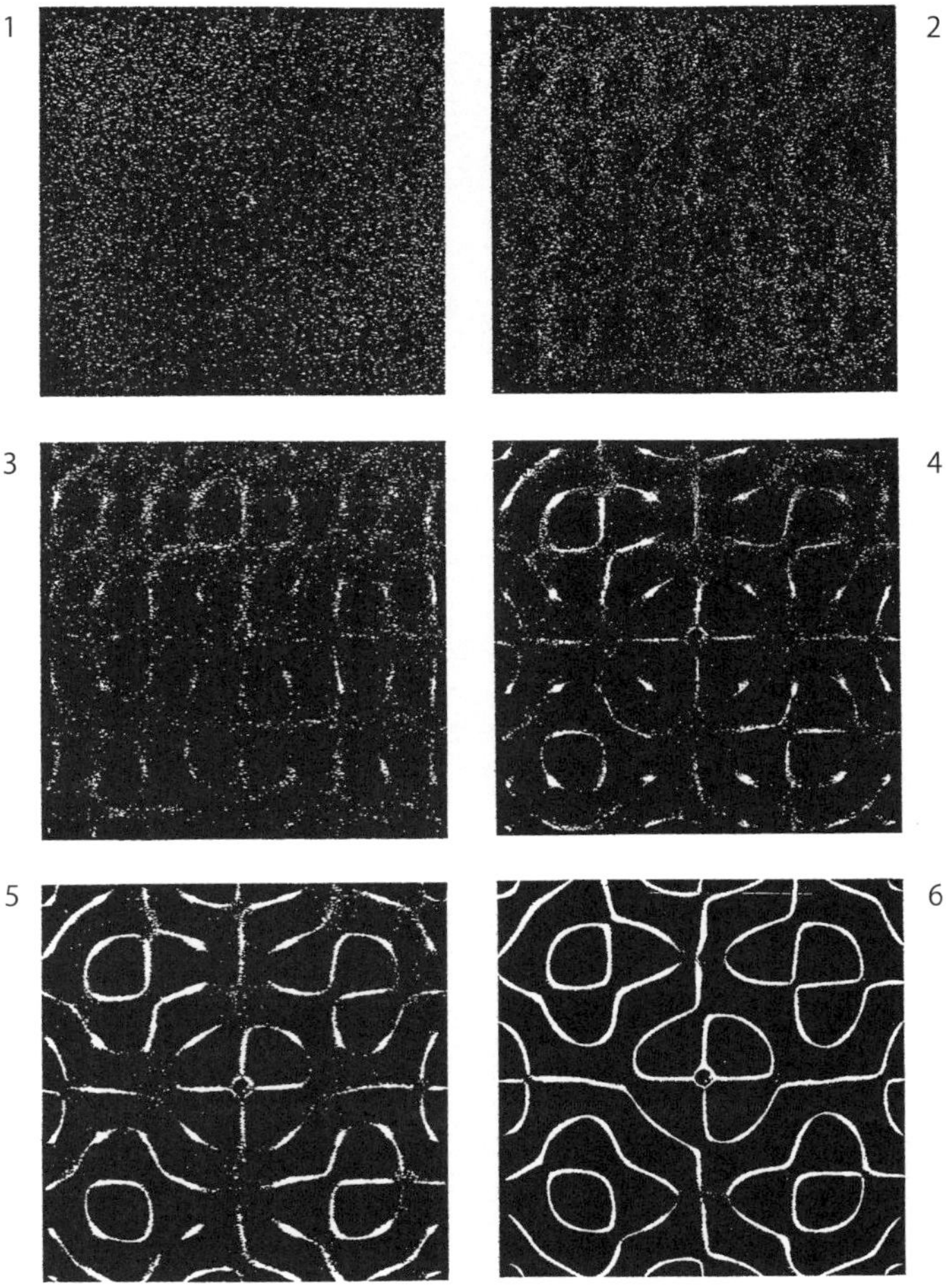

図4—1　響きわたる形
この写真は、水晶発振器を作用させて生じたシンプルな共鳴的図形である。鉄板の大きさ31×31センチ、厚さ0.5ミリ。周波数7560サイクル／秒。鉄板の上にまき散らした物質は焼砂である。

士が行なった研究から、興味深い洞察がもたらされている。[1] 国際予防医学会の会員であるダイヤモンド博士は、健康な成人男性の三角筋は、通常はおよそ一八〜二〇キロの力に持ちこたえられるが、ヘヴィーメタルやハードロックなどのロック音楽の悪影響を受けるとその強さは約四・五〜七キロに低下してしまうことを発見したのだ。[2]

心拍を真似たような、一拍目にアクセントを置く、ダ・ダ・ダすなわち博士が「ラブ―ダップ―休み（LUB dup rest）」と表現するような自然なリズムとは対照的に、先に挙げたロック音楽はこのアクセントをダ・ダ・ダと逆にするが、これは体の自然な脈動とかち合うものであり、詩の世界では「短短長格」として知られているものだ。ダイヤモンド博士は次のように述べている。

> （……）短短長格の拍には、各小節の終わりで止まるという特徴がある。このように弱まる効果をもつロックには、聴く者を停止させる性質があるようだ。これは音楽がいったん止まってまた始まるようなもので、リスナーは各小節の最後で気づかないうちに「止まって」しまう。短短長格は、流れが均等なダ・ダ・ダという長短短格やワルツの拍子とは逆のものである。

博士の主張によれば、この種の音楽と不自然なリズムによって脳の反応が変わってしまい、「微細な知覚的問題」を生み出し、子どもでは成績低下、多動性、落ち着きのなさが生じ、大人では仕事の成果が減少し、ミスが増え、全体的能率が低下し、仕事での判断力が低下してしまう。（……）つまりはっきりした理由もなくエネルギーが失われてしまうのだ。[3]

このように、特定の周波数レベルや振動、共鳴のパターンに基いた「考え」によって一定の身体的構造が生じるのだ。振動が高ければ高いレベルの形態が生じるが、その逆もまた然りである。

現在の私たちのまわりの世界を見回せば、まさしくこうしたことが生じているのではないだろうか。現代の技術とイデオロギーの推進力は量的なものであり、均一な方向へ、振動のない状態へと下向きの圧力をかける。そんな状態はエネルギーや質がないに等しい（図5―1〔九六ページ〕参照）。こうして次々に生物種が絶滅していくのだが、それは質的な進化のために利用できる創造的エネルギーの蓄積が広範囲に失われているからに他ならない。〔人間の手で量的に〕保存できるものだけが残るものだと思っているのなら、私たちは、自然には進化を進めようとする独自の衝動があることを忘れているのだ。

私たちに求められているのは、現在の技術が生み出すものから、これほどまでに劣化したエネルギーを取り除くことである。そうすれば人類の意識に正のフィードバックが働いて意識レベルが上がり、そこから正の、創造的なポテンシャル（潜在力）のあるエネルギーの流れが生まれ、社会に陰の方向、つまり女性性に向かう変化が起こるだろう（第3章〔五九～六二ページ〕参照）。

地球温暖化の進行をじょじょに食い止めていくには、エネルギー源を〔通常の〕炭素によるものから再生可能なものに早急に変更する必要がある。ヴィクトルは、そうすることで、自然が活発に進化するために必要とするエネルギーバランスが回復していくと考えた。だがこれは完全な解決策ではない。根本的に意識を変え、自然の一部としての人類の神聖な役割を認識し、自然の法則に従っていくことによって、はじめて自然と地球が進むべき新しい道が開けてくるのである。

共鳴は質に関わる

第2章で見たように、あらゆる物質は原子よりも小さな粒子からできており、固体で静止しているように見えても、それらの粒子はたえず運動している。[4] この運動の速さによって振動率が決まり、これと物体の形状と大きさが、その物体の振動周波数に関係してくる。たとえば木片にも、私たちの体の各臓器にも、それぞれ異なる共鳴周波数がある。地球にも七・八三ヘルツという固有の周波数がある（大地と電離圏とのあいだの共振周波数（シューマン波））。生きているものも、一見無生物であるものも、あらゆるものに固有の振動周波数と共鳴周波数があり、それが共感的な振動で強められたり、破壊的な振動で損なわれたりする。

高圧電線、ラジオ、テレビ、レーダー、無線送信機などからの乱雑に乱れ飛ぶ電磁気放射が、非常に敏感な荷電した体細胞をたえまなく照射することで人体の健康に悪影響が生じていることを示す証拠が増え続けている。

非常に悲劇的な例が二〇〇一年の夏に報じられた。[5] いくつかの国、とくにアメリカとイギリスの海軍は、潜水艦を探し出すためのソナー技術を開発している。この技術では最大二三〇デシベルもの大音量が使われることもあり、これが海洋哺乳類の大量死や海岸に打ち上げられる原因として非難されている。

二〇〇〇年にバハマで起きた有名な例では、少なくとも一四頭のアカボウクジラが死んだという。検死の結果、ソナーが共鳴を引き起こしてクジラを死に追いやったことが判明した。水中の気泡で共鳴が生じ、音波が最大で二五倍に増幅されたのである。クジラが潜水するとき、空気が肺から押し出され、脳の周囲にある小さな気腔に入り込む。この気腔が有害な共鳴を起こして、組織を広範囲に傷つけ、出血を引き起こしたと考えられている。このように、共鳴による損傷は、現在考えられているよりも非常に低い音のレベルで、はるかに広い領域でも起こりうるのである。

アメリカ海軍の科学者が使っている基準は旧来の物理学に基づくもので、安全なノイズのレベルを一八〇デシベル以下、安全な距離を二・二キロ以下としている。現在では、共鳴効果によって、最大一〇〇キロ離れたクジラでも傷つくことがあるという証拠がある。

植物には知覚と記憶がある

クリーヴ・バクスターは元ＣＩＡの尋問官で、警察官にポリグラフ、つまりウソ発見器の使い方を教えていた。尋問のテクニックの中に、被疑者の感情を揺さぶるために、「安心感を脅かすこと」を利用するものがある。バクスターは自ら実験を行ない、植物にポリグラフの電極をつけてみた。植物には何が脅威になるのだろうと考え、燃えているマッチを葉に近づけることを思いついた。すると、動きもしないのに、そう考えただけで植物は強い反応を示したのである。[6]

その後、他の多数の研究者も実験を繰り返し、植物はショックな経験や、楽しい経験をたがいに伝え合う、あるいは「共鳴」できることがわかったのである。バクスターはさまざまな複雑な遮断物を使って植物のあいだを行き交っている何らかの信号をさえぎろうとしたもののうまくいかなかったと述べているが、これは植物の発する信号が電磁気的スペクトルを超えたところにあることを示している。この研究の問題の一つは、研究者が実際に自分の感情の状態に気づいていなければ、結果が混乱しかねないということである。科学者が「客観的」な結果を得たいと思うなら、すべからく自分の抱いている偏見に気づくための講習を受けなければならなくなるかもしれない！　だがおそらく真に客観的な研究などないはずである（同じことが、他者に影響を与える立場に立つような研究をやっている人にもあてはまる）。

バクスターが行なったもっとも有名な実験は、人間的要素を排除して行なわれた。塩水湖に棲むブラインシュリンプという小エビを、自動的にあらかじめ決められた間隔で沸騰した湯の中に落としたところ、近くにある植物が、大量殺戮が生じるたびに「感情的に」反応したのである。植物はあたかも神経系を備えているかのように反応するだけでなく、記憶能力も示す。あとで見るが、水にも記憶能力がある。専用に作られた器具を使った観察で、アメーバ、血液標本、培養された細胞にも「感情的な」反応が認められている。有精卵での実験では、ある卵が割れると、他の卵が、別の部屋にあるものでさえショックを受けて反応することが知られている。

古代にまでさかのぼることのできる社会は、今もこの種の知識を奉じている。動物を殺す前のユダヤ教のカシェール〔食餌について細かく定めた規定〕の鎮めの儀式、作物を収穫する前に祝福を行なうことなどがそうである。そのような社会は儀式を行なうことで食物の振動が高い状態に保たれ、それを人が食べれば大きな恩恵を受けられることを知っているため、このような習慣には犠牲になるものに対する配慮以上の意味があるのだ。

振動と物理的形態

最初に振動を目に見える形に変えた人物の一人に、一八世紀のドイツの物理学者エルンスト・クラドニがいる。彼は、さまざまなヴァイオリンの音を響かせると、鉄の円盤の上にまいた砂のパターンが影響を受けることを発見した。二〇世紀になって、チューリッヒのハンス・イェニーが、液体、プラスチック、金属の削りくずや粉末を使った巧妙な装置でこの発見を発展させた。[7] ピッチを上げて板を振動させると、それぞれのピッチで調和のある模様が現れ、さまざまな有機的パターンが生じることがわかった。小塔状のクラゲのような渦巻き形、樹木の年輪のような同心円、カメの甲羅模様やシマウマの縞模様、ウニのような正五角形の星型、ハチの巣のような六角形のマス型などである。周波数が高いほど、模様は複雑になる。イェニーは、音のピッチを上げるにつれ静止している模様が変わっていく驚くべき映画も制作している。〔訳註・彼はこの、振動と物理的形態に関する学問をkymatik（英cymatics サイマティクス）と名づけた〕

もちろんこれらはすべて、物理的実体の秩序の背後にあるのと同じ幾何学的、渦巻き的な形であり、このため、音で振動させられただけの「無機的」な物質が「有機的」な形態を生み出すのである。興味深いのは、砂が板上の「動きのない」領域に集まることだが、これはパターンの「生命」が砂のない背景部分で振動しているためである。逆説的であるが、目に見えるエネルギーは、実際の目に見えない振動パターンとは逆の関係として現れるということである。有機的成長と発達には調和が必要となる。共鳴は、下位の系（システム）に調和をもたらすプロセスであり、その下位の系は、次なる高度な構造が構築される堅固な基礎となる。

初期キリスト教のグノーシス主義（一〜三世紀に広まり異端とされたキリスト教の宗教思想）が、物理的世界は、別次元に存在し至高の秩序をもたらす力の影あるいは殻にすぎないと主張していたことを、ここで思い出す人もいるだろう。ヴィクトルも、物理的形態は、五次元の創造的なエネルギーが使われたあとの打ち捨てられた外套（がいとう）のようなもの、あるいはエネルギーの残骸のようなものと考えた。カラム・コーツは、生命体に関連する共鳴パターンを、創造されるべきイメージやアイデアを生み出す種子ととらえた。彼はあらゆる物理的発現は、「創造する意志」あるいは元の「源」から出るエネルギーが集中した帰結として生じると主張した。

パターンと形状

パターンは秩序、つまり設計（デザイン）と構造に関係がある。設計や雛形（ひながた）なくしては何ものも生まれない。自然界のパターンは、伝統口承が神の贈り物と言い伝える法則に支配されている（おそらく、こうした因果関係を理屈づけたものだろう）。ホリスティックな科学や霊的な科学（スピリチュアル・サイエンス）では、自然を、宇宙にもともと内在する創造的な衝動を反映したもの、普遍的な心（ユニヴァーサル・マインド）、あるいは「全なる存在（All-That-Is）」の現れととらえる。

ルネッサンス以来、科学は、自然界が機能するやり方を説明するのに役立つ不変の法則を追い求めてきた。その科学が対象とする領域は物理的なものに限られているため、従来の科学は、宇宙（コスモス）の秩序が地球とその上に棲息する生物に微細なエネルギーレベルで影響を与えるという発想を切り捨てたが、そのことがヴィクトルをいらだたせた。彼は、古代の知恵と多くの共通点をもつ新しい科学によって、世界が宇宙（コスモス）の法則に従属し、二つの秩序のあいだに「調和」が生み出せることを実証したのである。

比較的最近の時代にいたるまで、科学者や哲学者は自然の創造的エネルギーを神聖なものととらえていた。彼らは自然のパターンとその複雑な相互関係がしばしば非常に特有な形と数値に現れることを、神の働きの証拠と考えた。このため彼らはこのような対応関係を、聖数や神聖幾何と呼んだ。自然に存在する複雑な数学的、象徴的パターンには、たしかに単に偶然と言ってすませるには難しいものがある（後出の節「神聖幾何学」「黄金分割」を参照）。

動きに見られるパターン

● 「初めに渦巻きありき」（デモクリトス〔紀元前四六〇〜三七〇〕）

あらゆる生命は動きである。自然界の動きに直線はなく、らせん形、あるいはらせん状の渦巻きの形をとる。らせん形は混沌から秩序を発達させる流体エネルギーの本来の姿である。ヴィクトルは、これを銀河の構造から原子にいたるまで、生命の自然な動きととらえた。らせん形は、本書で一貫して見ていくように、「調和的対応」を生むためのもっとも普遍的媒体なのである。上の如く、下も然りなのだ。

渦巻きは実にさまざまな方法で発達する。渦として上向きあるいは下向きに動いたり、円を描いて回転したり、渦自体が逆転したりする。動きがあるところには必ず渦巻きが生じる。水の場合、それは目に見えるものだが、気体、さらに電界も渦巻きやドーナツ状の形をとる。筋肉、組織、血液、骨その他の多くの有機生命の形も渦巻き型である。[8]

太陽系に見られるリズム

地球と月の関係は非常に精妙なものである。ノースウエスタン大学のフランク・ブラウン教授は、ネズミの走行、シオマネキの色の変化といった、周期的行動を起こす「生物学的時計」が、いかに月のリズムの影響を受けているかを示している。教授が行なった有名な実験に、コネチカット州ニューヘヴン沿岸で獲れたカキを、気密密閉した容器を三〇〇〇キロ以上内陸のイリノイ州エヴァンストンに送って行なったものがある。数週間のうちに、カキは、沿岸にいたなら移転先のエヴァンストンで経験していたであろう太陰潮（月の潮汐力）に同調して、殻を開けたり閉めたりする明白なリズムを示したのだ。

地球環境は電磁気的現象とそれが引き起こす作用に満ちているが、これは実証できる形で外宇宙で生じているさらに大規模な出来事と関係している。エール大学のハロルド・サクストン・バー博士は、木の幹に穴を開けて電圧変化を測定し、詳しい記録をつけた。上下に約九〇センチ離した二つの穴にワイヤの両端を垂直に挿入すると、電流が、さまざまな電圧で、規則的なサイクルで上下いずれかに動くのが検出された。これは月の相とは関係ないが、他の未確認の何らかの地球外の要因に呼応していた。バー教授の記録は、あらゆる樹木が、たとえ何百キロも離れていても、同じような電圧の変化と電流の向きを同時に経験していることを示している。これはある科の樹木が、宇宙の呼吸のような同じ電気的リズムに反応しているかのようである。[9]

どうやら、まだ十分に理解されていない普遍的な法則があって、それが生物の成長をあらかじめ定まったパターンに導くらしい。渦巻きは、創造的なエネルギーの媒体として、明らかに植物と胎芽の有機的生長に関わっている。蕾（つぼみ）は将来の植物のエネルギーを濃縮された状態で宿しており、蕾を数学的に分析することで、この形成的エネルギーがどのように発現されていくのかのヒントが得られるだろう。人智学の創始者であるルドルフ・シュタイナーはこのような研究を始めたが、これを射影幾何学を専門とする数学者、ローレンス・エドワーズが詳細に発展させている。[10]

エドワーズは樹木の芽が、種（しゅ）に固有の興味深いリズムで開いたり収縮したりするのを発見した。彼は、ある樹木の種（しゅ）がある惑星と特定の結びつきをもつことが多いというシュタイナーの理論をあてはめた。シュタイナーは特定の樹木や花と惑星、たとえばオークと火星、ブナと土星とのあいだに呼応関係があることを示唆したのだ。結果は、芽の脈動が特定の惑星の周期と結びついていることをはっきりと示していた。月自体には影響力はほとんどなかったが、土星（ブナの場合）や火星（オークの場合）と整列することで影響力が強められると、まぎれもなく二週間周期のリズムを示した。調べたブナの中で、この現象を示さない木が一本だけあった。その木は変電所から数メートルのところで生長していることが判明したのだ！

二つの幾何学系の対決

ヴィクトルは科学的合理主義と折り合いが悪かった。彼は支配的なユークリッド幾何学の体系を「技術と学術の産物」だと記している。この幾何学系は基本的に、点、直線、円、楕円という構成要素からなる、管理され、閉じた体系である。この体系は現在の私たちの世界観とものの見方を支配し、自然と相容れることのないものである。

伝統的な社会では、建築物の生硬な直線は、アルプスの村の軒や屋根の形に今も見られるように、装飾によって和らげられていることが多い。しかし二〇世紀には、建築デザインから装飾がはぎ取られ、むきだしの角ばった、不毛な均一性をもつ建物が残された（これは作物の単一栽培（モノカルチャー）と通ずるところがある）。

近代にいたるまで、中国人はユークリッド幾何学を認めなかった。彼らの建築デザインは、直線を破壊的エネルギーの具現である龍の道ととらえる、土占い的原理を特徴としていた。このエネルギーは曲線やらせんに流し込むことで手なずけることができるとされた。当時の中国人は、直線は破壊的振舞いを助長するものだと考えていたのである。おそらく現在は、私たちの住む箱状の家が思考や感情の創造性をそぐように作用したり、直線を多用することで私たちの振舞いに悪影響が出ていることに思いをめぐらせるべき時なのだろう。

自然界のシステムは非ユークリッド的で、開かれた、ダイナミックなものである。その構成要素は開いたらせん形、貝殻形、卵形、渦巻き形である。これによって流動的、適応的な環境が促され、その環境の中で、複雑で創造的な構造をもつ形態が進化することが可能となる。開かれた形の微細なエネルギーによって感性を育まれた生き物の中には、巣、塚、貝殻に円形や曲線を利用するものもいる。人類の文明がたどっているらせん状の下降を食い止めるためには、創造的な変化を促すシステムに注目する必要がある（図5—1〔九六ページ〕参照）。ヴィクトルは、人類が、自らが採用しているような機械的プロセスではなく、自然の有機的プロセスの一部として創造されたことを思い出すようにと願った。

神聖幾何学

ヴィクトルはパターンとリズムを宇宙の鼓動としてとらえており、どのように、どのような形でそんなパターンやリズムが繰り返されるかを体系化した数字や形態を示す伝統的表現に魅了された。自然界の秩序と形を分けて考える合理主義的世界観を教え込まれた私たちにとっては、それがある一つの全体の部分であることを理解するのは難しいことである。

古代の人々は数学や幾何学を、自然や宇宙に内在するパターンを理解するための道具とみなした。自ら科学者であり数学者でもあった古代の宗教的指導者は、私たちがやったような、異なる現象を別々の部分に押し込めるような愚を犯さなかった。彼らにとっては、物質と理性の世界、精神（スピリット）／霊の世界と神の意識の世界はすべて一つのものであった。彼らは数と形を神話と象徴の文脈において、構造と理性がもつ霊的な意味の側面と、科学的な必要性との双方を満たすように活用した。このような過程の中から、数秘学と神聖幾何学の伝統が生まれたのだ。

あらゆる古代文明において、正方形は物質と合理性としての地球を象徴し、円は精神（スピリット）／霊と感情の包含的な世界を象徴していた。この両者をバランスさせる方法は、「円積問題（円の正方形化）」〈円と同面積の正方形を作る、作図は不可能だが無限に近似値に近づけていく手法。図4―2参照〉と呼ばれ、建築と哲学の分野でその実現が追求された。正方形の四辺を合計して、円周の長さに等しくできれば、同じ面積を包含することで調和のとれた状態となる。これはバランスのとれた人格を表すたとえとして使われることもある。だから「circling the square（四角を丸める、の意）」とは、理性が感情よりも勝っている人について言う。

神聖幾何学の他の問題と同様に、たんに測定に基づいただけではこの関係を作図することはできないが、それは自然の秩序の一部であるから、その答えは実際の月の大きさと地球の大きさの関係に見出せる。[1-1] 図4―2のように、地球を表す円（縦線つき）の周囲に正方形を描いてみる（各辺は地球の直径に等しい）。次に同じ縮尺で、地球の上に接するように月を描く。それから、中心が地

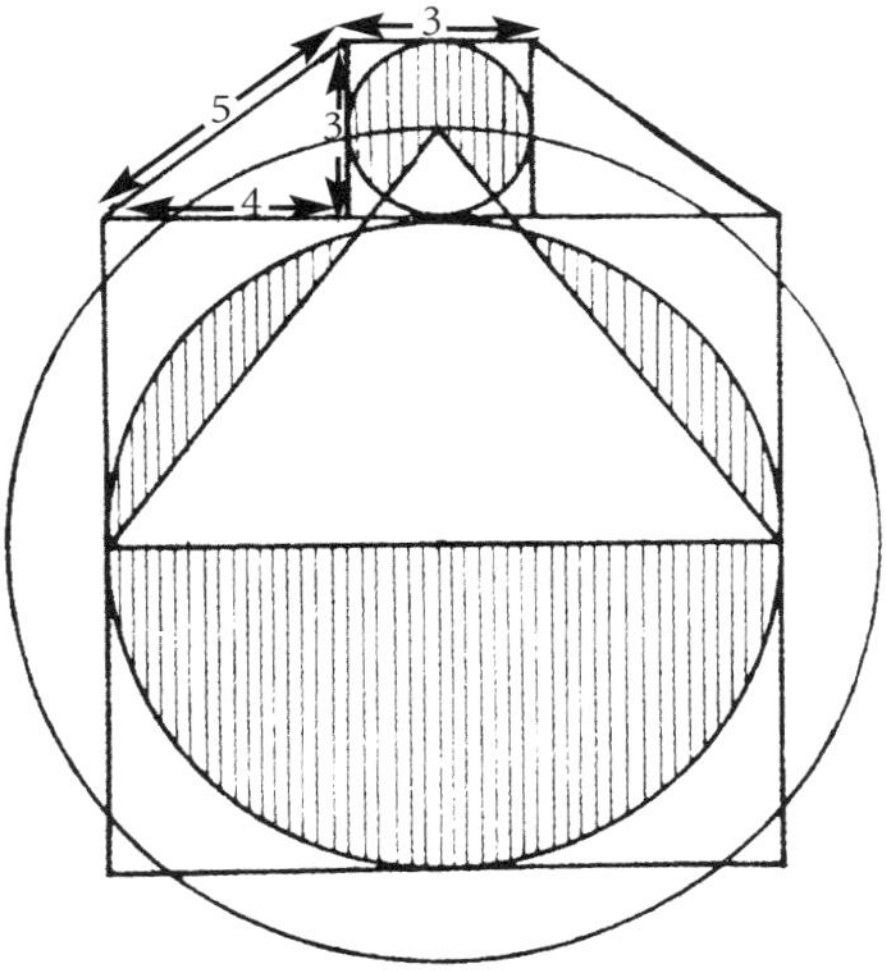

図４―２　円積問題（円の正方形化）
神聖幾何学は宇宙的関係性の観察に基づいたものだ。この図では、大きな三角形の底辺は地球の赤道の直径になっている。頂点は月の中心に位置するが、これは実際の地球との割合も同じであり、ピタゴラスの直角三角形（月の左右）が正方形を支えている。

球の中心と同じで、円周が月の中心を通るような円（外側の円）を描くと、その円周は、地球を囲む正方形の四辺の合計に〔理念的には〕等しくなる。

この図には、地球と月をそれぞれ囲む正方形の角をつなぐと、各辺の比が三―四―五となるピタゴラスの三角形も含まれている（月の左右）。「ピタゴラスの定理」は、このような関係から作られたのだ。音楽の和声の基礎は、このような神聖比で生じる間隔に基づいている。中世の神秘的学派では、建築、絵画、音楽的調和の規範が教えられており、その一部はルネッサンス期に息を吹き返した。

黄金分割

美的に優れた包含形態となる完全な比率を探求する中から、「黄金分割」の四角形が発見された。正方形は機械的に過ぎたし、長方形はぎこちなかった。もっとも正しいように「見える」形状は、一対一・六一八（ルート三）の比率をもつ直角の四角形である。やがてこれは自然のデザインの中によく見られる魔法の比率であることが判明した。この比率が縮小しながら連なると、オウムガイの殻のような完全ならせん形ができる（図4―4）。

らせん形は、しばしば一対一・六一八に似た「聖なる」比率を示す。たとえばフィボナッチ数列は黄金分割が無限に続くもので、ヒマワリの種部が美しいらせん形をなして並んでいるさまに見ることができるが、これは最大の数の種を収めるための自然の巧みなやり方なのである。(1・2)

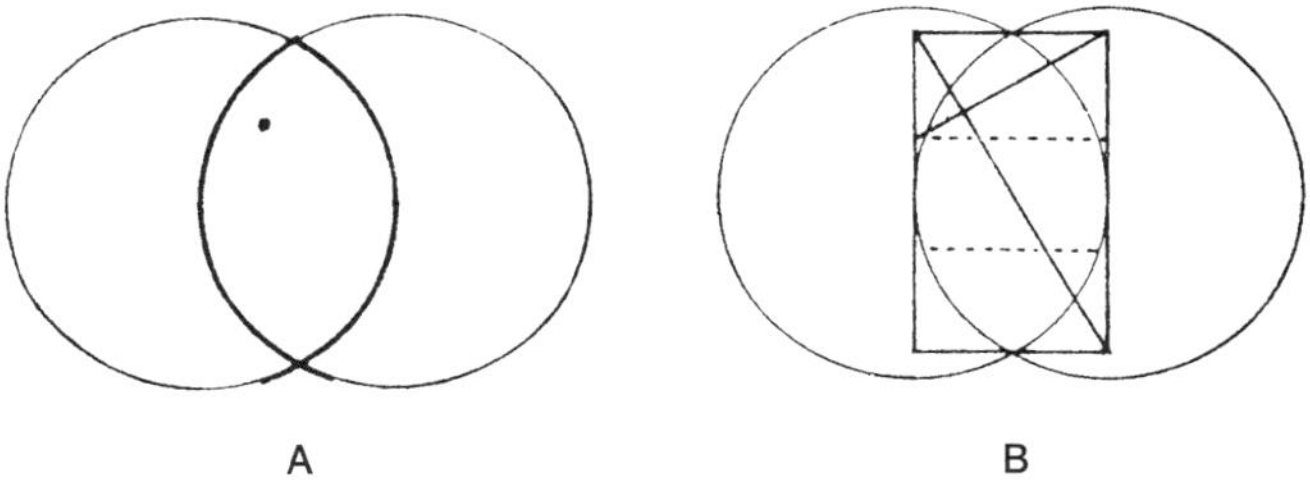

図４—３　ヴェシカ・ピスシス
「魚の器」はもっとも単純でもっとも情報量の多い幾何学的シンボルであり、二つの円が重なってできた口は、中世の聖堂の熟練した石工たちに霊感をもたらした。魚や、司教の法冠などのキリスト教のシンボルの多くはこの図形に由来する。左図Ａは魚のように見え、その眼は、右図Ｂではヴェシカ・ピスシスを包含するルート３の比率をもつ四角形の、幾何学的な「眼」の位置に対応している。

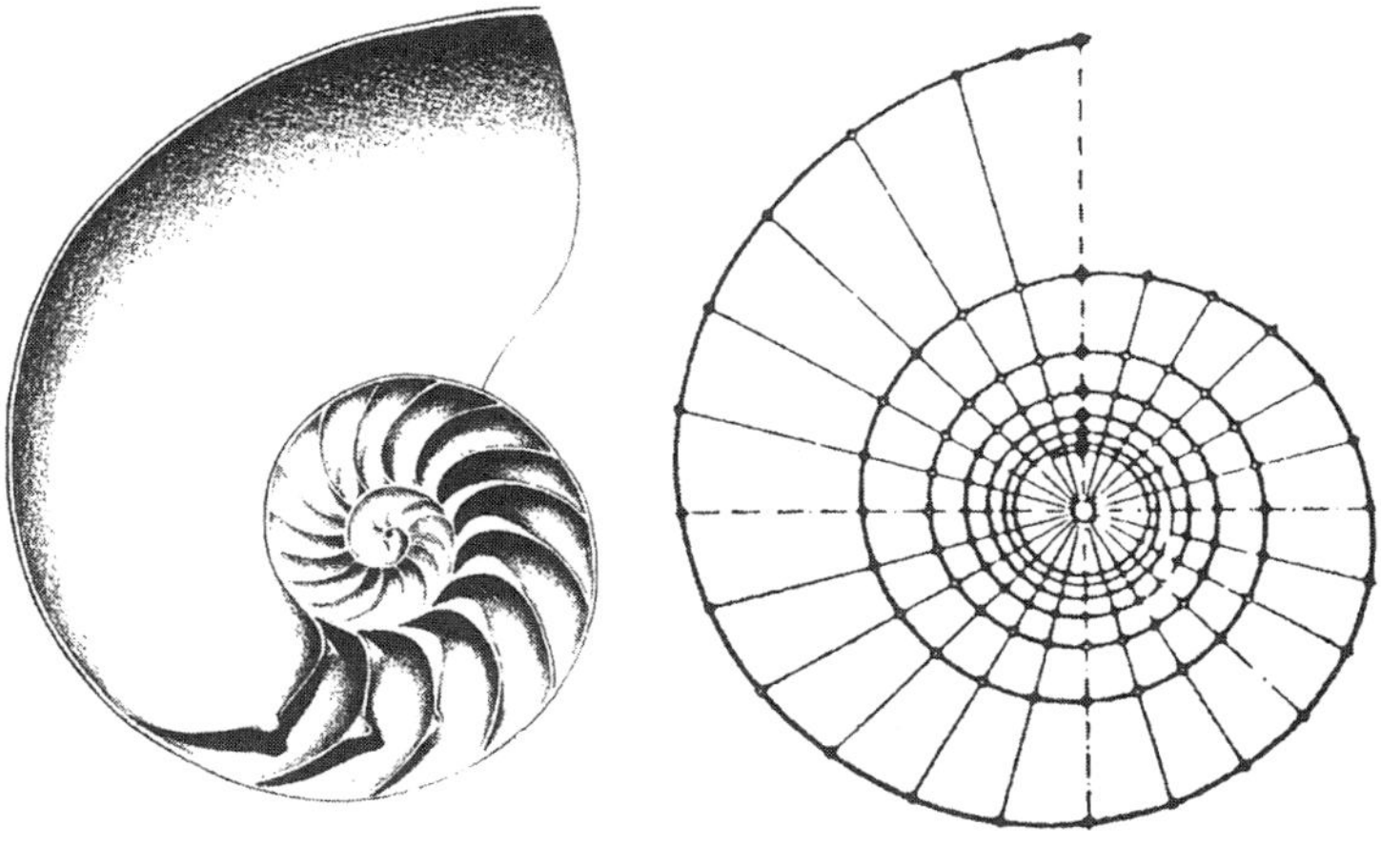

図４—４　巻貝の殻と対数らせん
巻貝のらせんと、同じ形の対数らせん（右）の比較。この形は、非常に正確な幾何学に基づいて曲率が変化し続ける、非ユークリッド的な開放系である。

それ自体として、あるいはより複雑な形態の一部として自然界に生じる興味深い形態に、「ヴェシカ・ピスシス（*vesica piscis*「魚の器」）がある（図4―3）。この先のとがった長円形は、三角形、四角形、多角形から黄金分割の四角形にいたるあらゆる他の幾何学的形態が出てくる女性的生成原理の形であり、聖なる建築物はこの形に満ちている。

あらゆる伝統的芸術や科学は、数に現れる同一の宇宙的な真理に基づいており、聖数とは世界の秩序の比が明らかにされたものであり、神秘主義者が経験的に発見し、太陽系を精密に測定することで確かめられた。ストーンヘンジからソロモンの神殿にいたる聖なる建物、古代エジプトの絵画、ミケランジェロの作品は、すべてこのような神聖な比率を用いることで、人の意識に対し、魔術的な効果と力を生み出しているのである。

中世は肉体的なものと霊的なものが完全に織り合わさった時代だったが、現在教えられている歴史では、合理的な「啓蒙的」世界観に基づいて、この時代は無知と喪失の時代とみなされている。本当は、この時代は創造性と霊感に湧きかえっていたのである。ゴシック様式の聖堂は、合理的な工学的技術に寄りかかるのではなく、正しい比率を理解することで建築されていた。中世の音楽家は、開放弦を自然数で割ると正しい比率の音が得られることに魅了された[13]。彼らは和声の奇跡を再発見し、それを聖なるものとして疑うことなく受け入れたのである。これが、中世の聖歌が並外れて美しい理由なのかもしれない。

卵形の魔法

第1章では、ヴィクトルが、自ら自然界の直接的知覚の世界に深く入り込んで、そこから概念や理論が自ずと現れるようにできる革新的な自然科学者の一人であることを述べた。だが彼は直感によってじかに着想を得てもいる。たとえば、自然が創造的エネルギーを生み出すために卵形を利用するという発見がそうだ。卵形は、彼の発明の重要な構成要素となった。卵形は自然に渦巻きの動きを生み出す唯一の閉鎖形なのである。第17章では、ヴィクトルが卵形の堆肥の山を使って、いわゆる「フラクティゲン」的エネルギー〔実りの増大をもたらす。五二ページ参照〕をどのように生成し、植物の生長を促したかについて述べるつもりである。

卵形は、多くの生命で、とくに成長の最先端で見られる。引き伸ばされた形ではあるが、松かさの構造も卵形を示す好例である（後出の図4―5）。この形は、異なる厳密な幾何学的公式に従って展開する。その構造を調べると、種子の「翼」が二つの対極となる左回りのらせんを形成しているのがわかる。一方の〔五本ある〕らせんは下降する（男性的）動きを示し、松かさを三回転する波長で終わりに到達する。もう一方の、上昇（女性的）する八本のらせんは、上昇して男性性と出会うが、動きはゆるやかで、松かさの全長で一回しか回転しない。男性的らせんと女性的らせんが交差するところに種子が生じる。

この約五対八の関係（割合）は、ギリシア文字の「ファイ（φ）」としても知られる「黄金分割」に固有の特徴であり、値は一対一・六一八〇三三九八八となる。「φ」、そして円の円周を示す超越数である「π」は「神的比率」と呼ばれる。自然の形態の多くは、その生成において「φ」に基づ

図4―5　松かさの対称性
本図は、減速する5本の正の男性的らせんが、加速し、上昇する8本の負の女性的らせんと出会う様子を示している。両者がたがいに交差し、2つの力が結合するところで、新しい生命の種子が生じる。これは、対照をなす正反対の2つのエネルギーが調和的に相互作用し、バランスをとる様子を示している。

いているが、これは「ϕ」がエネルギーを形に変換する媒体の一つだからである。中心成長点からの半径の長さをさまざまに変えることで（「ϕ」により決定される半径長）、自然界のらせんや葉の形には大きな多様性が生み出されるのである。

第2部

この世界はいかにして機能しているのか How the World Works

第5章　自然なエネルギーの生産

現代の技術の非効率性

現在普及しているエネルギーの生産法はなぜこれほどまでに効率が悪いのだろうか？　生み出すよりはるかに多くのエネルギーを燃料の形で投入しなければならず、多くの場合でその量は二倍以上にもなる。この点は、現在まで化石燃料が無尽蔵であり、自由に採掘できると考えられていたために問題にならなかったし、今でもそう思っている人は多いが、ここにいたって持続可能な開発についての議論が高まってきている。化石燃料の使用を減らすべき最大の根拠は、化石燃料を燃やせば地球温暖化の主要な原因である二酸化炭素が生じるためである[1]。今や電力源は、太陽電池パネルなどの、地球を一方的に搾取するようなことのない再生可能なエネルギーによるものでなければ持続可能とはみなされない。

現代の技術の効率を、人体での効率と比較すれば差は一目瞭然である。ヴァルター・シャウベルガー（ヴィクトルの息子）が、ふつうの自動車で一〇〇〇キロ移動するケースを計算したところ、人間が一年に消費するのとほぼ同じ量のエネルギーを消費することがわかった。一一時間車を走らせれば、一人の人間が一年間に必要とする量の酸素を消費してしまう。世界中の自動車が一年に消費する酸素を補充するには、世界の陸地面積の二八パーセントにあたる健全な森林が必要となるが、これは減少しつつある現在の森林被覆すべてと同程度の面積である。(2) 大気中の酸素の割合が実際に減ってきているという驚くべき証拠がある。これは琥珀（こはく）や南極大陸の古代の氷河の中の気泡に閉じ込められた空気を分析することで判明したものだ。

有名なハーゼンエール－アインシュタインの方程式、$E=mc^2$ を使って計算すると、一グラムの物質（肉、木、水など）に蓄えられているエネルギー量は二五〇〇万キロワット時に相当するとヴァルターは言う。難しいのはどうすればこのエネルギー源を解放できるかということである。ヴィクトルはかつて次のように言っている。「良質な泉の水一滴は、平均的な発電所が作り出すことができるよりも多くのエネルギーを宿している」(3)

ヴィクトルは自然がエネルギーを生み出す方法のほうがはるかに効率が高いことに気づき、現代の技術による危機を解決できるとの信念から、自然なエネルギーを生産する内破マシンを設計した。

エントロピーとエクトロピー

生物物理学者ジェームズ・ラヴロックは、自ら唱えた「ガイア仮説」の中で、自然（自身の数学的モデルでは「デイジーワールド」と名づけている）は、生命体の進化に適するように自らのフィードバックメカニズムを通じて地球のエネルギーバランスを調節しているという。生命系、非生命系が使うあらゆるエネルギーは、最終的に回復させようのない廃熱、つまり無秩序な状態にまで劣化していく。人間のあらゆる身体的プロセスからはエントロピーが生じる。自然はこのプロセスを利用して温室効果を作り出し、その作用で気候はじょじょに穏やかとなり、どんどん複雑な生命体が生物圏に生まれてきたのだ。[4]

エントロピー、つまり無秩序は、地球の温室効果により数百万年にわたってリサイクルの範囲内にあった。私たちが一歩あるくたびに、脚の筋肉を動かすために体内の呼吸プロセスが秩序ある炭水化物を少し燃焼させ、秩序を失った少量の廃熱は体の表面から跡形もなく消え去る。単純な細菌がわずかな距離を動くたびに、秩序の低下した数マイクロカロリーの廃熱が放出される。しかしジェット飛行機が成層圏を切り裂いて進むと、そのたびに回復不能な大量の熱があとに残され、完全に無秩序な状態で地球という熱タンクの中にまき散らされる。これはすべて程度の問題である。現在、人類は持続不可能な形でエントロピーを増やしており、それが地球上の生命を激減させているのだ。

地球の環境がもたらす温度範囲は、宇宙で見られるような極端な温度差と比べれば、きわめて幅の狭いものである。温度が大幅に、急激に変化すると多くの生物にとって有害となるため、生命体が成長、発達するには適度な温度条件が必要となる。人類の歪んだ技術のせいで、私たちは非常な高温を使うことに慣れてしまっている。人類は燃焼と高温核分裂によってエネルギーを生み出す。

多くの製造プロセスには大量の熱や高圧が必要となる。また熱と圧力を使って無理やり化合物を作り出している。たしかに技術に長けた人類は、あるところでは高度な秩序を作り出すことができるが、そうすることで他の場所にははるかに大きな無秩序を生み出してしまっているのである。

科学的「法則」

科学的法則は、「特定の条件下」で生じた特定の出来事についてはかなり信頼性のある一般的言明である。たとえば、熱力学の第二法則というのは、あらゆる閉鎖系では、秩序ある状態を維持するためにエネルギーをつぎ込まなければ混沌が生じるというもので、破ることのできない法則とされる。ヴィクトルは、自作の機関でエネルギーがひとりでに生じうる、つまり摩擦のない運動を実現できることを示すことで、この原理の誤りを証明した。

大気と生物圏とのすばらしいフィードバックシステムによって、地球上の温度は、豊かな生命体、とくに高次の生命体が棲息するのに必要となる狭い範囲に保たれている。ガイア〔地球〕についての研究は、ガイアそれ自体が生命体であり、微妙に調整されたサーモスタット機能をもつことから複雑な生命体が発達できることを示している。小規模の小気候の中に何種類かの生物が棲息し、一本の木にフィンチのような数種類の小鳥が棲息し、それぞれが独自のニッチ〔環境内で種に特有の生息場所〕をもっているということも起こるのだ。

人類は生物種の中でももっとも優れた適応力をもつとされ、約マイナス一〇～プラス四〇℃の範囲で生存することができる。これは種として言えばたしかにそのとおりだが、個々人の身体的健康と精神的・霊的幸福がかつてより増したというのでなければ、個人についてはあてはまらない。自然界での要件に、一つの全体として存在するためには、環境と調和しなければならないというものがある。人間が優れた身体的能力と鋭い精神的能力を発達させるには、何世代にもわたって特定の環境に適応していく必要がある。同じように、環境の変化（たとえば地球温暖化や〔電気製品からの〕マイクロ波放射の影響によるものなど）にうまく適応するのにも数世代がかかる。私たちの体はすでに過去二〇〇年で気温の上昇に、過去六〇年ではストレスに満ちたマイクロ波放射に適応しなければならないという難題に直面している。

これを、現代の人類が自然から切り離された生活、飛行機で移動する生活、不自然な食物、莫大な電磁波ストレスにさらされる生活に適応するために費やしている努力と比較してみてほしい。私たちは身体的、心理的アンバランスに対処するために山ほど薬を服用し、満たされない内面をなだめるために心理療法家にかかる。ヴィクトルは、人類の生活は今や完全にバランスを失っていると言う。もう一度原始的なライフスタイルに帰れとは言っていないが、自然の中に見つかるヒントに従うなら安定と正気を取り戻すことができるとも保証してくれている。

エネルギーの汚染

私たちはふつう、タバコの煙の立ちこめる部屋や化学物質を含む廃液で汚染された川のように、物質的な意味で汚染をとらえる。これが従来の科学の限界である。このため、電子レンジ、レーダー送信塔、携帯電話の安全性に人々が不安を感じても、科学者は公式にはいつも「健康に対して何らかの危険をもたらすという証拠はない」と答える。予想されるように、政府と産業界は利己的に共謀しており、社会からの抗議や訴訟への動きを封じるためにこの見当違いの見解を強めることしか行なわない。

ヴィクトルはエネルギーの汚染という、さらに進んだ次元の概念を示している。彼は自然の創造的プロセスは、一貫して形態を洗練、多様化してより高次の有機的システムを生み出すものであり、また——人間の経験による比喩を使うなら——意識（関連性がより高次に統合されたもの）を高めるものだと理解していた。彼は微細なエネルギーがこのような上向きの進化的機能を果たすための形態として、三つのものを区別している。第4章（五二ページ）でいわゆる「ダイナゲン」、「フラクティゲン」、「クオリゲン」と呼んだものである。

このようなエネルギーは、以降の章で見るように、自然が進化のためにデザインした特定の動きと温度のパターンによって生み出される。自然の意味、目的、そして何よりも知性を示す証拠を示すよう、もし私が法廷で証言を求められるなら、このような複雑なプロセスを引き合いに出すことだろう。

ヴィクトルは、ジェームズ・ラヴロックらが知性をもつ自然の自己維持能力というガイア理論を提案する三〇年も前に、この「進んだ」制御システムについて記しており、進化的エネルギーの分野では彼らのはるか先を行っていた。

このような創造的エネルギーが、現代の技術的プロセスから放出されるものによって阻害されていることを、ヴィクトルはもっとも危険な種類の汚染と考えた。その熱、圧力そして何よりも混沌を生む作用のために、建設的な発達作用を生み出す自然の繊細なエネルギーが実際に損なわれているのだ。このため、水に入り込んだ化学物質は川を汚染して悪臭を放つだけでなく、水の複雑な構造も破壊してしまう。そうなると水は健康に振舞うことができなくなり、文字どおり死んでしまうのだ（第11章参照）。

この種の汚染は、人間の健康に対してだけでなく、進化にも影響を与える。ヴィクトルはこの汚染によって、この産業社会での十分に裏づけられている知的劣化や暴力の増加が説明できるとした。一九三〇年代初期に世界中の孤立した一四の土着社会を調査したウェストン・プライス博士は、これまで長い時間をかけ練り上げられてきた現地の食事が西洋型の食事に変わることで人々に生じた影響の中に、このことを認めている（食物とはエネルギー的な薬だからだ！）[5]。

自然に反した技術によるエネルギー汚染が環境一般にどれほどの悪影響を及ぼしているかは不明である。理屈からいえば発電所、巨大な工場などの近くでもっともひどいはずである。だが地球の血液を通す動脈であり（第11章参照）、通常はエネルギーを周辺の地域にもたらす河川が（ヴィクトルがしばしば言っていたように）「生命を失った死体」になれば、その死んだエネルギーが環境に及ぼす悪影響はどれほどのものになるだろうか？　人類が堕落していく退化のスパイラルを反転させようとするなら、いちばんにしなければならないことは明らかに自然のエネルギーシステムに切り替えることである。

目の前にある選択肢

人類はかなり最近の時代まで、比較的自然で持続可能なライフスタイルで暮らしていた。産業が発達し、それにともなってエネルギー資源に対する需要が莫大なものになってきたため、加速度的に不安定さが生じてきたのだ。人間が二〇〇〇年以上昔から自然環境を悪化させ、秩序を破壊し、効率を悪化させてきた、不自然な発達の軌跡を描くことができるが、この傾向は三五〇年前からははるかに明瞭になってきている。

カラム・コーツは、その自著に示した図（次ページの図5―1）でこの二つのシステムの分岐を示している。急激な工業化が生じた過去一五〇年で、科学を基礎とする技術が発達し、下の曲線が示す分岐は顕著になり、環境に悪影響がもたらされた。

対照的に、「エクトロピー」〔ectropy　エントロピーの反対で、混沌ではなく成長と発展の状態〕に向かって上昇する曲線は、自然の進化が、それまでのシステムの土台の上にさらに進化した種によって、より複雑な系を作り上げる様子を示している。これが、生物多様性が増大していくやり方である。

新しい種が出現するためには、相互依存性のレベルが向上して余剰の進化的エネルギーが生じる必要がある。それはあたかも、健全な進化の経済により自然の資本が成長することで、新しい生命体を育むことのできる利子や余剰のエネルギーが生み出されるかのようである。自然のシステムはきわめて経済的であり、無駄はほとんど生じない。現存するあらゆる生物を養っている多数の種子、

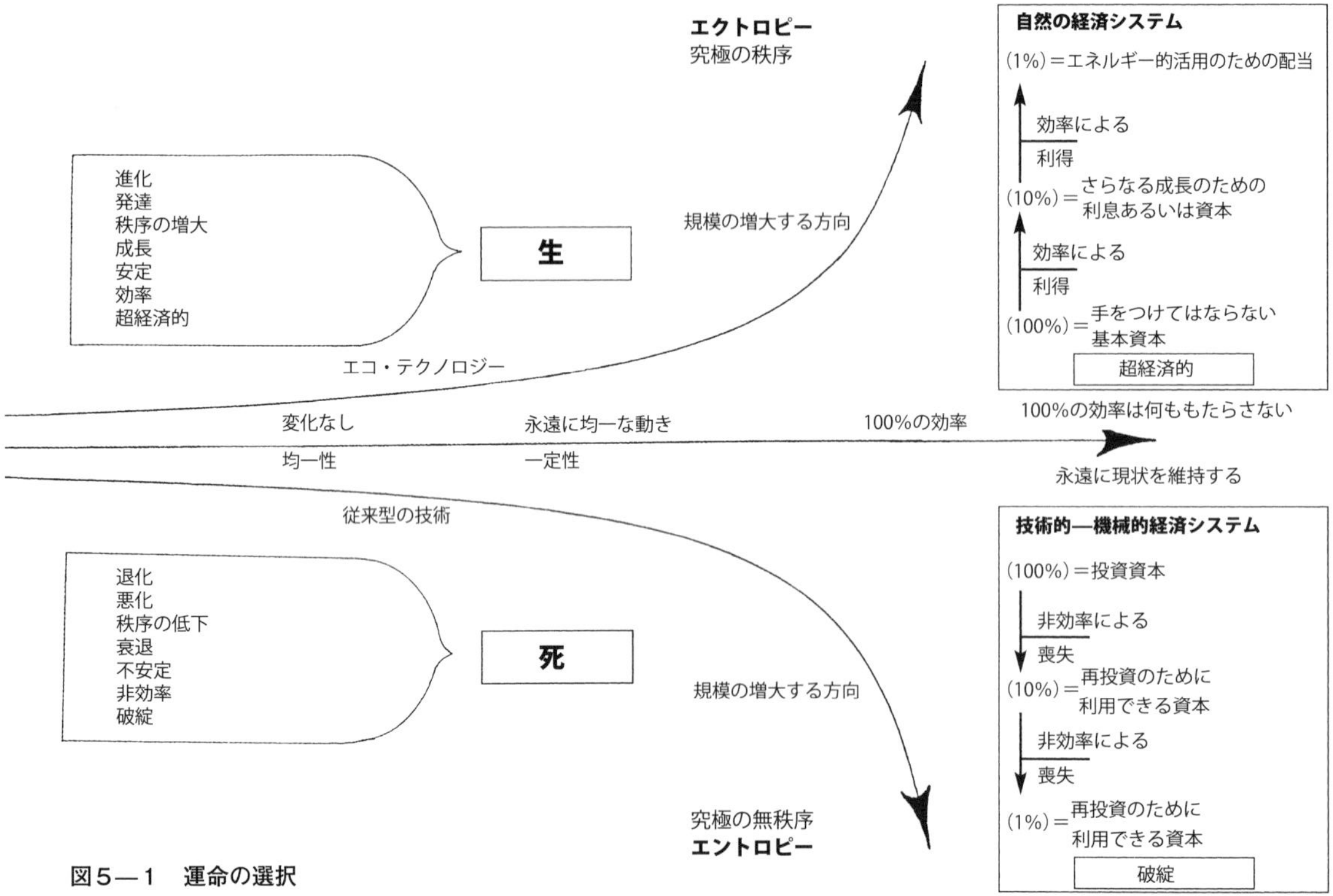
エクトロピー
究極の秩序
自然の経済システム
(1%)＝エネルギー的活用のための配当
効率による
利得
(10%)＝さらなる成長のための利息あるいは資本
効率による
利得
(100%)＝手をつけてはならない基本資本
超経済的
進化
発達
秩序の増大
成長
安定
効率
超経済的
生
規模の増大する方向
エコ・テクノロジー
変化なし
均一性
永遠に均一な動き
一定性
100%の効率
100%の効率は何ももたらさない
永遠に現状を維持する
従来型の技術
技術的—機械的経済システム
(100%)＝投資資本
非効率による
喪失
(10%)＝再投資のために利用できる資本
非効率による
喪失
(1%)＝再投資のために利用できる資本
破綻
退化
悪化
秩序の低下
衰退
不安定
非効率
破綻
死
規模の増大する方向
究極の無秩序
エントロピー

図5—1　運命の選択

木の実、果物は、自然の利子の余剰分と見ることができる。

自然の基本資本である地球の鉱物資源は決して使うべきではない。第17章で見るように、ヴィクトルは鉱物資源が形成的エネルギーを生み出すために欠かすことのできない基礎であることを示している。世界の先住民たちはその重要性に気づいていた。鉱物を豊かに蔵する土地は人々にとってエネルギーを高める場所であり、彼らはそこを聖地とみなしたのである。

自然が新しい生命の成長、運動、進化を生み出すためには、自らの資本をたとえば一〇パーセント増やすことが必要となる。持続可能な形で生活するということは、自然の余剰分で生きていくということである（うまく管理された混交林を運営して樹木を無駄なく利用するなど）。進化しつつある自然に多様性が広がっていくことで、安定性が高まり、一時的な落ち込みをもちこたえる力が生じる（図5―1）。

図5―1の中央の線は一〇〇パーセントの効率を示している。これはもっともよい進路に思えるかもしれないが解決策とはならない。この状態はたんなる円運動のように、活動性に欠けるのだ。状態が均一であるということは、増えたり減ったりすることが決してないということである。自然の目的は何よりも、動き、変化、進化を求めることにある。自然は、静止状態や均一性を嫌うのである。

下のカーブは、現在の私たちがたどっている道を示している。エネルギーの使い方に思慮がなくて無駄が多く、手っ取り早く見返りを得るための大量生産によって多様性を置き換えてしまっているが、これは自然には耐え難いものである。かつて豊かな森が繁茂し、多様な樹木種や動物種がたがいに寄りかかり合っていたところには、今や単一栽培種しかない。このやり方には、単一の作物を育てる広大で垣根のない土地が必要であり、生きた腐植土をじょじょに殺してしまう肥料に頼らなければならない。このような土地は単調な、環境的には不毛の地となってしまう。鳥や小動物、野生の花に満ちあふれた防風用の生垣に囲まれた収穫量の多い、有機的に栄養を与えられた畑は消え去ってしまった。頻繁に伝えられる絶滅危惧種や新たに絶滅した種の知らせは、このような生物多様性の衰退を証言するものである。

ヴィクトルが「技術的—機械的経済システム」と呼ぶものは、下降曲線をもたらし、その曲がり具合は不自然なエネルギーシステムが広く使われるほどに加速する。汚染を別にしても、このようなシステムは明らかに効率が悪い。一九七〇年代に、ヴァルターはシュツットガルトにあるメルセデス・ベンツ社の研究開発部門の責任者、フリッツ・コルテガスト博士と産業の効率について議論したが、博士は当時、ベンツ社の有するもっとも効率のよいエンジンでも、得られる推進力は投入したエネルギーのわずか一三パーセントであり、残りは熱や汚染物質としてまき散らされることを認めている。事業でこれほど効率の悪いことをすれば、すぐに行き詰まることだろう。

実をいえば、私たちの技術的—機械的経済システムは、再生不可能な資源を大量に自然から搾取することでエネルギーを消費する既得権益によって作られたものなのである。結局、このような持続不可能なテクノロジーでは、経済的崩壊、社会的混乱、環境悪化を招くだけであることは明らかなはずである。私たちが目の当たりにしている無秩序と腐敗は、人類が自己破壊的なエネルギーシステムに依存していることから生じている。このシステムでは、一〇〇ドルを投資しても一三ドルしか返ってこず、その次には一・六九ドルにしかならない。[6]

エネルギーが質を決める

自分たちが地球の生物の頂点にいると確信している私たちは、実は地球の創造性のおおもとを破壊している。生物圏の中で私たちの居場所を支えているのは自然の多様性なのである。石油、石炭、鉱物をとめどなく採掘し、森林を伐採し、魚を乱獲し、動植物種をやむことなく絶滅させていくことで、人類の存在自体が脅かされているのだ。低い水質の水の中でも生きられるのは下等な魚だけであることは誰でも知っている。人間についても事情は変わらない。環境中の天然資源の価値が下がってしまうことで、人類の潜在力(ポテンシャル)の質は避けがたく悪影響を被る。

従来の科学では質の重要性は問われない。還元主義的科学者にとっては水は水であり、遺伝子組み換え作物は従来の作物と「実質的に同等」なものである。しかし自然界ではあらゆるプロセスがたえまない変化と変形によって働いており、一つとして同じものはありえない。量的科学では一＋一＝二だとするが、自然のシステムでは等式は成り立たないのだ。

単一栽培(モノカルチャー)と大量生産とは、反復を行なうということである。そこではすでに生じた活発で経験ずみのプロセスが繰り返されるが、新しい発展はなく、わずかでも進歩はありえない。同じことを反復するのは、エネルギーの無駄遣いであるため、進化に反している。自然のプロセスやシステムが新たに発展するためには、変化と多様性が必要となるのだ。

コーカサス出身の神秘主義者で教育者でもあるゲオルギー・グルジェフは、ふつうの人間は、気づきや意識をもたない盲目的な機械のように生きているとよく述べた。ヴィクトルは、現代の人間は物を見ることはあっても、本質を見ない表層的な生き物だと考えた。私たちの視覚は認識するのみに限定されており、深い考察とは関係がない。私たちは外見を全体と、結果を原因と取り違えてしまっているのだ。実際に目にしているものは発現したものの外側の殻であり、形成的エネルギーが遺していったものにすぎない。私たちには、生物を創ったエネルギーが見えないのである。

創造的なエネルギーの渦

カラム・コーツは図式（図5―2）で物質創造のプロセスを示している。これまでに見たように、創造的エネルギーは渦巻きの形でらせん状に動く。創造的プロセスは、創り出されつつあるものの青写真を含むエネルギーが、（どんな形であれ）そのエネルギーが目的とするシステムを創造するのに必要な形で動くことから生じる。そのプロセスは、イデア〔現実世界の個物の本質・原型〕や青写真の鏡像として物質を結実させる。これが、物質的なものが有機的現実の殻であるといわれる理由である。

これまで見てきたものは形成的なエネルギーである。持続的なエネルギー、中国語でいう「気」というものもあり、これも同じように動く。これは、健康な河川、毛細血管の血液の動く方法であり、エネルギー経路が外部に現れたものである。私たちには、血液は見えても血液を押し出すエネ

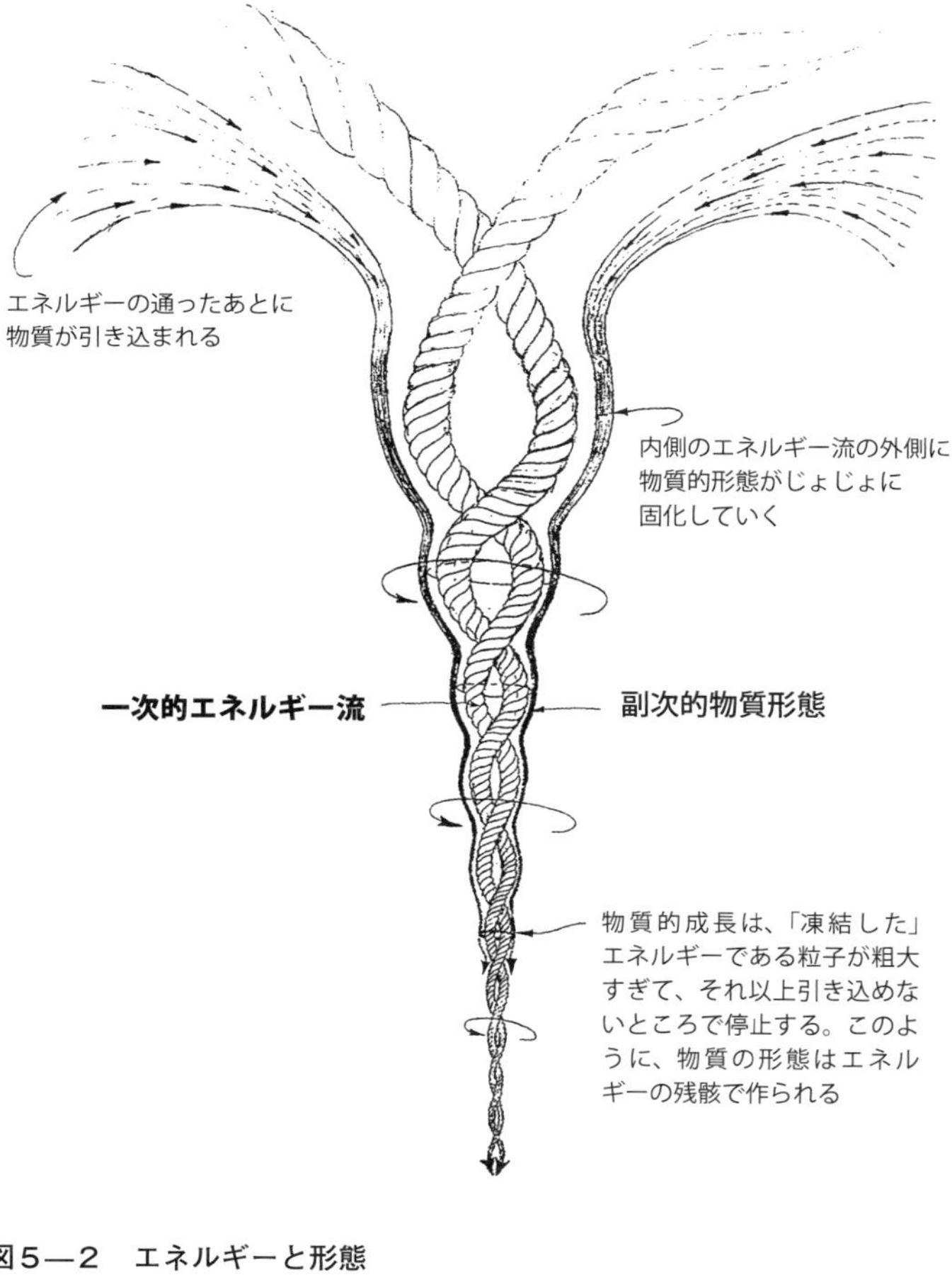

エネルギーの通ったあとに
物質が引き込まれる
内側のエネルギー流の外側に、
物質的形態がじょじょに
固化していく
一次的エネルギー流
副次的物質形態
物質的成長は、「凍結した」
エネルギーである粒子が粗大
すぎて、それ以上引き込めな
いところで停止する。このよ
うに、物質の形態はエネルギーの残骸で作られる

図5—2　エネルギーと形態
はじめにエネルギーありき。それは第一のもの、原因である。エネルギーは、自らが動きたいように形態を作り出す。形態はエネルギーを映し出したものであり、副次的な結果である。

ルギーは見えない。血液の中に見えるものは、粗大すぎてエネルギーの最終的目的地まで到達できない物質である。エネルギーは、もっとも効率的な形で、自らが動きたいように姿を現す。それは、家を建てる場合に、自分のライフスタイルに合わせて、中で動きやすい家を作るようなものである。

あらゆる自然のシステムは、そのエネルギーのパターン、あるいは、そもそものシステムを創造しようとした「イデア」が映し出されたものである。システムが適当な位置を得ると、そのシステムを生んだエネルギーは、粗大になりすぎてエネルギーの流れをそれ以上運ばれていくことができなくなったとき、物質として吐き出される。ヴィクトルは地球を巨大な糞塊として記述し、あらゆる生物は、一定の形で動く創造的エネルギーがそれ以上運べなくなった成分を排泄した廃棄物のなれの果てであるとよく述べた。

簡単に言えば、生命力を高めるのに役立つのは非物質的なエネルギーにとどまるものだけであり、一方、その他のエネルギーの成分は、人間の日常の排泄のように廃棄物として吐き出される。私たちが食べる食物には非物質的な微細エネルギーが含まれており、思考プロセスや代謝機能を生み出すのに使われる。人体とは、物質のもつエネルギーを知的活動や身体的活動に変換する複雑な渦巻きを含むエネルギー経路のようなものなのである。このため、私たちの機能の質が、摂取するエネルギーの質に左右されるというのも当然のことである。ヴィクトルは質の高い栄養と水のために社会的な運動に奔走した。

つまり、物質的発現はエネルギーの動きに左右されるということだ。私たちが目にする自然界のあらゆる創造物は、形成的エネルギーの通り道の外殻である。ヴィクトルは、樹木はエネルギーが物理的質量を引き上げることのできる高さまでしか生長しないが、その樹木の中心的エネルギー体はその上にあるとよく述べていた。

彼は、渦巻きはエネルギーが動く自然な形であることを実証した。次ページの写真（図5—3）は、水の好むらせん形をよく示している。それぞれのねじれは、一つ上のねじれよりわずかに小さい。ヴィクトルの息子であるヴァルターは、この構造の数学と比率を計算した。(7)

カラム・コーツは天候の振舞いを通じて、物質的実体を生み出すのに渦巻きがどれほど重要であるかを示した。らせんを描く空気塊の密度は初めは非常に低く、回転速度は非常に遅く、影響圏は広い。この空気塊が収束すると、回転半径は小さくなり、速度が増す。

この状態が極限まで進むと、空気塊はトルネードや竜巻などのようにさらに物質的な形をとる。トルネードの種は、密度の低い空気塊の中を太陽放射線にさらされながら下降するにしたがって速度を増し、密度を高めてより物質的になる。竜巻には、中心部の密度が非常に高く、鉄道のレールを曲げてしまうものさえある。

銀河からDNA分子の規模にいたるまで、これほどまでに明らかな自然のエネルギーの動きとらせん運動のシステムに、科学が根本的な重要性を認めないことがヴィクトルには理解し難いものに映った。これはおそらく、科学があまりにも深くユークリッド的機械的発想に浸りすぎ、有機的なものの知識や概念にほとんど通じていないためであると思われる。私たちは自然の原動力を、それを模倣できるほどに時間をかけて理解しようとはしてこなかったのである。

かつて著名な論理学の教授が次のように指摘したことがある。

図５—３　自然界の渦巻き

物質主義的宇宙にはテレパシーの存在する余地はないと結論せざるを得ない。テレパシーとは、物質主義的理論が本当なら、決して起こらないはずのものである。だが実際には起こる。だから、その物質主義的な科学を裏づける正常な事実がいくら多くて、立派なものであっても、その理論にはどこかひどく間違ったところがあるはずである。(8)

ゲーテも科学者についてこう言っている。「君たちは計算できないものを本当のことだとは思わないのだ」

第6章　動き——バランスのための鍵

●私たちのやっていることは間違った、自然に反するものである。自然の動き方は違う。自然はおもに引き込む（つまり吸引的）エネルギーを使うが、これは自然が生命を成長させ、維持するために欠かすことができないからである。自然は圧迫するエネルギーや爆発力を、質を低下させたり破壊するときにしか使わない。原子物理学者の研究も本末転倒である。彼らが単純な核融合から始めるならまだしもである。科学者は、自然が数百万年にわたる創造で行なってきたように、水素をヘリウムにする低温変換に着手すべきなのだ。現在の技術は、もっとも重い元素を、熱を最高度に高め、莫大なエネルギーを放出させて分裂させるために、のっぴきならない状況に陥っているのである。

——ヴィクトル・シャウベルガー[1]

人類の使う間違った種類の動き

●土、水、空気がどのように動かされるかで、生まれる生命体が病理的になるか、健康になるかが決まる。新しい生命は燃やされた（炭化した）細菌培養からも生まれるが、その培養が間違った方法で動かされたり、処理されたりすると、すぐに寄生的性質が顕著になる。しかし、その培養を人間による見当違いの干渉を受けていない土壌中に置くなら、その生命力はまたすぐ活発になる。

——ヴィクトル・シャウベルガー(2)

動きとエネルギーは分かちがたく結びついている。動きはエネルギーの表現であり、温度とともに、ヴィクトルのエコ・テクノロジーの基盤である。彼は注意深く観察と実験を行なうことで、自然の働き方と、一般に普及している人間の技術の違いに気づいた。彼は、水、土壌、またあらゆる生命に恐るべき結果を招いているからには、従来の技術が機能する原理は基本的に不健全なものであるはずだと悟った。

私たちの多くが、化学物質が体や土壌に与える悪影響、また放射性廃棄物やバイオテクノロジーの危険に気づいている。だがヴィクトルは、人類の技術がもっと根本的なところで間違っていることについても懸念していた。何よりも現実的な人間として、彼は恐るべき資源の無駄遣いに気づいていた。私たちの文明が寄りかかっている内燃機関や蒸気機関の効率はなぜ五〇パーセントにも満たないのか？　力や運動に変換されないエネルギーは捨てられ、大気を温め、温室効果を強める。

ヴィクトルは自然を観察することでその答えを見つけたが、これはおそらく彼の発見の中でももっとも重要なものだろう。つまり、私たちは間違った種類の動きを使っているというのだ。

私たちがふだん使う機械と技術的手法は、空気、水などの気体や液体を、自然界では物質を分解したり、溶解したりするときにしか使わない動きへと導いてしまう。その結果、空気や水などの物質は生命力を奪われ、衰弱し、周囲に悪影響を与えてしまうのだ。人類の技術が生み出すエネルギーが有害なのは、その本質的性質から、構造を分解し、質を劣化させるエネルギーを強め、それと同時に、質を高め、動植物が健康になるのに役立つエネルギーを抑制することで環境の悪化を招くからである。

バイオダイナミック（生命力学）農法〔ルドルフ・シュタイナーの提唱した、人智学の理論に基づいた自然農法。三二〇〜三二三ページ参照〕や有機農法の園芸家は、自然がリサイクルのために分解を行なうさいの物質の扱い方についてのヴィクトルのアドバイスを評価しているという。というのも、このような耕作法は彼のような洞察を欠いていたからだ（この点についての詳細は第17章を参照していただきたい）。

人類の技術はこのような分解する種類の動きに寄りかかることで、きわめて大切な生物多様性、生態系のバランス、社会の安定性に危険なまでの影響を与えており、またこれは人類による地球温暖化の主要な原因の一つでもある。人類が建設や開発のために依存している種類の動きは、自然が、不安定化と、分解のために使うものだからだ。自然は、創造したり、再生するのには別の種類の動きを使う。だから人類の技術が自己破壊的で持続不可能なものであることは驚くにあたらないのである。

人類の機械的、技術的な動きのシステムは、爆発を用いた外側へ押し出すエネルギーを基礎とするもので、必ず抵抗を生じ、熱と摩擦を生み出すものである。これはでたらめな方向に向かい、(車輪のように)周辺部でもっとも速くなり、分解的で、騒がしく、非効率的な種類の動きをもたらすのだが、それはエネルギーの相当部分が浪費されるためである。このエネルギーには、分裂と断片化の作用がある。これが私たちの、内から外へとエネルギーを生み出す方法なのである。これは遠心的動きと呼ばれ、自然界では別の何らかの形に組み立て直す目的で分解するためにしか用いられないプロセスである(第1章の図1―2〔三一ページ〕参照)。

対照的に、自然はその反対の、外側から内側に向かい速度を上げながら動く求心的なタイプの動きを用いる。この動きには、水が水栓の穴に流れ込むときのような、冷却、濃縮し、構造化する作用がある。何かが内側に破裂する場合〔内破/爆縮〕、爆発性のプロセスで見られるような抵抗やエネルギーの浪費は生じない。起こるのはその反対の、冷却し、濃縮する作用である。ヴィクトルはこれを「建設的」動きと呼んだ。

遠心的なタイプの動きがこのようなネガティブな意味合いをもつからといって「破壊的」と呼ぶのは適切ではない。このような動きにも、自然の中では適切な使い道があるのだ。だからヴィクトルは「破壊的」と呼ばずに「非建設的」と呼んだ。ヴィクトルは、自ら作った内側に巻く自然界の動きを再現したすばらしい内破〔爆縮〕機関で、求心的動きが将来の人類のニーズを満たすエネルギーを作り出す方法であることを実証した。

ヴィクトルの発見が人類文明の未来にこれほどの大きな意味をもつのに、なぜ科学界では広く検討されてこなかったのだろうか？　その理由には二つの要素がある。まずヴィクトルがドイツの戦後体制にとって〝歓迎されざる人物〟であり、広く報道されなかったこと。二つめは、ヴィクトルがナチ政権に強制されて研究を行なったために、事実というよりイメージによって、戦後ドイツ社会でナチの協力者とのレッテルを貼られたためである。ロシア人もアメリカ人もひそかにヴィクトルの研究論文を押収していたが、冷戦時代のせいで彼の名前は闇に伏せられたままだった。彼の発見はオルタナティヴ文化〔正統な文化とは別の原理に基づく文化〕で熱狂的に迎え入れられたが、いまだ広く知られるにはいたっていない。

「原初」の動き

ヴィクトルは、地上の動きの法則をいつも天界の動きのパターンと比較していた。彼は、地球と宇宙(コスモス)の進化的力動の原因となる「形を生じさせる」動きが存在すると固く信じ、それを広く「原初」の動きと呼んだ。宇宙全体はたえず動いている。この動きはらせん状であり、らせんの中にさらに多くのらせんが含まれている。銀河もらせん形をしている。第4章で見たように、自然の形態は「上の如く、下も然り」という法則に従うことがきわめて多く、形と運動について普遍的なやり方があることを示している。液体と気体はらせん状に動くことを好み、エネルギーも然りである。ダウザー〔ダウジング（占い棒による水脈・鉱脈検知）を行なう人〕は、地中にあるらせん状のエネルギーを見つける。

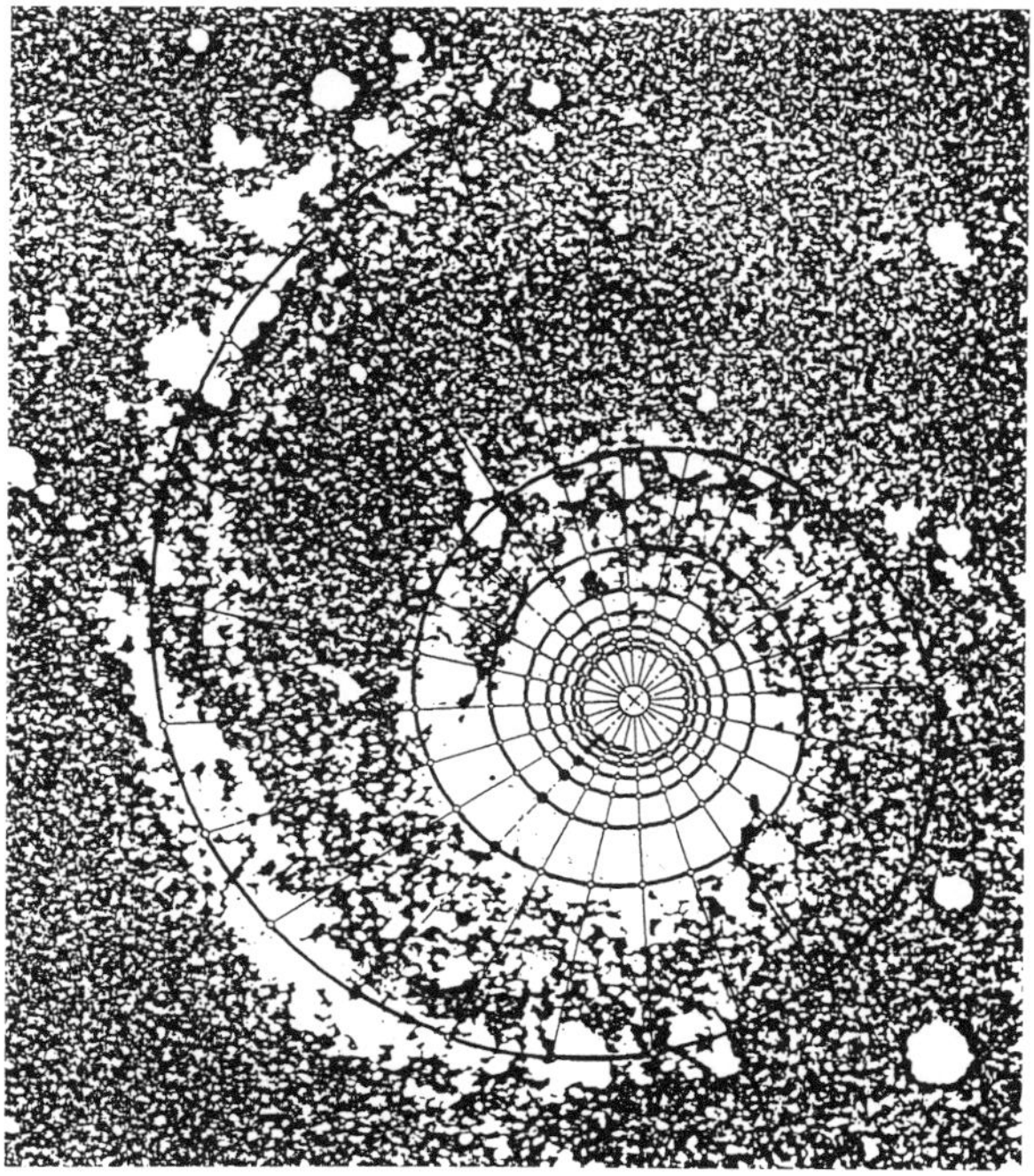

図6—1　渦巻銀河と対数らせんの重ね合わせ

人体中のエネルギーも同じように動いていると考えられる。

カラム・コーツは次のように詳しく述べている。

日常的に使われる言葉でこのらせん（spiral）の動きを思い起こさせる例は多数ある。私たちが死ぬ（ex-(s)pire）と、この「浮世」（mortal coil）を去る。刺激を受ければ（in-spire-d）、高い理想へと引っ張られるように感じる。魂（spir(e)it）は、上向きのらせんへ引き込まれると高揚する。同様に、呼吸（re-spir(e)-ation）を通じて、一日の時間帯によって変化する体のイオン化バランスは、鼻から吸い込まれる空気が、鼻腔内で釣り合うようにイオン化されることで調節されるが、これは反対向きの回転により、左の鼻腔では負に、右の鼻腔では正にイオン化される。このため、くしゃみはおそらく補償的な機能であり、これによって過剰なイオン化で生じた対立的な電荷の量がゼロにまで低下するのだ。

興味深いことに、ドイツ語で人体の基本的支持構造である脊柱を表す「wirbelsäule」という単語は、文字通り「らせん形の」柱を意味している。同様にそれぞれの椎骨は「rückenwirbel」（背中の渦巻き）と呼ばれる。明らかに、ドイツ人は昔から人間の体の中心構造について〔英語圏の人々とは〕まったく異なる見方をしていたのだ。私たち〔英語圏の人間〕が脊柱を、曲がりにくい、多少なりとも堅い物理的構造ととらえているのに対し、ドイツ人はエネルギーの経路と考えているのである。これはヒンドゥー教でいうクンダリニーの概念と明らかな関連性がある。これは脊椎の底部に住むという象徴的な二匹のヘビの名称であり、このヘビの上昇するエネルギーが物理的身体のさまざまな高次のチャクラ（エネルギーの渦巻き）を浄化し、使者の杖（カドゥケウス）〔ギリシア・ローマ神話に出てくる、神々の使者ヘルメス（マーキュリー）の持つ杖〕に巻きつくことによって神の使者として人間に力を与えるのである。

自然界でも、銀河、台風、渦巻き、竜巻の形のように、活発ならせん状の成長と動きの例には事欠かないが、私たちは、無知と傲慢から機械的完成を追求しようとして、このような例を見落としてしまっているのである。[3]

動きの種類

あらゆる自然の活発な動きは、三種類の基本的な動き——軌道的動き、回転的動き、循環的動き（次ページの図6—2参照）の一つ以上のものからなっている。このような動きが組み合わさると、自然が何かを組み立てたり、構造化したり、浄化したりするのに用いる、いわゆるらせん—渦巻き運動という複雑なパターンが生じる。

ヴィクトルは、「放射性↓軸性」（求心性）と「軸性↓放射性」（遠心性）の動きという二種類のらせん—渦巻き運動を区別した。第1章の図1—2（三一ページ参照）で示したように、軸性↓放射性の動きは、まず中心周囲の動きとして始まり、外側に移動するにつれて接線運動〔円に接する直線運動〕に変わっていく。中心に動きはないが、中心から遠ざかるにつれ、運動の速度と分解の度合いも増大する。このために昔の木製の荷馬車の車輪は、周囲に鉄の輪をはめていたのである。「結

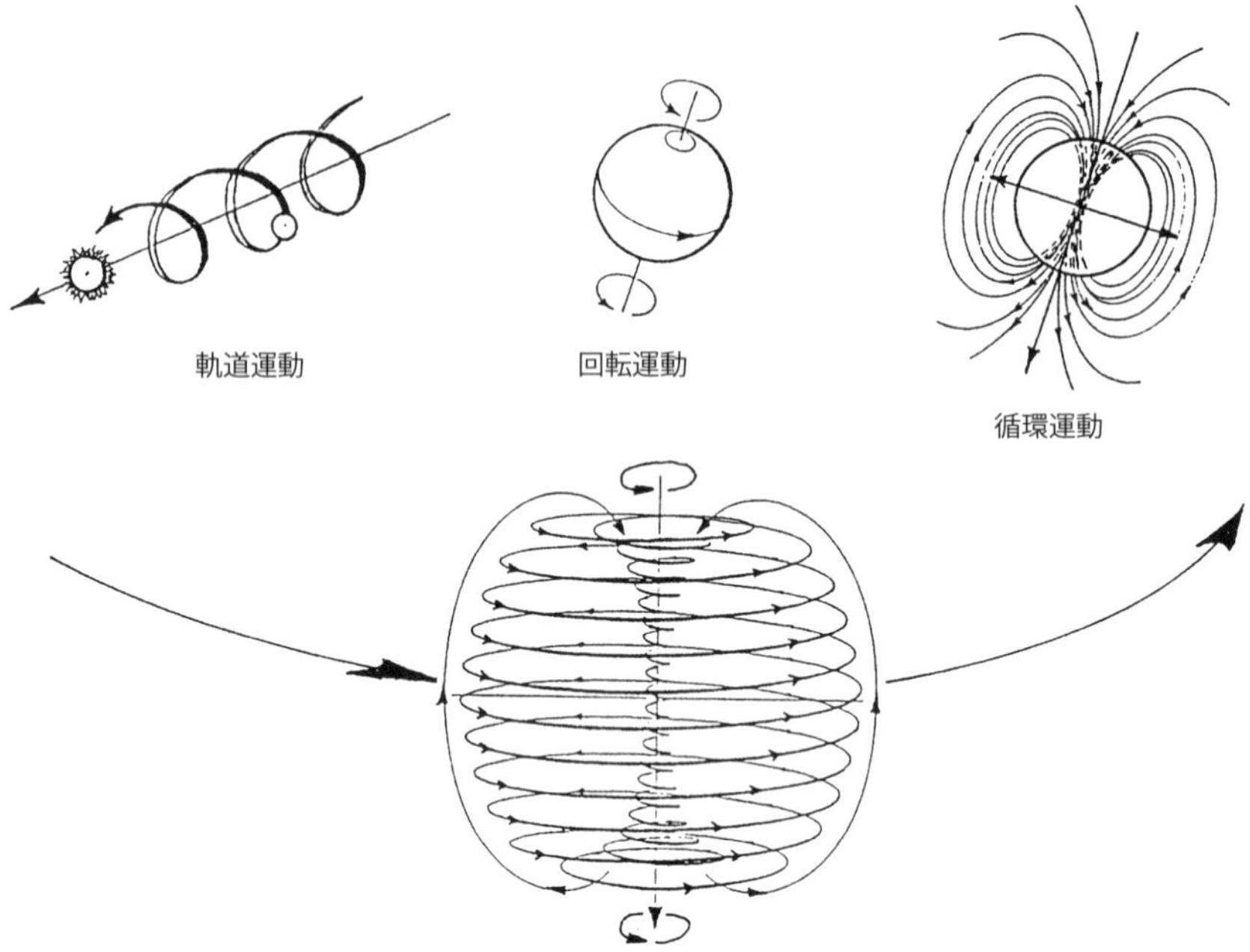

図6—2　動きの三種類の基本形（ティルマン・シャウベルガーによる）
一つに組み合わさると、ダイナミックで創造的、形成的ならせん—渦巻き運動が生じる(4)。

びつけるもの（tie-er）（タイヤ）」が車輪を一つにまとめていたのだ。

現在の技術で用いられるタイプの動きは、熱や雑音の形で余剰エネルギーを生じる。最初は、中心部には何の動きもないが、外側への「爆発（explosion）」によって速度と抵抗が増大する。この軸性↓放射性という遠心性のタイプの動きの特徴は、発散的、減速的、散逸的、構造弛緩的、分解的、破壊的、摩擦発生的と表現できる。

エネルギーを爆発的に散乱させれば雑音が生じるが、〔爆縮的・求心的動きによる〕エネルギーの創造的集中では音は生じず、静かである。ヴィクトルがしばしば主張したように、「自然なものはすべて静かで、シンプルで、安価なのだ」。

自然林は静かな安息の地である。そこで生じている数百万の化学的、原子的な動きと相互作用は活発なプロセスであり、静かで創造的なエネルギーが極限まで集中したものである。これと対照的に、森林を伐採するときには、チェーンソー、重機がうなり、樹木が切り刻まれて恐るべき騒音が生じる。現在の機械的な動きの形は必ずといっていいほど軸性↓放射性であり、熱と摩擦を引き起こす。一方、自然のダイナミックなプロセスは、これまで見たように反対の種類の動きを用い、速度は周辺部でもっとも遅く、中心部でもっとも速くなる。台風や竜巻の動きがよい例で、外側から内側に向かって速度を上げながら流れ、冷却、濃縮し、構造化する作用がある。台風の中心部は熱くなく、涼しいのだ。

放射性↓軸性（求心性）の動きは、収束的、収縮的、結合的、創造的、統合的、形成的、摩擦減少的と定義できる。[5] だから、進化のエネルギーはこのような求心的経路をたどる必要があるのだ。

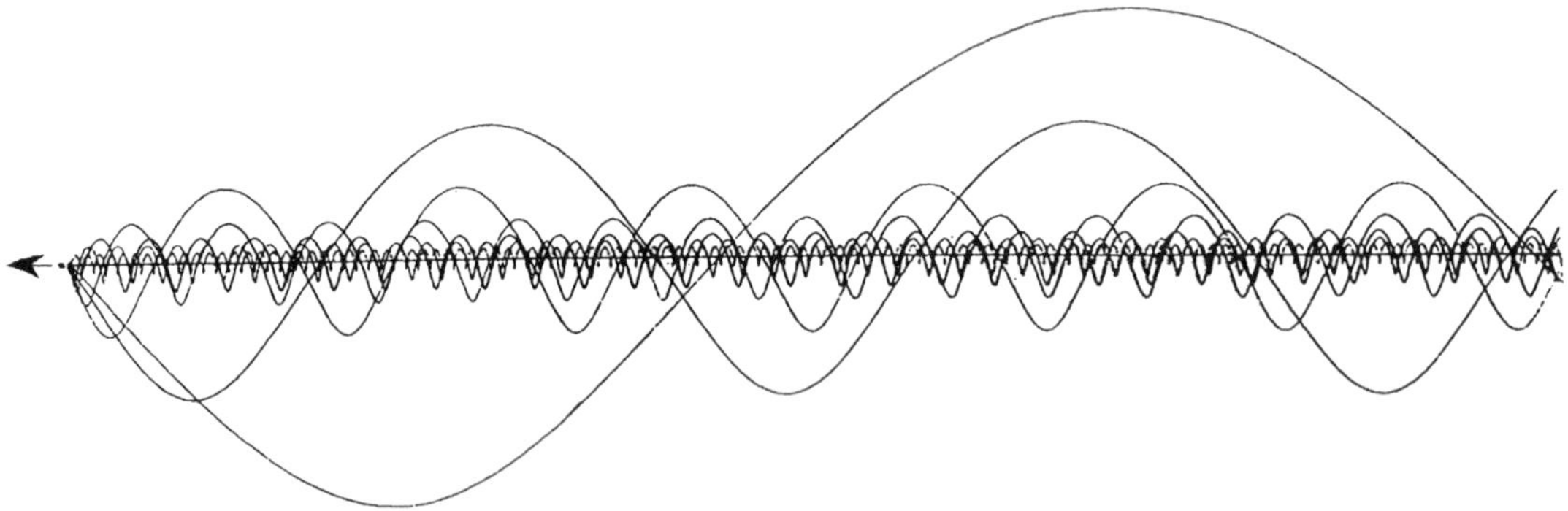

図6—3　惑星の描く渦巻き

29.46年という土星の全公転周期にわたってダイナミックに示される内惑星〔地球よりも太陽に近い軌道をめぐる惑星〕の動き。各惑星は実際に渦巻きを描き、太陽の周囲に自らのらせん経路を描く。

もし逆だと、あらゆることが始まろうというときに止まってしまうからである。

力はエネルギーが仕事をするときに用いるものであり、加速という状態として測定することができる。重要なのは二種類の加速を区別することである。一方は分解するもの、もう一方は結合させるものである。非建設的な力においては回転半径は拡大し、圧力と摩擦を増大させるタイプの加速を生じる（遠心的加速）。建設的な力においては、回転半径が減少するにつれ、吸引力を増し、摩擦を減少させるタイプの加速を生じる（求心的加速）。

遠心的加速では、同じ速度を維持したり、さらに加速するのにいっそう多くの力が必要となる。求心的加速では、速度とエネルギーはひとりでに増加する。ヴィクトルはこれを、あらゆる生命を生みだす建設的エネルギーである「形成力（foramtive force）」と呼んだ。

第7章　大気と電気とのエネルギー的関係

地球が若かった頃、ガスが凝縮してできたどろどろの塊が冷えて地殻が形成されたあと、地表はすべて水で覆われていたと考えられている。その初期の時代に、莫大な熱が失われて地球は冷えた。初期の大気の下層は広大な海から蒸発した水蒸気からなり、そこに火山の噴火によってまき散らされた他のガスも加わった。

水蒸気は比熱が高く[1]、熱を蓄える力があるために、じょじょに太陽の熱を吸収して平均気温を上げた。水は赤外線熱を吸収するため、夜間には熱の喪失は最低限に保たれた。温室効果が確立できたのはこのような水の性質のおかげである。そうでなければ地球は冷たく、生命は誕生せず、不毛なままだったことだろう。

水が熱を蓄える能力はあらゆる液体の中でもっとも高い。熱をゆっくり吸収し、ゆっくりと放出するのだ。このために水蒸気は地表に熱を保ち、生命が定着できる状態にするのに最適な媒体であり、いったん生命が根づくと、今度は複雑な生命体が発達するための媒体となった。

水を他のあらゆる液体から際立たせている特徴は、いわゆる「特異点」つまり「異常な膨張を生じる点」だが、これについては第9章で詳しく検討する。他の液体とは対照的に、水の体積は冷やしていっても持続的に減少することはなく、四℃以下になると再び膨張し始め、氷点でもさらに膨張する。

純水はマイナス四〇℃付近、雲ではマイナス一〇℃付近でようやく凍るが、これもかなり重要な特徴であり、あとで詳しく取り上げる。宇宙でもっとも低い温度とされる絶対零度（マイナス二七三・一五℃）と比べれば、〇℃つまり氷点は比較的温かい。標準的な人間の生活環境は約マイナス一〇～プラス四〇℃であり、広い範囲とはいえない。

地表から数十キロ上空では水蒸気は非常に希薄になり、強い紫外線などの作用で構成原子である酸素と水素に分解される。重いほうの原子である酸素は地球に戻ってくるが、軽い水素原子は上昇して、やがて宇宙にある水素と再結合する。

ばらばらになった単独の酸素原子は高レベルの電離放射線にさらされて、酸素分子（O_2）と結合し、酸素の同素体〔同じ元素からできていながら性質の異なる単体のこと。ダイヤモンドとグラファイトなど〕であるO_3、つまりオゾンを形成し、危険な紫外線を吸収する。これは地球の生命を守る非常に大切なプロセスである。

表１　地球の大気のおもな４つの層（カラム・コーツによる）

	高度（キロメートル）	気温	
対流圏： 4℃の層	6〜18 3.5	15〜−60℃	気候作用と温室効果が生じる領域
成層圏： 4℃の層	18〜80 72	−60〜＋10℃	オゾン層と超上層の雲がある
中間圏： 4℃の層	80〜120 85	10〜−75℃	気温と気圧が急激に低下する
電離圏： 4℃の層	120〜 175	−75〜＋730℃	太陽の短波放射〔表面温度の高い太陽は、波長の短い電磁波を放射する〕を吸収する

地球の大気

大気は地球を取り巻く比較的薄い層であり、生命に必須の気体を含んでいる。地上と同様の組成なのは約八〇キロまでの厚みで、地球の直径のわずか約〇・六パーセントである。大気には四つのおもな層があるが、その層を通じて、気温は下降モードと上昇モードに交互に揺れる[2]。

このそれぞれの温度の移り変わりのさいに四℃の特異点〔水の層〕を通過するため、各層の中にまず負の温度勾配〔特異点から遠ざかる〕の層が、次に正の温度勾配〔特異点に近づく〕の層が重なっている〔ここで述べている温度勾配は上空から気温の変化をたどった場合〕。

下の三つの層ではそれぞれ、この特異点の近くに図７―１に示すように、積雲、巻雲（対流圏）、真珠母雲（成層圏）、夜光雲（中間圏）という水の層が存在するが、これが電荷の移動に抵抗する。カラム・コー

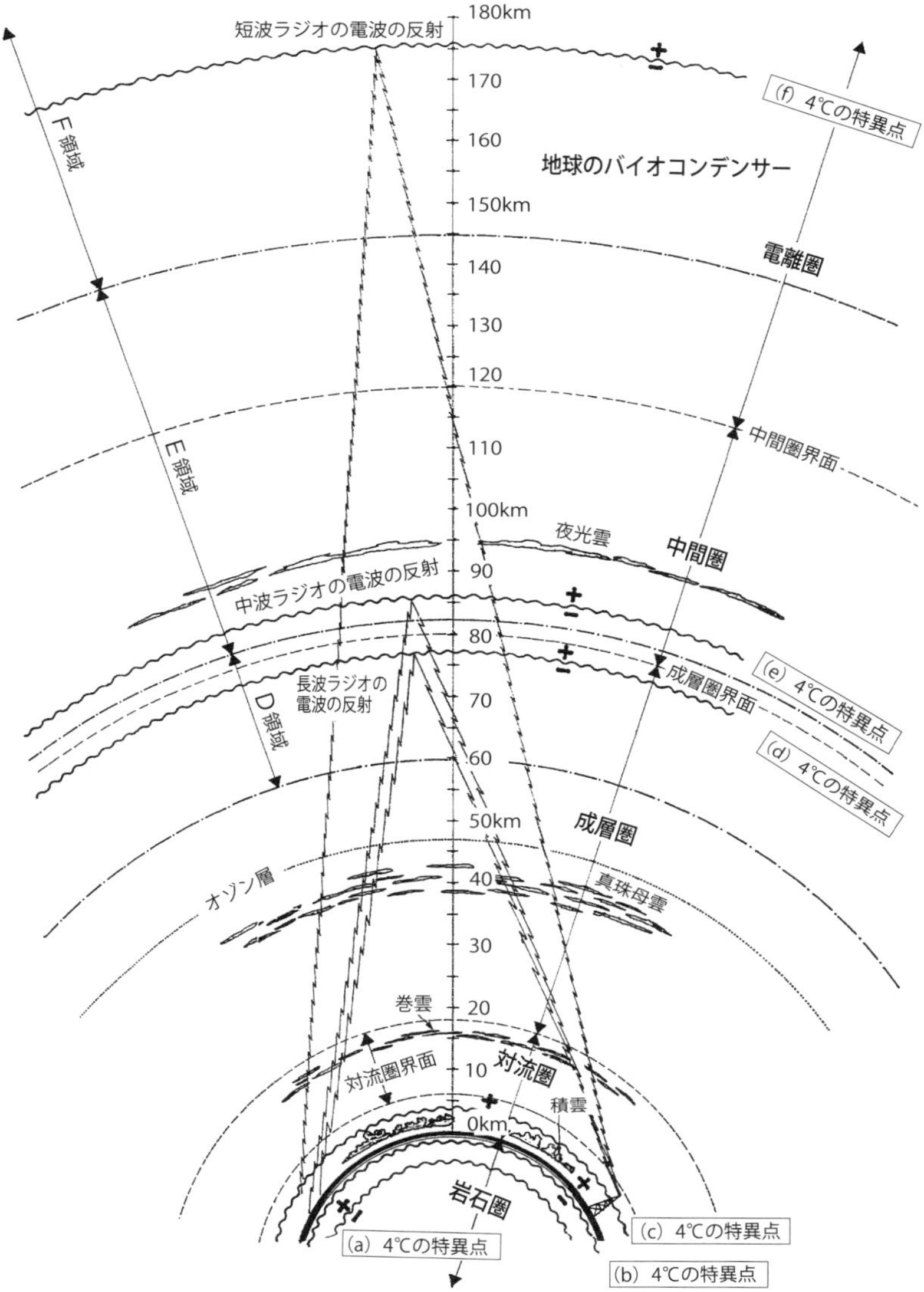

図７―１　温度の変動を示す地球の大気の断面図

カラム・コーツは、４℃という水の特異点に達する気温の、同心性の輪の連なりを仮定している。この特異点についてヴィクトルは、水のポテンシャルが最大になることを突き止めており、特異点とポテンシャルがともに作用して、生命の創発を促進するエネルギーが蓄積される。

ツは、この作用によって、電荷を蓄積する装置としてのコンデンサーである自然の「バイオコンデンサー」が生じる可能性があると言う。
〔訳註・表1および図7―1での大気圏の各層の高度については、一般的な分け方と多少異なるが、カラム・コーツの設定に従った〕

電気

電気は、磁石の極性が動かされたときに生じる。電気においては、そのプロセスは原子のもつ電子の極性によって決まる。物理レベルでは、電気は雷の活動や電線を通じて家庭に送られる電流でおなじみである。

一方、生命体によって生み出され、「生体電気」と呼ぶのが適切なはるかに精妙な種類の電気がある。これは通常の電気よりも一オクターブ高い存在で、研究されることがほとんどなく、認識されることすらめったにないが、ヴィクトルはこれがあらゆる自然のプロセスに不可欠であることを見出した（一二九～一三〇ページ参照）。

電気的活動が可能となるには、極性の異なる電荷が導電性の経路でつながるか、絶縁体つまり誘電体で隔てられるかのいずれかが必要となる。図7―2と7―3は、電荷を蓄積する通常の電気的コンデンサーつまりキャパシタが働く二種類の条件を示している。一方のプレートの表面積を減らせば、誘電体のその側の電荷密度が、大きいプレートの面積に対する比で増加する。つまり大きな

図7—2　　通常のコンデンサー

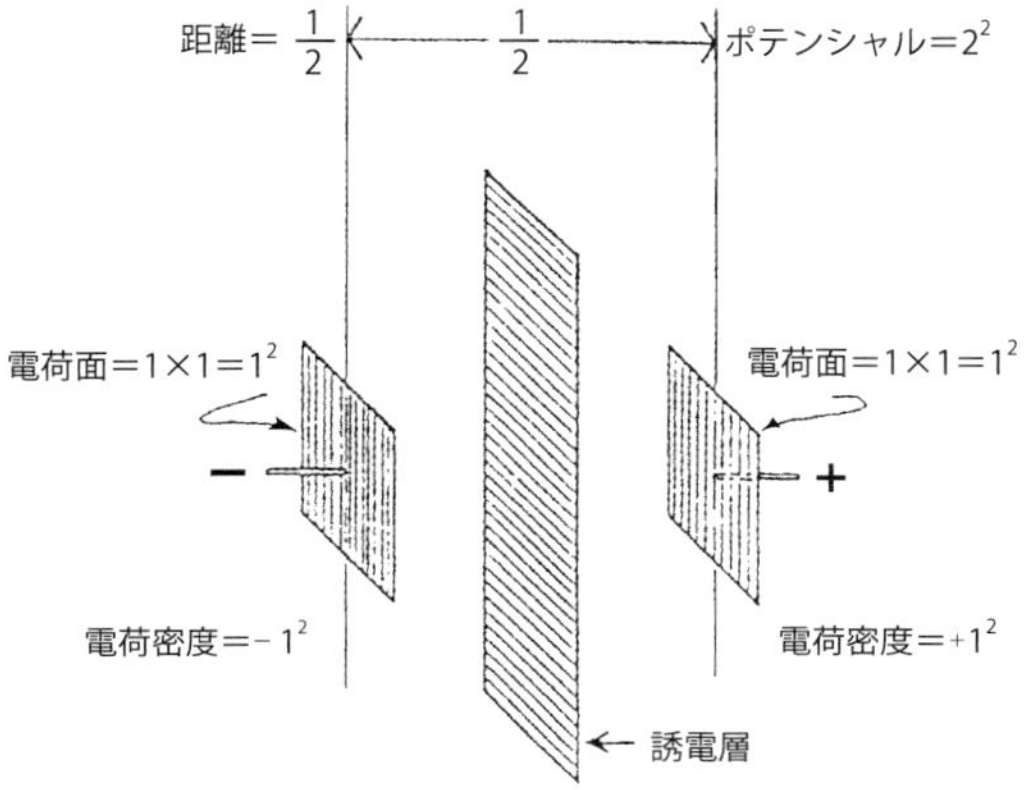

図7—3　　電荷密度の増加

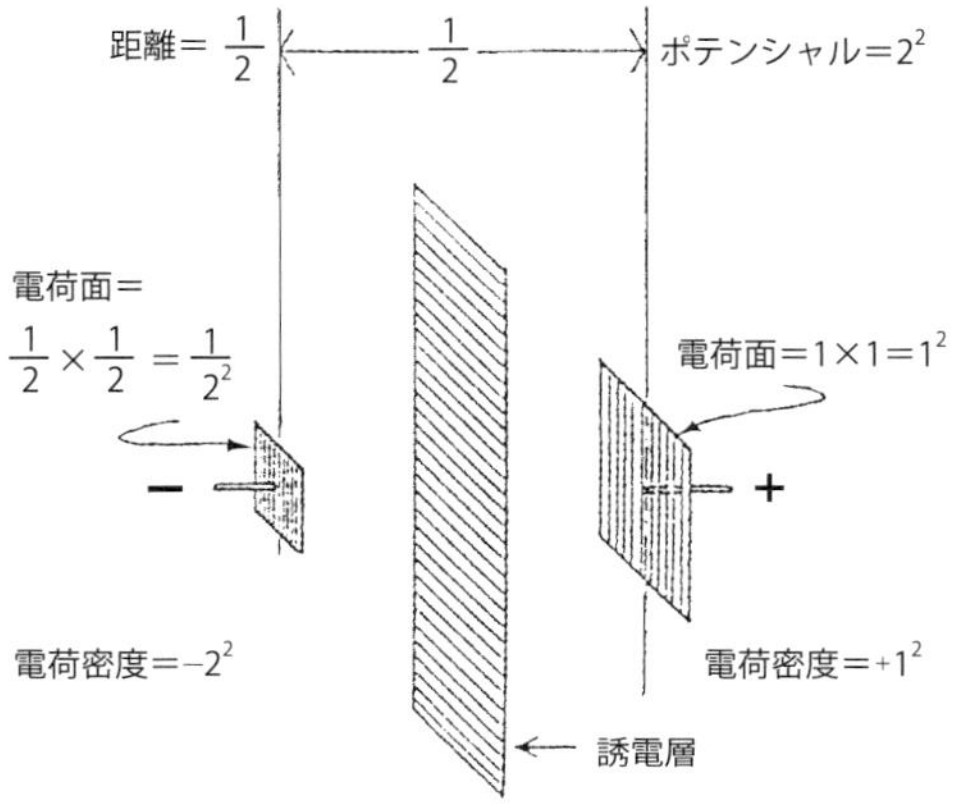

図7—2と7—3　ポテンシャルと電荷密度の増加
電荷を蓄積するコンデンサーの中では、エネルギーポテンシャルは、一枚のプレートの面積を減らすか、誘電層（分離プレート）に近づけるかのいずれかで増加する。

プレートの面積の四分の一になれば、電荷密度は大きなプレートの四倍になる（図7―3）。

いわゆるポテンシャルとは、（電気の場合は）二つの相反する電荷が違いを相殺しようとするエネルギー量である。エネルギーポテンシャルはプレート間の距離が短くなるほど大きくなる[3]（距離＝1/2↔ポテンシャル＝2^2）。一枚のプレートの面積が減るとともにプレートが誘電体に近づくと、ポテンシャルは指数関数的に増大する。

地球のバイオコンデンサー

先の図7―2は通常の電気的コンデンサーの原理を示しているが、後出の図7―5は気温が四℃の特異点に近い各大気層で典型的に見られる状況を示している。純水の層が、誘電性の層の位置を占める。一般的にいえば、正の電荷をもつ面は正の温度勾配（特異点に近づく）の影響を受け、負の電荷をもつ面は負の温度勾配（特異点から遠ざかる）の影響を受ける。正のプレートの電荷が上がると、負のプレートの電荷は自動的に同じレベルまで上昇し、電荷はプレート表面に均一に分布する。
次に、図7―4に示すように、これらのプレートを同心円状の円筒形に配列し直すと、外側から内側に向かって円筒状のプレートの表面積が減少し、電荷とポテンシャルが自動的に増加することがわかるだろう。したがって、組み込まれたプレートの数が多いほど、エネルギーポテンシャルは大きくなる。このような形で、カラム・コーツがその存在を主張した大気層の四℃のコンデンサーのパターンは刺激される。

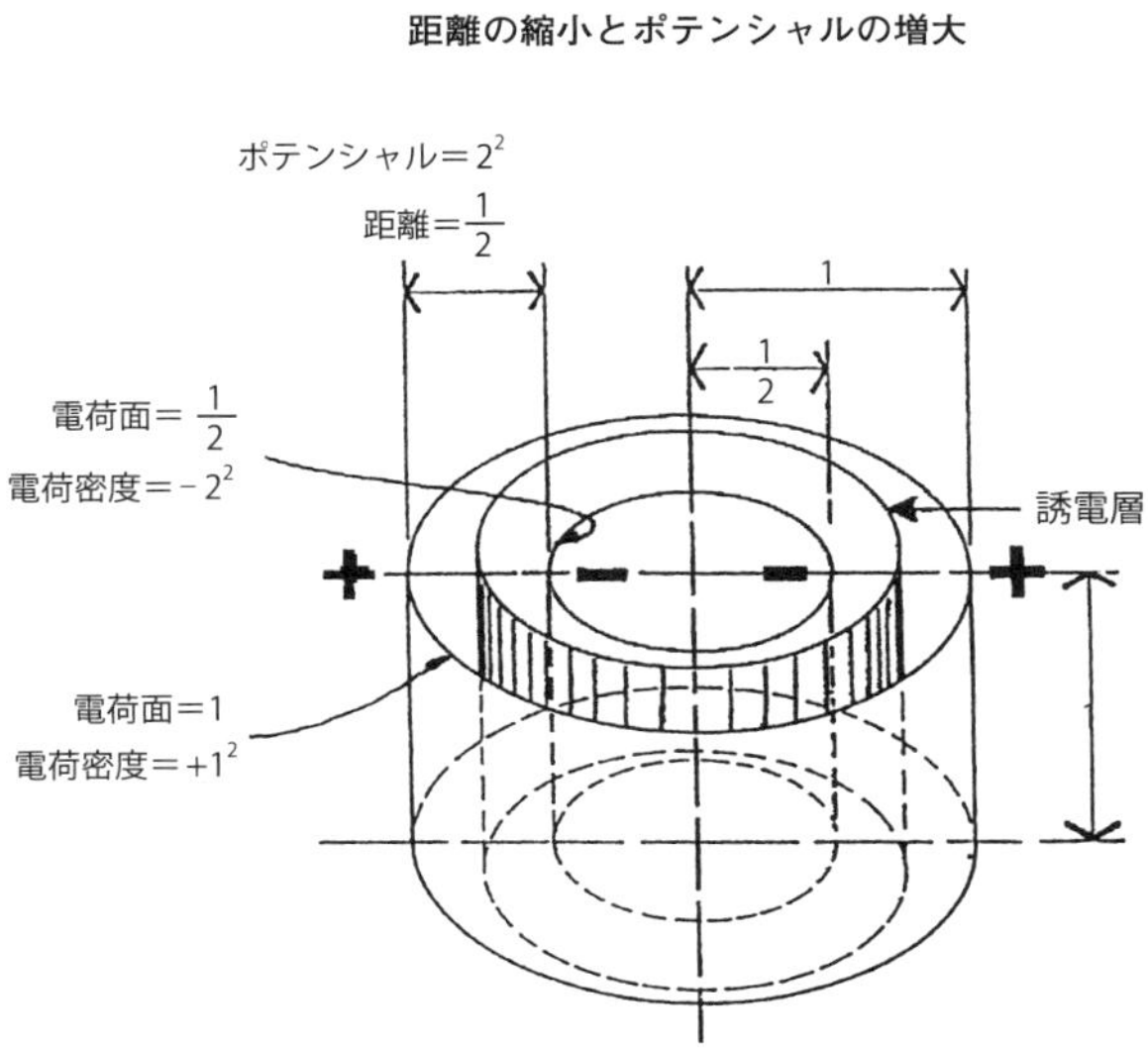

図 7—4　距離が縮まると、ポテンシャルが増大する
誘電層は非導電膜つまり絶縁体のように働き、正の電荷と負の電荷を分離する。

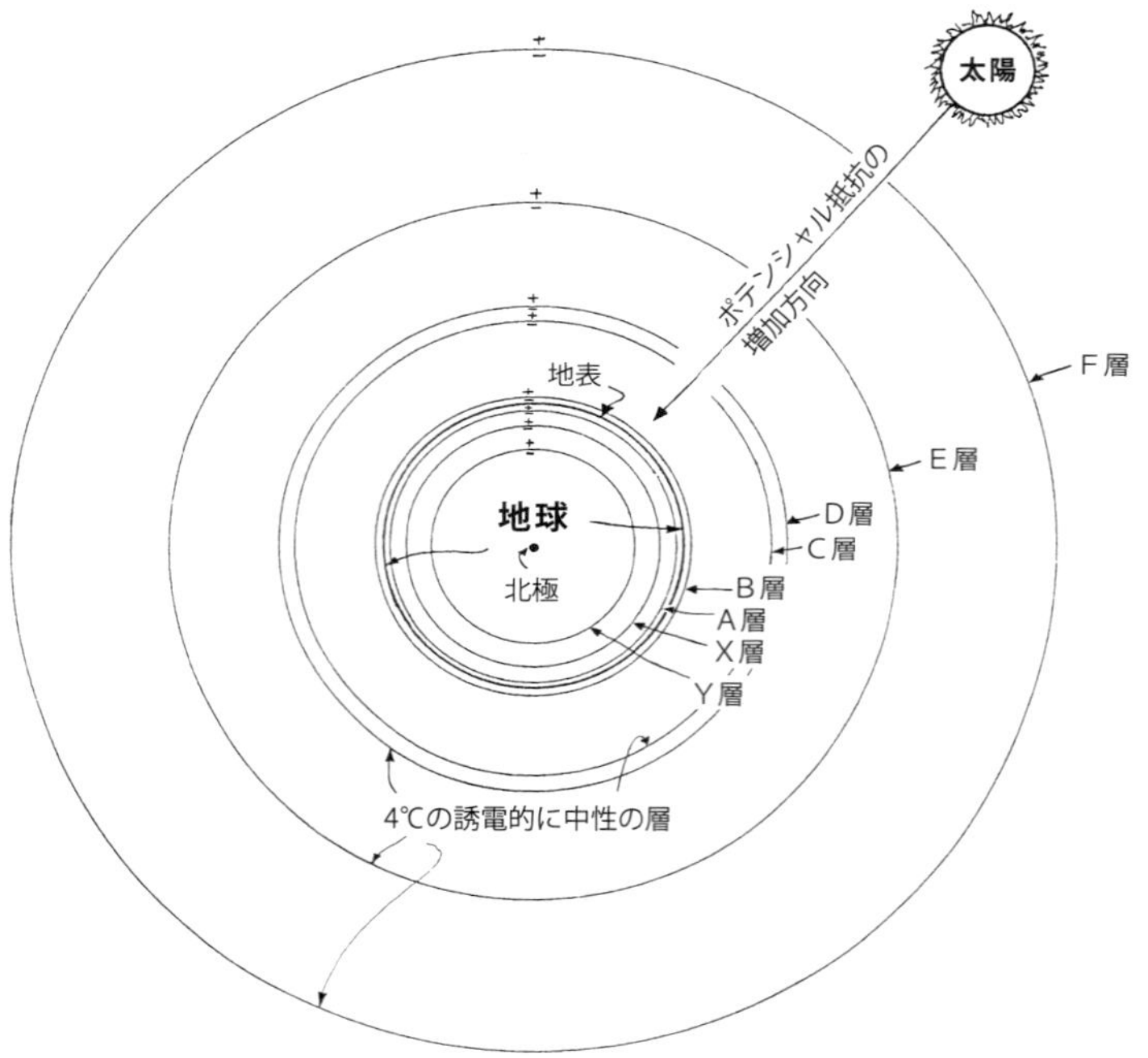

図7—5　地球のバイオコンデンサー

カラム・コーツが提案した略図。太陽の電磁気エネルギーが、4℃の水の層で形成された各誘電層の半径が減少することで増幅される様子を示している。

図7―5は尺度に合わせておおまかに描いたものだが、タマネギのように同心円状になっていることから、外側から内側へ向かってそれぞれの層の表面積が小さくなっていくのがわかる。言葉をかえれば、これらの層は同心円の球形のプレートによるコンデンサーとなる。これは、太陽からやって来るエネルギーポテンシャルが、連続する同心円状の球形の四℃の誘電層に順次遭遇していくことによって、じょじょに増幅される様子を示している。太陽のエネルギーは、大気を貫通するさいに、四℃の水の各層によって地表に近づくにつれてだんだん強さを増す。

エネルギーの蓄積装置としての地球

より大きな宇宙的観点からみれば、これらの層のあいだの距離はきわめて近いため、非常に高いポテンシャル〔潜在的〕エネルギーが生じる。カラム・コーツは、地球を、電磁気量をじょじょに蓄積するエネルギー蓄積装置としてとらえるという独創的な概念を提唱している(図7―5)。電荷、性別、ポテンシャル〔潜在性〕、もしくは適切なエネルギー場の違いがなければ生命は生まれないため、このエネルギーの蓄積によって生命の出現が自ずと促される。

ヴィクトルは、どのような自然のプロセスや機能が、物理的生命が進化できるエネルギーマトリックス〔各種のエネルギー様態の組み合わせ〕の濃縮を促進するかを見定めることに関心をもっていた。彼は、地球が太陽の周りの軌道を三六五・二六日かけてワルツを踊りながら、地軸を中心として自転し、生体磁気と生体電気のエネルギーを自らのうちに循環させるという「原初の」運動によって、エネルギーマトリックスを生み出しているという考えを好んだ。
このように、さまざまに荷電した大気の層が地球の回転によって生じているという考えは、適切なものではないかと思われる。四℃の層は、電波を反射させる一因となる電荷抵抗層を形成するが、この反射について、従来の説明は、電離レベルが異なるため、また大気層によって水蒸気の密度が違うためだとしている[4][5]。

電気の発生は、落下していく水から電荷の形でエネルギーが生じるごく簡単な実験で実証することができる[6]。こうした実験は、水蒸気が増加して飽和レベルに達すれば、個々の水分子が雨滴を形成し、落下していくさいに電荷を生み出すことを実証している。この電荷は、落下のさいのある時点で雷として放出される。放電で生じる強力な電離作用によってオゾンが生じ、しばしば雷雨のさいの強力な上昇流に運ばれてオゾン層を補強する。これが生命を過剰な紫外線放射線から守るのである。

地球の周囲を回る人工衛星から撮った写真は、一秒間に約一〇〇回と、いかに頻繁に雷が放電しているかを示している。雷一回分が平均三〇〇キロワット時とすれば、一年では桁外れの数値となる。雷の放電は九キロも先に届き、幕電光〔雲への反射による幕状の閃光。しばしば夏に雷鳴なしに起こる〕は一〇〇キロ先でも見られる。

近年は雷雨の活動が減少していることを示す証拠が出てきている[7]。もしこれが事実なら、保護作用をもつオゾン層に対する影響は深刻なものとなるだろう。水の粒子が電荷を生じるほどに速くスピンするためには、非常に細かい状態である必要がある（水分子は電気双極子〔きわめて短い距離をおいて正負の電荷をもつ〕である)。〔雷雨の生じない〕ひどく荒れた天候には、大きな水滴が生じるという特徴があり、大きな水滴はまとまった電荷を生じるほど速くスピンすることができない。

「エレクトリシズム」と磁気

ヴィクトルは電気が生命に与える、破壊的、解体的、分解的、衰弱促進的な〝作用〟について「エレクトリシズム（electricism）」という言葉を作り出した。一方、地球の回転軸を通り、地球の周囲を循環するエネルギーに磁気がある。エレクトリシズムと磁気は、一見して矛盾した（あるいは弁証法的なパートナーという）関係にある（「『オクターブ』を変える」の節〔五〇〜五二ページ〕を参照していただきたい）。

両者はともに電磁気的な全体を形成し、磁気は両者のうち結合的、生命支持的（女性的）なものである。そのさらに高次の状態が「生体磁気（バイオマグネティズム）」であり、生体と関連しており、高揚・発展させる性質をもつが、これは高次のより精妙なオクターブ（たとえば四次元）で新たな生命体を形成する創造的プロセスにおいて、諸元素を結合させる役割をもつエネルギーである。〔訳註・本書においては、磁気について言及されているところは、より高次の形態である生体磁気の関与が想定されている〕

一方、〔エレクトリシズムの高次の状態である〕「生体電気（バイオエレクトリシズム）」は、有機的生命の非建設的な性質と関わりがある。

第2章「『オクターブ』を変える」の節で見たように、生体電気と生体磁気は相補的だが、それぞれの作用は対照的な機能をもち、生体電磁気的な性質の両極を表す。あらゆる形成的、生命構築的なプロセスでそうであるように、生体電気も生体磁気も自然の作用の一部だが、通常はたがいに釣り合う。しかし、創造的プロセスがうまくいくためには、生体磁気が優勢となる必要がある。

ヴァン・アレン帯は、だいたい熱帯の北回帰線と南回帰線のあいだの上空で地球を取り巻いていて、地球のダイナモの電気的（生体電気的）な機能を形成しており、放射状の膨張性（遠心性）をもっている。一方、軸状の磁気的（生体磁気的）な収縮（求心性）機能は、地球の中心を南極から北極まで貫くとともに、地球の周囲を覆って南北に流れる磁力線によって担われる。この二つの力の要素のあいだで、電気モーメントと磁気モーメントが交互に最大化することにより、あらゆる生物の顕著な特徴である脈動が作り出される。ヴィクトルによれば、このような振動は、私たちには感知できず、静止状態にしか見えないような高周波数で生じる。

嵐、水蒸気、気候

一年間に海洋から蒸発する水の総量は約四二五〇〇〇立方キロメートルと計算されている。対して川、湖、地表から蒸発する量は、約七一〇〇〇立方キロメートル、つまり世界の年間降水量（四九六〇〇〇立方キロメートル）の一四・三パーセントである。これは、これまではそのほとんどが森林から生じている。しかし、過去五〇年で大規模な森林伐採が、とくに農業と牛肉生産のために行なわれた結果、太陽にさらされた土地の表面から蒸発する率がはるかに高くなってきている。このため大気中の水蒸気量が増え、温室効果が強まって気温が上昇し、さらに海洋からの蒸発が増える。

地表温の上昇を和らげるフィードバックメカニズムが一つある。水蒸気が増えることで雲の覆いが増え、宇宙にはね返る太陽のエネルギー量が増加するというものである（アルベド効果）。増えた水蒸気によって全体的な大気温が上昇する一方、水蒸気の多くは高層大気流の動きによって両極に向かって漂い、そこで雪を降らせて、ほぼ恒久的に氷として固定している水の量が増える。このような異常な量の水蒸気によって雲の覆いの量が増え、雲の表面から太陽エネルギーを宇宙にはね返すアルベド効果が強まるのである[8]。

しかしバングラデシュやモザンビークなどの地域の破局的な降水量、中央アフリカや中国北部での深刻な干ばつは、このように地球の水のバランスが乱されたために生じているのだ。人類による森林破壊が連鎖反応の引き金を引き、累積的作用をもたらしてますます世界の気候を乱しているのである。

第3部

水——生命の源

Water—the Source of Life

第8章　水の性質

●すべての生命を支える循環、それを支えるのが水である。水の一滴一滴には、私たちすべてが仕える神が宿っている。そこには生命、すなわち「第一の」物質である水の魂も宿っている。水を導き、循環させる境界と岸は毛細血管なのである。

——ヴィクトル・シャウベルガー『我らが無益な骨折り』[1]

私たちの地球は水の惑星である。世界の地表の七〇パーセントは水に覆われている。私たちの体の約六〇パーセントは水である。水はあらゆる生命にとって欠かすことのできないものだ。しかし、現在の科学は水の真の性質についてほとんど理解していない。人類は水に対し敬意を払わず、たいていは廃棄物や汚染物質などの、不適切な物質を運ぶのに使っている。タービン、パイプ、直線化した川岸に流すことで、水の複雑な構造を破壊してしまっている。水を日用品のように扱っているのである。ヴィクトルは水を生きた有機体、「地球の血液」と呼び、それは血液、樹液、いわゆる水などのさまざまな姿をとる、あらゆる生命の基礎なのだと主張した。

ヴィクトルは水の性質について深遠な発見をしたことから、「水の魔術師」として知られていた。彼はあらゆる生命の鍵としての水、そして水と森林との非常に重要な関係に深く関心を寄せていた。水を、あらゆる生命プロセスの基盤として、あらゆる生命に栄養と活力をもたらす経路としてとらえていた。また水は生きている実体であり、それは地球と太陽から生じるエネルギーを蓄積し、変換することをおもな役割としていると考えた。ヴィクトルによれば、人類が抱えるあらゆる問題は、水を生命体として見ることができないことが原因なのである。私たちは水の創造的プロセスを妨げてしまっているが、水には、いったん敵となれば驚くほどのダメージを私たちにもたらす力があるのだ。

ヴィクトルは、若い頃、大好きな森の中でインスピレーションを求めて清流のほとりに静かに座っていた。すると突然、自分の意識が水の中に入っていくのに気づいた。彼の意識は水の中の知性とつながり、その知性がヴィクトルに語りかけた。水の知性は彼に、自らが健康であるために、どんな条件下で、どのように動く必要があるかを語りかけたのだ。ヴィクトルは、あらゆる生命が生み出され維持されるのに、健康な水がいかに重要なものなのかという悟りを、この神秘的体験から得たのである。水は特定のダイナミックな動きで流れる必要があり、またあまり過熱してはいけないのだ。動き方と温度は水にとって、それゆえあらゆる生命にとっての、重要な条件なのである。

静止した水は受動的である。それは形がなく生命がないように見える。しかし動き始めるやいなや、多数の構造面が生じ、神秘的な渦巻き状の小さな構造をいくつも作り出す。水の本質は動くことにある。活発になると生きた状態となり、動くことで、生命をもたらす潜在力（ポテンシャル）が現実のものとなる。

未熟な状態の水は貪欲にミネラルを吸収する存在であり、山の泉のように成熟してはじめて、環境が渇望する栄養を周囲にもたらすことができる。水には記憶力がある。水を飲めるようにしようと、無思慮に混入させた化学物質やホルモンを除去して「精製」水を作ったと思っても、汚染物質のエネルギーは残留しており、化学物質が物理的身体に悪影響を及ぼすように、私たちのエネルギー的身体を汚染するのである。その本質から、水は良くも悪くも、自らをすべて環境のために投げ打つのだ。

水は生命体のように振舞うと言うヴィクトルを、世間はあざ笑った。しかし、成熟した状態に達するや、水は驚くべき特性を示す。活気がみなぎり健康になると、水は非常に独特な方法で脈動し、ねじれ、らせん状に動いて生命力と純度を維持し、あらゆる生物のためのエネルギー経路として、また養分や老廃物を運ぶ存在として役割を果たすということを、彼は示したのである。

雨が降ったあとに水が坂道を流れていったり、海岸の砂浜の斜面を細流が流れていくのを見れば、水が脈打つような律動的リズムで流れていくのがわかるだろう。これは水が生きているためであり、ちょうど体の動脈や静脈を血液が脈動しながら流れていくのと同じように水は実際に脈動しているのだ。だがもっとも驚くべき事実は、水には自らを浄化する力があり、他の生き物が自らを癒すことができるのと同じように、生産的性質を回復できるということである。

さまざまな象徴的な伝承において、水は感情と結びつけられている。私たちは感情を通じて人生に対して開かれ、感性を育み、受容的、共感的になる。芸術家はインスピレーションの源として水を好む。水には気づきや想像力を刺激する力があるのだ。

私は幸いにも小川のそばで暮らしている。家の門の近くには小さな滝があり、その音には心が静まる。水滴が水たまりに「ポチャン」と落ちて、洞窟の中にこだまする音、岩々にリズミカルに押し寄せるさざ波の音、砂浜に寄せては返す波の音など、水音は私たちの感情を深く呼び覚ます。

現在、水の重要性が認められているのは、それが地表でもっとも豊富にある物質で、あらゆる生命体の主要な物理的構成要素であるためだ。だが従来の科学は水を、それ自体には生命のない、たんに無機的なものとしてしか見ていない。

水の記憶

水は強力な溶媒という特徴があるが、これは電磁気的性質によるものである。水分子に含まれる陽電荷を帯びた水素原子が、触れた物質から陰イオンを引きつける一方、負電荷を帯びた二つの酸素原子は、触れた物質の陽イオンと結合してバランスを保つ。このようにして水は物質を構成要素に分解、溶解し、空気からは酸素、窒素、二酸化炭素を、岩石からはカルシウム、カリウム、ナトリウム、マグネシウムなどを取り込む。ある源からは物質を持続的に集めて蓄積し、別のところでは、そこで生じる新たな生命の成長に必要な基本構成要素をもたらす。

水は自らの性質の命じるままにらせん形や渦巻き状になって活発に流れると、建設的な情報を運ぶのに必要な構造を生み出す。これがマイクロクラスターであり、水塊が触れるあらゆるものからたえずエネルギーを受け取り、変換する、振動するエネルギー中枢である。

水は流動的で、たえず自分の状態を変える能力があるが、条件が許せば、ふつう、水分子は自己を組織化する。渦巻き状の動きからマイクロクラスターや複雑な層構造が生じ、構造面どうしが相互作用を起こすことでエネルギーを生み出す。適切な顕微鏡を使えばこのような構造を観察することができる。渦巻きの作用が強力なほど、情報を蓄積する能力は高まる（パソコンにメモリーを増設するのに似ている）。このため、ヴィクトルの作り出した内破（インプロージョン）（強力に渦巻き化する）プロセス（第18章参照）に流した水には、それが触れた生命体のエネルギーを高める力があるのだ。水のクラスター（水分子が集まって集合体になったもの）には振動による刻印、つまり痕跡を蓄える能力がある。その痕跡が有益なものであれば、ホメオパシー（一五六〜一五七ページ参照）のように、水は人体の健康な共鳴状態を回復させることができる。だが、その痕跡が飲み水に残された毒素や汚染物質によるものだと、不調和や病気を運ぶものともなりうる（同ページ参照）。

ヴィクトルは、生命としての水には、誕生から成熟を経て死にいたるライフサイクルがあることを示した。水は敬意を払われずぞんざいに扱われれば、生命や活力をもたらすかわりに、反生命的な性質を示し、その水が宿っている生物に病理的プロセスを引き起こし、身体を衰弱させ、やがては死をもたらす。さらに物議をかもす発見として、構造が損なわれた水は、負のエネルギーを帯びて人間に劣化をもたらし、現実世界での道徳的、精神的、霊的な安寧に悪影響を与えるとヴィクトルは言う。

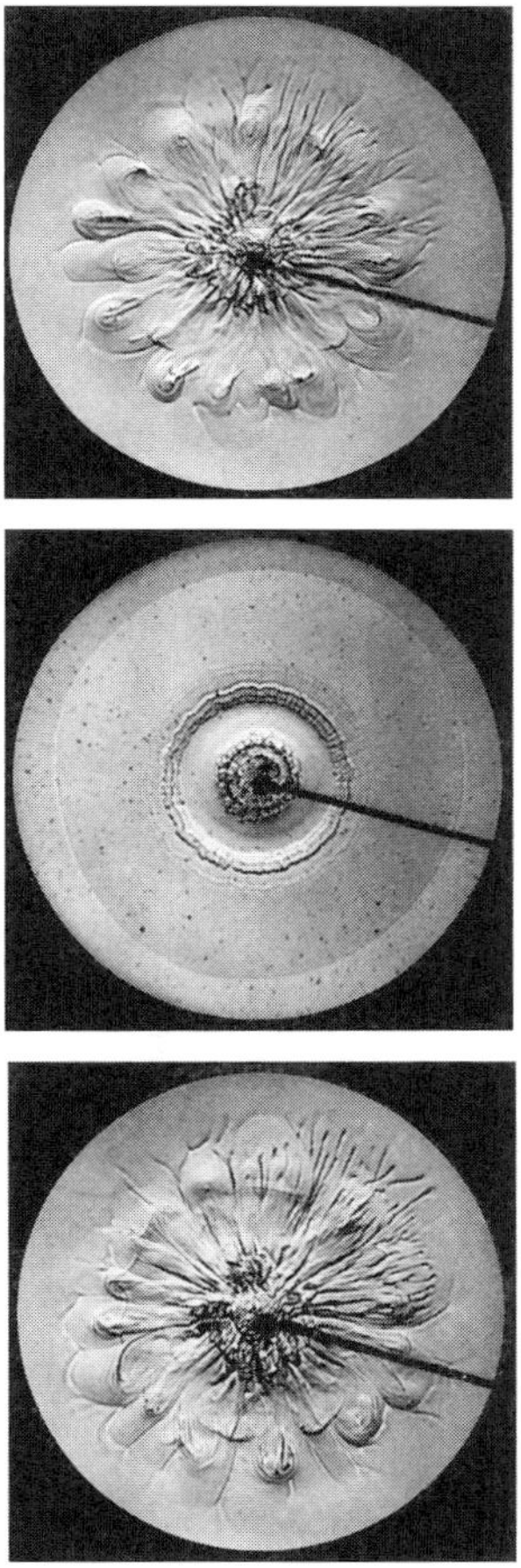

図8—1　水の構造を示している「しずく」の写真
一枚目（上）は生きている泉の水のもので、構造は完全である。二枚目（中）は下流の、家庭用下水と産業排水の水で、原始的な発達の痕跡が見られるが形成能力はない。三枚目（下）はさらに下流の水で、自然ならせん運動を通じて、水の構造が再構築されていることを示している。

水の創造

水はどこから来たのだろうか？　実際のところは誰にもわからない。これは自然のミステリーの一つである。その起源は上層大気でないことは確かだが、これは第7章冒頭（一一九ページ参照）で見たように、高い高度では水分子は実際には酸素と水素に分解してしまうからである。

他に源があるとすれば地球内部しかない。アメリカ人のステファン・リースは一九三四年に興味深い研究を行ない、水晶質の岩石から莫大な量の処女水（地球誕生以来初めて地表に出た水）が得られることを示した。摩擦や強い圧力により岩石から電子が放出されて輝く「摩擦ルミネッセンス」という作用と、地熱とが組み合わさると、ある種の鉱石を含む岩石から、酸素と水素ガスが放出されることがある。この作用は「冷たい酸化（cold oxidation）」と呼ばれ、これで処女水ができる場合がある。[2]

リースは砂漠にある適切な組成の硬い岩石層を直接利用して、一分間に三〇〇〇ガロン（約一一三五五リットル）もの水を生み出すことができた。彼は水を必要とする地域に高品質の真水を大量にもたらそうと力をつくしたが、残念ながら既得権益をもつカリフォルニア州の政治家の妨害を受け、容赦なく迫害された。今や彼の実験を再現すべきときが来ているのではないか。

水は従来H_2Oと記述され、正の外部電荷を帯びた水素原子二つと、負の外部電荷を二つ帯びた酸素原子一つからなる。しかし、自然の水を分析すれば、そこには一八種類の異なる化合物と一五種類の別個のイオンが含まれているのである。[3]　海水に含まれる元素の多くは、人体にも似た割合で含まれている。

水は独自のアイデンティティをもつわかりやすい物質ではない。なぜなら水は、自らがその中を通っていく媒体や、それが宿る生物の性質を帯びるからである。水には、他のいかなる分子よりも多くの元素や化合物と結合できる並外れた能力があり、万能溶媒とも呼ばれる。ヴィクトルは、このような創造的な「フラクティゲン」〔五二ページ参照〕的エネルギーがあふれんばかりに満たされた水を、「乳濁液（emulsion）」と呼んでいる（一九五ページ参照）。水中に溶け込んだり、懸濁している構成物質の組成が多様であればあるほど、その乳濁液は複雑となり、特性は幅広くなる（水の無機的対応物といえる〔通常の〕炭素にも、他の元素にはない同じような能力がある）。水には三種類の物理的状態がある。固体としての氷、液体としての水、気体としての水蒸気である。またさまざまな外観や形態をとる。たとえば塩水であったり真水であったり、血液であったり樹液であったりする。

水の特異点

水の密度は、その振舞いにとってきわめて重要なものである。その密度とエネルギー含有量は四℃で最大となる。これがいわゆる「特異点」であり、水の質に大きな影響を与える。ヴィクトルは四℃という温度を、「水の中性状態」と呼んだ。健康や活力、生命付与的な能力が最高となった自然な状態のときに、水はエネルギー的には内的にバランスのとれた状態にあり、熱的、空間的に中立状態になると彼は考えた。水は四℃を超えると膨張する。それ以下の温度になってもやはり膨張し始め、軽くなる。この性質によって氷は水に浮き、水中の魚を極端な寒さから守ることができるのである。
自然が哺乳類などの生物を血液に頼るように創ったことは、非常に都合のよいことだった。体内では、血液の約九〇パーセントは水から成る。水の比熱は非常に高く、水温を変えるためには大量の熱や冷たさが必要となるため、私たちの体は幅広い環境温度に耐えられるというわけである。一方、水には熱を手放さずに保持する性質もある。これは体温にとっても家庭用暖房システムにとっても都合のよいことである。

私たちは、人体の血液の正常な温度が約三七℃であることをよく知っている。この温度がわずかでも変化すれば疾患が疑われる。これは水でも樹液でも同じである。ヴィクトルはこのことを、世界的に著名な水文（すいもん）学者、フィリップ・フォルヒハイマー教授に、温水を渓流に注ぐことで示した。下流の温度がごくわずかに上昇することで、水の流れの筋（フィラメント）の複雑な構造が壊れ、急流で静止状態を保っていたマスはそこにとどまっていられなくなり、下流に流されてしまったのである。従来の科学ではわずかな温度差に意味があるとは考えられていなかったため、フォルヒハイマー教授は非常に驚いた。

水が生命をもたらすというだけでなく、自らが生きていることを科学が理解できれば、人類社会における水の復権に向けた大きな一歩となるだろう。ヴィクトルは次のように書いている。

> 水が本当に水文学者の言うようなもの——化学的に不活性な物質——であったなら、はるか昔に、すでにこの地球には水も生命もなかったことだろう。私は、水がこの地球の血液なのだと考えている。内的な作用は、血液と同じとは言わないまでも、非常に似たものなのである。

水に動きをもたらすのはこの作用なのだ。[4]

H_2Oという記号は純水、つまり蒸留された水を表している。この種の水は発達した特徴や性質をもたないため、ヴィクトルはこの水を「幼い」水と呼んだ。この水は生硬で飢えているのだ。赤ん坊のように、手の届くところにあるものを何でもつかんでしまう。この幼い水だけを飲んでいれば、人は衰弱し、やがて死んでしまう。この水が体内からミネラルと微量元素をしぼり取るからだ。水は、他の生物がエネルギーと生存のために必要としている物質、いわゆる「不純物」を適度に含んだ状態になると成熟する。

さまざまな水の性質

良質な水には味も色も匂いもないが、これほど渇きを癒してくれるものもない。専門家によれば、私たちが健康を維持するには良質な水を一日に一～二リットル飲む必要があるという。[5] 水には飲むのに適した種類のものがある。第12章では、利用できる水を飲む前にその質を改善する方法をいくつか見る。質の高い水とは岩石圏（女性性）と大気圏（男性性）の両方の要素を含んだものである。

●蒸留水

物理的、化学的にもっとも純粋な水の形態とされる。自らが成熟するのに必要なあらゆる物質を引き寄せる性質があり、届く範囲にあるものすべてを吸収する。この水を長期間にわたって飲み続けることはきわめて危険である。「クナイプ療法」は短期的な治療効果を得るために蒸留水を使うが、この療法は、体内に過剰にたまった特定の物質を排出するよう作用する。

●雨水

雨水は、産業汚染物質に汚染されていなければ（酸性雨でなければ）、自然界で入手できる水としてはもっとも純粋なものである。大気中の気体を吸収することで若干豊かになってもまだ長期的に飲むには適さない。雪を溶かして飲む場合は、ある種の欠乏症が生じることもあり、他の水も飲むのでなければ、甲状腺が肥大する甲状腺腫にかかることもある。

●幼い水

幼い水とは、間欠泉のように、地中深くから出てきた未熟な水である。この水は地中を通り抜けるときに十分に熟していない。成熟した構造を発達させておらず、ある程度のミネラル（岩石圏的元素）は含むが、気体（大気圏的元素）をほとんど含んでおらず、飲料水としてはあまり質の高いものではない（ミネラルの豊富な地中から上がってきた鉱泉（スパ）の水と比べてほしい〔一七一ページ参照〕）。

●地表水

ダムや貯水池の水には、土壌や大気に触れることで吸収されたミネラルと塩類がある程度含まれている。その質は太陽光、過度の加熱、化学物質などの汚染物質にさらされて劣化する。現在、都市部の共同体の多くはこの水源に頼っているが、一般的に良質の水とはいえない。

●地下水

大量の炭素や他の微量塩類が溶解しているために質は高い。これは低い地層から発し、水を通さない岩石面のあいだを通って地表にしみ出した水である。現在ではこの水は、工業的農業で使う化学物質によって汚染されていることが多い。

●湧き水

真の湧き水には大量の炭素とミネラルが溶け込んでいる。その質の高さは、しばしば明るく輝く青い色となって見える。この水はしみ込んだ雨水（大気性ガスが十分に補充されている）と岩石圏性の水（ミネラル、塩類、微量元素が十分に補充されている）の産物であり、もっとも飲料に適しており、渓流の上流で水質を維持していることが多い。販売用にボトル詰めされた「湧き水」は、水質を損なうプラスチックのボトルではなく、ガラスのボトルに詰められたものであっても、残念ながら必ずしも最高の水質とはならない。またその多くは本当の泉から採取したものではない。

●その他の地下水

深掘り井戸（アルトワ）〔被圧井戸ともいい、水脈まで掘り下げ水圧によって自噴させる掘抜き井戸〕の水は試錐（しすい）孔から得られるものだが、その水質は予測がつかない。塩水、若干の塩気のあるもの、真水のものがある。井戸水は、井戸の深さ、水を採取する層によって、良いもの悪いものさまざまであり、硝酸塩〔化学肥料の成分〕や除草剤で汚染されている場合もある。

川はいかにして自分を守っているのか

ヴィクトルは、水は原生林の涼しく暗いゆりかごで受胎すると考えた。そして地中深くからゆっくり上がってくるにつれて成熟する。上昇する途上でミネラルと微量元素を吸収する。成熟してはじめて、泉として現れる。真の泉（湧出泉と対比して）の水温は約四℃と低い。水は涼しく光もまばらな森の中から長い旅路を始め、生き生きときらめき、せせらぎの音を立てる流れとなって谷間を下っていく。水は活発なときにはらせん状の巻き込むような動きを作り出し、冷たさを維持し、活発な内的エネルギーと健康を保つ。こうして周囲の環境に必要なミネラル、微量元素、そしてその他の微細なエネルギーを運ぶことができるのである。音をたてて流れる健康なせせらぎのそばに座ることがどれほどの気分転換となり、心を明るくするものであるかお気づきだろうか？

自然のままに流れる水は、太陽の直射日光によって傷つかないように自分を守ろうとする。小川の土手に樹木や灌木が茂っているのは、誰かが植えたためではなく、水に蔭を作るために、流れる川のエネルギーが、そこに木が生長するよう促したからなのである。川はエネルギーを維持できるなら、めったに氾濫を起こさない。水が自然に動くことができれば、流れが速いほど、運搬能力や押し流す力が高まり、川底は深くなるのだ（後出の図8―2）。

ヴィクトルはそうなる理由を突き止めた。内側に巻く、縦方向のらせん状の渦巻きが流れの中心軸に生じ、右回りと左回りに交互に動く〔訳註・図8―2では右回りのみの動きが示されているが、川の蛇行とともに向きが変わる。後出の図11―5（一九三ページ）参照〕。内向きにらせんを描く渦巻きには温度を低下させる性質がある。このような複雑な水の動きによって、水はたえず冷却されて健全な温度を保ち、より速い、層状のらせん流を形成して不要な物質を取り除いたり、変換したりするのだ。

川が大きくなると、光と熱から自身を守る能力が低下し、生命力と健康が失われ始め、これとともに流域の環境を活性化する能力も低下する。やがて河川の幅が広くなると、沈泥（ちんでい）の量はますます増加し、流れはさらに遅く、水はさらに不透明になる。しかし、この状態は川の下層を太陽の熱から保護しているのである。下層は表層よりも冷たく、らせん状の渦巻きの動きを保ち、水路の中心から粒径の大きな（小石、砂利など）堆積物を移動させて、氾濫の危険性を低下させる。この動きは有害な細菌の発生を抑え、水を病気のない状態に保つ。

ヴィクトルは一九三三年に著書『我らが無益な骨折り』で、水についての自らの発見を実際に利用できた様子を記している。

> 堤防工事をしなくても、いかなる距離にわたっても水路を調節することは可能である。木材その他の原料、水より重い原料、たとえば鉱石、石などを水路の中心を通して下らせることもできる。周辺流域の地下水面を上昇させ、茂っている植生に必要なあらゆる元素を水にもたらす

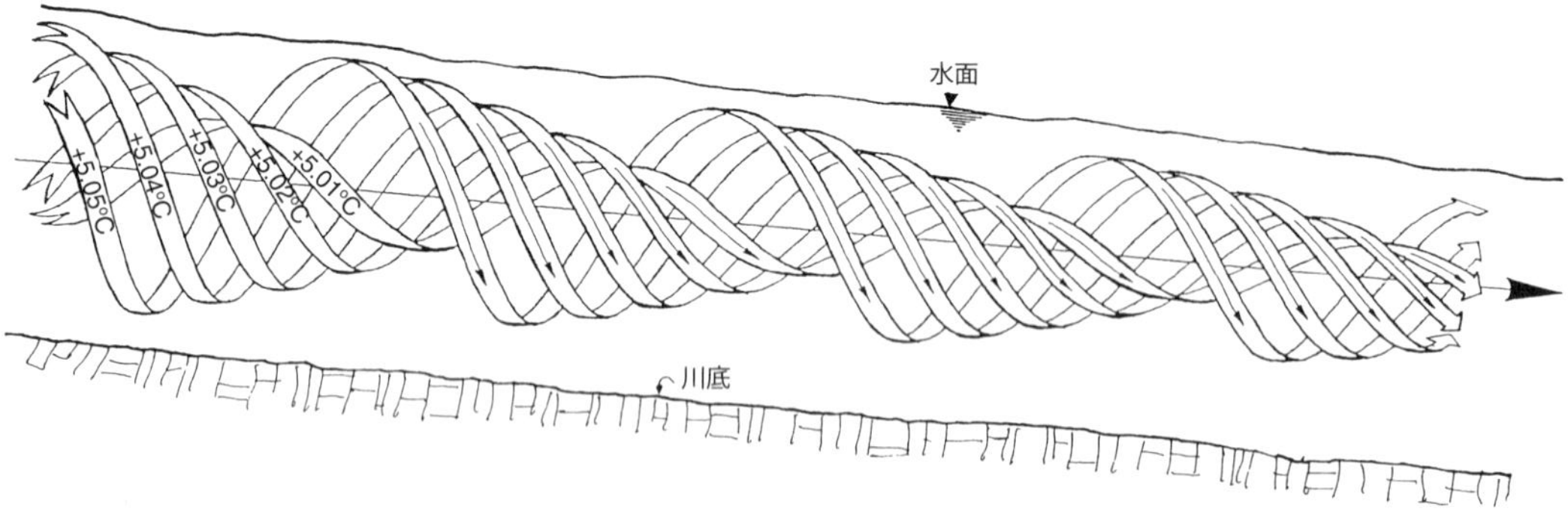

図8—2　中心軸周囲に層状の流れを示す縦方向の渦巻き
もっとも冷たい水の流れの筋は、必ず流れの中心軸にもっとも近いところにある。わずかな水温の違いでも、熱による層形成が生じる。中心のコア・ウォーター（核となる水・乳濁液）の流れは乱れがもっとも小さく、前方に加速して通り道の残りの水塊を引っ張っていく。(195ページ、図12—2〔217ページ〕参照)

ことも可能なのである。(6)

温度勾配

ヴィクトルのもっとも重要な発見に、温度に関するものがある。彼は、人間の血液にとって温度のわずかな変化がきわめて重要なように、水や樹液の健康な動きにも同じことがいえることを示した。彼はこのことを、四℃という水の特異点との関係で温度変化を理解することで明らかにした。特異点から温度が上向き、あるいは下向きに離れていく場合を、「負の勾配」があるという。上下いずれからでも特異点に近づく場合、あるいは地下水の温度が気温より低いような〔冷却的な〕場合は、「正の勾配」があるという。熱は必ず冷たい方向に移動する。

水、木、その他のあらゆる生物で生じる合成と分解という自然の作用の中では、上昇と下降の両方の温度勾配が活発に働いている。それぞれの種類の温度勾配は、自然の偉大な生成の中で特別な機能を果たしている。正（冷却的）の温度勾配は、進化が創造的に進むときに主要な役割を果たす。

これらの勾配は重要な要素で、流速、牽引力（剪断力）、沈降物の量、混濁度、粘度などの川のあらゆる特性や、パイプによる貯蔵や移送などの水の管理全般に関わるあらゆる事柄に関係してくる（第12章参照）。現代の水文学者が川の氾濫を防いだり、より質の高い水を家庭まで届けられないのは、温度勾配の重要性を理解していないからである。

自然界では、正の温度勾配は生命体の創造と組み立てに使われ、負の温度勾配はリサイクルの一環としての分解に使われる。生物多様性と進化は、生命系をたえず複雑な方向に発展させるために、正の温度勾配が支配的となることでもたらされる精妙なエネルギーを必要とする。この二つの温度勾配は相補的な役割をもつために、同じ環境中に同時に存在する。人類の文明の問題は、負の温度勾配を強い状態にしてしまっていることであり、このために環境が退化して生物種が姿を消し、粗雑なエネルギーが幅をきかせるようになっているのだ。

自然界のあらゆるプロセスの質は、正と負の温度勾配の相対的な影響力によって変化する。温度勾配は水の動きだけでなく、植物の樹液、人間の血管を流れる血液にも影響を及ぼすため、二種類の温度勾配がどのように相互作用するかは決定的な重要性をもつ。あとで見るように温度勾配は、流れの周囲にあって流れる物を導く流路、管、血管の形状や構造、また質も決める。

ヴィクトルは、強いほうの温度勾配の振舞いには、生命体を創造する重要な作用があるため、こちらを「エッセンス」と呼んだ。たとえば、正の温度勾配が非常に強いと、相対的に弱い負の温度勾配は質の高い物質が物質的実体として現れるように手助けにまわる。一方、負の温度勾配のほうが支配的であれば、現れる物質的実体の質は低くなる。進化と成長が、質、活力、健康さを高めながら進展していくためには、どちらのタイプがどのレベルで優勢であるかが重要となってくる。

流水は優勢なほうの温度勾配に従って振舞う。正の温度勾配は、四℃に近づきながら、冷却、濃縮、活性化することで生命系を作り上げる。このような健康な成長、発達の作用で重要なのは、イオン化した物質をまとめて引き込み、密接にそして生産的に接触させ、溶け込んでいる酸素を受動的にして、生命の基本構成要素である冷たい「炭素e（carbone）[7]」（五七ページ参照）と結合しやすくすることである。しかし、負の温度勾配による加熱が続くとエネルギー結合は弱まり、生体の構造は弛緩し、形が分解し始める。酸素はますます攻撃的になり、構造を組み立てるのに役立つどころか引き裂いて、疾患の発生を促す。

現在の科学が自然界の作用の中で温度が果たす役割の重要性を認識し、技術をことごとく迅速に変えることができさえすれば、すぐにでも環境に対する効果が現れることだろう。現在、人類が直面する環境危機は、エントロピー的熱汚染による持続的な地球温暖化だけにとどまるものではない。私たちの技術がもっと生態系に優しいものであれば、正のフィードバック効果である、環境がバランスをとる作用はすぐに強まるはずだ。なぜなら自然はいつもバランスを求めているからである。私たちの多くは、自然と調和してやっていくことは、自分たちの生活に正直であるよう努めるのと同じだと考える（これは良いことである）。実際、自然がバランスをとろうとする欲求は非常に強いものであるため、いったん真のエコロジカルな統一性と心から協調してやっていくようにすれば、自分たちの努力がどれほど自然から報いられ、強められるかに驚くことだろう。

ヴィクトルは、生きている水には驚くべき治癒力があることだけでなく、自然のダイナミックな作用を手本とした装置を設計することで、生命のない水から生きている水を生み出せることも示した。『我らが無益な骨折り』の中で彼はこう述べている、

このようにして、人工的ではあるが自然の中において生じている方法で、人間、動物、植物のために質の高い飲用水を作り出すこと、木材などの原料を燃えにくく、腐敗しにくくするこ

と、垂直なパイプにポンプ装置を使わずに水を揚げること、コストをほとんどかけずに無限の電気や放射エネルギーを生産すること、土壌の質を高めること、がん、結核、神経疾患を癒すことができるのである。

（……）これを実際に実行するためには（……）、間違いなく科学と技術のあらゆる分野の方向性を根本的に変えることが必要となる。新しく発見したこのような法則を応用することで、私はすでに丸太を流し、川の流れを調節するための大規模構造物をすでに建設しているが、これは一〇年にわたって問題なく機能しており、現在でも水力学の専門家を当惑させている。[8]

第9章　水循環

血液が人体の動脈と静脈を通って流れるように、水は地球の岩石圏を通って流れる。地下の領域から大気圏に移り、また戻ってくる水の循環運動は、水文学的循環あるいは水（みず）循環と呼ばれる。今日、この水の完全な循環はおもに人間の活動によって妨げられ、大気と地表にとどまった状態になっている。ヴィクトルはこの状態を「半水循環」と呼んだが、この問題は現在の気候変動に重大な影響を及ぼしている。

完全な水循環

次ページの略図（図9―1）は完全な水循環を示している。左側の、上に向かう左回りのらせんは海からの水の蒸発を示している。これが上昇、凝縮し、雨となって降る。地表が森林になっているかどうか、どちらの種類の温度勾配が活発かによって、地面にしみ込んだり、地表を流れたり

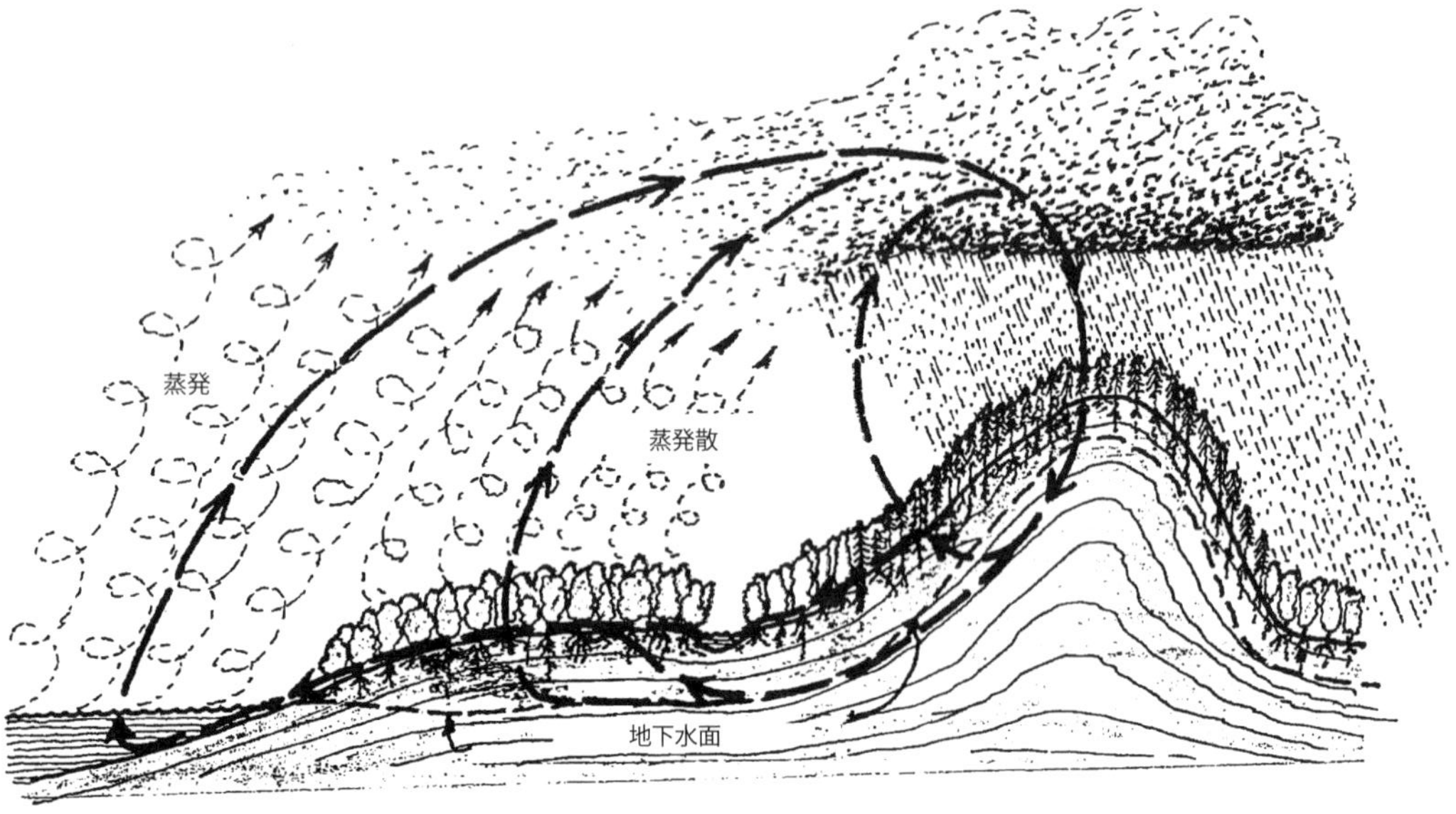

図9—1　完全な水循環

水の完全循環は、以下の段階を特徴とする。

- 海洋からの蒸発と植生からの蒸発散
- 水蒸気の上昇
- 冷却と凝縮
- 雲の形成
- 雨として落下
- 正の温度勾配により地中に浸透
- 地下水と帯水層の涵養
- 地下水面の高さの維持と調節
- 4℃の地下水の中心層の形成
- 地下の貯水層の形成
- 4℃の地下水の中心層を水が通過する
- 4℃での水の浄化
- 水の自重による地下帯水層へのさらなる沈下
- 熱い地球内部の影響による水蒸気への移行
- 栄養をとり込みながら再び地表まで上昇
- 水の冷却と栄養の堆積
- 地表を流れて消失
- 蒸発して雲を形成
- 雨として再び降下など

する。正の温度勾配が支配的な自然林の地域では、通常は降水量の約八五パーセントが保持されるが、そのうち一五パーセント分は植生と腐植土によって、約七〇パーセント分はしみ込んで地下水の帯水層によって蓄えられ、地下水流を涵養する〔地表の水が地中に浸透して地下水が供給される〕。地下水系につながる水は地球の負のエネルギーを帯びるため、この地下の涵養は重要である。自然林では、成熟して深く根を張った樹木は、土壌深くから重要なミネラルと微量元素とともに、この負のエネルギーを帯びた水を吸い上げる。第14章で見るように、樹木はバイオコンデンサーとして作用し、太陽からの正のエネルギーと地球の負のエネルギーを調和させる（二五八～二六〇、二八〇～二八二ページ参照）。その結果、樹木の葉からの蒸発散は、バランスのとれた、創造的エネルギーとなるのである。これは、図9―1の中では、海からの蒸発とは向きの違うらせんとして示されており、質が高いことを表している。

森林は、さらに活発な生命システムとして、地下の諸元素を含む、複雑な生物系におけるあらゆる共鳴のエネルギー的（非物質的）パターンを運ぶ蒸散を生み出す。森林から生まれる雨はこの有益な作用を運ぶ。海洋は、海面下の火山噴火と大気にさらされることで〔エネルギー的に〕再充填されるが、自らの生み出すものすべてをおもに消費するため、森林からの蒸発のような活発な性質はない。

これはホメオパシー理論の点から説明するのがもっともふさわしい。ホメオパシーの理論とは、ある物質の希釈度が高いほど、エネルギー的効果が強くなるというものである。ジャック・バンヴェニスト教授は、水（水蒸気としても）が情報を伝達するという非常に重要な発見をした。[1] その意味するところは、私たちの使う水道水がリサイクルされたものであれば、人間によるエネルギーを含んでいたり、他の水を処理するのに使える治癒的なエネルギーに満ちていたりするかもしれないということである。現在入手できる家庭用水処理システムの中にはこの原理を利用したものもある。

完全な水循環では、水は森林と海洋から蒸発する。立ち上る水蒸気は空の高いところで凝縮して雲になり、植物の葉の原形質や海洋の藻類から発散されるジメチル硫化物の作用もあって、結合して大きな水滴を形作り、雨となって降る。森林による覆い（森林被覆）が十分にあれば、地表の温度は降雨よりも冷たく、雨は正の温度勾配によって容易に地面にしみ込む（一六二～一六七ページの「温度勾配と栄養供給」の節を参照）。言葉をかえれば、大気から、地面を経て、四℃の水で満たされた地中の中心層に向かって温度が低下するのである。地面の温度がさらに低ければ、温度の高い雨水はすぐに吸収され、地下水を補充して、地下帯水層を発達させる。植生は、正の温度勾配下で入ってくるこの雨水で涵養される地下水によって生長するのである（図9―1）。

地球上の生命が適応してきた温度範囲は、約マイナス一〇～プラス四〇℃である。この範囲はバランスのとれた温暖化作用によって維持されている。地球温暖化によって地球の温度が上昇するにつれ、生物が新しい条件に適応する時間が足りないために、あらゆる生物に莫大なストレスがかかってきているのだ。

水蒸気は主要な温暖化ガスである。森林からの活発な蒸発散量が減少すると、水蒸気の質と大気中の分布は大きな影響を受ける。自然林が生み出す水蒸気は、刺激と癒しの力をもたらす地球からの肥沃なエネルギーを含むことによってバランスがとられている。一方、海から生じる水蒸気は、荒々しい太陽の生のエネルギーを多く含んでいるが、地球温暖化はこの海からの水蒸気を増加させてしまう。森林の水がなくなれば、水蒸気が豊富な地域とほとんどない地域の差は非常に対照的なものとなる。そうなれば気候パターンは大きく乱れ、沿岸では激しい嵐、ハリケーン、ひどい洪水が増え、沿岸の風に影響されない地域では干ばつが起こったり、夜間に凍えるような気温の低下が生じる。

半水循環

森林被覆がなければ、地表は加熱し、土壌には負の温度勾配が生じる。つまり温度が低い雨水は温かい地面にしみ込むことができず、降水量の多い地域ではすぐに地表を流出し、破局的な洪水が生じてしまうのだ。最近、コロンビア、モザンビーク、アッサム、バングラデシュで洪水が生じているのは、高地で森林が伐採されているためである。

このような、天然の水循環が中断された状態をヴィクトルは「半水循環」と呼んだが、これが今やほぼ全世界的に見られるようになっている。後出の図9—2と前出の図9—1の違いに注目してほしい。図9—2は、樹木被覆がなければ地下水面が沈むことを示している。いったん森林がはぎ取られると、露出した地面の温度は急激に上昇し、乾燥状態であればいっそうその傾向は強まり、さらに温度が高くなる。

この段階では蒸発散は生物からのものではないため、この種の蒸発のエネルギーはずっと破壊的なものになる。降水量が多すぎると、確実に洪水が生じる。植生がはぎ取られた暑い国の多くでは、乾いた谷や小川に恐るべき鉄砲水が生じ、途中にあるものすべてを突如水の壁に飲み込んで押し流してしまう。

雨水を吸収する樹木や地被植物がないと、雨水は地表に広くひろがり、異常な再蒸発が広範に生じる。大気中に水蒸気が増えるとすぐに降水量が増える。どうなるかといえば、洪水がさらに別の洪水を引き起こし、内陸部ではいっそう頻繁に干ばつが起こるようになる。この悪循環を止めるためには、温暖な緯度の地域に重点的に植樹を行なう大規模な国際的キャンペーンを行なうしかない。

半循環で生じるもっとも深刻な影響は、地下水が涵養されないことである。地下水位が下がれば、植生にもたらされる栄養が減る。大気に蒸発する水は生命のないものとなり、地下水が帯びているエネルギーと質をもたない。ヴィクトルはこれを「生物学的短絡」と呼んだ。本来なら樹木の根が吸い上げて他の植物にも恵みを与える、きわめて重要な土壌の水分や微量元素などの栄養が、地下水の低下とともに根の届かない深さまで沈んでしまう。これが砂漠化の原因であり、現在では多くの熱帯地域に広がっている。地下水は、自らがやってきた地球の体内へとおそらくは永遠に消え去ってしまう。

半水循環では循環が限定的なため、雷雨は激しくなる。雷雨によって水蒸気は通常よりはるかに高いところまで上昇することがある。高度四〇～八〇キロでは水蒸気ははるかに強い紫外線と高エネルギーのガンマ放射線にさらされて分解され、水素原子と酸素原子に分かれる。その後、比重の小さい水素は上昇し、酸素は降下し、その水は永遠に失われる。地球温暖化の影響は複雑である。

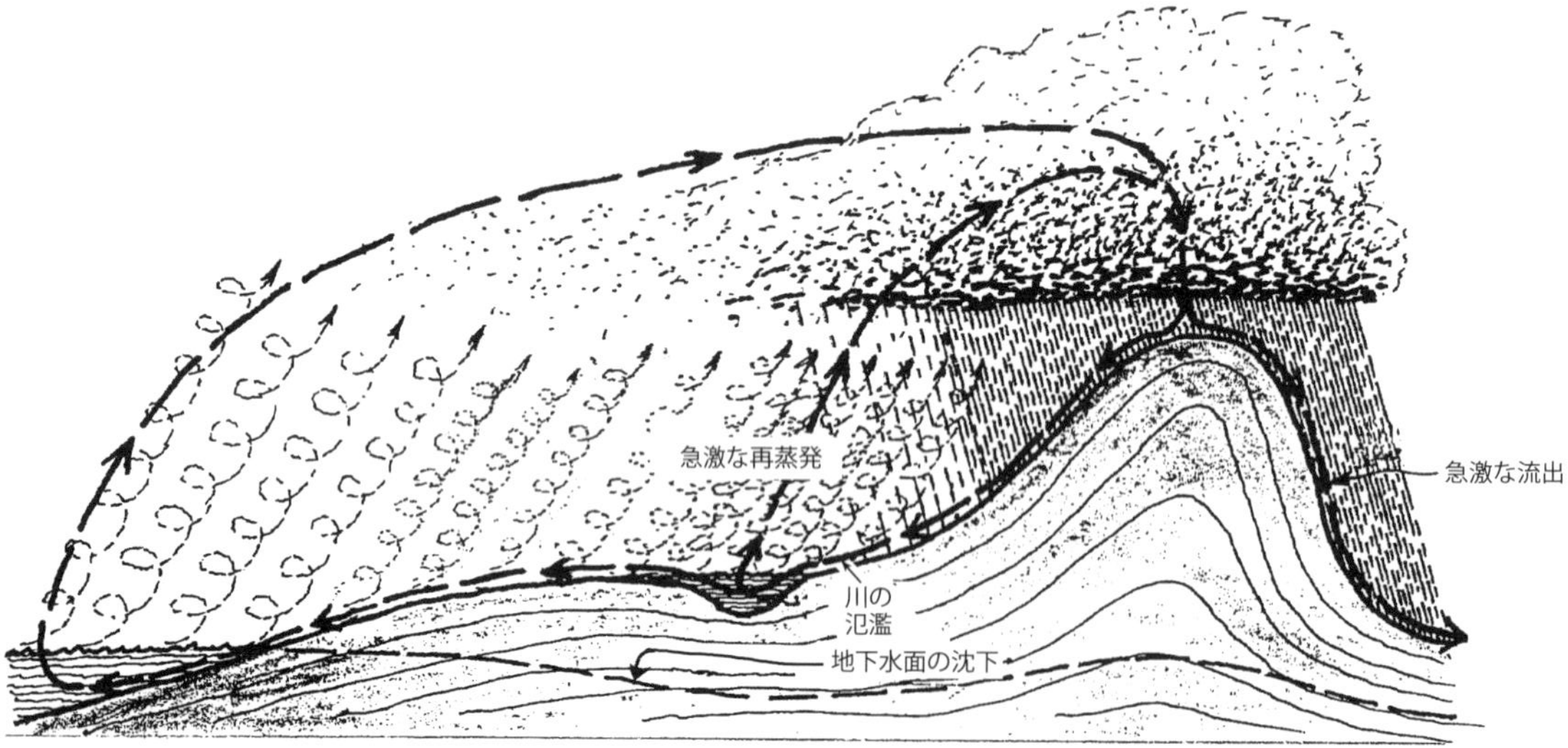

図9—2　半水循環

通常の水循環とは対照的に、半水循環は以下の特徴を示す。

- 海洋からの蒸発
- 水蒸気の上昇
- 冷却と凝縮
- 雲の形成
- 雨として落下
- 負の温度勾配のために地中に浸透しない
- すばやく地表を流出する
- 地下水が涵養されない
- 長期的には地下水面が沈む
- 植生に栄養が自然に供給されなくなる
- 一定の条件下で大規模な洪水が起こりうる
- 早すぎる再蒸発
- 水蒸気で大気が過飽和化
- 暴風雨としてすぐに降雨を繰り返す

大気は水蒸気が大量に生じるためにまず温まるが、その熱の増加分のいくらかは高高度で、〔熱を担う〕水分子が失われることで相殺される。

温度勾配と栄養供給

これまでに見たように、植生によって地表温度が雨より低く保たれないと〔正の温度勾配がないと〕、水は簡単には土壌にしみ込まない。温度勾配の方向は動きの向きを示している。エネルギーや栄養は必ず熱い部分から冷たい部分へと移動する。このため正の温度勾配は、栄養分が植物の根まで上昇するためにも欠かせないのである[2]（後出の図9―3a参照）。

地表が十分に森林で覆われていれば、土壌の温度は雨水よりも低くなり、雨水は下位層まで浸透して地下水塊と帯水層を補充する。塩類は、塩分に過敏な植物に害を与えるような上層にはとどまらず、深層まで達する。地下水は地表の形状に沿って進む。

図9―3bは、森林の一部が伐採されて地表が太陽光にさらされた状態になると、地中の塩類が地表近く、とくに丘の頂上まで上昇してくる様子を示している。ヴィクトルは、この場合、光と空気のない地中深くのところでは、ミネラルと塩類は四℃の温度面に沈殿することを示した。

地面が温かいと、地表付近の水分が蒸発しやすくなるため、ミネラルと塩類は地表近くに沈殿し、土壌の肥沃さが失われる。樹木がすべて伐採されれば、雨水はまったくしみ込まなくなる。地下水面は、〔地下水の重さに〕相殺されなくなった下からの圧力〔地熱による膨張圧〕によってまず上昇し、あらゆる塩類をもち上げるが、雨水が補給されないままの状態が続けばやがて沈み込むか、完全に消失してしまう。肥沃さは、結局は森林を育て直し、正の温度勾配をもう一度作り出すことでしか回復させることができないのである。

あらためて樹木を植える場合は、塩類が多いという悪条件のため、そんな条件を好んで生長する樹木や原始的な植物から始めなければならない。その後、最初に育った樹木の蔭によって地面が冷えることで雨水は地中にしみ入り、塩類を一緒に運んでいく。やがて土壌の質が改善するにつれ、改善した土壌に合わなくなるために、最初に育った樹木は枯れる。他の種類の樹木がとって代わり、自然のダイナミックなバランスが回復する。

気候の暑い地域で灌漑を行なうと、夜間に地面の温度が冷えて、灌漑した水が塩類を含む上層にしみ込むために問題を悪化させてしまう。日中に気温が上がると、しみ込んだ灌漑水とともに塩類が引き上げられ、光と熱にさらされて土壌表面に堆積する。この問題の深刻さの程度は、緯度、高度、季節によって異なる。

健康な川であれば栄養分は懸濁状態で運ばれ、土壌〔川岸〕の温度が川の水温より低ければ、川岸の植生がその栄養を吸収する。これによって土壌は肥沃になり、地下水は涵養される。だが保護してくれる樹木の覆いがなく、土壌の温度が川の水温よりも高くなると、栄養分は負の温度勾配によって逆に土壌からにじみ出して川に流れ込み、やがてその土地は不毛で非生産的になってしまう。灌漑された、日光の当たる農場を流れる距離が長いほど、川は塩類、化学肥料、殺虫剤で汚染され、下流域では不健全な水源となる。

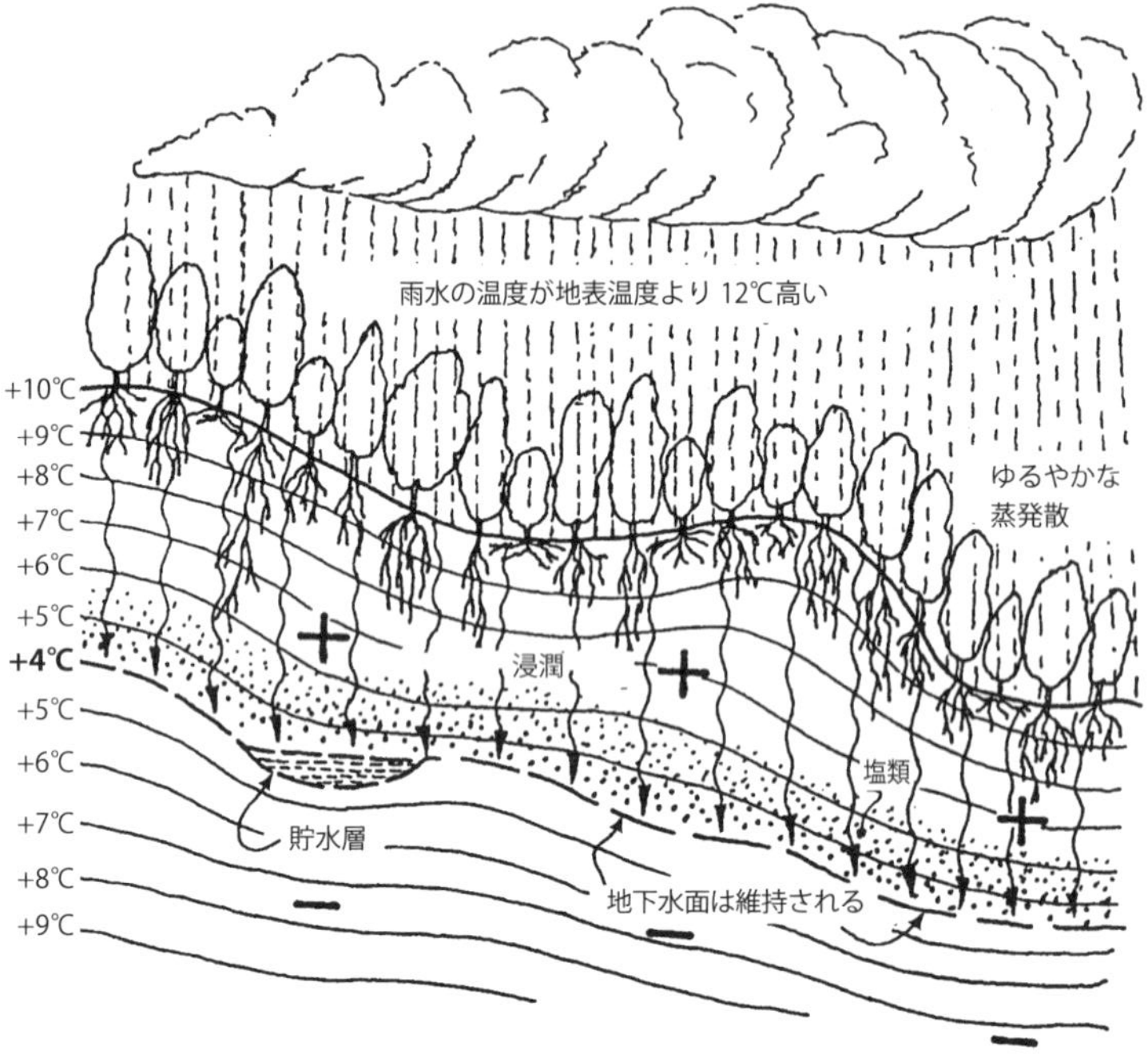
雨水の温度が地表温度より12℃高い
ゆるやかな
蒸発散
+10℃
+9℃
+8℃
+7℃
+6℃
+5℃
+4℃
+5℃
+6℃
+7℃
+8℃
+9℃
浸潤
塩類
貯水層
地下水面は維持される

図9―3 a

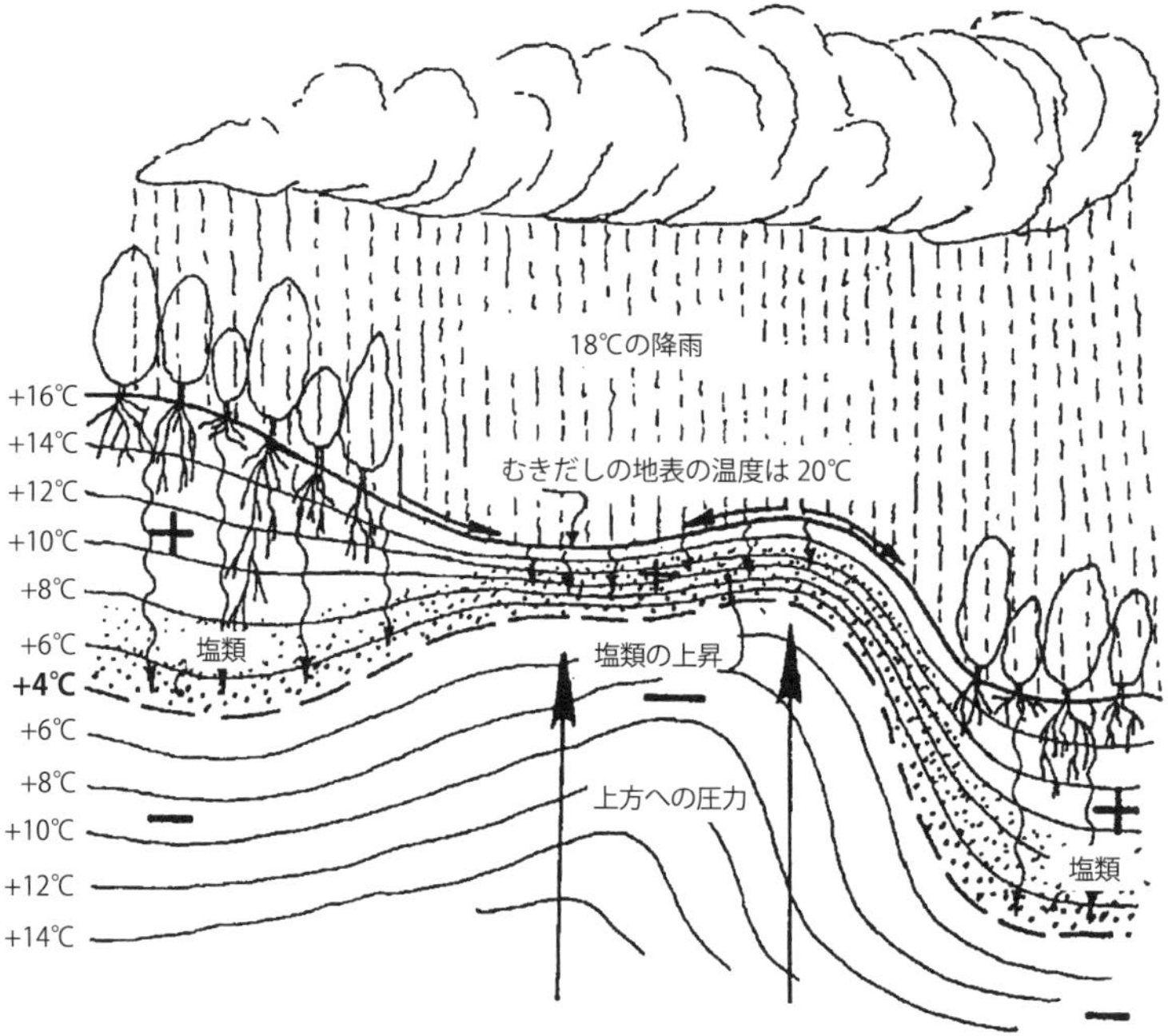

図9—3 b

図9—3 aと9—3 b
正と負の温度勾配

図9—3 aは正の温度勾配（樹木の蔭のために地面のほうが冷たい）を示す。地表より温かい雨水は容易にしみ込んで地下水を補充する。だが地表が保護されていなければ（図9—3 b）、地面は熱せられて雨水がしみ込まず（負の温度勾配）、地下水面は溶け込んでいる塩類とともに上昇して地表近くにとどまり、塩害を生じることもある。

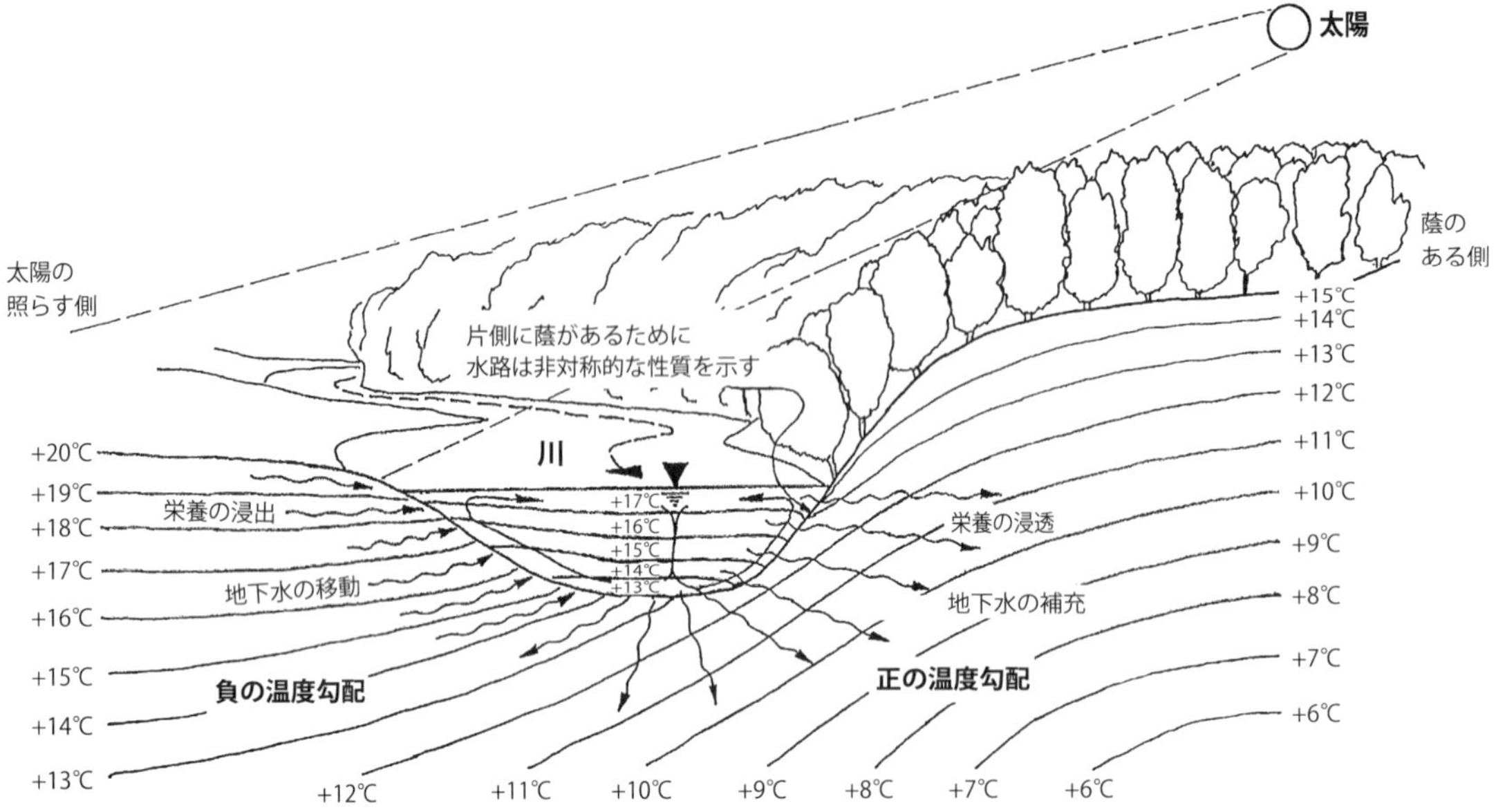

図９—４　非対称的な川の発達
太陽の位置に対する川の向きが栄養の供給を左右する。川の流れが東→西、あるいは西→東のところでは、太陽にもっとも近い側は蔭が多くなり、水から地面へと正の温度勾配が生じ、冷たい地面がミネラルに富む川の水を吸収し、土壌は肥沃になる。太陽にさらされている側では逆のことが生じ、負の温度勾配（地面→川）によって、地下水はミネラルとともに川にしみ出す。

図9―4では、川の水温は水面の一七℃から川底の一三℃までさまざまである。片側の、森の茂る岸の土地（図の右側）は川の水より温度が低く、川から地面に向かう正の温度勾配が生じる。図の対岸（左側）では樹木がないため地面のほうが温かく、川から地面に向かって負の勾配が生じる。この図は栄養が温度の高い土手（左）から奪われ、冷たい対岸（右）に蓄積する様子を示している。

樹木の覆いによって川が冷えるところでは、水が層状の構造になって速く流れるため、堆積物が取り除かれ、川底は深くなる（第11章参照）。

川はガイアの動脈である。川が流域にエネルギーや栄養を運ぶ自然の機能を果たせなければ、土地の肥沃さはひどく低下する。私たちが川を真剣に手入れし、土手が過熱しないよう守り、直線状にせずに、自由にうねりながら流れられるようにするなら、自然が本来の力を取り戻す重要なステップを踏み出したことになる。

第10章　泉の形成

公共水道網が敷設されるまでは、泉はもっとも貴重な、ときには飲料水の唯一の供給源であったし、世界の多くの地域では今なおそうである。集落は質のよい水をもたらす泉の周辺にできた。おそらくは生きている水と健康とのつながりから、癒しの力があるという評判を得た泉もある。ヴィクトルは、自作の湧き水生成装置が生み出す高品質の水には治癒力があると主張した。

泉の崇拝

泉は昔から民間療法、儀式、宗教と結びつけられ、力を宿す場所として伝えられていることも多い。このような特徴を授かった泉はふつう「神聖な井戸（holy well）」と呼ばれるが、これは混乱を招く言葉である。なぜならこの well という言葉はアングロサクソン語で泉を表す「wella」（このため「well up〔湧き上がる〕」という表現が生まれた）から来たものであり、地下水面に到達するために掘削された縦穴という現代的意味での井戸を示すものではないからである。

泉を崇拝するという伝統は、私たちの知る最古のものを含め、あらゆる文明やおもな宗教で見られる。超自然的な恵みが結びつけられることがいちばん多いが、より具体的には聖霊や神々の住まい、あるいは神聖な人物や聖者にゆかりのある場所とされる。イギリスでは、聖者の名前は多くの場合、その名前が由来する場所とは関係がないが、その泉の特性はさらに時代をさかのぼって、異教徒がその井戸を掘り出したと考えた人物にゆかりがあるのかもしれない。

多くの聖なる泉の水には癒しの力があるとされており、癒しはその水を浴びたり、飲むことでもたらされる。イギリスの言い伝えでは、泉により癒されるとされる悩みでもっとも多いのは不妊で、その次に多いのが目の病気である。しかし、フランスのルルドやイギリスのバースのように、きわめて強い効能をもち、多くの病気を癒すとされるところもある。泉から引かれた水がためられた池には、地元で根づいた儀式の一部として、あるいは願いを成就させるための「交換物」として供え物が捧げられる。井戸の多くは装飾、つまり花、彩色、像、布の細片で飾られているが、このような伝統は、全ヨーロッパ、アジア、アフリカ、中央アメリカで見られる。

天然の泉は、干ばつのときにその水流の水質と信頼性いかんで生死が左右されることからも重んじられる。なぜこのような場所に魔術的力があるとされたり、水の守護者である生きた聖霊が宿るとされるかを理解するのは難しいことではない。地球の胎内から神秘的に湧き出す純粋で冷たく、滋養のある液体を目にしたときに、私たちの先祖の多くは、水を「地球の血液」ととらえたヴィクトルの視点に共感できたのではないだろうか。

多くの川は泉を源流としている。[1] 偉大な聖なる川の源流は、とりわけ神聖なものとされる。多くの教会や修道院の施設は泉と結びついており、教会はその水を洗礼に使う。泉に蓋をかぶせ、水を木製あるいは石製の「導管」で運ぶという習慣は修道院から始まった。これは増えつつあったイギリスの都市住民にとって救いとなり、一六世紀に修道院が解体されたあとは、彼らは修道院の水導管から「羽根（フェザー）」つまり分岐管を作った。場所によっては、水源となった泉と同じく、このような水導管も崇拝の対象となり、花や、金箔を貼った枝で飾られた。

啓蒙運動による理性主義がそれまでの時代の迷信にとって代わると、いくつかの有名な泉の治癒力を説明する何らかの根拠を見つける必要が生じた。ここから一八世紀のスパ（鉱泉・温泉）文化が生まれたのであり、スパの水に正当性をもたらす真の万能薬として、あれこれのミネラルを突き止めるために、医師たちは水をすべて蒸発させて残った沈殿物を調べた。イギリスの宗教改革の時代とその後の田舎の人口減少期に、聖なる泉の多くは使われなくなったが、一九世紀に、ケルト文化に根を下ろし、なおも強い異教徒的ルーツを残すカトリック教徒のアイルランド人移民によって再発見された。

今日、古代の地方の伝統が復興しつつあり、イギリスやヨーロッパ大陸で多くの聖なる泉が復活しつつある。

湧出泉（ゆうしゅつせん）

一般に泉とされているものは実際は泉ではなく、それほど深くない土壌や岩石層から余った水があふれ出す湧出泉である（次ページの図10―1）。地面より温かい雨水（正の温度勾配）が、しみ込んで地中を沈降して粘土などの水を通さない層に達し、その上をつたって流れて、下方の地表に再び現れる。これは重力による作用である。その水温は水が出てくる層の温度と同じであり、六～九℃のことが多い。この水には微量元素、ミネラル、塩類がいくらか溶け込んでいるが、一般には真の泉ほどの多様さはない。湧出泉は降水量の変動に大きく左右され、暑い夏には干上がり、激しい雨のあとは勢いよく流れることが多い。

真の泉

真の泉ははるかに深い層から湧き出る（後出の図10―2）。水は長い年月をかけて古代の帯水層や貯水層に集まり、地表に現れるときには水の年齢は数百歳に達していたり、癒しの力をもつ有名な熱泉では数千歳ということさえある。この年齢のおかげで、そのスパの水はきわめて豊富なミネラルをバランスよく含んでいる。パキスタンのフンザの谷、つまりコーカサス山脈の豊かな水は、地元の人たちの長寿の源と言われているが、やはり真の泉から湧き出るものである。ここで違うのは、水が高山で湧き出した後に、氷河の豊かな水や、活発な渓流が表面の岩を侵食する作用から生じるミネラルで補われているという点である。

湧出泉の場合と同じく、雨水は正の温度勾配の作用によって地面にしみ込む。だが、じょじょに

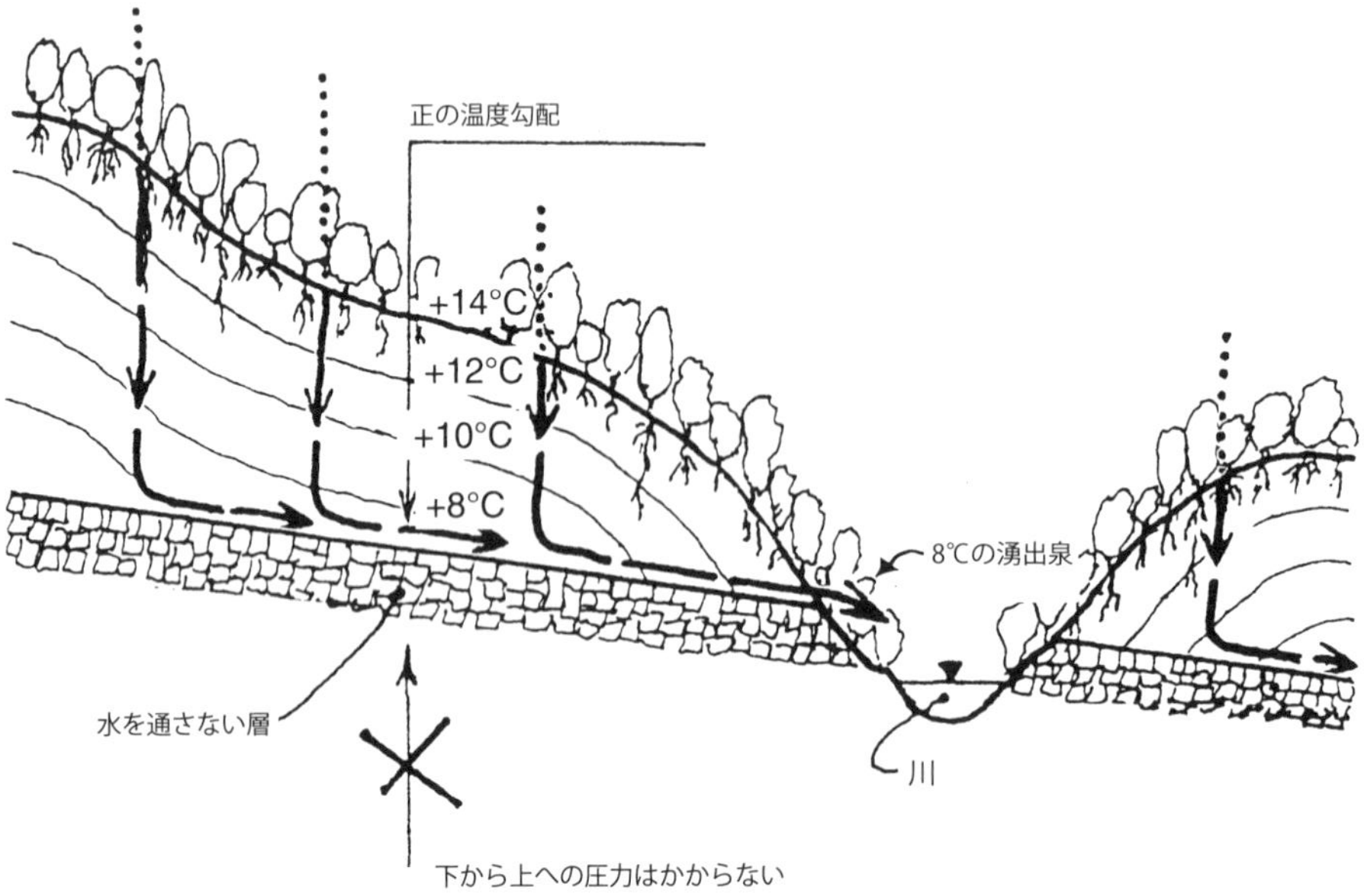

図 10—1　湧出泉

湧出泉は、水が地面に浸透して（正の温度勾配）、水を通さない層にあたり、その斜面を流れて地表に交わるところで現れる。浸透した水量により流出速度が決まり、周囲の地域と同じ水温は、非常に冷たいことはめったにない。地下水面は形成されない。

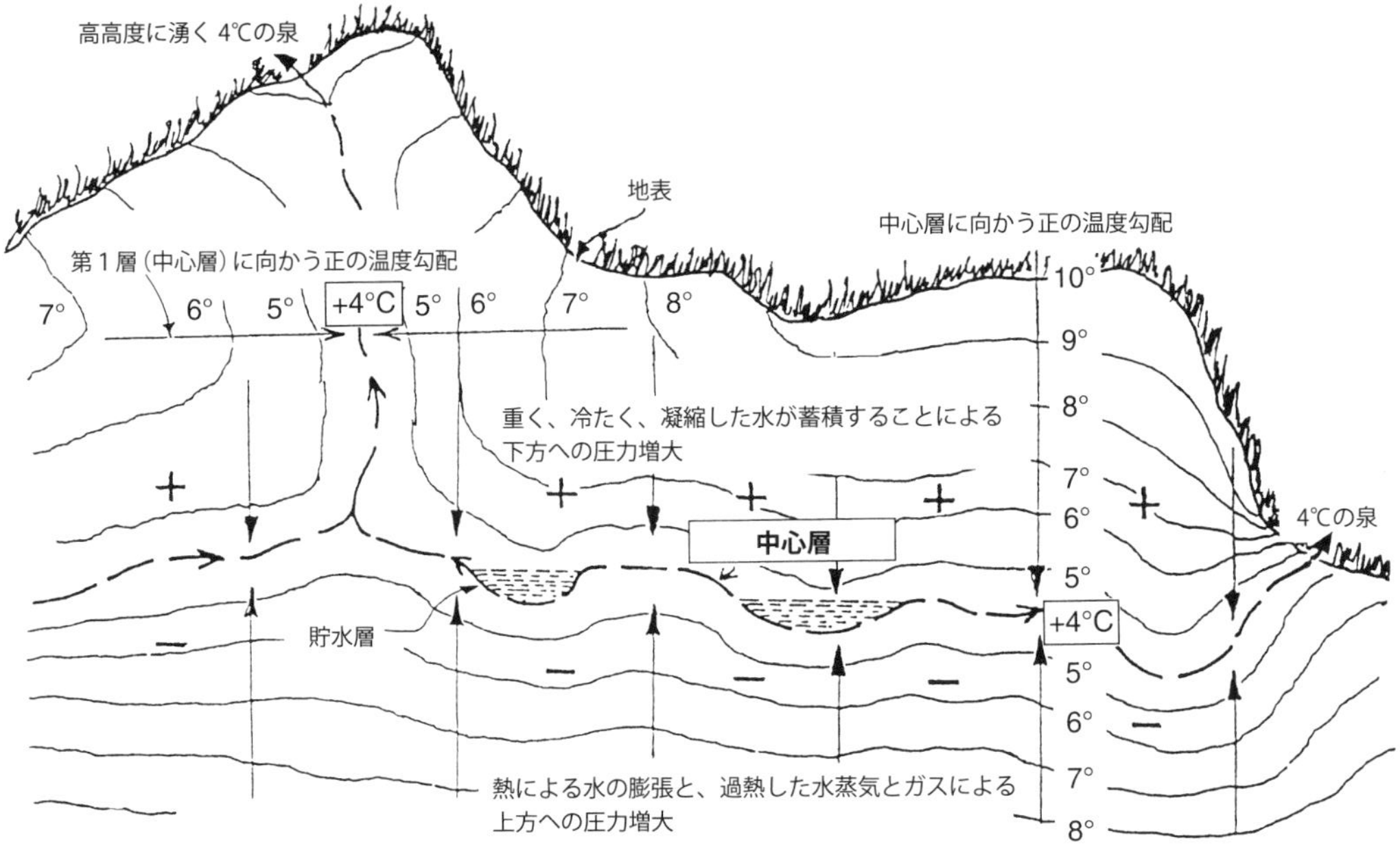

図 10—2　真の泉と、高高度に湧く泉

この種の泉は、中心層と呼ばれる４℃の密度の高い水位層の存在が決め手となる。中心層は上の岩石中の水の重さと下の層の水のあいだで圧迫される。４℃の水はそれ以上圧縮できないため、垂直方向か横方向に動くしかなく、やがて泉として現れる。これが、いつもこの種の泉がいつも非常に冷たく、山頂でも湧く理由である。

高まる圧力の助けによってはるか深くまで引き込まれて凝縮し、約四℃まで冷却される。水は未熟なため、吸収できるものを手当たり次第に吸収して土壌の上の層から塩類を奪い去り、そのあとより深い部分で水が凝集、冷却するにつれて、そこで塩類を堆積させる。この作用でそこから上の層の生産力は高まり、塩類は、深く根を張った樹木が利用できる状態となり、その塩類を吸い上げた樹木は代謝して根の浅い植物が利用できる栄養に変える。

雨水は下方にしみ込んで地下水塊を圧迫し、その最下層を地熱の影響を受けている岩石に押しつける。岩石は地熱により膨張して上の層を圧迫する。だが四℃の層の水の密度はすでに最大になっているため、この温度では実質上圧縮されることはなく、横に広がるしかないために、泉に流れが生じる。重力によってある部分に水が十分に集まって浸出するというメカニズムの働くはずのない高い山の山頂から、このように冷たい水温で泉が湧き出すのはこのような作用によるのだ（図10―2）。

雨は大気中を落下するあいだに酸素を吸収する。地面に入って土壌に浸透したあと、植物の根や生物に吸収されて水の酸素含有量は低下する。このため最終的に真の泉として現れたときには、水は炭酸には富むものの、酸素が少ないことが多い。この水は酸素に飢えていて、胃などの傷つきやすい器官から酸素を奪うとひどい不快感が生じるため、直接泉から飲むのは危険である。そのさい出てくる炭酸を直接呼吸すると肺が傷つくこともある。これは炭鉱労働者には「チョークダンプ（窒息性ガス）」として知られており、いずれも死にいたることがある。しかし水源から一〇メートルも離れないうちに、水はふつうは、活発に動くことでかなり安全に飲めるまでに酸素を吸収する。

湧き水はどのようにして上昇するのか

ヴィクトルは地下水が日中に上昇し、夜間に低下する様子を示す実験を考案した。装置は口の開いたガラスのU字管からなり、一方の口は非常に細い二本の毛細管だけで空気と接し、もう一方の端は開放されている。U字管の二本のアームには底に砂を入れて塩水を満たし、左右のアームはたがいに隔てられている。酸素含有量が低く、強い光にさらされたことのない高品質の湧き水をU字管の左右のアームに注入する。そして、バケツの底に氷を入れて温度を人工的に四℃にした土の中にそのU字管を入れる。

バケツを日光にさらすと、〔上部が熱されて、下部の四℃の土への〕正の温度勾配が生じ、外の大気と触れる面積が多い〔抵抗が小さい〕ために、U字管の開放端側の水位は上昇する。夜間に温度勾配が減少すると、逆に毛細管側の水位は上昇し、開放端側の水位は低下する。（同様の実験が、後出二七四〜二七五ページの図15―3に示されているが〔本節で述べた実験については解説の最後の段落で言及〕、もとは樹木の中でどのように樹液が上下するかを示すために考え出されたものである。）

海からエネルギーを生産する

ヴィクトルは詳細こそ示さなかったものの、真の泉のエネルギーをまねてエネルギーを生み出すことは簡単であると手短に触れている。ヴィクトルの思想についてある程度の洞察を深めたカラム・

コーツは、その実現法を記して発表したため、いかなる営利企業もこのアイデアについて特許を取得することはできなくなった。

真の泉の形成においては、深部の地下水は土壌を通るさいに飢えた植物の根や生物によって酸素含有量を奪われるが、かわりに高濃度の女性性のフラクティゲン的〔成長的〕炭素eを吸収する。四℃の深層で密度が最大のときに、水は圧迫されてもっとも高い山頂まで上昇することができるのだ。

深海の水も四℃の深層で同じような密度状態にあるが、莫大な量の水の重さのために高圧がかかっている。海面から長いパイプを降ろし、酸素を欲しているこのような水を引き上げて海面の発電機を動かすのである。

だがこのシステムを実現するには、深層水の上昇力を高めるためにヴィクトルが考案した非常に重要な装置をいくつか加える必要がある（図10—3、4）。このパイプは二重らせん構造になっており、シュツットガルトで行なわれた実験のさいに使われたのと似た、渦巻きを生み出す羽根をもつ。パイプの底部には接線状に据えつけた渦巻き生成器と、海洋生物が入らないようにする濾過器を兼ねたものがついている。

海面に近い水位で、飢えている深層水に酸素を注入するために、一方向のフィルターを通して大気圧の空気を入れる。（このフィルターは小さな酸素分子は通すが、大きい水分子は通さない）。上昇する水は酸素を吸収しながら温まってすばやく膨張し、十分な力で発電機を動かす。この発電機の設計は水の構造を破壊する従来型のものではなく、水質を改善する求心的回転ブレードをもつものとなる。(2)

概略図

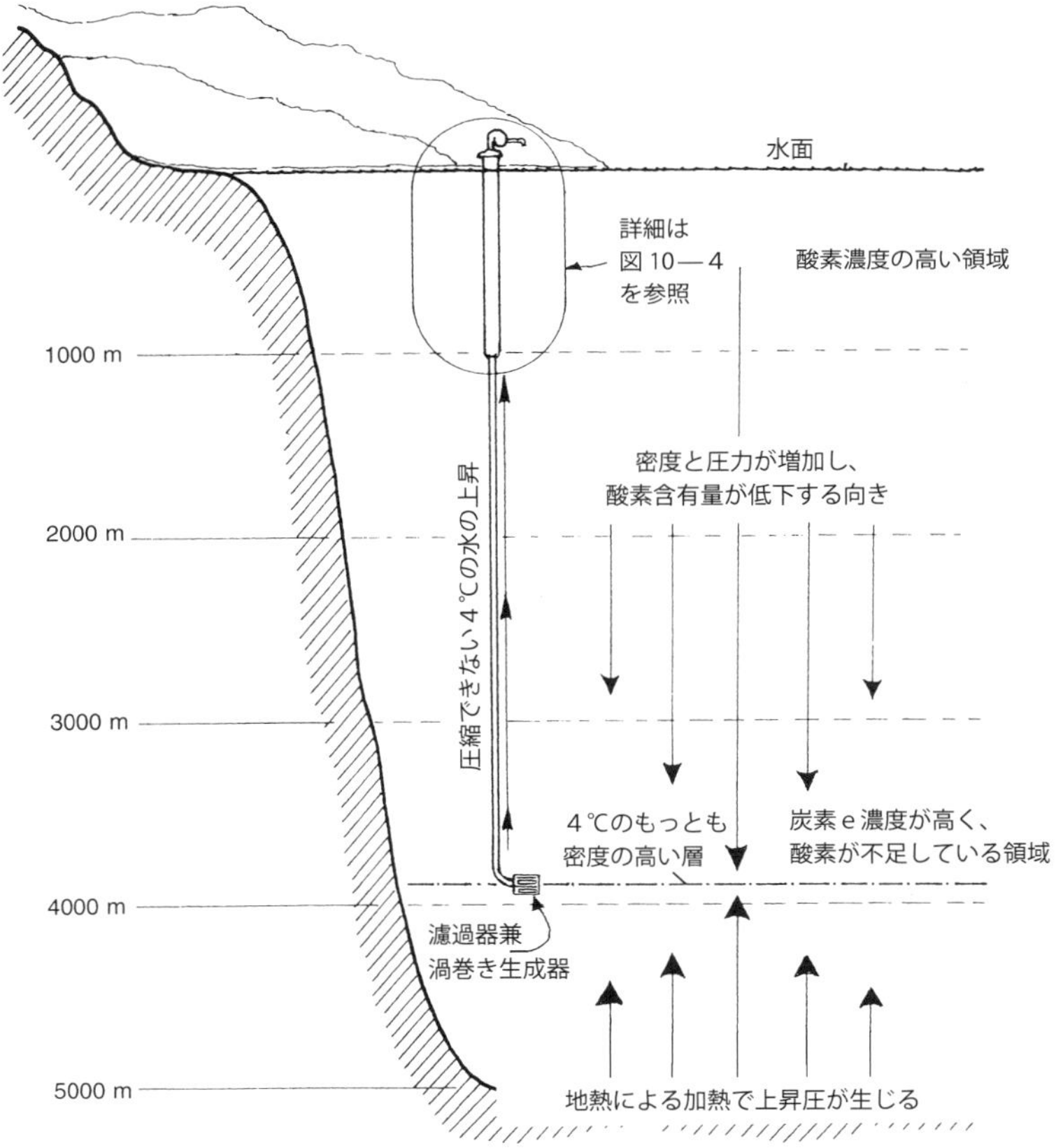

図 10—3　深海から得られる半永久的エネルギー
カラム・コーツがヴィクトル・シャウベルガーのアイデアを発展させたもの。

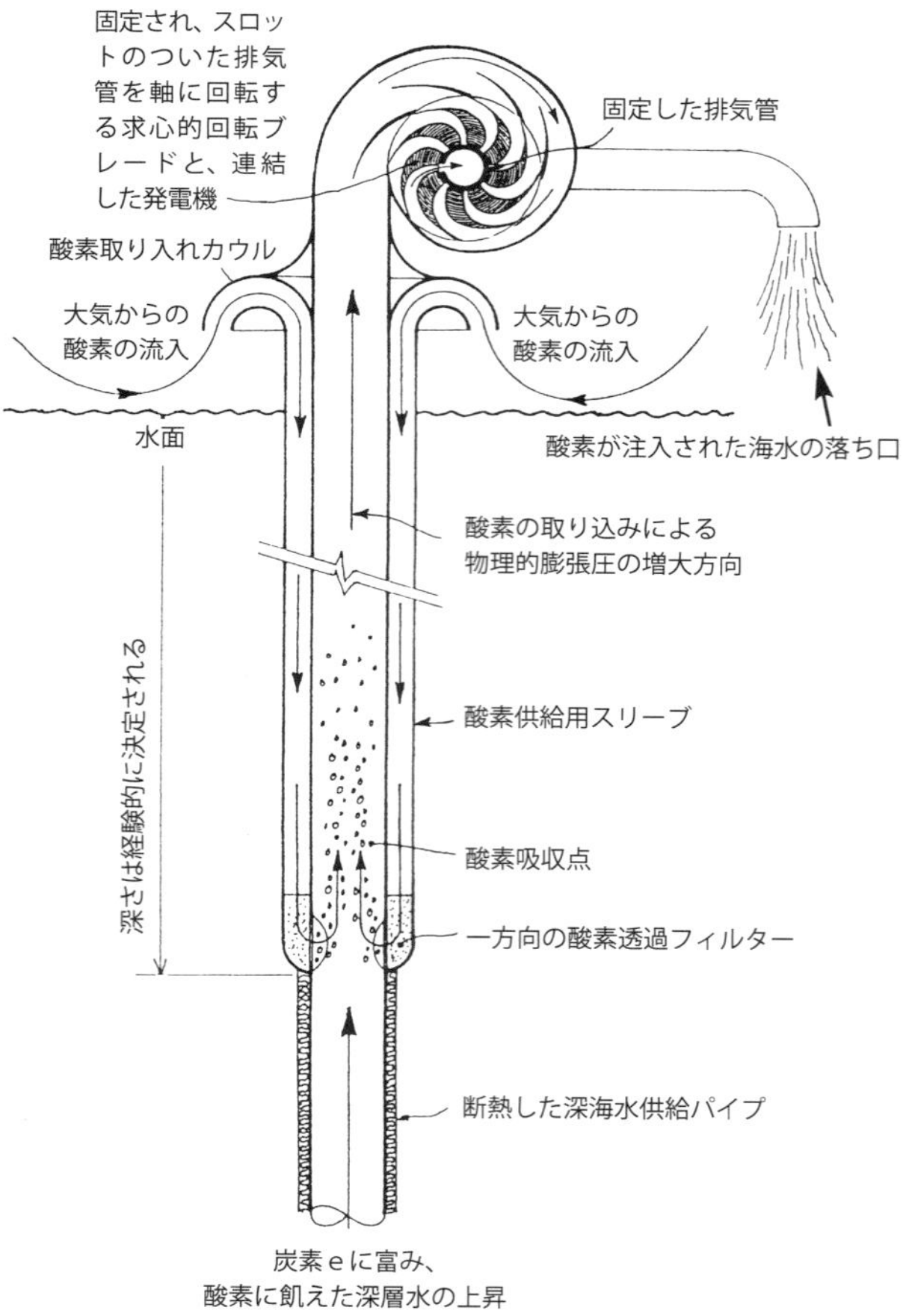

図 10—4　図 10—３上部の装置の詳細

第11章　川の生命性

人類が、環境にとっても生命にとっても水が重要であることを理解すれば、地球の偉大な動脈である川を育み、守ることだろう。健康な小川や川の水はもっとも活発で力強く、遊び好きな状態にある。水がどのように動く必要があるかを知らないがために、人間は堤防や不自然な構造物を作って川の自由を奪ってしまうのだ。人間は川を廃棄物を流す下水として扱い、川の形からエネルギーと魂を抜き取ってしまっている。

人類が定住するようになって以来数千年にわたり、私たちの先祖は自分たちの繁栄が川にかかっていることを知っていた。農業、とくに集約的な農業によって土壌の栄養分は急激に枯渇する。定期的に川が氾濫して無機成分が補充されることは、良質の作物を収穫するうえできわめて重要な作用だった。このおかげで、たとえばメソポタミア、ナイル河の谷、黄河、インダス河流域の偉大な文明は成長、繁栄することができたのである。

今日の技術主義者は、無秩序に見える自然の河川の流れを支配したいという欲望を抱き、時には高い土手を築いて流れを操り、生態系を無視したため、周囲の土地の肥沃さは大きく低下してしまった。現代の化学肥料（ＮＰＫ――窒素、リン、カリウム）は自然の無機成分の補充の代わりを果たすことはできない。事実、化学肥料を使えば、バランスが崩れたり汚染が生じて、しばしば面倒な問題が生じる。

川のさまざまな段階

川の生涯には三つの段階がある。幼少期には、険しい地形を流れるために激しい回転や旋回、強い渦巻き状の動きが生じ、水には活力がもたらされる。未成熟な冷たい水は飢えており、とくに氾濫のときなどに岩をこすり取り、小峡谷を削り、谷の両側をえぐってミネラルを取り込む。急流や滝を流れるさいには酸素を取り込む。成熟したときに自らをうまく使えるように鍛えられているのである。

険しい地域を抜けると、流れはゆるやかになり、水中に浮かんで運ばれていた重い岩石の中には、沈降して、流れが加速したときに再び拾われるものも出てくる。この段階では水はミネラルや生成的なエネルギーを吸収して成熟しており、過度に温められることを土手に生えている樹木によって免れられれば、〔正の温度勾配により〕流域の地下水を涵養する。若い川の豊かな動きは、曲がりくねる川の主要部となっていく。水は独自の形を作り出し、それが今度は流れを制御する。

平原にたどり着くと、川は自然な姿として平野を蛇行しながら流れ、湾曲がたがいにつながるほどになると洪水のさいに双方が通じて、あとに三日月湖を残す。川が自らの赴くままに広がるのを防ぐために、人間が直線的な堤防を築いて沈泥の多くなった川を操ろうとするのは、たいていが平野の多い地域である。このような天然の洪水はそれほど破壊的というわけではなく、土壌は無機成分が補充されるためにはるかに生産的となる。しかし技術主義者は自然をコントロールできるものと思っているのである。

古い川は今や、典型的な例では周囲の土地から一五メートルもの高さで流されているところもある。この段階で川が人工堤防を決壊させれば、破局的な洪水が起こるだろう。正常な蛇行状の動きと正の温度勾配によって沈泥を浮遊状態に保てなければ〔後出「正の温度勾配を作り出す」の節を参照〕、堆積して水路をふさいでしまう。このように自然な流れ方を妨げられると、川は腹を立て、予測できない存在となる。現在では大きな川で自然のままに流れることができているものはごくわずかしかない。

水の温度と動き

ヴィクトルは川の自然の流れについて、直感的だが的確な研究を行なった。彼は流れている水の温度勾配が、川の動き方に対しても、川の中の水塊の構造に対してもきわめて重要な役割を果たしていることを突き止めた。

川岸自体によって水路を調節しようとするのは、実は原因と結果を取り違えているのである（……）自然に背く形で自然を矯めようとすることが河川工学の役割であるはずがないし、そうであってはならない。むしろ、調節が必要なあらゆる水路について技術者が行なうべき仕事は、自然な川の調和を調べ、自然が健康な川として示す例を模倣することであるはずだ（……）しかし、あらゆる罪はそれを犯した者に返ってくる（……）水流が自然な勾配を下っていくさいには、崇高な内在的法則に従って流れるのであり、その法則の力について水力学専門家はまったく理解できていない（……）水の性質を知らない技術者が、最短の、もっとも直線的なルートで海まで水を流そうとするほど、水の流れはあちこちで湾曲しようと攻撃をしかけ、川の流路が長いほどその水は破壊的となり、劣化する。[1]

正の温度勾配を作り出す

水塊の温度差の範囲は〇・一〜二・〇℃とごくわずかであり、現在の水力工学の現場ではほとんど意味あるものとはみなされない。しかしヴィクトルは、温度の変動はあらゆる天然水資源の管理に絶対的に欠かせないものであると考えた。彼は、このような変動を考慮せずに、川にどんな人工的制約を施しても無駄であると主張したが、それは川が堆積物を取り除き、運んでいくのか、あるいは沈降させてしまうかは、川の流路で優位になっている水温と温度勾配にかかっているからだ。

自然の条件下で流路の傾斜を流れる際、水はリズミカルにまず温まり、ついで冷える。どれほど温まるかは、川床とどれほどの摩擦を起こすか、外気温がどれほどか、水がどの程度直射日光にさらされるかによって変わる。水が川の堆積物を拾い上げて移動させたり、沈下させたりするのに必要なのは温度のわずかな変化だけなのだが、その作用を決定するのが優勢になっている温度勾配の種類なのである。温度勾配が負であれば堆積物の沈降が、正であれば除去が促進される。しかし温度勾配の切り替わりがあまりに急だと、砂利を流し去る作用や沈降の状態は混乱してしまう。

たとえば、次ページの図11―1ではAからBへの温度勾配は負である。AからBへ、水はじょじょに温まるが、この状況では堆積物を浮遊状態に保っておくことができず、水温が上昇するにつれだんだん沈降していく。沈降が最大となる領域Bでは、堆積物によって急深箇所が生じ、これにより、今度はすぐ下流に水平の樽型渦巻きが生じる。だがこの渦巻きによって水が冷えるため、BからCの温度勾配は正となる。堆積物は再び引き上げられて運ばれる。Cまで来ると正の温度勾配の作用に負の勾配の作用がとって代わり、浮遊物は再び沈降し始め、D地点で最大となる。

このような脈動、交代はちょうど呼吸のようなものである。正の温度勾配は吸気を表し、吸収的、物質収集的な作用をもち、負の温度勾配は呼気を表し、エネルギー的に変換された物質をシステムから吐き出し、堆積させる作用をもつ。川を自然な形でうまく調節するには、温度勾配が交代する流れを研究することが欠かせない。正の温度勾配になっている川の部分は、堆積物の沈降が少ないために氾濫しにくい。氾濫の危険を下げようとするなら、正の温度勾配を再び作り出したり、その持続時間を延ばしたりすることが必要となる。これには四つのおもな方法がある。

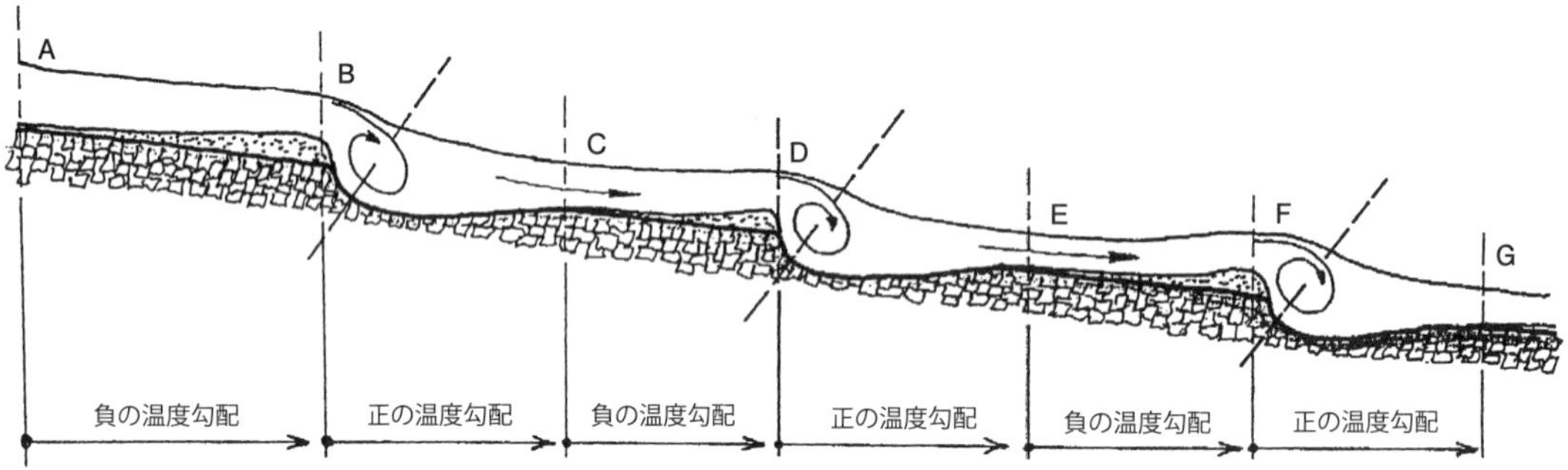

図 11—1　川の流れにおける加熱と冷却（呼吸）の交代リズム
川床との摩擦によって川はじょじょに温まり（負の温度勾配）、浮遊する沈泥が沈降し始める。沈降が最大に達すると、急深箇所ができ、水を冷却する水平の樽型渦巻きが生じ（正の温度勾配）、川は再びじょじょに温まる。ヴィクトルはこれを、川の「呼吸」になぞらえた。

一．樹木を新たに植え、川に蔭を作って、冷やす

植樹はとくに、摩擦が生じるためにもっとも温まりやすい湾曲部に行なう。樹木は蒸散速度の高い種類のものを選ぶ。蒸散によって樹木の樹液は冷やされ、それが川床の下に張った根まで循環して川の水をも冷やす。このように、この種の樹木は冷蔵庫のように作用する。

川の健康を維持するためには幅五〇〇〜一〇〇〇メートルの樹木帯が必要となる。樹木が伐採された不毛な土地を流れる川が、健康に流れる状態を取り戻し、養分の補充を回復させ、近隣の地下水面を補充するためには、森を育て直す必要があるのだ（次ページの図11―2）。

二．適切な設計のダムを建設する

これは周辺の気温と下流の水温に従って、放水温をコントロールできるダムである。

現在多くのダムや貯水施設で行なわれているやり方は、底部の放水路から水底部分の冷たい水を流すか、ダムの壁の上部から表面の温かい水を余水路に流すかのどちらかである。このやり方では、放水される水の温度と下流の水量状況に与える影響を考慮しないと、悲惨な結果を招くことがある。たとえば、温度勾配がわずかに正である川に温かい水を放水すれば、その正の勾配を完全に相殺してしまい、沈泥や堆積物は自動的かつほぼ同時に沈降し、その結果、洪水が生じてしまう。

一方、冷たい水底部分の水だけを放水すると、下流域が冷えすぎて、沈降物の流出が過剰になり、下流の水量では処理しきれないほどの堆積物が運ばれることがある。これは川底の勾配、それによ

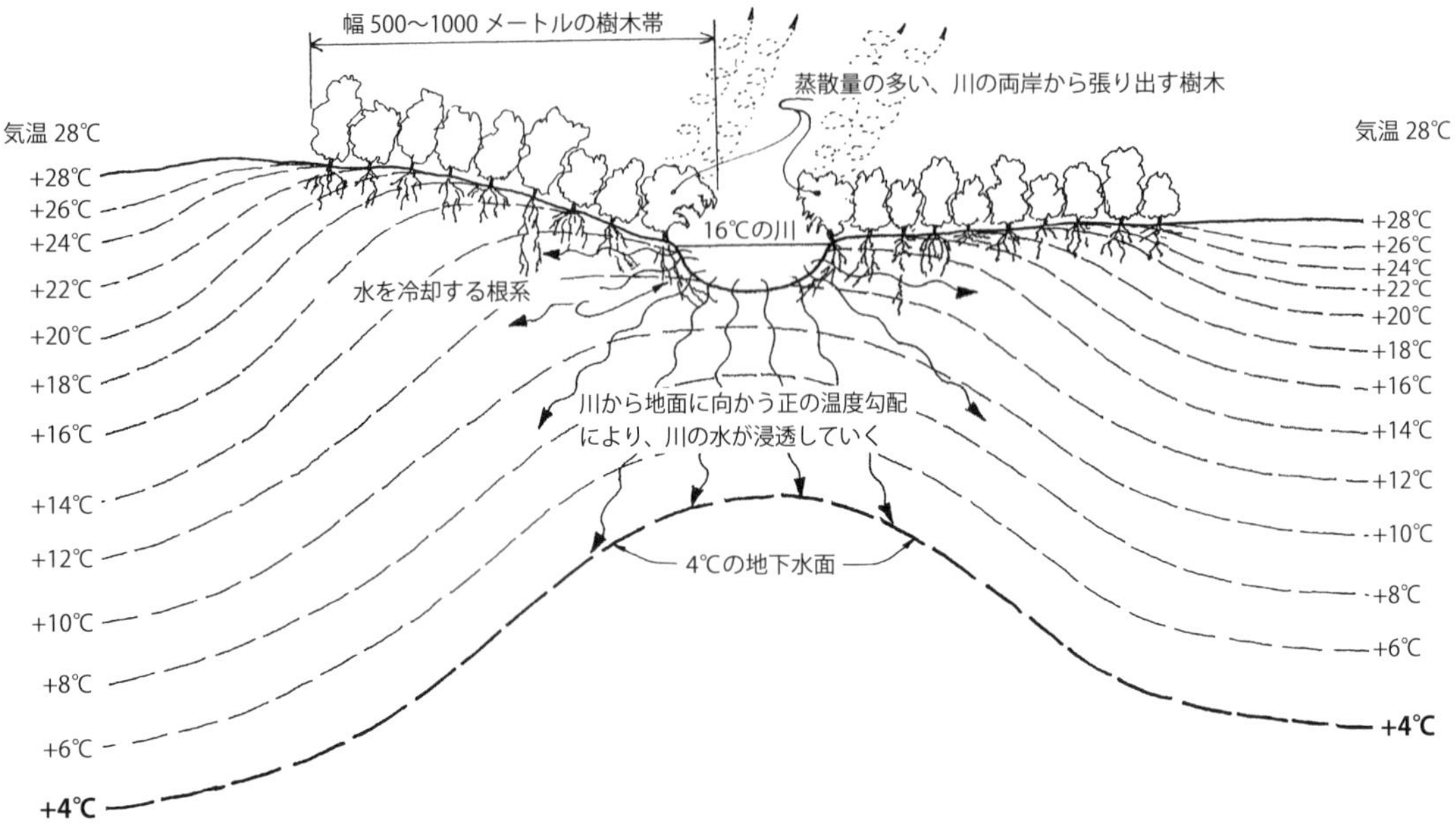

図 11—2　川岸に森を再生することによる地下水の涵養
樹木は冷蔵庫のように作用して地面を冷やし（川→地面）、正の温度勾配を生み出し、川から水を引き込んで地下水面を補充する。

る流速、川幅（幅が広く、浅い流れでは堆積物はより早く沈降する）、下流で作用している温度勾配などによって生じうる。どちらの放出法でも結局は同じ結果が生じる。沈泥で川が浅くなり、洪水が起こるのだ。このような放出法では、最近「冷たい汚染」と名づけられた現象も起こるが、これは通常よりはるかに冷たい水が突然、大量に流入することで下流の魚や水棲生物が死んでしまうというものである。

ヴィクトルは、ダムの水温層（表面で温かく、底でもっとも冷たい）に対応してさまざまな高さに放水路をもつダムを設計した。気温を自動的に監視することで、ほぼ同じ温度の放出口から放水することができる。この仕組みの狙いは、混乱を引き起こすような大きな温度差が生じる水温の違いをなくし、外気温と川の水温をほぼ同じにすることにある。(2)

三、流れを偏向させるガイドを据えつける

このガイドは川の湾曲部の水流を川の中心に向けると同時に、冷却作用のある縦方向の渦巻きを生み出すものだ。水流の向きに沿って見れば、このガイドにより、左に曲がる部分では左回りに、右に曲がる部分では右回りに回転する渦巻きが生じる。

「水流ガイド」、つまり渦巻き生成器（図11—3を参照）は成型コンクリートでできており、湾曲した表面には水流に平行した溝がつけられており、横方向へのすべりを防止する。三角形の形状で、上部は下流を向いている。上流側の幅が広くなった端は、川床と水平な同一平面から始まっているため、流れる水をたえずすくい上げて、求心的（内向きにらせんを描くように）に巻

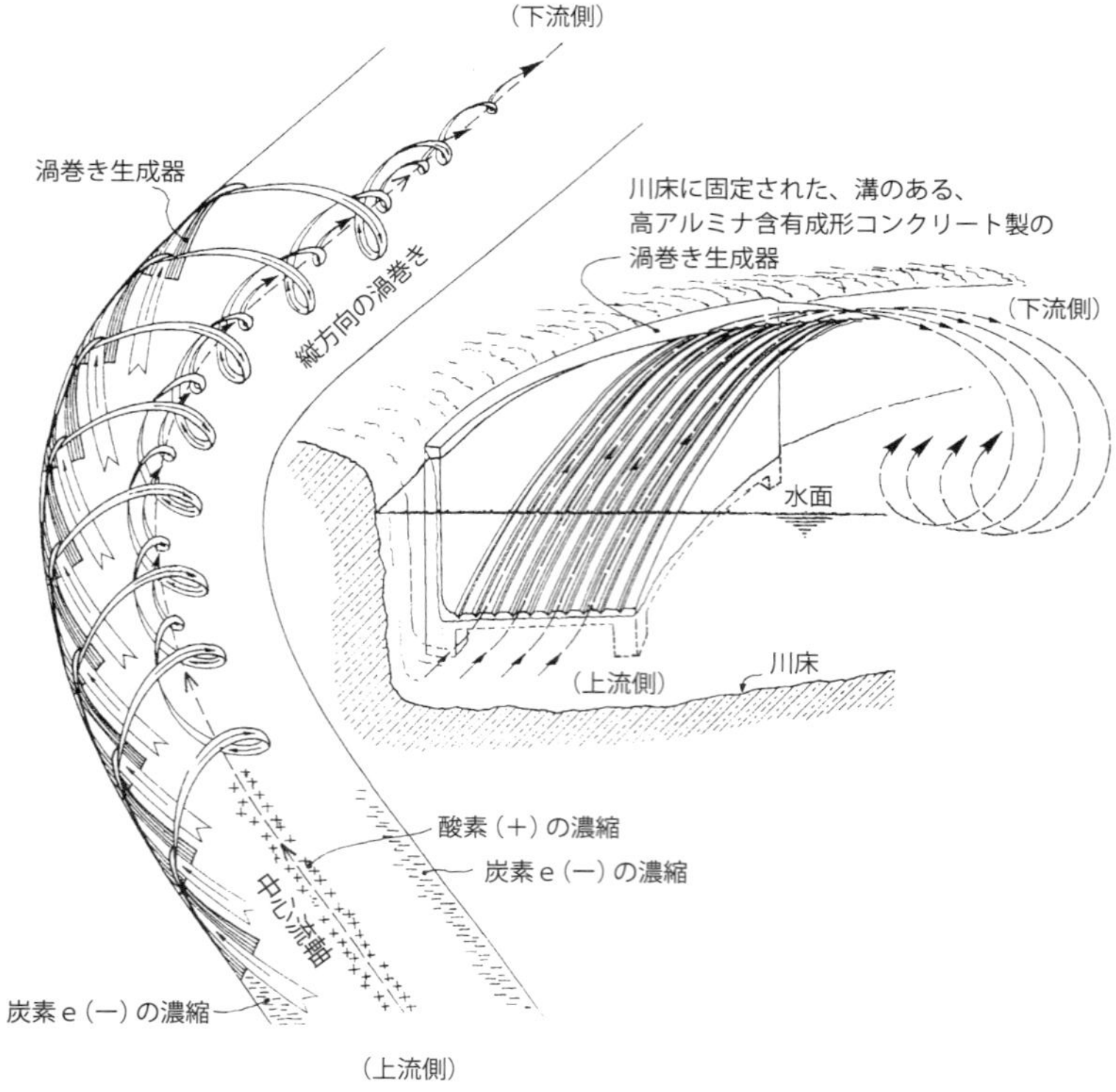

図 11—3　川を新鮮にし、再活性化する巧妙 (だが複雑) な方法
川の湾曲部に、冷却作用のある縦方向の渦巻きを作り出す成型コンクリートの導翼を据えつけ、川床と岸の近くにある成長を促すフラクティゲン的な物質(炭素 e) を、流れの中心にある酸素と接触させる。この合成から得られた蓄積エネルギーが、栄養となる塩類を湾曲のあいだの川岸にもたらす。

き、流れの中心に渦巻きを作る。この動きによって岸近くと川床から、浮遊し、溶け込んでいる、成長を高める物質（炭素e）が集まり、健康な川なら必ず水流の中心軸に集まって溶け込んでいる酸素と混ざる。

このような（負のエネルギーを帯びた）フラクティゲン的〔成長促進的〕な炭素eは求心的に動かされると活性化し、肥沃化作用のある（正のエネルギーを帯びた）酸素と結びつくことができるようになる。酸素が正の温度勾配によって冷却されることで水は新鮮になり、再び活気づく。湾曲部のあいだの浅い部分で、このような有機的合成によって蓄積したエネルギーが栄養のある塩類を放出し、川岸の地下水にしみ込む(3)。

四　流れの中ほどに「エネルギー体」を据えつける

エネルギー体を複数川床に固定し、自然な縦方向の渦巻きを作ることで水を再活性化する。これは、たとえば水路の直線部分などの、水流ガイドが適切でない箇所や、堆積物を除去したほうがよい箇所に使われる。ヴィクトルは詳しく記していないが、エネルギー体は、外から水が小孔に流れ込むことで水中に浮揚する、卵形をした縦方向の渦巻き生成器の形が考えられる。ヴィクトルは水中で静止するマスの観察で得た原理を応用したのかもしれない。

水路の中心に大きな（できれば金属を含む）岩石を置くことで渦巻きを生み出すこともできる。ヴィクトルは、非常に冷たい流れの中に「浮かんだ」岩石（二三ページ参照）が、金属酸化物やケイ酸塩を含んでいたことから、この種の石が〔半導体の役目をして水に電荷を帯びさせて〕実際に水の

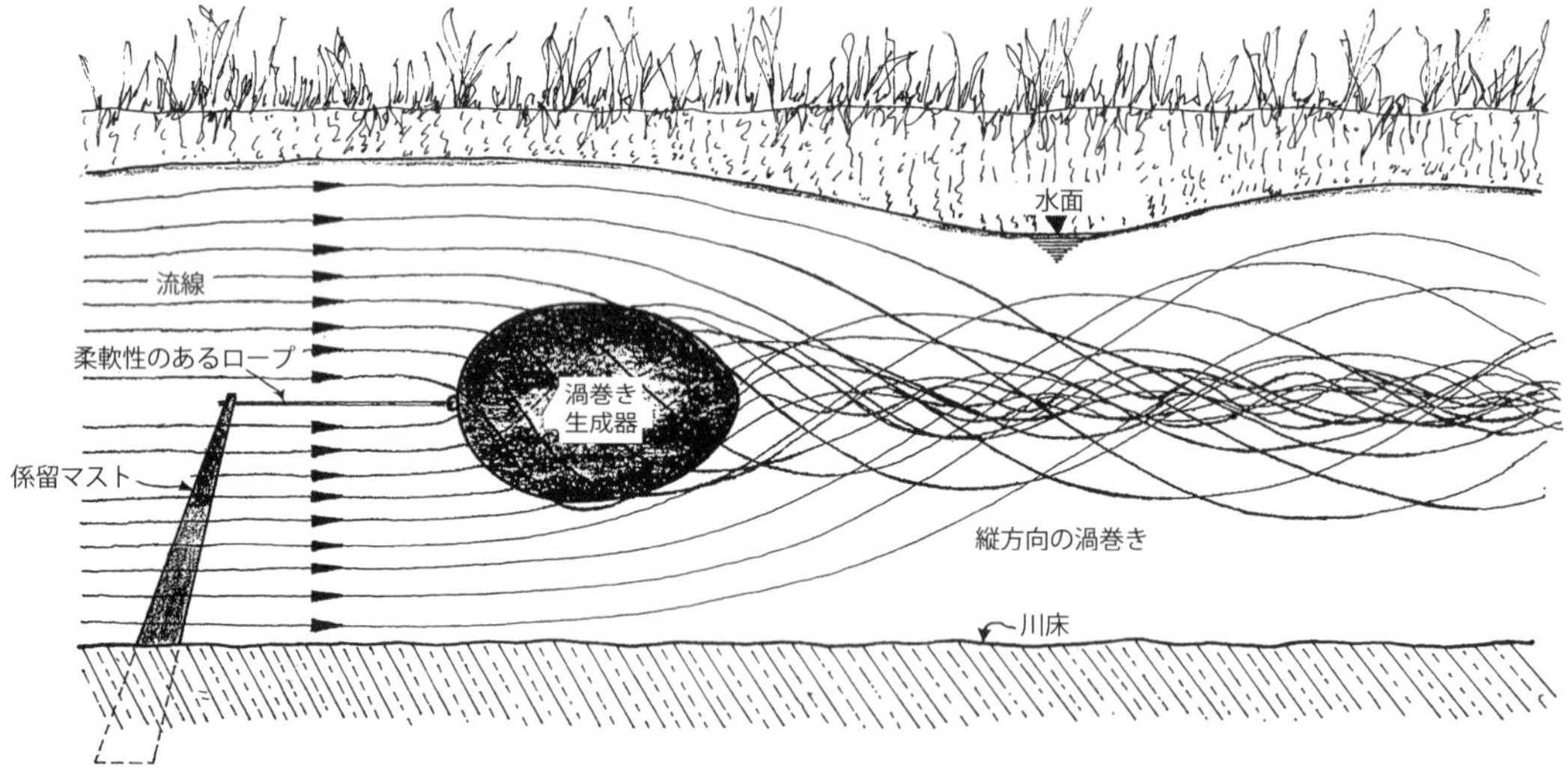

図 11—4　縦方向の渦巻きを生み出す卵形のエネルギー体
川の生命力とエネルギーを増やす別の方法。

エネルギーを増大させることを突き止めた。水は回転させられると、生体磁場が生じ、これが生命を強める元素（フラクティゲン、ダイナゲン、クオリゲン）（五二ページ参照）の活性を高めて、水の全般的な健康を改善するのだ。

ヴィクトルは、かつて夜のあいだに堆積物でいっぱいになった川に、ひそかに「エネルギー体」を据えつけて使ったことを認めている。朝には堆積物は消え失せ、川床はかなり深くなり、水の自然な流れが戻っていた。川の調節を担当する技術者は目を見張ったのだった。

川で生じる渦巻きの種類

エネルギーは必ず動きと結びついていることをこれまでに見てきた。水の自然な動きは、曲がりくねり、巻き込み、渦巻くものである。このような動きなしには極性は生じない。しかし極性が存在しなければ渦巻きは生じないのだ。渦巻きの作用を通じてリズムが生まれる。その脈動は、川が環境に対し呼吸するプロセスの入り口として機能するのだ。

川で生じる渦巻きには三種類ある。もっとも重要なものは川の健康に関わり、川床で自然に生じる縦方向の渦巻き（前出の図8―2〔一四八ページ〕参照）である。もっとも冷たい水の流れの筋（フィラメント）は川の中心にいちばん近いところに生じ、乱流の影響をもっとも受けにくく、動きはもっとも速く、外側の水の流れの筋を引っ張りながら進んでいく。外側の水の流れの筋は乱流を生み出して川床を沈泥のない状態に保ち、微量元素や栄養分に満ち、純粋エネルギーを内部に蓄積し、これが縦方向の渦巻きが弱まるとき〔浅瀬の形成時〕に放出される（ヴィクトルはこの放出を「エネルギーの大砲」と呼んだ〔図11—5〕）。

次に、川を横断し、流れに対して直角に生じる横方向の渦巻きがある。これは、層構造をもつ水の下層が上の層より速く進むときに生じる。この渦巻きは、水を混ぜ合わせると同時に冷却もする。なぜなら、この渦巻きの中心内部の水温は、渦巻きのない水温と比べて明らかに冷たいからである。渦巻きのいちばん上の渦列は、川面で、よく目にする後方に波立つさざなみとなって現れる。

この横向きの渦巻きも、川が運んできた軽い堆積物と栄養物質を川の中心から左右の川岸に分配する。この渦巻きにより乱流は激しくなるが、これが川の流れを弱めるブレーキの役割を果たす[4]。横方向の渦巻きがなければ流れは速くなりすぎるのだ。

一方で、水温が上がると縦方向の渦巻きはしばしば弱まり、そこで生じる乱流によって横方向の渦巻きの破壊力が増し、川岸が決壊して洪水が起こることがある。

三種類目の渦巻きは、川底に対して垂直に作用するものである。これは丸石を転がして甌穴（おうけつ）〔渦流で回転する小石が河床につくる穴〕を掘り返し、地面からラドンなどのエネルギーを川に引き入れて近くの環境にまき散らすために、有害となることもある。

創造的エネルギーの源としての渦巻き

縦方向の二重らせん状の渦巻きによって、渦巻き構造の中心には冷たく密度の高い水流が生まれ

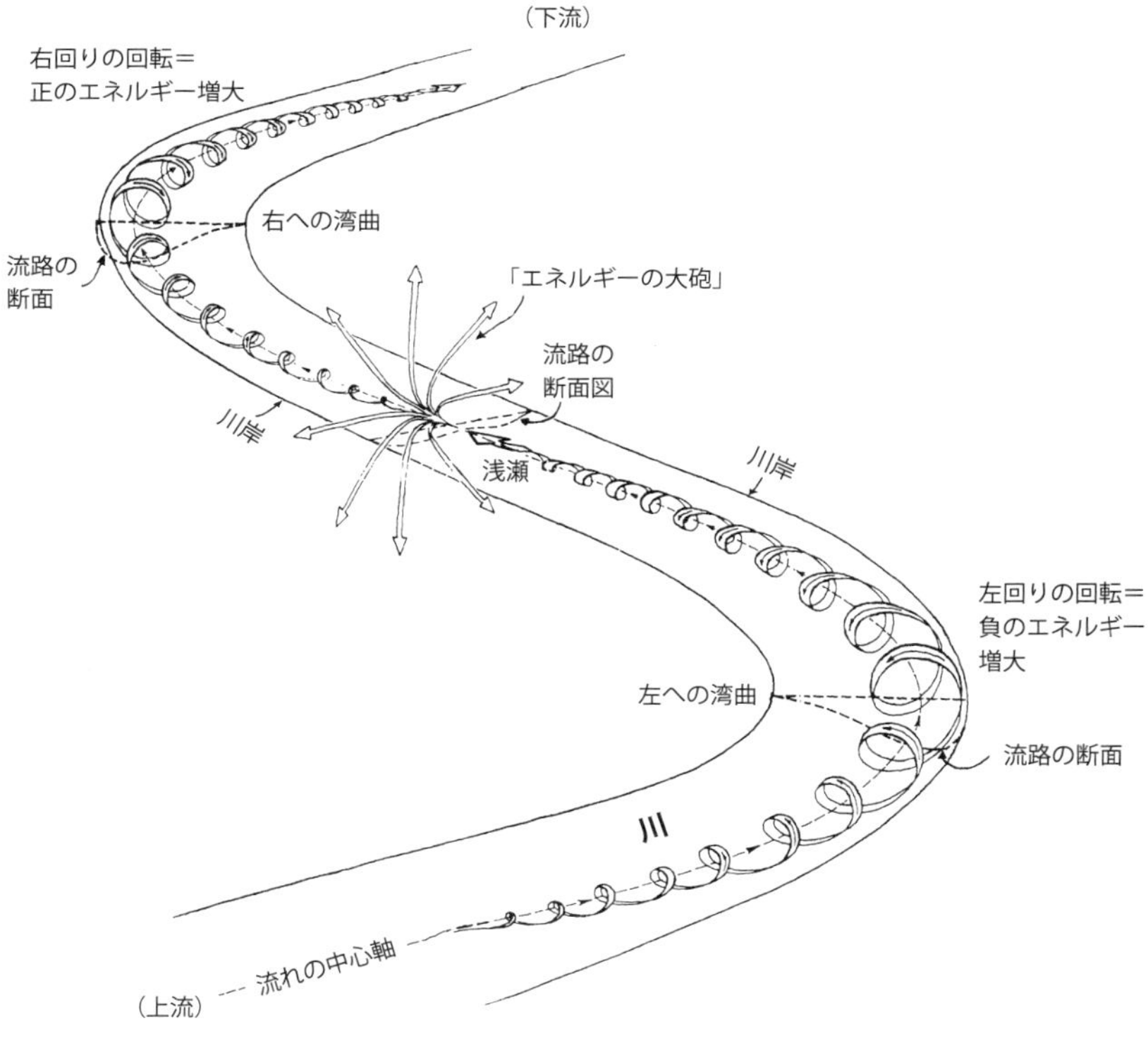

図 11—5　環境へのエネルギーの放出
川の湾曲部で縦方向の渦巻きが生じると、水温が下がって堆積物をけずり、栄養物を川の中に放出する。湾曲を過ぎて渦巻きの速度が落ちると、水は浅くなった川床で温まり、蓄えていた栄養と微量元素を沈降させ始める。その後、次の湾曲部で新しい渦巻きが逆方向に生じ始める直前に、エネルギーが環境に放出される。ヴィクトルはこれを「エネルギーの大砲」と呼んだ。川の調節法がまずければ、有害なエネルギーが放出される可能性もある。

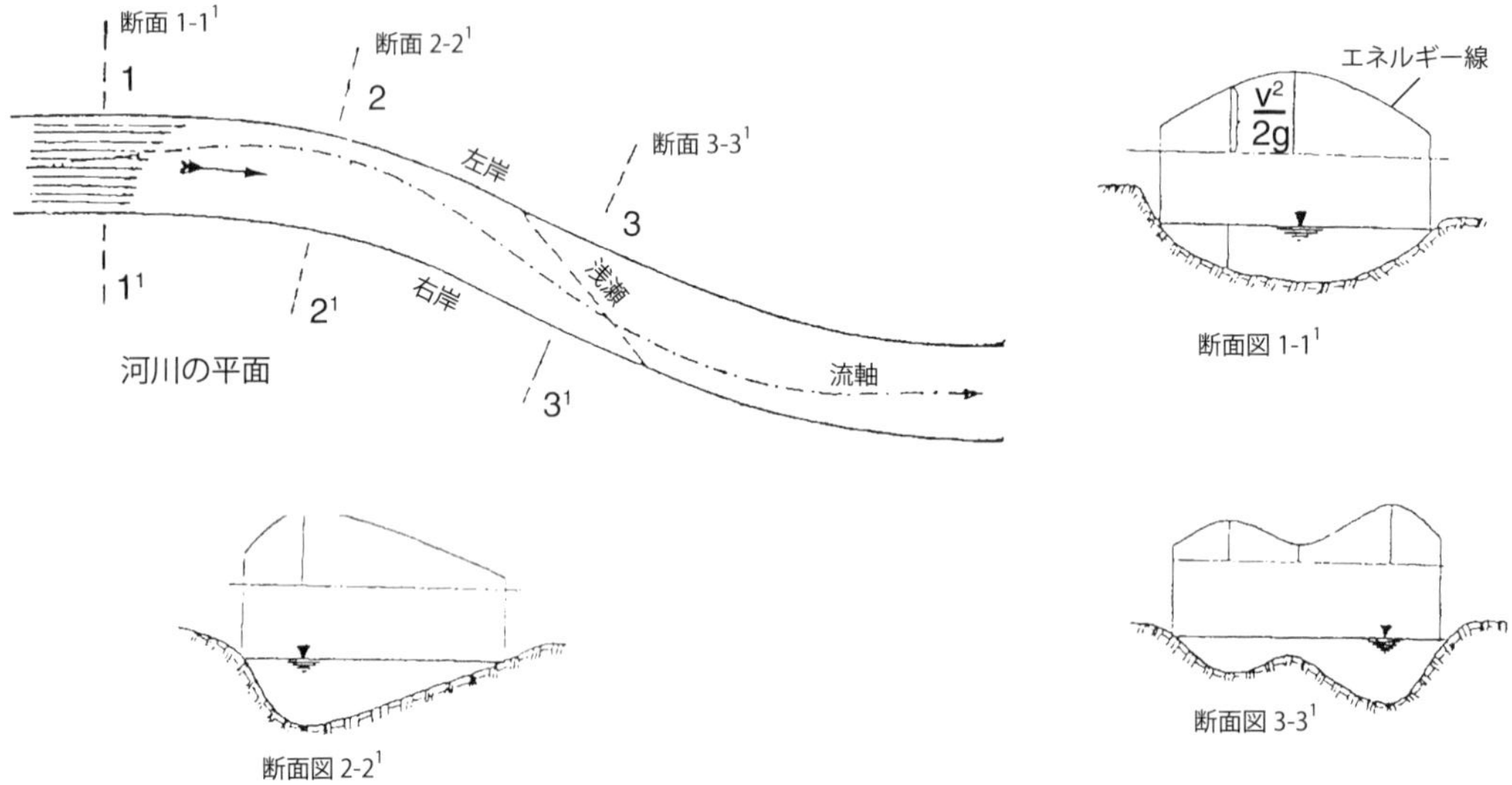

図 11—6　平面と断面で見た川の湾曲の形成

最初に川の両岸に蔭が作られれば、断面 1-1^1 での流路の断面図は対称的になる。断面図の上部の曲線から垂直に下ろしたそれぞれの線の長さが流速を反映しており、両岸から離れるほど増し、流路の中心で最高速に達する。

〔断面図 1-1^1（右上）中の数式はウェストン公式流量図（摩擦損失ヘッドの計算式。流体が固体表面との摩擦によって失うエネルギーをヘッド〈水の高さ〉で表したもの)。g＝重力加速度（9.8 メートル／秒)、v＝(管内の）平均流速（メートル／秒)〕

る。これはコア・ウォーター（核となる水）、あるいは「乳濁液（エマルジョン）」と呼ばれるが、これはその独特の性質を指してヴィクトルが名づけたものである（一四一ページ参照）。これは自然な川の流れが生み出す、もっとも活力をもたらすエネルギーが増殖するところである。

細かくすりつぶされたミネラル、微量元素、有機物質が紡がれて、高速で回転し、イオン化された元素が大部分を占めるコア・ウォーター（乳濁液状）となる。この水には、さまざまな元素や浮遊物を新しく結合、再結合させる作用がある。これが、ヴィクトルが「冷たい発酵」と呼んだ作用で、縦方向の渦巻きと深い関わりがある。この作用は、酸素とケイ酸塩が冷やされてさらに受身になって炭素ｅと結合できるようになり、フラクティゲン的、つまり成長促進作用を生み出すため、有益なものである。

水が温まりすぎると、川を横切って生じる渦巻き（横向きの渦巻き）が強くなりすぎたり、川床から水面に上がる垂直の渦巻きが生じたりする。このような状況では、酸素が加熱されて攻撃的になり、質の低い、発芽を抑制するエネルギーや、病原菌が増える。これはお粗末な構想によって河川調節を行なうことで生じることが多く、流域に有害なエネルギーをもたらすこともある。

川の湾曲部の形成

山などの動かすことのできない存在に妨げられない限りは、川は本来の性質から、必ず曲がりくねった、エネルギーを生み出す経路をたどる。川は、目に見えないエネルギーの流れを反映しているのである。

右岸近くの水が太陽の熱にさらされて加熱すると（図11―6の2―2′の断面と断面図）、水流の乱れは激しくなり、中心水塊と比べて流速が落ち始める。右岸より冷たく、流れの速い左岸沿いの水流は、流れの遅い右側の水流を巻き込むようにして曲るために乱流はますます激しくなり、水温が上がって速度が落ち、やがて湾曲が形成される。速い流れによって重い堆積物が遠心的に左側に引っ張られる一方、右側の堆積物は冷たい水によってすくわれ運ばれていく。一方、この時点で、流れと温度に差があるために川の横断面は非対称的になり、もっとも冷たい水は流路の深い部分を流れる。今度は、冷たい水は流路の反対側を流れ、冷たい水塊の慣性によって反対側に湾曲が生じる（切断面3―3′を参照）。

このように、経路を左から右へ、右から左へと変える川のリズムは、脈動する流れに不可欠な要素である。川が攻撃的になったり氾濫したりするのは、このリズムに人間が干渉するからである。川岸は川からの涵養を受けられず、下流に棲息するあらゆる生き物も悪影響を被る。川の経路に何らかの調節を行なう必要がある場合、川の左右どちらへの湾曲をいつ促すべきかを知ることがきわめて重要だが、それは、逆への湾曲を促せば、川のエネルギーの流れを破綻させるだけだからである。左側、あるいは右側へ向かう長い湾曲の中にも、左向き、右向きの交互の動きがあるが、湾曲の向きと逆の動きはごくわずかで、持続期間も短い。

流れの向きの交代は、川がもっとも浅く、流れがゆるやかになって浮遊物が沈降する箇所で生じる。このような歩いて渡れる部分は、浮遊している栄養分やミネラルがおもに沈降する部分となり、ここで川は沈降物を川岸に移動させることができる。一方、湾曲部は岩や石がすりつぶされるところであり、岩などに含まれる微量元素は渦巻き流に取り込まれて下流で栄養をもたらす。ヴィクトルはかつてこの堆積物が、海に向かって川が蛇行するさいに実際に川を支えるのに役立っているとよく述べたものである。彼は堆積物を「川のパン」と呼んだ。この、きわめて重要な栄養分は地下水面に吸収される。

この歩いて渡れる部分は、川岸から川への関係が負の温度勾配になっていれば、川が生み出したエネルギー的養分が環境中に放出される場所ともなる。前に述べたように、ヴィクトルはこれを「エネルギーの大砲」と呼んだ。これでサイクルの「呼気」部分が完了する。それまでの、内側に巻く、縦方向の渦巻きで蓄積したあらゆるエネルギーは、水が逆方向に回転する前に放出されなければならない。このやり方で川は活力をたえず新たにし、流域を豊かにする。

水が十分に冷たく、密度も高く、活力に満ちていれば、浮遊する石はたがいにこすれあって微量元素やミネラルの微粒子を放出し、一部あるいは全部が水に溶け込んで、それまでに周囲へ移動したために失われていた分を補う。さらに、摩擦ルミネッセンス（一四〇ページ参照）が生じ、より純粋なイオン化エネルギーが放出される。

同じような組成をもつ二つの結晶石をたがいに打ちつけ合うと、金色の光の閃光が生じる。これは水面下で生じるもので、通常の燃焼、電荷、摩擦熱によるものではなく、熱の発生しない冷たい酸化のプロセスであるはずである。これがおそらくは、昔ライン川の底に沈み、陽が落ちてから輝いていたとされる「ラインの黄金」、伝説の「ニーベルングの指輪」の元となったのだろう。この伝説も摩擦ルミネッセンス現象によるものと考えられる。約二〇〇～二五〇年前、ライン川の水はおそらく、川底にある金のきらめきらしきものが見えるほど澄んでいたのだろう。しかし現在のライン川はどろどろに濁った灰緑色の泥の交じり合った状態であり、その生命力は現代の機械的な河川工学の方法のために消え失せてしまっているのだ。

従来の河川工学

ヴィクトルは、ライン川とドナウ川が自然の流路を取り戻すようボン政府を説得する運動を非常に熱心に行なった。彼はこのすばらしい川の岸が直線化され、水が自然に流れられないことにひどく心を乱されていた。それは拘束服で束縛されているようなものだった。そのやり方は水に含まれる酸素を加熱し、攻撃的なものにしてしまった。水の動きは激しくなり、洪水を引き起こしたり、病気の発生を促したりする。また、〔川岸の工事のため〕川岸の木を伐採することも問題を悪化させるだけだった。

流れが改善するという発想から、川は台形の断面をもつ運河にして調節されることが多いが、これは見当違いの考えである。実際には、このような生気がほとんどなくなった水塊は堆積物を運ぶことができず、川底に沈降させてしまい、川を定期的に浚渫（しゅんせつ）しなければならなくなる。水流が均一なために、冷却作用のある縦方向の渦巻きが生まれず、活力をもたらす作用も生じない。水は温かく不活発になり、風味も失って混濁する。エネルギーが破壊されると、水はよどんだ生

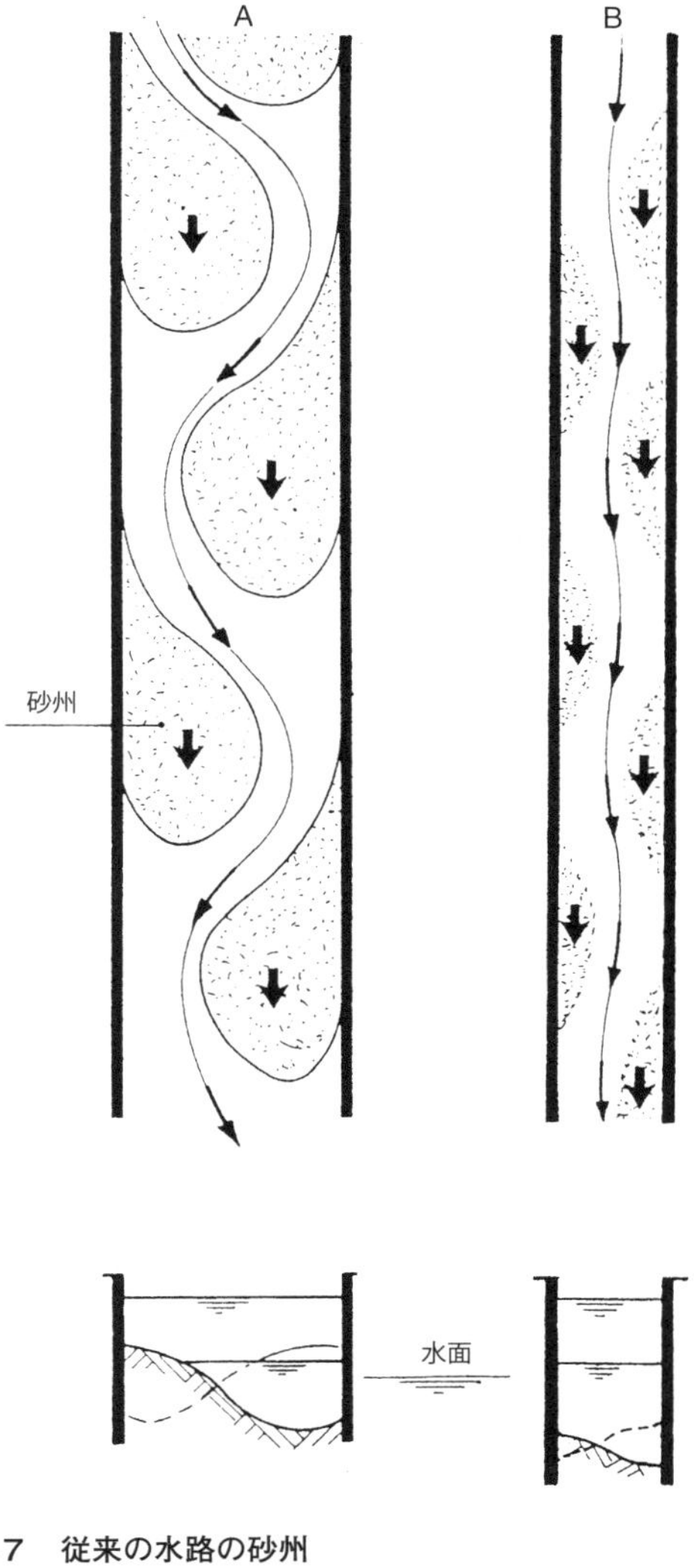

図 11—7　従来の水路の砂州

従来の河川工学の教科書より。川はなおも跳びはねようとしているが、「拘束服」に閉じこめられているため、底が浅くなり、氾濫を防ぐために浚渫しなければならなくなる。

気のない液体になる。生命エネルギーを運んだり、仲介、蓄積したり、変換することはなくなり、死体になってしまう（図11―7）。

水力発電

現在の水力発電の方法では、それ自身のやり方が水を損なってしまう。現在のダムの設計が不適切であることは、本章の前半でふれた。水は莫大な圧力をかけられて円筒形のパイプを押し流される。パイプを出ると、鋼鉄製のタービンの回転ブレードに勢いよくぶつけられ、こなごなに粉砕される。水の物理的構造は文字通り破壊され、溶け込んでいたあらゆる酸素、さらには水分子自体に含まれる酸素の一部すら、遠心力によって水から飛び出てしまう。

ヴィクトルは顕微鏡で写真を撮らせた（図11―8）が、その写真は遠心的処理を受けた水と、求心的処理を受けた水の著しい構造の違いを示していた。遠心的に動かした水が断片化している様子は明白である（写真上）。ブレードのスライスする動きによって、強い摩擦と熱が生じ、これにより酸素は非常に攻撃的になって、むきだしの金属を攻撃し、表面に細かい穴を多数開けて、ブレードの能率を損なうことも多い。

断片化し、酸素が大量に不足したこの水は、川に無理やり放出された時点では、実質的には健康な水の抜け殻であり、魚や他の水棲生物に甚大な影響を及ぼす。このような発電所が稼動すると必ず一定種の魚が姿を消し、他の生き物も生存が難しくなる。

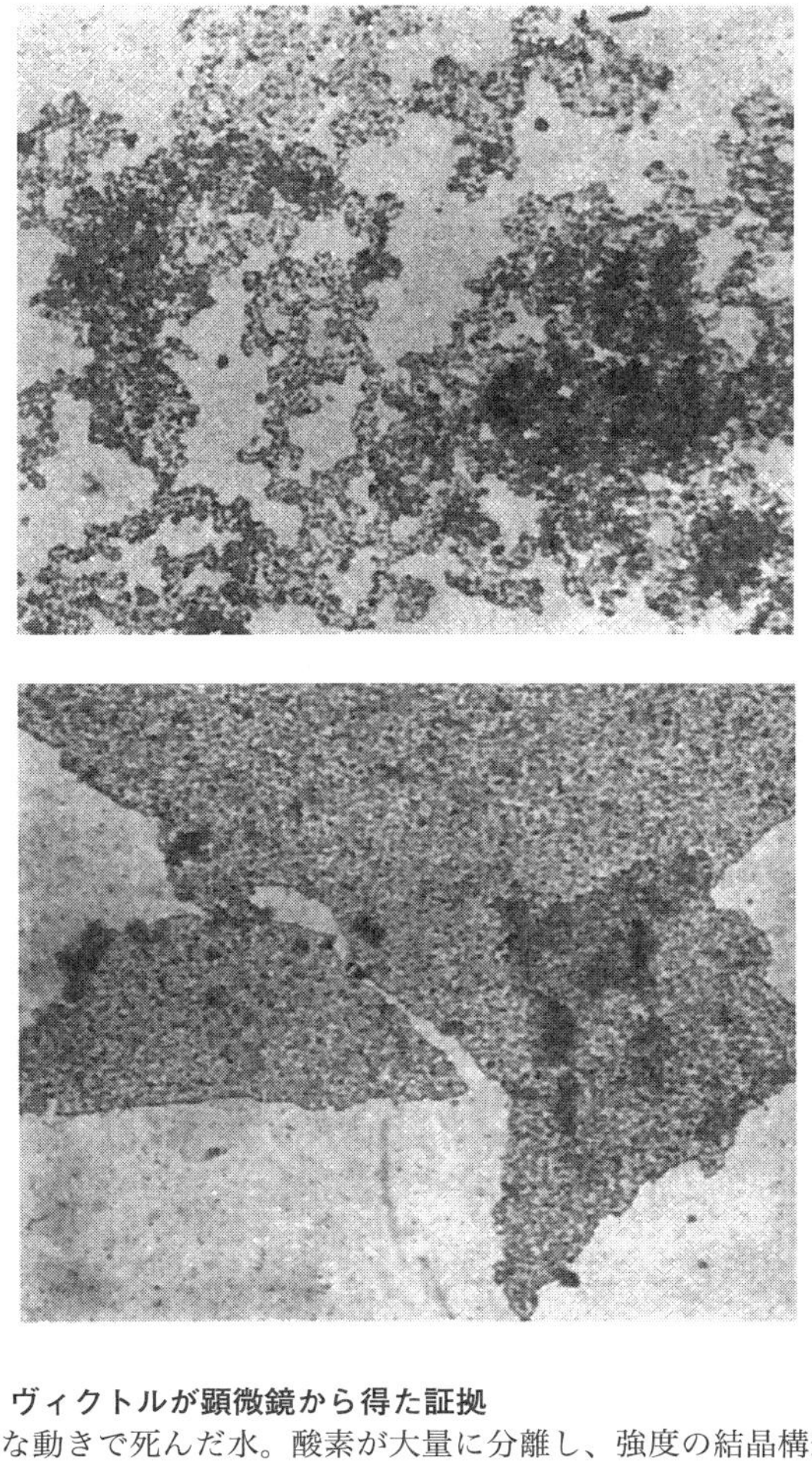

図 11—8　ヴィクトルが顕微鏡から得た証拠
上＝遠心的な動きで死んだ水。酸素が大量に分離し、強度の結晶構造をもつ水が顕微鏡で観察された。温められると危険な細菌の培養器となる。
下＝求心的な動きで活性化された水。磁化された水は非結晶性の構造を特徴とする。そこに含有される酸素の多くは結合している。

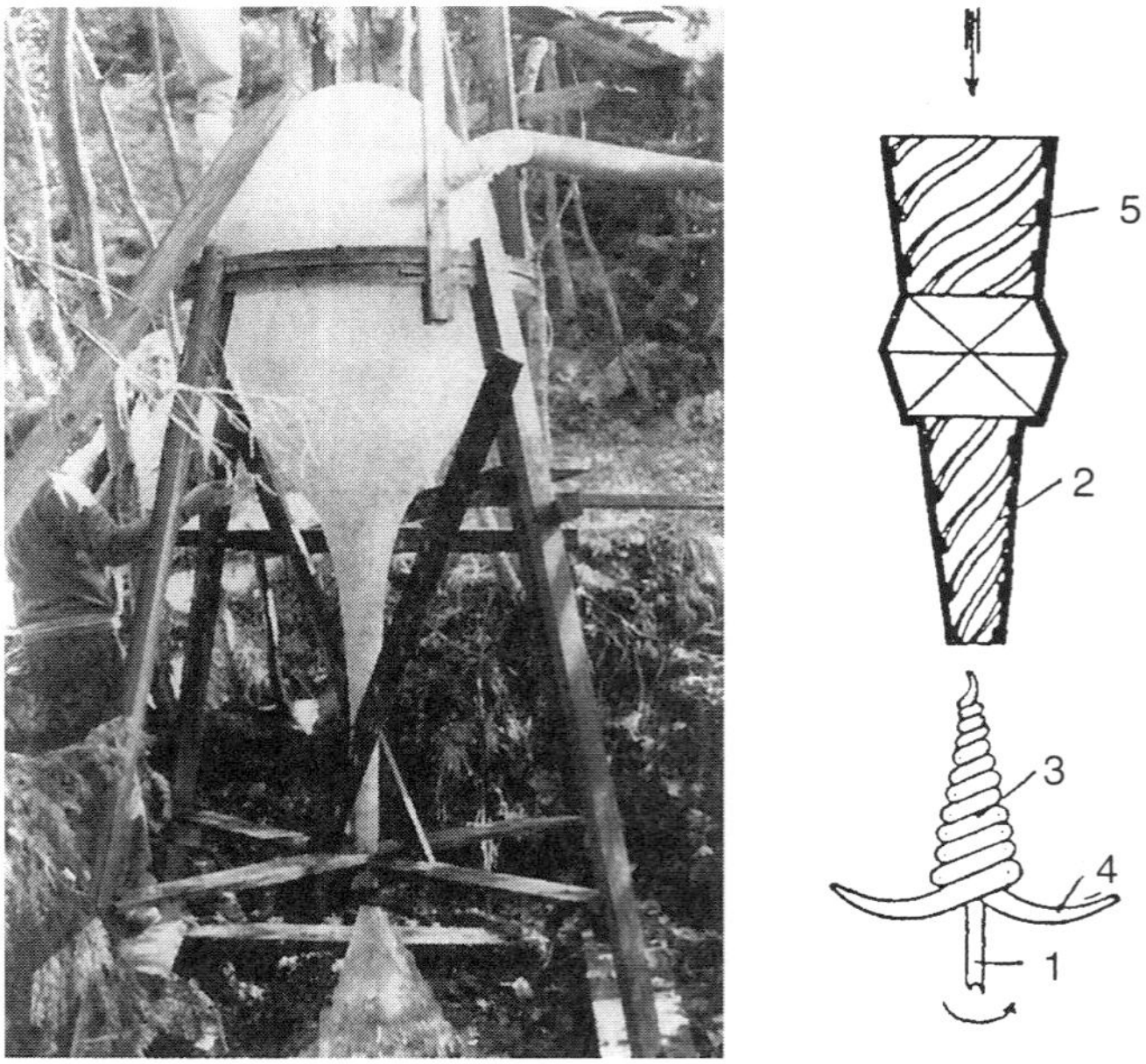

図 11—9　水力発電用の卵形の実験容器

流速を最大にするためのらせん状のノズルをもつ対数らせん的円錐形の装置。この装置は水力タービンよりも90パーセント多く電力を生み出すことができた。

〔写真は 1986 年に試作されたもの〕

水は大幅に劣化するため、環境に益をもたらすものとなるには、もう一度完全に自らを作り上げなければならない。だから、水は新たな酸素や他の質の高い物質を見つけようと、生き物も含めてあらゆるところを探し回る。魚はこの「貪欲な」水ととりわけ密接に触れるために、とくに攻撃に弱く、水が非常にデリケートなエラ呼吸器系に入ると体組織が酸素に飢えた炭素eに攻撃される。飢えた水は川に接する土壌からも栄養を奪ってむさぼるために、土壌の肥沃さと生産性は大きく低下する。

ヴィクトルはこのようにきわめて破壊的な発電法がいかに無用であるかを示した。彼は一九二〇年代初めに、水に害をもたらすことなく、一定の流量―容量から電気を九〇パーセントも多く生み出す新しい方法を考案している。ヴィクトルは、どの電源からも遠すぎて電気を引けない自分の森林監視員の家に明りを灯すために、この装置を近くの川の水を使えるように据えつけた。図11―9右に示す設計は非常に単純であり、自然は静かでシンプルであり、費用のかからないものだというヴィクトルの考えを示している。

これは、水流を溝つきの真鍮性のノズルに渦巻き状に流し、それによって水を求心的に外側から引き離し、圧力と摩擦を低下させ、冷やし、密度を高め、活発化させることで作動する。その水は、発電機のシャフトに取りつけられた複数のらせんからなる、貝殻のような形状の回転翼を動かす。(5)

第12章　生きた水の供給

減少し続ける水の供給量

水をめぐっては、おもに利用可能な水の供給が不足しているということから大きな話題になっている。水の利用権をめぐって戦争が起こるだろうという予測も多い。その理由を理解することは難しくない。トルコに対するイラク、イスラエルに対するヨルダン、シリアに対するイスラエル、スーダンに対するエジプト、インドに対するバングラデシュのように、重要な川の上流を支配する国は下流への流量を制限することができる。世界の人口の二〇パーセント近くは、清潔な飲み水が手に入らず、約半数は下水設備をもたない。中国北部の一〇〇の都市では、現在水が配給制になっており、中国の首都としての北京の将来は、成長が水資源の対応能力を超えているために疑問を投げかけられている。水が十分に確保できる国ですら水の扱い方に大きな問題があり、家庭に届く段階では、水は塩素、フッ化物などの化学物質で殺されてしまっている。これは表向きは病気を防ぐためというが、人間の免疫系を抑制し、感染症にかかりやすくしているのである。

どうしてこんなことが起こったのか？　この驚異の惑星には水はきわめて豊富に存在するが、そのうち真水として利用できるのは〇・五パーセントにも満たない。あとは塩水、利用できない地下水、凍った極地の山の氷である。世界の人口は年に約八五〇〇万人〔二〇〇〇年〜二〇〇五年では年に約八〇〇〇万人〕の割合で増加し続けており、都会では都市化のためにその二倍の速度で増えている。都市や産業はもっとも多くの水を消費している（産業用水の消費量は二〇二五年には倍増するとされる）。[1]おもにアフリカにある二四の国では、二〇二五年に予想される必要量を満たすだけの水がない。[2]そして、そんな状況が決定的局面ではないとしても、最近の国連の報告によれば、世界の人口は、二〇〇〇年の六一億人から、二〇五〇年には少なくとも八二億人に増加している可能性があるのだ[3]〔二〇〇六年の国連統計では約九二億人〕。今日、約一二億人が不衛生な水を飲んでおり、二五億人以上は適切なトイレと下水道を使うことができない。[4]一〇年たったら事態はどうなるのだろうか？

世界中で、川から転用したり、帯水層から汲み上げた水の約七〇パーセントが灌漑用に用いられている。これはきわめて無駄の多い使い方である。パイプや流路からの漏れ、貯水池、灌漑用噴霧器からの蒸発によって、その水の約六〇パーセントは植物の根に届かない。中国最大の河、黄河は涸れ、一九八五年以来、数年は海に到達できていない。[5]かつて広大だったナイル川、ガンジス川、コロラド川が乾期に海にたどり着くことはまれである。[6]インドと中国北部に工業的農業が導入されると、これらの地域の地下水面は危険なまでに低下した。

水力発電用であれ灌漑用であれ、大規模なダムを建設することで、存続できたはずの人間の共同体が消滅するとともに、計り知れない環境的損失が生じている。ダムは生態系を破壊し、ある部分の土地から別の土地へとエネルギーがバランスをとろうとする流れを断ち切ってしまう。エジプトのアスワン・ハイ・ダムが稼動し始めた一九七〇年以来、ナイル川で商業的に漁獲される魚の種類の数は三分の一に急減し、地中海のサーディンの漁獲高は八〇パーセント減少した。(7)

利益のからむ水

伝統的社会は自分たちの使う水を管理する術を知っているが、地方社会の水の供給は、利益を第一の目的とする企業によってどんどん私有化されつつある。二〇〇〇年四月には、ボリヴィアのコチャバンバで抗議運動を行なっていた一八〇〇名を超える市民が警察によって負傷させられ、その後ボリヴィア政府は、水の価格を三五パーセント上げようとするロンドン国際水供給会社の権利を無効にした。ボリヴィア政府は、あらゆる公営水供給を民営化する政策の見直しに着手している。

基本的な水の需要をまかなうためには、大規模な水供給網と下水管を新たに都市に敷設することが必要になる。近年、各国政府は社会的インフラに投資する意欲が低下しているために、水道施設の民営化を進めているが、それが消費者の利益になることはめったにない。何であれ生活必需品が不足すると、暴利をむさぼる者やふんだくり業者が現れる。民営化を促進する宣伝活動は、二〇〇〇年三月にハーグで開催された水フォーラムの会議で最高潮に達したが、商業的支配の特権濫用と問題点は明らかになっている。

ある研究が示すところでは、スウェーデンの地方自治体の水道局は、同規模のイギリスの民間水道会社と比較して三分の一の費用、約半分の経営費で、資本に対し約三倍の収益を生み出している。[8] これにひきかえ、二〇〇一年の経済停滞以来、イギリスの民間水道会社のいくつかは財政的苦境にあえいでいる。必需品である水の供給を金融市場の浮き沈みに委ねることはまったくばかげたことである。

供給のグローバリゼーションによって、私たちの水に対して深刻な危険が生じている。多国籍企業は、持続可能な環境よりも利益のほうが大事なのであり、説明責任も負わず、利己的だ。二〇〇一年の水フォーラム会議では、一群の水道企業が、水の供給を公共的管理から外すよう促す趣旨の新しい水の秩序を世界に押しつけようとした。アメリカの企業はインドにダムを建設する交渉を進めているが、このようなダムが建設されれば、無数の共同体が強制的に立ち退かされ、環境が破壊される。フランスの企業三社はすでに世界の民間市場の七〇パーセント以上を支配している。[9] 民間の水道事業計画はますます増えており、需要に関係なく消費を必然化することで利益を確保する大量水供給計画を通じ、大規模ダムや貯水池を建設することで、より多くの水を引き出そうとする投機事業と手を組んでいる。

現代の水の処理法

●塩素処理

公共の水は、水を脈動し、生きた状態に保つのに必要な注意を払って処理されることがないため、変質し、病原菌を引きつけてしまう。このため、当局は水に媒介される感染の危険から社会を守るために定期的に水を塩素で処理している。塩素は強力な殺菌剤であり、善玉も悪玉も等しくあらゆる細菌を取り除くが、その状態が長期間続くことで、体内の免疫力を高める微生物を大量に殺したり、ひどく弱体化させてしまう。塩素は高齢者の免疫力低下の大きな原因となっている。医学の専門家たちは、塩素の量はきわめて少ないのでそんな害は生じないと言うが、彼らは塩素が体内の脂肪組織に蓄積するために少量でも累積していくことや、体への影響を強めるホメオパシー的作用が生じることを考慮に入れていないのである。

都市に住み、年中殺菌された水を飲まざるを得ない人間は、生命を生み出すという自然の定めた能力をもつ「生物」が化学物質によって強制的に殺されているという運命について、真剣に思いをめぐらせるべきである。殺菌され、物理的に破壊された水は肉体的衰弱を起こすだけでなく、精神も退化させ、人間をはじめとする生物に一律に広範な劣化を引き起こす[10]。

——ヴィクトル・シャウベルガー『我らが無益な骨折り』

●フッ素添加

フルオロケイ酸塩（フッ化物）を定期的に飲料水に添加する問題は、公衆衛生政策における最悪の不法行為に数えられる。これは、場所によって飲料水中に通常は約〇・一ｐｐｍという低濃度で自然に生じるフッ化カルシウムとは異なるものである。これは当初は鉄、銅、アルミニウム製造、現在ではリン酸肥料といった多く産業過程で生じる副産物であり、多数の重金属も含んでいるものなのだ。全体として強い毒のカクテルであり、現在の環境基準では多額の処理コストがかかるものなのである。(11)

この、産業廃棄物処理の問題を解決する方法が、公共水道網に流すことだったのである。アメリカの一部、カナダ、イギリス、アイルランド、オーストラリア、ニュージーランド、またチリのような非英語圏の国のいくつかでは、通常は約一ppm(水一リットルに対しフッ化物一ミリグラム)の濃度で許可されているが、他の多くの国ではこの政策のリスクが非常に高いことから実施を見送っている。政策としてフッ化物を注入することは、とくに子どもの虫歯を減らせるという主張によって正当化されている。実際には第三者機関の研究で、虫歯は減らないという結果が出ており、骨や一定の器官にさまざまなレベルでフッ化物が蓄積し、がん、脳機能低下、腎臓障害、早期の老化のリスクが高まるという証拠があるのだ。(12)フルオロケイ酸塩は、さらに高い用量ではラットに対し強い毒性を示す。

残念ながら、フッ化物は多くの加工食品、果汁、牛乳、とりわけ練り歯磨きにも添加されている。フッ化物は、テフロン加工された調理器具で料理しても食物に溶け出すため、水道水にフッ素添加が行なわれていない地域に住んでいても、実は摂取量がかなりのものになっているという可能性もある。理解しがたい、実際には明らかに政治的な理由から、多くの歯科医療と公衆衛生の当局は全人口に対する集団薬物投与を支持しているらしく、政治家はそれに嬉々として従っているように思われる。

一九四五年にアメリカで始まった大規模フッ素添加は、最大のアルミメーカーであり、戦時中に最大のフッ素汚染を引き起こした会社の一つであるＡＬＣＯＡのオーナー、メロン一族が中心となってあと押しした。それはミシガン州のグランド・ラピッズから始まり、二年のうちに一〇〇都市に普及した。実のところ、反対する人間を変人呼ばわりする（そしてマッカーシーの時代には左翼の破壊活動分子と呼ぶ）汚い策略が展開されたのであり、説得力のある試験が行なわれたわけではなく、有効性や安全性について妥当な証拠が示されたこともない。「これは政治的な問題であって、科学的な健康の問題ではない」のであり、近年の遺伝子組み換え食品のキャンペーンの指針のように、アメリカの主要な輸出品の一つとなってしまった。[13]

ＷＨＯ（世界保健機関）と米国医師会はこの政策を支持するよう説得された。ＦＤＡ（米国食品医薬品局）は公衆をペテンにさらしてしまうという懸念から、若干後退して、この方針を全面的には支持していないが、現在でも九六〇〇の地域社会で一億三〇〇〇万人のアメリカ人がフッ素添加された水を飲み続けているのだ。[14]アメリカと同じく、カナダでも人口の約五〇パーセントがフッ素添加した水を飲んでいる。

大規模フッ素添加は一九五〇年代にイギリスに上陸し、現在人口の一〇パーセント、とくにウェストミッドランズとイギリス北東部の住人がフッ素にさらされている。現在、イギリス政府は政策として、すべての水道会社にフッ素添加を採用するよう求めている。オーストラリアには、フッ素添加を定めた非常に厳しい法律があり、フッ素添加に反対する意見を表明しただけで訴追される可能性もある。[15]

〔訳註・日本においては安全面、費用対効果の面ほかで議論があり、現在のところ原則的にはフッ素添加は行なわれていない〕

栄養学博士で文明病の研究家バリー・グローヴズは次のように結論している。「フッ素添加は、これまでにアメリカ発で行なわれたマーケティングのキャンペーンとしては、もっとも長く、もっとも高価で、もっとも悲惨に失敗したものである」[16]

ヴィクトルは川や湖の産業汚染については深く懸念していた。家庭用の水道に毒を加えることは一九三〇年代には問題となっていなかった。しかしヴィクトルは人間が水を輸送し、供給する方法によって、健康な水のもつ活性化する性質が損なわれると主張し、水のエネルギーを維持する方法について進んだ研究を続けた。ヴィクトルは、いつか良質の水のボトル一本がワイン一本より高くなる日が来るだろうと予測し、私たちの公共水道の処理法について次のように述べている。

もし私たちに常識が残っているのなら、このようなやり方で処理された水を飲み続けることは拒むべきである。飲み続けるなら、がんにかかりやすくなり、精神的、身体的に劣化し、身体的、倫理的に劣った人間が生まれることだろう[17]。

水の記憶を変容させる

多くの地方共同体は、公共水道水から物理的な汚染物質を取り除くために誠実に努力しているが、工業的農業によって有機的毒素が大量に生み出される現状では、この種の汚染物質や、残念ながら現在ではよく見られるようになった重金属の危険を減らすために、適切な濾過を検討するのが賢明といえる。現在では、物理的汚染物質のほとんどを取り除くことのできる、適切で妥当な価格の配管用フィルターが広く利用できる。[18] しかし、私たちが水処理を考える上で早急に理解すべきなのは、汚染物質を物理的に取り除くことだけで水を安全にできるわけではないということである。

一般に、現代の都市では、公共水道は二〇回も再利用される。たとえ何度再利用されて物理的汚染物質が除去されても、その振動的刻印はなおも水の記憶の中にとどまっているのである。たとえばホメオパシーで水が回復をもたらすエネルギーを運べるように、水は体に不調和や病気を引き起こす、負の、破壊的痕跡を運ぶこともあるのだ。

改良された渦巻き水処理システムの中には、自然な振動を重ね合わせることで水を再びクラスター化し、かつて水が受けた酷使の記憶を消し去ることを目的とするものがある。渦巻きは変容を起こすメカニズム、あるいは異なる質やレベルのエネルギー間を行き来させることのできるゲートであり、私たちすべてを取り巻くエーテル的、宇宙的(コズミック)レベルのエネルギーを水が吸収できる形にする。[19]

かび臭い部屋を輝く日光や新鮮な空気で満たせば、よどんだエネルギーがすぐに変化するように、精妙なエネルギーは必ず粗雑なエネルギーに勝る。効率のよい配管接続用フィルターと渦巻き型の再活性化システムを組み合わせることが望ましい(巻末補遺を参照)。

管状の水の動き

先に本書では、ヴィクトルの意識が川の流れに入り込み、そこで水の意識がどのように動きたいかを自分に語っているように感じたという神秘的体験についてふれた（三七、一三五ページ参照）。偉大な科学の先駆者たちは、一種の導きとして同じような経験を語っている。ヴィクトルは、この経験から、大きく異なる状況で水がどう振舞うかについて幅広い直感的理解を得た。たとえば、パイプのような閉鎖系での水の動きは、川での動きとは大きく異なる。ヴィクトルは天与の才によって、パイプつまり管の中での水の振舞いと、樹木中の樹液や人体の血液の動きとのあいだに、非常に際立った共通性を見抜くことができた。

水道管の材料

バビロニア人からギリシア人の時代にいたるまで、古代においては、水とその質に対する理解が現在よりも深かったことを考古学的研究は示している。当時、水道管は質の高い木材や天然石で作られていた。やがてそんな天然の材料が不足したために、ローマ人はさまざまな金属を試した。酸化による腐食に頭を悩ませたローマ人は、残念ながらよく鉛を用いたため、とくにワインに含まれる酢によってゴブレットに含まれる鉛が溶け出し、鉛毒という別の問題が生じた。

産業革命で都市が膨張する以前、ヨーロッパ、またニューヨークですら多くの水道管は木できていたため、水は呼吸し、環境と触れ合うことができた。ウィーンの水道管が新しくできた郊外のために延長されたとき、材料はそれまでの木ではなく、内部にタールを塗った鋼鉄のパイプになった。その後、一九二〇年から一九三一年にがんの発生率が二倍以上に増えたことをヴィクトルは知った。[20]

円筒形のパイプを通る水流は混沌としているため、水の層構造はすぐに崩れてしまう。水はパイプの壁との摩擦で加熱され、溶け込んでいる微量元素が変質する。鉄管内側の表面がさび始めると水から酸素が奪われ、さびが堆積すると病原菌が増殖する。さらにさびが蓄積すると水流が妨げられ、届くのは塩素で消毒された死んだ水となってしまう。

●木製の水道管

ヴィクトルは、水はらせん状に渦巻くように転がり回ることができてはじめて活力とエネルギーを維持できることを知っていた。このため一九三〇年に実際にこの動きを強めるパイプの設計に着手したのである。これは樽(たる)に用いるような木製の板でできており、砂の中に埋められているため、水分がしみ出すことができ、(発汗時のような)冷却効果をパイプの中の水にもたらす。らせん状の動きは、銃身内の腔線(ライフリング)[21]〔らせん状の溝〕のような作用をもつ一連の導翼によって作り出される。これは種々の微細なエネルギーを強めるために銀メッキした銅でできており、縦溝がついていて水流が中心に向かって動き、摩擦による加熱が減るようになっている。

後出の図12―1と12―2は、この仕組みによって二重らせん状の縦方向の渦巻きが生じ、水流が従来の円筒形パイプより速くなることを示している。主水塊の求心的流れのおかげで、水は冷却され、加速して重くなり、比重の軽い外側の水を引っ張りながら通っていく。導翼によって生じたドーナツ状の求心的らせん形の動きにより、主水塊から酸素が引き出されて内壁へ移される。〔中心の（炭素eが濃縮された）コア・ウォーターには酸素がないので〕あらゆる微生物は内壁側に移り、病原菌は、そこで濃縮された攻撃的酸素によって取り除かれる。一方、質の高い微生物は高レベルの酸素を必要とするので生き残る。

この設計は、天然の管の中で自然に脈動する水流を模倣し、運ぶ水自体を動きによって浄化、冷却し、いかなる殺菌用、浄化用の添加も不要になるという優れたものである。できればこの木製水道管を砂の中に埋設して呼吸できるようにし、光と熱から守られるようにするとよい。このような条件に置けば、この水道管は鋼鉄製のパイプよりも長持ちする。

シュツットガルトでの実験

科学界は、自然な水の動きについてのヴィクトルのアイデアを決して真剣に取り上げなかったため、彼は晩年に自分のアイデアを、独立した第三者の専門家に厳密に試験してもらおうと考えた。一九五二年、彼は自費で、シュツットガルト工科大学に実験を依頼した。衛生研究所所長であるフランツ・ペーペル教授に連絡をとると、ヴィクトルの芳しくない評判を知っていた教授は最初、時間の無駄だと言って断った。

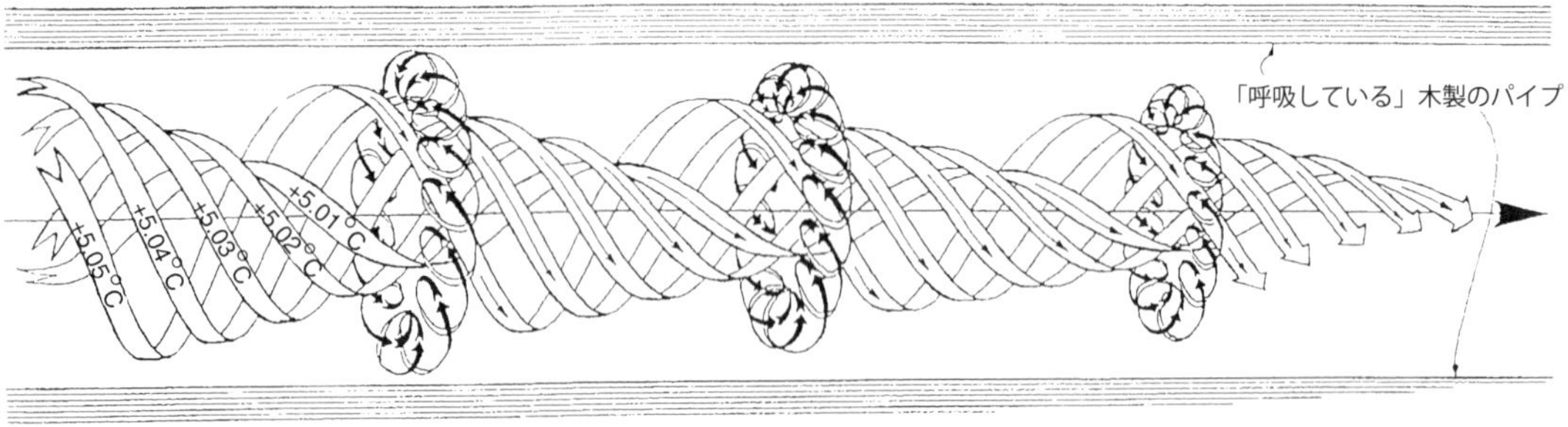

図 12—1　二重らせん形の縦方向の渦巻き
これは縦方向の渦巻きで、周囲に逆向きの渦巻きが環状に発達している。これは多孔性のパイプ壁との相互作用により生じ、ボールベアリングに似た作用で、前方への動きを強める。環状の渦巻きの内側への回転は、中心の渦巻きの回転と流れの向きに従う。このような環状の渦巻きにより酸素、細菌、その他の不純物がパイプの内壁に移り、そこで濃縮された酸素によって下等な病原菌が死滅する。

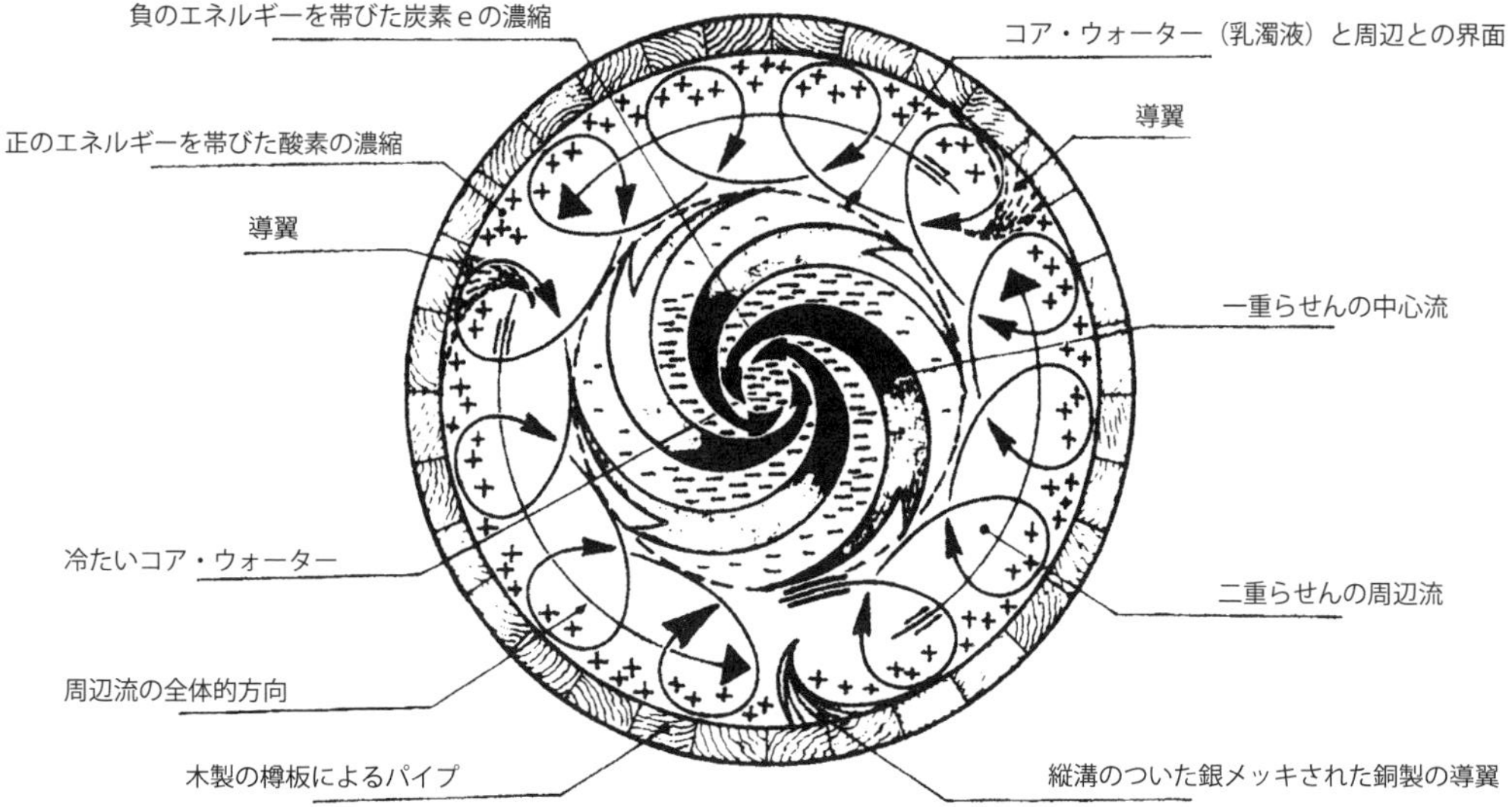

図 12―2　二重らせん状のパイプ内の流れの力学（断面図）

ドイツ政府はライン川の管理法についてヴィクトルに厳しく批判されていらだっていた。このため、ヴィクトルの提案を耳にした政府は、きちんと試験を行なえばヴィクトルの信用は落ちるはずだと考え、進んで費用の半分を提供した。これでペーペル教授は考えを変え、ヴィクトルが提供したさまざまならせん状の溝が刻まれたパイプを試験することにした。

試験の目的は、八種類のパイプの中の水の動きと、パイプの形状で変わる摩擦によって水流の速度がどう変化するかを比較することであった。摩擦がもっとも大きかった形状は、ガラス製あるいは銅製のまっすぐなパイプであった。パイプに湾曲をつけると摩擦が減ったが、ヴィクトルの特殊な「らせん曲面（スパイラル・ヘリコイド）」の銅管では、内側に巻き込む流れにより水流が内壁から離れて摩擦がもっとも減少し、特定の速度ではゼロあるいはそれ以下（負の摩擦すなわち加速）にまで低下したのだった。[22]

同僚の意向を受けてペーペル教授の報告は実験の重要性を軽く扱ったが、実際にはこの実験は、このような条件においては、いかなる閉鎖系でもエネルギーの質は必ず低下したり減少したりするという、熱力学の第二法則の正しさの反証となるものだったのだ。その意味するところは、一定の条件下では、あるシステムはひとりでにエネルギーを生み出し、最初の弾みさえあれば、それ以上のエネルギー入力が不要になるということであった。言葉をかえれば、エネルギーは一定不変ではないということである。この試験では、エネルギーはヴィクトルが「原初の」、あるいは「宇宙的（コズミック）」な動きと呼ぶものにより作り出された五次元のダイナゲン〔非物質的エネルギーの増幅にかかわる要素。五二ページ参照〕の創発によって増大したとも考えられる。

ペーペル教授は、ヴィクトルの特殊なパイプでは、特定の二つの速度で摩擦がゼロに低下するように見えることをたしかに認めている。

血液の循環

瞑想するときに呼吸を観察するという古来の方法を実践する人にとっては、〔より大きな存在に〕「呼吸される」という奇妙な感覚を経験することは珍しくない。このプロセスは「より大きな呼吸」に包含されるもののように思われる。ヴィクトルは同じような文脈で、鳥は「飛ばれ」、魚は「泳がれる」とよく言っていた。心臓はポンプではなく、「ポンプのように動かされる」のだとしばしば表現した。彼は心臓を、血流を整えるものとしてとらえていた。心臓が収縮するときに生じる血液の奔出は、肺から息が吐き出されるときのように、満杯になったことに対する自動的な反応のようなものなのである。

シュツットガルトでの実験は、水流がパイプの形状と共鳴するなら摩擦が生じないことを実証した。同様に、血液が動脈や毛細血管と共鳴していれば、血流は大いに促進される。さらに、血管には自然な脈動、蠕動（ぜんどう）作用がある。

一九二七年頃、ベルリン大学のクルト・ベルゲル教授は、鳥の卵が孵卵（ふらん）を始めて数日後に、まだ心臓が形成されていないのに、卵嚢（らんのう）周囲の細かな温かい血管内にそんな自動的な脈動が生じるのを記録した。ベルゲル教授も心臓をポンプであるとする一般的な説に異を唱え、ポンプ機能は「体に行きわたる数百万本の高度に活動的な毛細血管」によって担われており、「健康と病気は、何よりもまず毛細血管に欠陥がないか、活動が乱れているかに左右される」と主張した。[23]

血液循環は毛細血管の脈動によって始まり、血管自体の形状により強められるらしいのだ。[24]このような特性は、温血動物一般、とくに人間のための原初のエネルギーの青写真によって作られたのだろう（四五～四六ページ参照）。その特性には、細い血管を通るときは血液の粘度を低下させ、さらさらと流れるようにする条件すら含まれていたのだ！

同じことが樹木の末端部分の樹液にも見られる。体内を曲がりくねりながら伸びて栄養を組織と器官にもたらす静脈や動脈と、渦巻き状、らせん状に脈動し、うねりながら進んで、流域に栄養をもたらす小川や川のあいだにも共通項があるのがわかるだろう。

温度勾配も血流の効率に作用する。体幹の中心部から、外側の四肢に向かって強い正の勾配（一定の方向の動きで温度が低下する）があると、外側へと血流が刺激される。これにより冷たいシャワーを浴びたときの爽快感が説明できる。逆に、熱い浴槽に長く浸っていると、血行は滞りがちになり、眠気を催してしまう。

血流を左右するもう一つの要因は、動脈血と静脈血の生理化学的組成、したがって両者のエネルギー特性の違いである。脈動は、大きく分けて二種類ある血液が、それぞれ異なるエネルギー極性を運ぶことによっても促される。外側に向かって流れる動脈血に含まれる正のエネルギーを帯びた酸素は、じょじょに筋肉や皮膚に吸収されて部分的真空を生じる。一方、四肢から戻り、負のエネルギーを帯びた炭素ｅに富む静脈血は、肺からいつでも酸素を再吸収できる状態にある。心筋の収縮は、〔血管よりも〕広い心腔内で、二種類の血液が運ぶ相反するエネルギー極性のあいだのバランスをとる反応なのである。心臓の脈動は、心臓が「ポンプを動かす」から私たちは呼吸するという従来の考え方より、正のエネルギーを帯びた酸素を吸い込む（その後、負のエネルギーを帯びた二酸化炭素と水を吐き出す）ことによって鼓動が引き起こされると言ったほうが適切なのかもしれない。心臓の本当の機能は、血流の脈動を刺激することにあるのだ。

胎児では内側の体幹部分と外側の四肢に温度差がないため、事情は異なる。このため胎児の場合は、心臓は生まれるまではポンプとして機能している可能性が高い。出生後に心臓は、脈動を作り、バランスをとるという本来の役割を果たすのだろう。

カラム・コーツは、平均的な成人の血管の総延長が約九六五〇〇キロメートルあると算出した研究を引用している。[25] 従来の水力学的計算に基づくなら、約一・五ワットという心臓の実際の拍出力では、どう考えてもこのような巨大な仕事を遂行するには不十分である。しかしこれは事実なのだ。さらにヴァルター・シャウベルガーの計算では、一年間に心臓が拍出する血液量は四〇トンの重量を一メートルの高さに上げるのに等しいものだという。

シュツットガルトでの実験は、摩擦を生じずに液体を流すためには特定の仕組みが必要であることを示した。ヴィクトルは、エネルギーによって、一定の状況で望ましい動き方をするのにもっとも適した血管が作り出されたのであり、またこのエネルギーは健康で活力のある、有機的システムの中でいつも摩擦なしに動こうとすると主張した。このように考えれば、これほど莫大な距離を、脈動しながらほぼ摩擦なく流れ続ける血流というものも理解しやすくなる。ヴィクトルが先駆けて行なった研究の糸口を引き継いで、さらに調査を進めていくことが重要である。

水の保存法

良質な水がますます不足する現状では、水質を保つ方法を理解することが大切となる。水の敵は過剰な熱と光である。水は、成長と腐敗の作用に不可欠な物質である酸素を含んでいる。酸素は、九℃以下の温度では成長に使われるが、それ以上の温度だと分解を促す。温度が一〇℃より上に上がると、酸素はますます攻撃的になって病原菌の成長を促すため、そんな細菌が含まれている水を飲めば病気になってしまう。

貯水タンクや水槽が地上より高いところにある場合は、十分に断熱を施し、太陽の熱を反射させるために白く塗る必要がある。ほとんどの部分が地表より下にある場合は断熱しなくてもよいが、上部は白く塗らなければならない。しかしヴィクトルは、生命を繁茂させ、維持するのに自然が使う形状を観察するよう私たちに促している。自然は正方形（立方体）、四角形（貯水タンク）、円（円筒）を忌み嫌う。彼は、貯水するのにこのような不自然な形状に頼っているのだから、水の劣化が生じても何の不思議もないと述べている。大きな容器については現実的ではないだろうが、小さな容器についてはもっと自然な形のものを使うよう私たちは努めるべきだろう。

水は生きているため、健康状態を保つためにたえず動いている必要がある。これが可能となる唯一の容器は「卵形」である。水は冷たい状態に保つ必要があるので、封じ込める材質が非常に大切になってくる。最適な材質は天然石、木、テラコッタ〔素焼きの粘土〕である。古代ギリシア人はこのことを知っていて、水（とワイン）を、液体が呼吸できる卵形の容器であるアンフォラ〔古代ギリシア、古代ローマの首が細長く底のとがった両取っ手つきの壺〕に入れて保存した。考古学的発掘で発見された多くのアンフォラの中に、二〇〇〇年を経ても保存状態の非常によい穀物の種が見つかっているが、それらを植えたところ芽が出たため、卵形が保存に有効であることが示された。

第4部

樹木という生物

The Life of Trees

第13章　森林の役割

●誰かが亡くなれば鐘が鳴る。森が死に、それとともに人々がすべて死に絶えれば、もはや誰も何もできない。[1]

●森を愛するものだけが森の世話をするべきである。森を投機の対象としてしか見ない人間は、森に対しても他のあらゆる生命に対しても大きな害を及ぼすだろう。というのも森は水のゆりかごだからである。森が死ねば、泉は涸れ、牧草地は荒れ、多くの国は、私たちのすべてに凶兆となるような混乱に避けがたく見舞われるだろう。[2]

――ヴィクトル・シャウベルガー「死にゆく森（Der sterbende Wald）」

ヴィクトルは、もっとも質の高い水は森林が生み出すのだと考え、森林を伐採すれば水不足と気候変動が起こるだろうと予言した。彼の死後、赤道付近の森林伐採は大幅に加速しているため、この荒廃がもたらす影響についてまとめておくことは有益だろう。

森林の進化

植物が地上に現れて四億二〇〇〇万年になるが、これは地球の歴史のわずか九パーセントにすぎない。植物がなければ、いかなる生命も存在できない。なぜなら植物は太陽エネルギーを食物に変換するのに欠かすことのできない要(かなめ)だからである。樹木は植物の最高形態であり、地球と太陽のエネルギーのやり取りをもっとも効率よく行なう。森林は、生命に必須の基本構成要素である酸素の最大の供給源である。森林は地球の「肺」なのである。森林が繁栄した時代は三つあった。約三億六〇〇〇〜二億九〇〇〇万年前の石炭紀には陸上に脊椎動物が出現した。次は約五三〇〇〜三四〇〇万年前の始新世で、この時代には原始的な哺乳類が現れた。最後は五〇万年前で、新人〔クロマニョン人など〕の文化が発達した。いずれの時代でも、森林によって大気中の酸素含有量が増加したことで、地球の生命体が爆発的に進化したと考えられる。

このような広大な森林は赤道地域で発達したが、そこで利用できる熱は、かつての、気温の高低差が極端で、荒々しいことも多かった世界の気候を和らげる大きな原動力となった。最初の時代の森林は常緑樹からなり、あいだに巨大な湿地が散在していた。現在にいたる巨大な山脈が隆起しつつあった始新世には、巨大な熱帯ジャングルが発達した。このジャングルは、現在の、一九世紀後半まですべての大陸で繁栄していたものとそれほど変わらなかったが、動物相は現在より単純だったようである。

このような時代に森林が根づいたのはなぜかと考えてみるのは興味深いことである。ヴィクトルは自然を、意味をもち、複雑な生命体と高次の意識を進化させることを目的とする知的システムととらえていた。この観点からすれば、森林が定着したことはこの目的の一部だと考えることができる。

森林被覆は気候によって変化する。進化拡大の時期には、森林は地表のおよそ四分の三を覆う天然の被覆だった。このような天然の森林は、地球を宇宙の中でも重要な生命の源にしている、きわめて多様な動物相と植物相（現在は「生物多様性」と呼ばれる）が発達するのに欠かすことのできない前提条件なのである。

森林の破壊

偶然なのか、あるいはそのように意図されているのかはわからないが、地球の生態系の中で、バランスのとれた気候を支えるのに必要な森林被覆の量にはかなりの許容度があるらしい。もちろん広い面積の森林が減少することで生物多様性と生命の質にどのような影響が出てくるかはまた別の問題である。人類が地球に出現して五〇万年余り、人類は、森林被覆を最適量の二五パーセント程度にまで減らしてしまった。初期の農民は、開墾した土地を焼き払って作物を育てると他所に移り住んだため、肥沃さを回復させることができた。しかしその後の初期の文明は、詳細な記録をもつものであれ、民族の記憶の中に残るものであれ、広大な面積の森林を切り倒してしまっている。

そんな土地の多くは、おそらくは森林伐採と気候変動がからみ合うことで、ゴビ砂漠、シンド砂漠（パキスタン）、アラビア砂漠、メソポタミア砂漠、北アフリカ砂漠、カラハリ砂漠などのように砂漠化してしまった。国土全体の植物が根こそぎにされたため、食糧を求めて他の土地に移動せざるをえなくなった国もあった。今日でも、赤道近くの、豊かで広大な森林が伐採されつつある地域で同様のことが起こる可能性がある。当時は、幸いなことに世界の人口はまだそれほど多くなかったため、土地を追われた人々も他の場所に移ることができた。だが現在のように人口が過剰で出生率が持続不可能なレベルにある状態では、気候の変化によって不作が起これば、飢饉が生じ、紛争が起こって人命が失われてしまう。気候の温暖な地域では、森林を開墾伐採してもふつうは砂漠化は生じないものの、生物多様性や肥沃さには悪影響が出て、長い目で見れば環境の健全性は低下してしまう。

一万年前には地中海地域全体はオークを主とする森林で覆われていた。約五〇〇〇年前には現在のレバノンの森林はシリアに木材をもたらした。北アフリカの森林に何が起こったのかはわからないが、二〇〇〇年前には非常に肥沃で、ローマ人が地中海の穀倉地帯と呼んでいたその土地が、今では乾燥した砂漠と化しているのだ。一〇〇〇年前にはヨーロッパのかなりの部分は森林に覆われていた。現在では約二七パーセントになっており、その多くは天然の森林のもつ生物多様性とエネルギーに欠けた単一栽培（モノカルチャー）の産業林である。北米では、大西洋から始まる森林はミシシッピ川を越え、いうまでもなくロッキー山脈の西側まで広がっていた。

森林は、将来の世代に押しつけることになるツケを考えることもなく、手っ取り早く経済を成長させるために搾取されることもあった。一六世紀の初頭、海軍が海の支配権を確立できるように、イングランドのヘンリー八世が一〇〇万本のオークの成木を切り倒すよう命じたために、イングランドのオークの成木は実質上、消滅してしまった。世界の森林被覆は最大時の約三四パーセントから減少し続けた。二〇世紀に入り、あと先を考えずに手っ取り早く豊かになろうとする風潮の中で、この数字は約二五パーセントまで低下してきており、現在なおも毎年一〇〇〇万ヘクタール以上の森林が赤道地域で失われている。

現在、世界中で社会情勢が不安定であり、また政治指導者が無責任なことから、法を犯してでもあらゆる大陸の原始林に育つ高品質の木を大量伐採して、自分たちの富を増やそうと執心する打算的人間がのさばる状況が生じている。このような破壊行為は、未来の地球環境のバランスに重大な影響を及ぼすものであるため、将来的には惑星規模の危険な蛮行とみなされるだろう。

ある教訓的物語

イースター島は太平洋でももっとも孤立した島の一つであり、その住人についてはほとんど知られていないが、非常に優れた芸術的技能（彼らの遺した巨像を見ていただきたい）と、高度な文明を誇っていた。島は森林に覆われ、土壌は豊かであり、一時は二万人を越える人口を支えていた。この島に人が定着して一〇〇〇年が経とうとする頃、島の社会は明らかに衰退し、やがてすべての樹木を切り倒してしまったために、ボートを作って島を出ることができなくなった。住民は文字通り死に絶えた。

私たちが故郷と呼ぶ、美しく豊かな地球に対して犯したあらゆる罪の中で、森林の破壊はもっとも理解しがたいものである。その影響は、土壌の劣化として、さらに極端な場合は風雨による生きた土壌層の浸食の形で、そしてまさしく気候変動を通じて早々に明らかとなっている。近年ライン川で起こっている大洪水や、バングラデシュでの破滅的な洪水、アッサムやホンジュラスでの土石流は、明らかに山の森林伐採によって生じたものである。それでもなお樹木の伐採は続いている。ヨーロッパからの移民が北米大陸に定住したとき、森林は大西洋からミシシッピ川まで続いていたのだ。

五〇〇〇年前には、米国中西部の大草原とアルゼンチンの草原も森林だった。温帯地方の深層土壌は、豊かな天然の森が数十万年以上をかけて作ってきたものである（草原は深層土壌を作り出さない）。そして数百年のうちに、私たちはまず集中的耕作、ついで化学物質の毒によって深層土壌を損なってしまったのだ。アメリカの大草原や東アングリア〔イギリス、グレートブリテン島東南地方〕の小麦畑の土壌の深さは、平均して半分に減少している。一九九九年にヴェネズエラで土砂崩れが生じて三万人が死亡しているが、科学者たちはその原因は天候だと言ったのだ！　これほど明白な教訓が学ばれることがないのは、「専門家」が現実との接触を完全に失っていることを示しているが、これこそヴィクトルがしばしば口にしていた不満だったのだ！

人類は、質の高い生活を支えられる量の酸素を生み出せるだけの森林を失う臨界点にまもなく到達するだろうと言われている。森林は、二酸化炭素を取り入れ、酸素を吐き出す地球の肺だからだ。樹木が伐採され、さらに燃やされると、主要な地球温暖化ガスである二酸化炭素が大量に増加する。

最近、化石化した琥珀を分析したところ、中に閉じこめられた気泡に含まれる酸素濃度は三〇パーセント以上だったという。現在、大気中の平均酸素含有量は約二〇パーセントであり、このことは太古の生物が現在よりずっと高い酸素濃度で機能するようにできていたことを示している。

いまだにほとんど理解されていないが、きわめて重要なのは、森林には、ヴィクトルが言うところの、「原初の」生命エネルギーである水が伝播するための環境を作り出し、また気候を温和にして、夏には涼しく、冬には暖かくする作用があるということである。また、森は土壌を鉱化、肥沃化して高度な生命体に必須の栄養をもたらし、何よりも重要なこととして、豊かな生物多様性の基盤であり、莫大な量の雨水を蓄えて循環させ、低地の洪水を防ぐ、豊かな腐植土や細菌を生み出しているのだ。[3]

熱帯雨林

機会のある人は、手遅れになる前に熱帯雨林を訪れるべきである。熱帯雨林は地球の生態系の価値のつけられない宝石だからだ。動物相と植物相が驚くほど豊かで生物多様性があるから重要だというだけでなく、世界の気候を和らげる巨大な影響力をもつために、地球の多くの地域が心地よく住め、非常に生産的な土地となるのに役立っているのである。かつて熱帯雨林は四つの大陸に存在していたが、現在では五〇〇〇年前の面積のおよそ半分しかない。南米では元の状態がもっともよく保たれており、約七〇パーセントが残っている。インドからインドシナ半島を通り、インドネシアとオーストラリアにかけての東南アジアでは元の約三分の一になってしまい、アフリカでは約四〇パーセントに減少している。中央アメリカではほぼ消滅してしまった。

熱帯地方で地表に到達する太陽エネルギーは、地平線上に昇る太陽の角度が非常に低い高緯度地域の二倍以上になる。世界中の熱帯雨林は後述するようにヒートポンプの役割を果たし、森林自体が生み出す莫大なエネルギーのいくらかを高緯度地方に移動させて、気温の違いをならしている。熱帯雨林がなければ、赤道地域ははるかに暑く、高緯度地域ははるかに寒くなるだろう。熱帯雨林の規模が大きいほど、ヒートポンプとしての働きは効率的になる。

現在、アマゾンの熱帯雨林を研究することでヒートポンプ機能のメカニズムが判明しているため、熱帯雨林があればアフリカ大陸は今ほど乾燥していなかったと考えられている。東南アジアでは、熱帯雨林の破壊は激変といっていいほどの速さで進んでおり、腐敗した地元の利害と、どんどん鉱物を採掘している貪欲な多国籍企業のあいだでやりたい放題のことが行なわれており、とくにボルネオでは、表向きは保護されているはずの処女林の多くが一五年以内に消滅する可能性が高い。たとえばオーストラリアではこの一〇年で干ばつと嵐がだんだん激しくなってきている。森林の破壊が加速しているため、この地域の気候の将来は暗い。アマゾンには世界に残っている熱帯雨林の約三分の一があり、これは地上のあらゆる生物量の約七パーセント、生物種の約一八パーセントにあたる。[4] 四つの熱帯雨林のすべてが手つかずだった時代には、そこにはいま地球上に存在する植物と動物の大部分が存在していたはずだということがわかるだろう。[5]

放出されたエネルギーは、巨大な空気の塊をアマゾン盆地からアンデス山脈に送り込み、そこでは何度も降雨と蒸発散が繰り返される（図13—1参照）。その後、気流は大きく三方向に分かれる。南方に向かう気流は偏向して、遠くパタゴニア高原まで到達する。中心の気流はアンデス山脈を越えて太平洋まで達し、貿易風としてさらに西に向かう。北方へ向かう気流はカリブ海を超え、メキシコ湾流を東北方向に押し上げてヨーロッパまで到達するのを助ける。[6] 熱帯雨林の機能には、熱機関作用〔熱を機械的エネルギーに変換する装置としての〕、降雨の刺激、大気と海洋系の調節がある。また地球全体の気候を和らげ、住むのに適した場所にするのにも一定の役割を果たす。

アマゾン盆地は七〇〇万平方キロメートルの熱帯雨林からなり、地球上で最大にしてもっとも効率のよいエネルギー変換装置である。[7] この雨林は完全な状態であれば自己を維持していくが、過去三五年間ですでに二〇パーセント近くが失われてしまっている。約五〇〇万平方キロメートル分はブラジルにある。同国は最近、歩調を早めた開発計画（後述）を発表したが、この計画では二〇二〇年までにさらに二〇パーセントが失われることになる（合わせて半分近くが失われてしまう！）。アマゾンの熱帯雨林には、それ以下になれば複雑な熱機関と降雨の分配装置としてうまく機能しなくなる臨界規模がある。熱帯雨林が、元の面積の八割近くになっている現状よりはるかに小さくなれば、重要な機能をうまく果たせなくなり、気候パターンはさらに厳しくなり、地球全体に干ばつが生じると言う専門家もいる。[8]

開墾され、伐採された区域では、残った森林も伐採された地域の端から何キロにもわたって危険にさらされ、周縁地域では局地的に気温が上昇するために、枝枯れを起こしやすくなる。実際に、アマゾンの熱帯雨林は、伐採のために、地球温暖化により生じた地球規模の気温上昇をもちこたえ

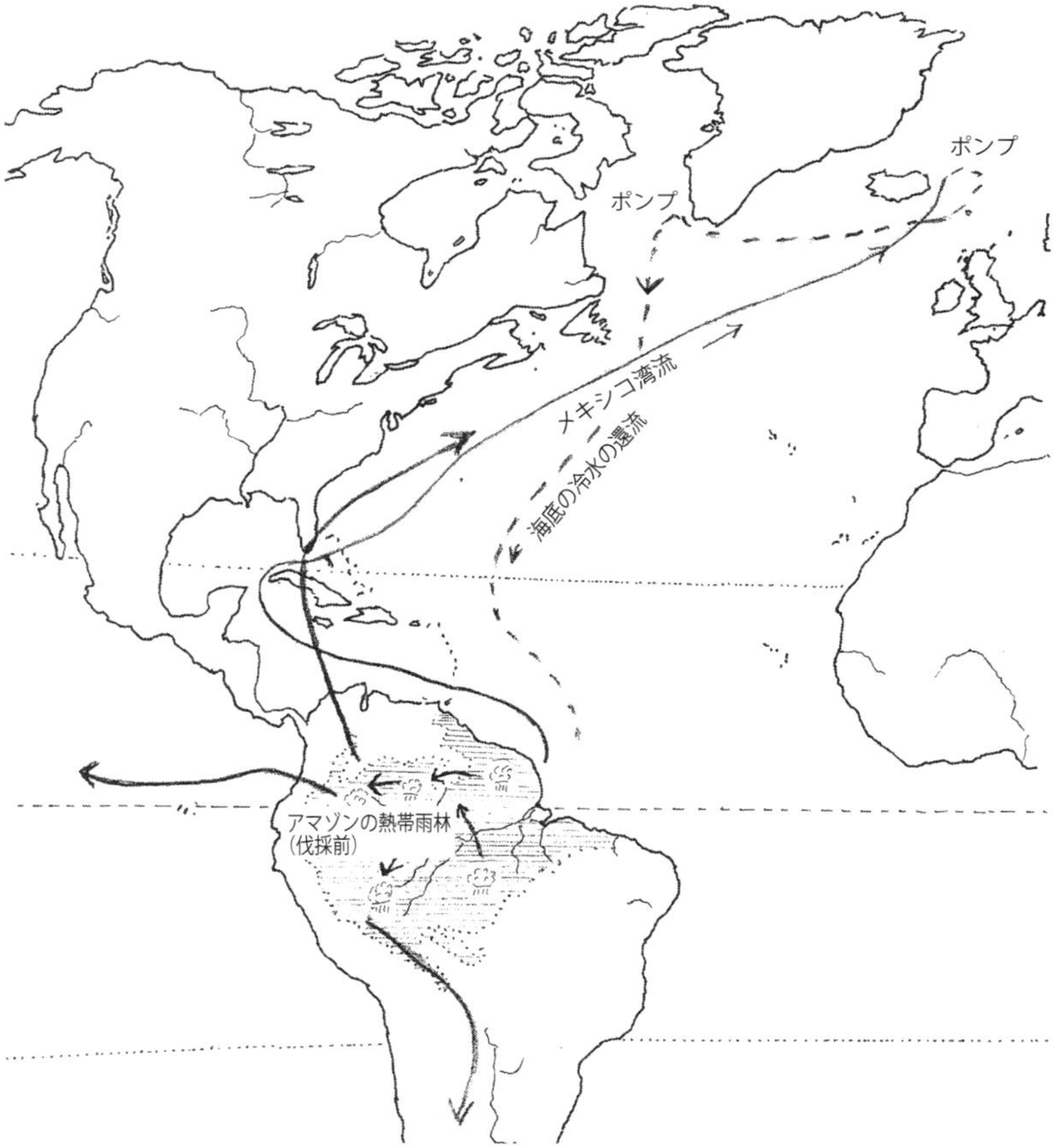

図 13—1　アマゾンの熱機関と北大西洋

アマゾン盆地は北半球の気候をコントロールする巨大な熱機関だが、それも熱帯雨林がほぼ完全な状態であればの話である。メキシコ湾流のポンプ作用の機能の仕方、またグリーンランドの万年雪から真水が流入することでその作用が機能しなくなる危険については、巻末原註 13—3 を参照していただきたい。原註 13—7 は、アマゾンの熱機関の働きについて説明している。

る能力を広く失いつつある。ある時点、おそらくは今後二〇年で（現在のブラジルの計画が実施されればさらに早く）臨界点に達し、そこで大規模な枝枯れが生じて、この巨大なエネルギー変換装置が機能しなくなる可能性がある。

この貴重な森林を保護する闘いは厳しいものだ。二〇〇〇年六月、耕作地の五〇パーセントを支配するブラジル最大の土地所有者たちが、ブラジルの上院委員会を通じて、森林の開墾と焼却を年率で二五パーセント増やすことを認める法案を力ずくで通そうとした。すぐに環境保護運動家による国際的電子メールキャンペーンが強力に展開されて数十万人分の署名が集まり、議会は法案撤回を余儀なくされた。だが一年もたたないうちに、ブラジル政府は、アマゾン川流域に新しい高速道路、鉄道を敷設し、新たな入植地を作り、鉱物や木材を採取するというはるかに野心的な「ブラジル前進計画（アヴァンサ・ブラジル）」を打ち出したのである。今後二〇年で地域全体は作り変えられ、残った森林は断片化し、生き延びられる可能性はほとんどなくなってしまうだろう。これほど信じ難く無責任な政策は、大規模な国際的抗議によってしか止められない。

林業

●森林の死は氷山の一角にすぎず、人類自身のより深い劣化を映し出しているのだ。

――エルンスト・クレブズ（化学者）

森林の気候変化が数百年、数千年かけて起こるのなら、森林の存続を脅かすこともなく、その森林で育つ樹木の種類はじょじょに変化していくことだろう。しかし、気候変化の速度が現在のように速いと、新しい種が根づく前に絶滅する種が出てくる。森林は生命力を失い始め、じょじょに荒廃して不毛の荒れ地になってしまう。

現在の林業学は一九世紀初頭に始まった。ナポレオンがアルプス山脈を通るさいに、信じ難い数の巨木を切り倒したため、スイス政府はその被害を回復しようと決意したのである。彼らは今日の私たちよりも大量生産に関心がなかったので、適切な種で植樹を行なうことに力点を置いた。スイスとオーストリアでは、林業は今もこのような風景や環境に対する思いやりをもって実践されているが、他の国では林業は安価な家具、チップボード、薪用の木材の生産に堕してしまっている。それというのも低品質の木材が適している用途はこれくらいしかないからである。

現在の林業では、利益を最大限にするために、できるだけ短期間で（樹木がまだ青年期にあるうちに）収穫できる木を一種類だけ植林する。たとえばセコイアスギの寿命は二〇〇〇年以上に及ぶが、現在ではその可能性のわずか三パーセントを生きた六〇年後に、まだ実のならないうちに伐採されてしまう。成熟した種子がないために、残る種子の遺伝的基盤は劣化し、生殖不能なところまで低下する。最高の質をもつ生物が生物多様性から失われ、高次の生命体を支えるエネルギーも枯渇するため、この愚行による影響は広範囲に及ぶ。森林の破壊とともに、水も破壊され、恐るべき結果が生じてしまう。

単一栽培（モノカルチャー）の不毛性

典型的な植林地に足を踏み入れれば、そこは暗くて見通しの悪い、死んだような、まぎれもない「緑の砂漠」である。鳥のさえずりは聞こえず、動物があたりを走り回ることもなく、他の植物が生長できる機会はほとんどない。生えてくる植物は、樹木の栄養を奪うという理由で引き抜かれてしまう。本当は他の植物が生えなければ、かえって競争は激しくなってしまうのである。個々の樹木はすべて同年齢、同一種である。木々は空間と栄養を求めて（それぞれの種にとっては限られた量しかない）たがいに競争し、同じ深さに伸びる根は塩類の固い層を作り出して、その下にある貴重なミネラルやエネルギーにあふれた地下水に到達できなくなってしまう。そこで生長する種（しゅ）に適した元素や化合物の量は限られているため、生命をその物質に完全に依存しているすべての樹木は争わざるを得ない。

このような植林地で収穫された木材の質が非常に悪いのも当然である。人間社会の成り立ちを森になぞらえてみるとよい。一人ひとりがみなたがいの生き写しで、年上の政治家や賢明な年長者がいない社会の創造性はどれほど不毛で、精神的に貧しいものになるだろうか！　若木は開墾、伐採され、あとには貴重な土壌が浸食されやすくなった荒れた風景しか残らない。林業を学ぶ学生は今も自然林の目的についても、生物多様性についても学ぶことがないが、これは自然の秩序の要なのだ。

自然林がなければ、この惑星上に高等生物が進化することはできなかっただろう。森は、大気に酸素をもたらし、水を活力で満たすという生命を支える機能以外に、さまざまなレベルの生物からなる貴重なピラミッドを含んでおり、これがなければ生命創造は劣化するだろうし、それは実際、現実のものとなってしまっている。何らかの不思議な作用によって森林は雨を降らせる。雨の降らない不毛な砂漠の環境に適切な樹木を植えれば、雨が降って樹木に養分をもたらし、環境が改善し始めることも多い。

生物多様性

人の手の入っていない天然の森林には、精神的な落ち着きと安らぎをもたらす豊かな色彩と多様な形がある。人間の歪んだ秩序感覚では、豊潤な生命は混沌としているようにみえるが、実際には最高度の秩序がある状態なのである。自然の秩序は、きわめて複雑な生態系の微妙なバランス状態から生まれる。私たちが秩序があると思う状態は、たいていは不毛で均一なものである。

自然林は、莫大な数の植物、動物、微生物の種からなる社会であり、これらの種はたがいの存在なくしては繁栄することはおろか、生き延びることすらできない。このような相互依存性については私たちの理解はいまだほとんど及んでいないが、悲劇的なのは、熱帯雨林が消滅すれば、地球上でもっとも複雑な生態系である生きた研究対象が失われてしまうということである。熱帯雨林の動物相と植物相にはそれこそ数百万の種が存在し、その多くはいまだに研究対象にすらなっていない。科学はいまだに生物多様性の重要性についても、それがどのように実現したのかも完全に解明してはいないが、生物多様性を保つことは私たちが破滅にいたるのを防ぐために不可欠なのである。生物多様性を研究するための場所は世界から急速に減少しており、軽率に生物多様性を絶滅させる単一栽培地や耕作地に変えられつつある。

熱帯雨林では樹木が、低木、高木、林冠層として多くの層をなしており、日蔭を必要とする下の植物を守っている。深い根系をもつ樹木は、根の張り方の浅い植物が届かない深みから貴重なミネラルと栄養を吸い上げる。林床に棲む微生物は、さまざまな葉を養分にして繁殖し、あらゆる植物に貴重な栄養をもたらす。

地面は上の木々に守られて涼しく、水分が保たれ、スポンジ状の豊かな腐植土は雨水の最大八五パーセントを保持することができ、これによって地下水面は補充され、地下水は完全に循環できるようになる。このような自然林のきわめて重要な要素は、森林が伐採されるとすぐに失われるが、それは地表がじかにさらされると急速に劣化して——温かくなった地面がコンクリートのように雨をはじくために——保水能力が低下するからであり、このため低地に洪水が引き起こされるのである。

もっとも高くまで生長したり、森林の端で育つ樹木には、熱と直射日光に耐える能力が備わっている。そんな木は、デリケートで光に敏感な木や、二酸化炭素に富む環境と涼しさを必要とする、森林の下層の若木を守る。

光と熱に敏感な樹木や低木は、加熱に耐える構造をもつさまざまな樹木のおかげで、悪影響から守られる。親木が枯れる頃には、子どもの木は親の役割を引き継げるまでに生長している。樹木は成熟して生命サイクルを全うできるために、その種子の質は最高のものとなるので、森林は健康な状態を保てるのだ。このような自然には豊かな多様性があり、ヴィクトルが「変化に対して開かれた、不安定さのうちにある平衡状態」と呼ぶバランスのとれた生産的状態にある。

明らかに、その基盤に〝相互関連性〟が存在する自然だけが、ゆっくりではあっても、真の生物多様性を生み出すことができるのである。現在、人類は支配的な生物種だが、生き延びていこうとするなら、林業や食糧を得るための現在の耕作方法を根本的に変え、持続可能な方法にする必要がある。

そのための非常に可能性に満ちた実験が、一九七四年にオーストラリアでビル・モリソンとデイヴィッド・ホルムグレンが始めた環境運動である「パーマカルチャー」(生態系農法)として行なわれている。[9] 彼らは、植物がたがいに関連し合うことでもっともよく生長し、害虫からたがいを守りあう統合的環境を作り出す方法を示している。

人工的に作り出したこの自然の生息環境は、園芸、林業、畜産を組み合わせて、調和のとれた持続可能な全体を作り出す。栽培地を保護するために防風林が植えられる。利用できる水、小気候、土壌の状態が考慮される。この方法を使えば、それぞれの人間社会はじょじょに自己維持的な方向に進んでいくことができる。パーマカルチャーの手法は、ひどい貧困のためにしばしば飢えが生じるインドなどの国に導入されて大きな成功を収めている。化学肥料のかわりに、自然の方法による堆肥化と肥沃化が行なわれる。

高品質の硬木は今も赤道付近や温帯の森林から採取されて、上質の家具や楽器に使われている。まもなくこの資源は枯渇するはずである。これほど上質の木を他にどこで手に入れられるだろうか？　大量生産がふつうのことになって以来、高品質の木材を生産するのに必要となる自然の過程に関する知識は失われてきた。広大な面積の土地で樹木が一本残らず伐採され、土壌は太陽の熱と光に直接さらされる。すると地面の温度は上昇し、栄養と水分を土壌にもたらしているデリケートな土壌─毛細管が破壊され、地下水面が沈下する。硬材は商業的に利益を出せるまで生長するのに長い時間がかかるため、再植樹では使われない。森林再生は、一般にマツなどの軟材で行なわれるが、これは現代の林業が木材の質や長期的投資のことなど考えていないからである。

森林のエネルギー

太陽エネルギーは、完全なスペクトルの光波として地表に届く。天然の混交林では、このエネルギーは、さまざまな植物がスペクトルの違う部分を吸収することで創造的生長に変換される。この結果、良質な水、細菌に富む腐植土（これは汚染に対する効率的な対抗手段である）、全体の涼しさ、調和的感覚が生み出される。

自然界では、あらゆる系（たとえば森林）を健康で安定したバランス状態に保つ機能は、内的創造力が外界に現れたものなのである。薬用植物が、生物多様性が最高度の健康な森林でしか生長しないことの意味は重い。

一方で、単一栽培(モノカルチャー)の林地では光のスペクトルは一部しか吸収されず、残りは大気熱として放出される。太陽エネルギーはバランスのとれた生命体を作り出すためにもたらされるのだが、そのエネルギーが創造的機能を果たせないのなら有害なものとなり、こうした単一栽培をしている林地では樹木が過剰に温められる。そのエネルギーはバランスをとられることがなく、不調和が生じてあらゆる生物に悪影響を及ぼす。エネルギーの脈動と調和的相互作用はうまくいかなくなり、病気が蔓延して混乱がもたらされる。ヴィクトルは、高度な秩序をもつ多様な系は、環境が悪化すれば不安定になることを示しており、これは人間社会の道徳的、霊的劣化を覚悟すべきことを示唆しているのだ。

人間の体温は約三七℃なら健康とみなされる。三八・五℃まで上昇すると不快感が生じ、ふだんなら体内でおとなしくしている生命体が、たとえば三八・二～三八・六℃では活動的になり、感染症を起こしやすくなる。体は通常発熱することでこれに反応し、体温がさらに上昇して感染症を引き起こした細菌あるいはウイルスは死滅する。ヴィクトルは、樹木でも同じことが起こることを突き止めた。木の健康は狭い範囲の中で安定している。温まりすぎると寄生虫やカビの攻撃に弱くなる。病気を引き起こすのは寄生虫ではなく、温度とエネルギーバランスの変化なのだ。

第14章　樹木という生物とその性質

生物圏の中の樹木

人類はつねに樹木と深く依存し合いながら生きてきた[1]。森林環境が繁茂するという、地球の歴史上まれな時代の一つに私たちの先祖は登場した。人類がこの地球上に登場してまだ日は浅いが、その大部分を先祖たちは森の中で暮らした。まず、先祖たちは作物を育てるために、森の中の小さな一画を切り開いて火を放った。木材は人口を増やすことのできる最大の単一資源だった。木材は燃料、そして建築用の主材料となった。このように初期の社会は環境と深く結びついていた。初期の社会のシャーマンは森の生命力と守護霊の意志を伝えた。原生林は敬意をもって扱われていた。

森林の一部は、木を持続可能な形で生長させるためにとっておかれた。この種の森の多くは定期伐採され、五～八年ごとに地表よりすぐ上の枝が払われた。このやり方だと、さまざまな用途に使うことのできるまっすぐな枝が豊富に手に入り、持続可能性が高く、再生長が促される。

長老やシャーマンは特別な樹木の木立を選んで、儀式用、つまり崇拝用、感謝祭用にした。このような聖なる木立は、祭壇、身廊、回廊をもつ彼らの教会であり、聖堂であった。後に多くの集団がサバンナに進出したが、ローマ時代のドルイド族（Druids）［dru は木を、wid は知識を表す］は、複雑な樹木の分類体系と、木々から得られる薬をもっていた。原生林は魔術的な場所であり、さまざまな種類の樹木について癒しの性質を伝える伝承がきわめて豊富に存在するのも驚くにはあたらない。

イングランド中心部のグロスターシャーのある地域は、ウィッチウッド〔「魔女の森」〕として今なお知られているところだが、これはかつて制海権を握ろうとしたイギリスが、海軍の木造の軍艦建造用に木材を切り出して消失することになる原生林の最後の木立の一つであった。現在にいたるまで、この地域では原生林のもつ魔術的性質が人々の心の中に意識されており、癒しの儀式や自然の精霊とともに生きた記憶が残っている。

樹木は植物の階層の頂点に位置し、人間界と植物界をつなぐ門のような存在である。森とは階層構造をもつ樹木の社会である。それぞれの区域には賢者の木やおじいさんの木、おばあさんの木がある。年長の親木は若木を支え、栄養を与える。

水は、地表下で水素分子と酸素分子が微細エネルギーの媒介によって融合することにより生じる。木は地中深くに根を張っており、水の進化と深く結びついている。これまで見てきたように、水は、血液、リンパ液、樹液、乳として、生命の成長と発達の基礎となり、生命をもたらし、維持するあらゆる液体の形をとる。このため、あらゆる生命体は水の入った柱であり、容れ物なのである。

樹木の形態

あらゆる樹木には、土壌から栄養を吸収し、幹を固定する根系、樹木の形を決め、樹冠を日光に向けて上げる幹と枝、光合成という非常に重要な機能を行ない、クロロフィル（葉緑素）と炭水化物を作り出す葉がある。

根は枝と相補的であり、風で倒れないように木を固定し、木が健康であるために必要なエネルギーとミネラルを含む水を吸収する。またエネルギーのバイオコンデンサーとしての樹木の役割（二八〇～二八二ページ参照）の中でも、重要な部分を担っている。根の先端には、原形質と呼ばれる不思議な有機体があり、ミネラルを無機的状態から、樹木が利用できる有機的状態に変換する。根と土壌中の細菌、カビ、その他の微生物のあいだには複雑な相互関係があり、これが樹木と地圏のあいだのエネルギーのやり取りの一環をなしている。

幹の大部分は死んだ細胞から形成され、堅さと安定性をもたらす。生きている部分には、外側に脱ぎ捨てられる部分を埋めるために新しいコルクつまり樹皮を作り出す「形成層」、糖分および酸素、窒素などを根に運ぶ細かな毛細管をもつ「師部」、それより粗い管で、イオン化したミネラル、塩類、微量元素、炭酸、二酸化炭素を上に流す「木部」がある。師部と木部は葉の構造にも見られ、同じような機能を果たしている。

樹冠は木の中でももっとも目につきやすい部分であり、枝、小枝、葉、花、果実、木の実から成る。葉は、土中からミネラルや微量元素を、大気から二酸化炭素と太陽のエネルギーを受け取って光合成を行なう。その副産物として、動物界を維持し、生命をもたらす他のプロセスに不可欠な酸素が生じる。

樹木と人間――その共生関係

樹木の生活史は水の生活史でもある。人間が動物の最高形態であるように、樹木は植物の最高形態である。人類と樹木は驚くほどたがいに依存しあっている（図14―1参照）。樹木は光合成のプロセスを通じて私たちの生存に必要な酸素を吐き出し、かわりに私たちの吐き出す二酸化炭素を吸収する。樹木が生産する酸素の総量のうち六〇パーセントは日中に放出され、残りは植物の実際の構造を作るのに役立つ「冷たい酸化」を生じさせるために、夜間に樹木や植物自身が消費する。自然界の多くの相互依存性と同じく、これは共生的な交換であり、協力的な取引なのである。この地球上に樹木をはじめとする植物が存在しなかったなら、動物も人間も微生物も存在しなかっただろう。人類が無思慮に森林を伐採しているために、すでに人類が利用できる酸素と水の量は減少してきている。

樹木と色彩

樹木と人間の共生関係は、色彩にも見ることができる。後出のグラフ（図14―2）には、左側の紫外線から可視スペクトルを経て右側の赤外線にいたる、電磁気スペクトルの放射線の相対的強度

図 14—1　動物界と植物界の共生関係 (2)

動物は、			植物は、
燃焼すなわち酸化させる装置 運動能力をもつ			還元すなわち脱酸素の装置 1カ所に根づいている
燃やす		炭素	**減少させる**
		水素	
		アンモニア	
吐き出す		炭酸	**固定する**
あるいは放出する	アンモニア酸化物	水	
		窒素	
消費する		酸素	**生み出す**
		中和した含窒物	
		脂肪性物質	
		デンプン性物質、樹脂、糖	
生み出す		熱	**吸収する**
		電気	**抽出する**
●元素を大気と地球に戻す ●有機物を無機物に変える			●大気と地球から元素を取り出す ●無機物を有機物に変える

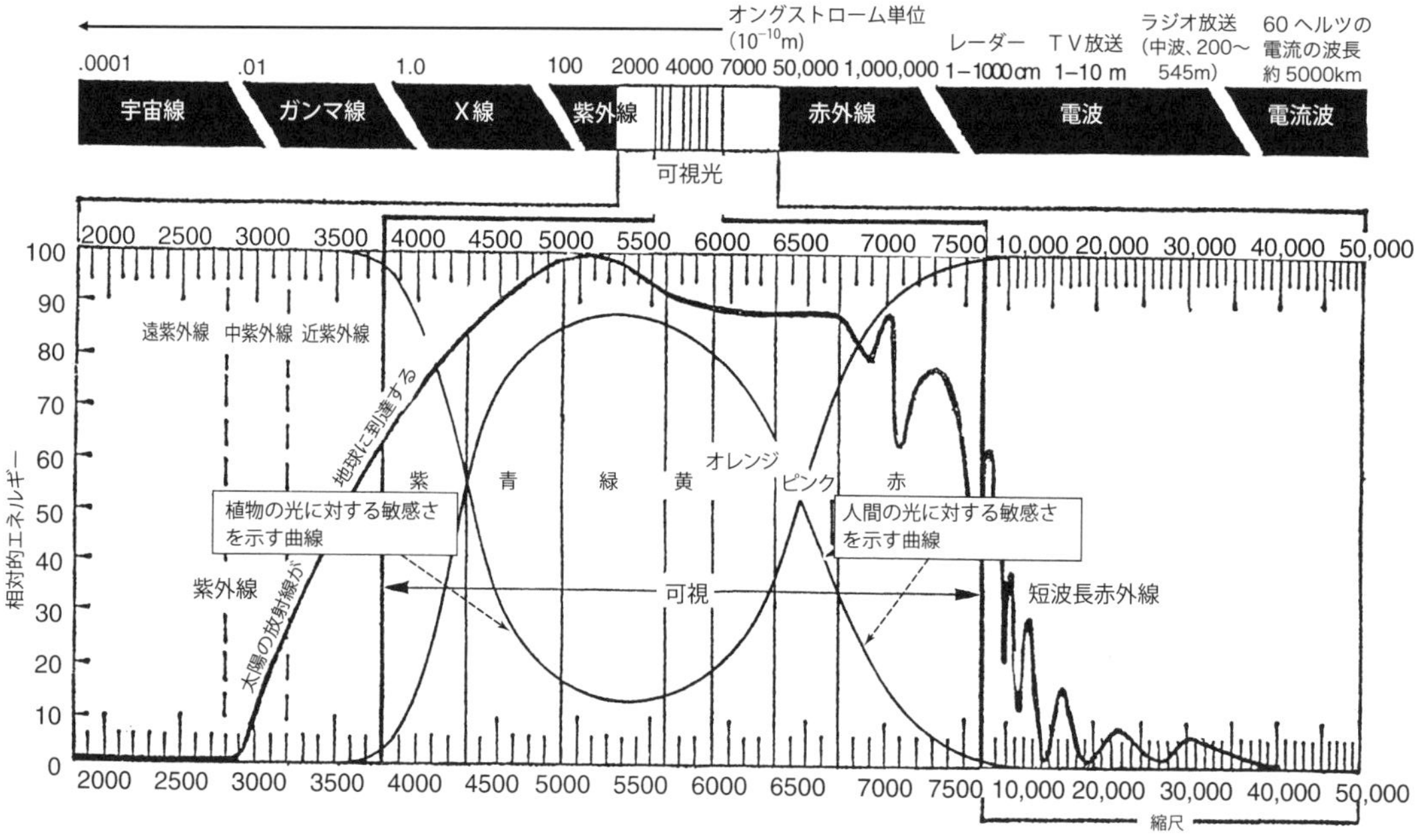

図14—2　電磁気スペクトル（ジョン・N・オット『健康と光 *Health and Light*』(3) による）

が示されている。グラフ中でもっとも太い線は、周波数（つまりさまざまな色の明暗）に対する、太陽放射線の強さを示している。スペクトルの可視領域では、人間は緑色に対する感度が高く、赤と紫についてはより感度が低いが、樹木では反対である。光に対する樹木の感度は、人間のものとは正反対になっているのである。

太陽放射線がもっとも強いのはスペクトルの緑色の部分である。緑色は〔樹木にとって〕休止状態を引き起こすので、樹木はこの部分を生長のために利用することができない。吸収されない色つまり周波数は、何であれはね返される。たとえば赤い面は、まさにその赤色以外のあらゆる色を吸収する。多くの代謝プロセスは、特定の周波数が引き金となって起こるので、必要な周波数の光の量が十分に得られないと、その反応は生じなくなってしまう。

樹木は紫外線領域、また赤色から赤外線領域のスペクトルをもっともよく吸収する。緑色の光には無反応で、緑の光の中に置かれれば仮死状態のようになる。一方、人間の眼の光の感受性は正反対である。紫外線や赤外線の周波数を感じることはないが、緑色に対しては非常に敏感である。

人間は太陽光自体の中にはまったく緑色を見ることができないので、樹木などの植物がなければ、緑色を体験することがなくなってしまうだろう。緑色は、人間にとって大いに気持ちを落ち着かせ、癒す作用のある色であり、神経系や心を鎮めてくれる。大都市に木がないと人間はいらいらしがちになり、暴力的になることすらある。樹木と人間は色彩について共生的関係をもっているのだ。[3]

樹木の物理的性質

いる。樹木の構造はさまざまな生長段階の記録であり、その木の生涯における樹液の動きを映し出している。樹木の生命エネルギーは歳をとるにつれて低下し、樹液はだんだん沈降し、いちばん高い枝からじょじょに枯れていく。多くの場合、これは人間の活動によって早まり、その木は「枝枯れ」を病んでいく。人間の高齢者と同じく、樹木の構造も加齢とともに堅くなり、老人のように、その意識はそれまでの生長のすべての段階を後戻りして、おそらくはそれまでの経験を〔意識の中で〕生き直すのではないかと考えられる。

気候変動の時代にあっては、樹木はおそらく急激な変化にもっとも適応しにくい生物であることを理解することが重要である。樹木の平均寿命は岩石についで長いため、条件の変化に実際に適応できるまでに何世紀もかかる。他の寿命の短い生き物なら適応できるような小さな環境の変化でも樹木にはストレスとなり、病気にかかりやすくなって、萎れて枯れてしまうこともある。

過度の熱でストレスが生じない限り、樹木は二酸化炭素の吸収と蒸発散を通じて熱を和らげる。森林被覆の面積が十分であれば、樹木は水蒸気を大気にまんべんなく分配し、確実に気温の分布のバランスをとる。たとえば、一本の成熟したブナの木の蒸散面積は、合計で約一・四七ヘクタールに達する。

樹木は風の強さも和らげるので、他の生命体や下等植物にとっては避難所となる。防風林を植樹(らせん状に植えるのがもっともよい)すれば、風速が和らいで土壌の乾燥が防がれ、さらに腐植土ができ、保護となり、土壌を侵食から守るのに役立つ微小気候が生じる。実際に、防風林は耕作地の蒸発率に、風上三〇メートル、風下一二〇メートルのところまで影響を与えることもあり、カナダの研究者によれば、農地の三分の一を防風林にしている土地は、同じ面積でも木がまったくない農地より生産性が高いという。

このような防風林は、自然に生じるもっとも重い大気ガスであり、大気の最下層に多く存在し、光合成の必須成分である二酸化炭素（CO_2）も捕える。適切な条件でCO_2が増加すれば光合成は活発になる。畑のあいだに生育する樹木や生垣が伐採されると、二酸化炭素の量が減るために生産性は低下する。樹木と水はともに生命をもたらすものであり、樹木は水と同じくらいの重みで尊ぶ必要があるのだ。

樹木の分類

樹木は一般に七大カテゴリーに分類することができる。このカテゴリーは緯度、高度、光を求める種か蔭を求める種か（前者の樹皮は厚くごつごつしているが、後者は滑らかで薄い）、硬木か軟木か、広葉樹か針葉樹かあるいは常緑樹かなどによってさらに分類される。

このようなカテゴリーとの関係で樹木とその生長を詳しく見る前に、樹木が環境一般にもたらす貢献について具体的に見てみよう。樹齢一〇〇年の木を一本、例にとってみる。次表は、ヴァルター・シャウベルガーが一九七〇年代にこうした木のもつ並外れた能力について、ヨーロッパの樹木種の平均的貢献度との関わりで計算したものである。

●樹齢100年の木は、その生涯で、

a) 自然の大気1,800万立方メートルに含まれる量の二酸化炭素（CO_2）、つまり純粋な炭素（C）の形では約2500キログラムを処理し、固定する。
b) 光化学的に9,100キログラムの二酸化炭素（CO_2）と3,700リットルのH_2Oを変換する。
c) 約2,300万キロカロリーの熱量を蓄える（3,500キログラムの硬石炭に相当する熱量）。
d) 人と動物が呼吸する酸素分子（O_2）6,600キログラムを、利用可能な状態にする。
e) 重力に逆らって、根から樹冠まで少なくとも2,500トンの水を吸い上げ、大気中に蒸発させる。このように、あらゆる木は水を蓄えた柱である。持続的に大気に水を供給、補充しているこの柱が切り倒されると、この水分量が失われてしまう。
f) これにより、石炭2,500キログラムの発熱量に相当するエネルギー量を固定する。
g) 消費社会の成員1人が20年間に使う量の酸素を供給する。大きく生長するほど、より多くの酸素を生み出す。

このような成果を考えれば、将来この木について、たんに木材としてだけ評価できる人間などいるだろうか？ 100リットルの石油を燃やせば約230キログラムの酸素が消費される。つまり、わずか30,000キロ移動（96リットル/1000キロメートル）するだけで、この木の100年間の全酸素生産量が浪費されてしまうのだ。

＊平均的な大きさの車を30,000キロ運転する＝100年分の酸素生産量

ある人が3年間呼吸し、400リットルの石油あるいは暖房用油、あるいは400キログラムの石炭を燃やすとすると、光合成で1トンの酸素を生産する必要がある。

＊1トンのO_2＝3,620立方メートルの大気中のO_2含有量（1気圧で15℃）。
＊1トンの酸素を光合成で生産するのに必要なものは、

a) 0.935トンの$C_6H_{12}O_6$（炭水化物）の蓄積。
b) そのプロセスに1.37トンのCO_2（二酸化炭素）と0.56トンのH_2O（水）が必要となる。
c) 230〜930トンのH_2Oの蒸散。
d) 352万キロカロリーに相当する527×10^6量子（$v = 440 \times 10^{12}$）に等しい光のエネルギー。

このすべてを達成するのは、一つの生命にとって決して小さなことではないのだ！

（出典・ヴァルター・シャウベルガー）

光を求める木、蔭を求める木

光について要求の大きく異なる二種類の木が存在する（図14―3参照）。光が樹木の生長にもたらす影響には、エネルギーの点で二つの主要な結果がある。まず、光は木材の構造を決定し、次に、蔭を求める種か光を求める種かによって、樹木自体の形態と特性に影響を与える。これには緯度や高度も関連してくる。

樹木は、自然の生息地の光の質を映し出す。樹木にとって緑の周波数が有害であれば、緑色の葉によってその周波数を遮断したり、はね返したりする。一般に、入射光線の高周波成分、高エネルギーの紫外線光、つまりハードライトが多いと、木は柔らかくなる。逆に、低周波数、低エネルギー、赤外線であるソフトライトの割合が多ければ硬くなる。[4]

その硬さで有名なオーストラリア原生の木材は、このことをよく示している。オーストラリアは南半球の南回帰線上にあるため、夏の盛りと、一月初旬の近日点の、地球が太陽にもっとも近い頃に、赤外線光の強さが最大になる。これがオーストラリアの半砂漠状態から生じる赤外線放射によって強められる。このため、オーストラリアは南半球の他の国とともに、もっと温和な条件の北半球の国よりも強い赤外線光にさらされるのだ。

オーストラリアの多くの樹木種の新しく生長した部分は、このような潜在的に有害な光の周波数の侵入に抵抗するために、赤、紫、青の混じった独特の色合いをしている。一方、ヨーロッパや北

図 14—3　樹木の種類の分類

樹木の種類は、かなりの程度まで、**緯度**と**高度**によって決まる。

（1）**光を求める木**──**厚く**、一般に粗い樹皮（例：オーク、クログルミ）

（2）**蔭を求める木**──**薄く**、一般に滑らかな樹皮（例：ブナ、カバ）

（3）**硬木**──厚い樹皮（例：オーク、マルバユーカリノキ〔ジャラー〕）と薄い樹皮（例：クルミ、サクラ、メープル、レッドオールダー〔オレゴンハンノキ〕、ブナ）

（4）**軟木**──厚い樹皮（例：セコイアスギ、マツ、トウヒ）と薄い樹皮（例：ツガ、モミ、カラマツ）

一般的分類 *

（5）**針葉樹**	（6）**落葉樹**	（7）**雨林**
（常緑）	（周期的）	（常緑）
（極に近い緯度）	（中緯度）	（赤道に近い緯度）
（高高度）	（中高度）	（低高度）

＊この境界は、必ずしも明確に決まらない。

米の温帯地方では光の状態が大きく異なるため、新しく生長した部分の色は、若干の例外（銅ブナなど）を除いて薄緑色である。

まとめれば、マツなどの軟木種は、高緯度地域の低高度、低緯度地域の高高度の、高エネルギー、高周波数の「ハード」な放射線が注ぐ地域で多く見られる。逆に、硬木種は、若干の例外を除いて、一般に低緯度地域の低高度（熱帯雨林）や、低─中緯度地域の低─中高度の、低周波数の「ソフト」な放射線が注ぐ地域で見られる。

トウヒ〔軟木〕などの高高度の樹木の寿命は比較的短い。こうした地域に注ぐ、エネルギーが高く、短波長の強い紫外線光は、半径が小さく、動きが短周期かつ高速でダイナミックであり〔訳註・光の波長（周波数）について比喩的に述べている）、軟木の常緑樹が育つ傾向がある。対照的に、長波長、低エネルギー、低周波数で、強度の低い光が優勢な低緯度あるいは低高度地域では、ブナのような硬木が茂り、寿命も長い。

現代の林業のやり方では、幹の周囲の寸法を早く生長させ、枝をたくさん茂らせることが必要となる。このやり方で育つものといえば、大量の、節だらけの、質の悪い木材でしかない。林業で光の条件を考慮しないことが森林の劣化の原因の一つとなっている。

伐採された自然林でも植林地でも木の病気が増えているが、蔭を求める種が直射日光と熱にさらされるために、これは必然的に生じているのだ。

樹木が光を求めるか蔭を求めるかを判別する方法は二つある。蔭を求める種の樹皮は薄く、滑らかである。通常は涼しい森林の内部で生長するので、直射日光による加熱作用から自分を守る必要がない。一方、光を求める樹木の樹皮は厚くて粗く、断熱機能があるが、これは熱や直射日光から自身を守る自然の方法である。

蔭を求める樹木は、日光や熱にさらされると幹を守るために枝を余分に伸ばすが、光を求める種は伸ばさない。蔭を求める樹木は、いわば内向的で控え目であり、外的影響に極度に敏感である。この種の樹木は内省的で、精神的活動に向かう（樹冠がおもに発達する）傾向があり、内面に関心を向けて物思いにふける。この種の樹木が成熟して可能性を全開させるためには一定の遮蔽と保護を行ない、平和で静穏な環境にすることが必要となる。

一方、光を求める樹木は、自分の周囲に光と空間が必要であることを反映して、外交的で、自立することをいとわない。身体的に活発になる傾向があり、枝は外側に向かって放射状に伸びる。この種の樹木は自立した、活動的性質を示し、支えを必要とせずに自分の足で立つことができる。

ヴィクトルは、あらゆる生命においてそうであるように、あらゆる樹木においても内部温度を均一に維持することがきわめて重要であることを示した。太陽光が幹の中に侵入すれば、樹木の代謝は乱される。樹液は加熱されて流れるべき形では流れなくなり、樹木の構造全般が非常に粗くなって、内部に奇形や、がんのような異常な生長などが生じる。

蔭を求めるあらゆる樹木、また光を求める樹木も一定の条件下では、望ましい内部温度を維持したり回復させるためにあらゆる努力を払う。これは森林火災のあとに見ることができる。山火事を生き延びた木は、すぐに大量の小さな芽を出して自らを覆う。火によって黒くなった樹皮は、熱を反射できずに他の放射線とともに吸収してしまう。保護する覆いがなければ、木の内側はすぐに加熱し、樹液の流れが鈍って、もっとも高い枝まで届かなくなる。

どの樹木種にも固有のエネルギー周波数のパターンがあり、これによって木の形状と、生長を支持する代謝とが決まる。いってみれば、自然は特定の環境の中でその木に特別なニッチを与えているのである。温度が上昇して、微小気候が変化すると、その植物が自然に確立した代謝がうまく機能できなくなり、木の〔エネルギーの〕波形が乱れてしまう。「健康な木」のかわりに、「病気の木＋寄生虫」が生じるのである。寄生虫は、病気を引き起こしているのではなく、病気の結果わいてくるというのを理解することが大切である。ヴィクトルは、寄生虫が進化的に生存できないあらゆる生命を取り除く役割をもつことから、「自然の健康警察」と呼んだ。健康になって代謝のバランスが回復すれば、樹木は寄生虫を追い出す。

光が促す生長

切断した幹の年輪を数えれば木の年齢がわかる。年輪は、木が育った状況、気候変動についても情報をもたらしてくれる。従来、年輪の間隔が広ければ、例年より生長できたということで、その木にとってはよい年であったとされてきた。だが、量が多いからといって質もよかったということにはならない。それが実際に示しているのは、その木が熱によるストレスを受けていたということである。これは図14―4を見ればよくわかる。陽の当たる側の幹の年輪の間隔は広いが、これは熱が木を膨張させているからだ。蔭になる側では代謝は乱されておらず、年輪は密になっている。

蔭になっているが良好な土壌条件で生長する木では、樹液を通す管はほぼまっすぐで、力強く垂直に生長し、その木材は「よく響く」質といえるものとなる。(5)

人間による破壊

ヴィクトルは、物理的な上への生長だけでなく、地球から大気にエネルギーを移動させる樹木の生体磁気エネルギーも測定した。樹木は、実はバイオコンデンサーであり、太陽の正の能動的エネルギーを、地球の負の受容的エネルギーと調和させる。この重要な役割は、自然の莫大な多産性が

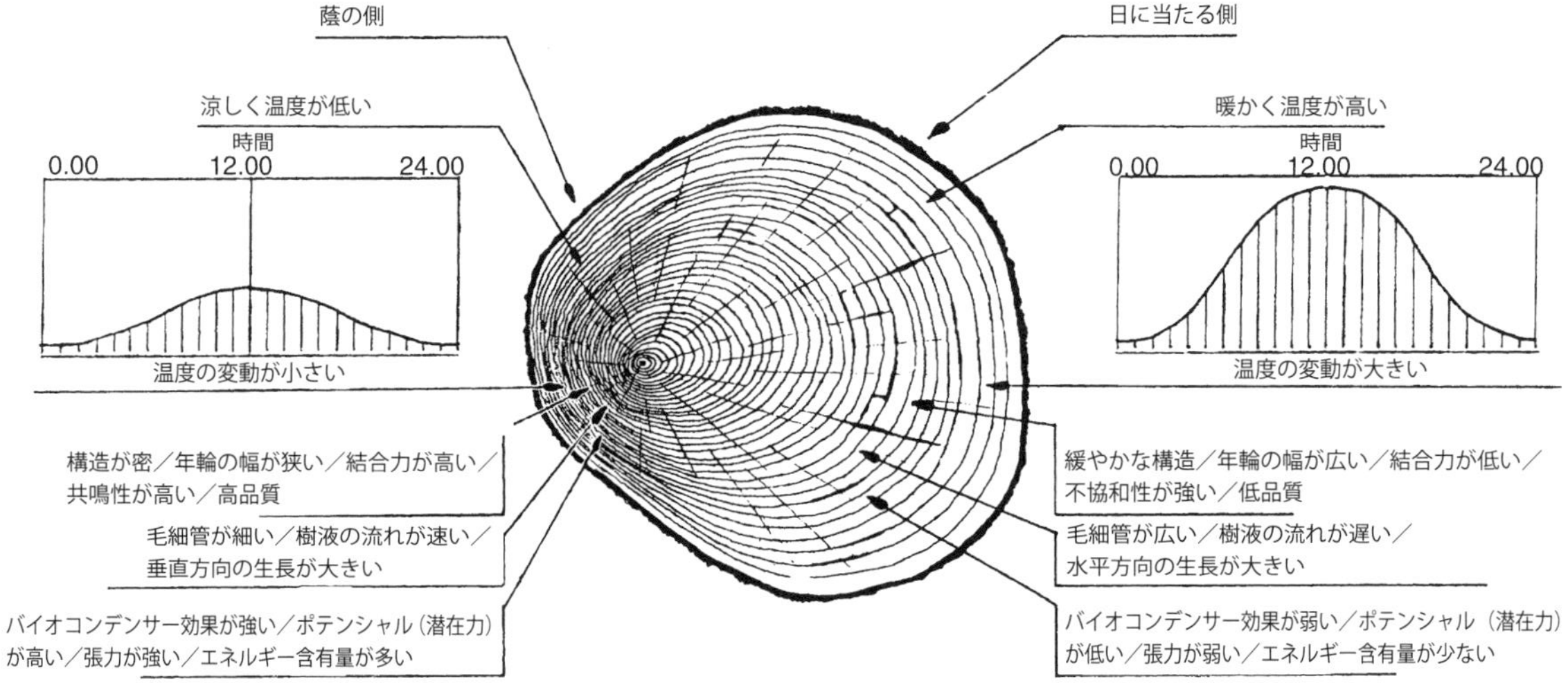
蔭の側
日に当たる側
涼しく温度が低い
暖かく温度が高い
時間
0.00
12.00
24.00
温度の変動が小さい
温度の変動が大きい
構造が密／年輪の幅が狭い／結合力が高い／共鳴性が高い／高品質
毛細管が細い／樹液の流れが速い／垂直方向の生長が大きい
バイオコンデンサー効果が強い／ポテンシャル（潜在力）が高い／張力が強い／エネルギー含有量が多い
緩やかな構造／年輪の幅が広い／結合力が低い／不協和性が強い／低品質
毛細管が広い／樹液の流れが遅い／水平方向の生長が大きい
バイオコンデンサー効果が弱い／ポテンシャル（潜在力）が低い／張力が弱い／エネルギー含有量が少ない

図 14—4　不均一な生長を示す年輪

いちばん明らかな熱帯雨林でもっとも生産的となる。

生体磁気は生体電気を機能させる、生命力を強めるプロセスであり、あらゆる生物に見られる。人工の電気製品は自然の生体磁気を乱してしまう。世界中の通信システムで使われるマイクロ波は、過去六〇年間に世界中の多くの場所で有機生命をひどく混乱させてきた。これは、レーダー施設や送電線の近く、電子レンジや携帯電話の使用によって人間にがんが生じることでわかる。[6] そしてこれは樹木にも損傷を与えているのだ。レーダーは、ドイツの森の一部やカナダの国防早期警戒ラインの施設近くの亜寒帯林の破壊の原因となっているらしい。[7] ヴィクトルはレーダーが樹木にもたらす損傷の証拠に早い段階で気づいていたが、マイクロ波汚染の破壊作用のほとんどはヴィクトルの死後に起こったものである。

マイクロ波通信の波長は一センチ～数十センチだが、これにさらされると生物学的な損傷が生じうる。マイクロ波にはエネルギー的混乱を引き起こす作用があり、結晶構造を劣化させる。遊離した環境エネルギーが生成される一例を、システムの働きを試験するためのネオン管を用いて見ることができる。ネオン管をマイクロ波送信機の送信方向、あるいは高圧電線に平行に掲げてひとりでに点灯すれば、環境中のエネルギーが強いということである。[8]

レーダーと同様に機能する家庭用電子レンジでも同じような分解作用が見られる。電子レンジは食品中の水分子を振動させて熱を生み出す。[9] このため、マイクロ波によって過度に加熱されて水の構造に損傷が生じる可能性が高い。樹木では、マイクロ波により成分のほとんどが水である樹液の構造が破壊される。この作用によって樹木の中で利用できる酸素の量も増えるため、代謝が不自然に早まる。樹木はその場に根を張っているために、残念ながらマイクロ波送信塔や高圧線配電網から発される放射線から逃げることができない。

人間は動くことができるが、このような放射線に大量にさらされれば、血液の病気にかかりやすくなる。高圧電線の近くに住む人が病気にかかる率は、通常よりも高いことが示されている。

オーストラリア連邦科学産業研究機構（ＣＳＩＲＯ）の研究によれば、オーストラリアのヒューオンパイン〔マキ科の大形針葉樹〕の年輪の幅の増え方は、紀元後九〇〇年以降のどの時期と比べても、過去四〇年のほうが速く、マイクロ波による内的温度上昇が加速していることを示している。そのとき何が起こったのかは不明である。巨大な火山の噴火が続いたり、宇宙放射線が大きく増加したりしたのかもしれない。

光合成の重要性

自然は、海岸で満ち引きする潮のように、脈動を通じ、吸気と呼気を通じて機能する。昇っていく太陽は、微量元素、ガス、ミネラルに満ちた樹液を引き上げ、光合成とCO_2を酸素に変換するプロセス（吸気）を支える。しかし、光合成は利用できる光の量と質に密接に関わっている。光のレベルが低下すれば、生長、光合成、クロロフィル（葉緑素）の生成が低下し、変換されて大気中に放出される酸素の量が減少する。すると流れが引き始め、樹液は栄養を上方に上げなくなる。

私たちは光合成を、自分たちが呼吸をするCO_2をO_2に変換するプロセスとして考えるが、木自

図 14—5　光合成

植物がなければ生命は存在しない。植物は日光を、光合成として知られるプロセスによって食物に変える。植物は大気から二酸化炭素を、土壌からは水を取り出して酸素を放出する。

1）二酸化炭素（CO_2）＋水（H_2O）**プラス**光＝光合成＋ O_2 ↑
　このように二酸化炭素と水素が結合し、酸素分子が放出される。
　（垂直の矢印↑）
2）CO_2 ＋ H_2O **プラス**光→ CH_2O（理論的炭水化物）＋ O_2 ↑
　（$C_6H_{12}O_6$ ＝グルコース、もっとも単純な炭水化物）
3）Mg ＋ H_2O ＋ CO_2 **プラス**光→ $MgCO_3$ ＋ O_2 ↑
　（炭酸マグネシウム＋酸素分子）

上記の３）と同じ元素によって、さらに二つの重要な反応が生じる。

4）Mg ＋ H_2O ＋ CO_2 **マイナス**光→ $MgCO_3$ ＋ H_2 ↑
　（炭酸マグネシウム＋水素分子）

あるいは、

5）Mg ＋ H_2CO_3［炭酸］**マイナス**光→ $MgCO_3$ ＋ H_2 ↑
　（炭酸マグネシウム＋水素分子）

4）と５）では、Mg（マグネシウム）はカルシウム（Ca）と置き換えることが可能で、この場合、炭酸マグネシウムのかわりに炭酸カルシウム（$CaCO_3$）が生じるが、やはり水素分子を放出する。
　この４）５）二種のマグネシウムと CO_2 と H_2O の組み合わせは、生命を担う二つの主要な存在、つまり水と光合成（クロロフィル〔葉緑素〕と炭水化物の生成）の前提条件である。
　このうち一つは日光の中（可視世界）で生じ、もう一方は暗闇（不可視世界）で生じる。日中には O_2 が放出され、酸素の総量は増加するが、夜間には水素が放出され、酸素と結びつくことで再び水が生まれる。

身のためにも欠かすことのできない二つのプロセスがある。それは栄養に富む樹液を炭水化物（これによりO_2が放出される）に変換することと、酸素および水として蒸発を起こして木を冷やし、環境中に酸素を放出することである（図14—5）。これは発汗に似た気化ではなく、エネルギーを集中させ、高密度化する作用がある。葉に含まれる緑色の保護色素であるクロロフィル（葉緑素）を作るためには、H_2OとCO_2に加えてマグネシウム〔および窒素〕が必要となるが、これがO_2を放出する三番めのプロセスである。この三つのプロセスすべてにおいて光が必要となる（二七九ページの図15—4参照）。

　クロロフィルを作るのに必要となる成分とまったく同じものが、光のない状態では（つまり地下では）、水素（と炭酸マグネシウム）を生み出す。この自由な水素は水を作り出すのに不可欠な構成要素であり、酸素のほうは地中にしみ込む雨水によってもたらされる。この二組のMg、H_2OとCO_2という同じ組み合わせが、一方は光のある状態、一方は光のない状態で、生命を生み出す二つの存在、水と光合成に役立つのは興味深いことである[10]（図15—4参照）。

　これまでに、過去の地球上で森林が繁栄した時代と、進化の大飛躍のあいだには対応関係があることを見た。樹木には大気中のガス、とくに酸素の割合を微調整する不思議な役割があるらしいのだ。「正常な」割合はO_2（酸素）が二〇・九五パーセント、CO_2（二酸化炭素）が〇・三パーセント、N（窒素）が七八・〇八パーセント、希ガス（アルゴン）が〇・九三パーセントだが、近年、人間の活動によってCO_2が増加し、O_2が減少してきている。生命が大気を（実質的には「温室」を）作り出したのだが、その共生関係はきわめて複雑で奇跡的なものなのである。

未成熟な水

雨水と樹木とのあいだには深い関係がある。雨滴は落ちてくるときに大気中の酸素、窒素、その他の微量ガスを吸収するだけでなく、下方に回転する動きによって、強い生体電気場、生体磁気場も作り出す。これが本質的に生命を授ける性質をもつ、エネルギーポテンシャルを生み出すのだ。雨滴が木の葉に落ちると、集められた非物質的エネルギーとともに酸素などのガスが吸収され、活動と生長を促す。植物が、従来の灌漑システムの水を与えたときに比べ、雨のあとにはるかに強い生命力と活力を示すのはこのためである。灌漑の水は、落下距離がはるかに短いために、このようなガスやエネルギーをほとんど含まないのだ。

不毛な土地や砂漠地帯に木を植えると降水量が増えることがしばしば認められている。これはおそらく、光合成の副産物である化学物質が放出されて、雲の形成に一役買っているためと考えられる。[1-1] これは、熱帯雨林で起こることが知られており、他にもとくに温かい地域で起こりうる。これはガイアが生み出すもっとも興味深いフィードバックメカニズムの一つである。

地表温が大気よりも低い場合（すなわち、正の温度勾配になる）、雨水は土壌にしみ込む。自由な酸素はじょじょに周囲の土壌に吸収されて、土壌の上層の腐植土にいる微生物を活性化する。雨水は下層に深く沈み込みながら余剰の酸素を放出し続け、じょじょに四℃の特異点まで冷えていく。先に見たように、ここには自由な水素が存在し、今や非常に受身になっている酸素は冷たい条件の中で結合することができ、新しく水分子が生まれる。

この若く未成熟な水は、いかなる物質や成分にも汚染されておらず、水の密度が最大となる温度付近、つまり約四℃で生まれる〔一七四ページ参照〕。この水はさまざまなエネルギー層（非常に細かく分化した温度層）に沿って上昇し、だんだん微細なエネルギーと、共鳴という形の「情報」を帯びる。

水分子は上昇するにつれて温まり、その途上で塩類、ミネラル、微量元素を吸収する。この過程で水はイオン化され、植物と、植物と関係のある微生物が吸収しやすい状態となる。たとえば塩（塩化ナトリウム）は、分解されて塩素（Ｃｌ）とナトリウム（Ｎａ）という二つの構成要素となり、それぞれがイオン化すると反対の電荷を帯びる。電荷をもたない「無機的」物質から、補完的極性と結合しやすい、有機的形態に結合できる二つの物質へと変換されるのである。

水はこの段階にいたって成熟し、生命を奪うこともなく、逆に貢献できる存在となり、酸素がますます増えることで活発さを増した栄養を含み、生命を与える大きな水分子群を作り出す。この分子群は植物や樹木の毛細管を通って引き上げられ、エネルギーと栄養をさまざまなレベルの構造と化学的プロセスにもたらし、生長活動に貢献しながら小さくなっていく。この水の潜在力（ポテンシー）は分子群が小さくなるにつれて増大し、やがては極小の穴や小孔を通れるほどになるとエネルギーの質は最高となる〔訳註・ホメオパシー的原理で考えるなら、希釈度が高度になればそれだけ水溶液のポテンシー（エネルギー的効力）は増す〕。最大の生長と成熟が生じるのは、木や植物や草の葉の最端部のこの作用面なのである。

水の成熟

水は、深層から地表へと発達しながら移動することで、求め、「奪う」存在から、成熟した、豊かな情報をもつ「与える」存在へと変化し、さまざまなイオン化した元素を、ホメオパシー的用量で環境中の生命システムに分け与えられるように熟した状態となる。ミネラルと微量元素に富むこの生きた水はここで、次の若く、「奪う」、情報を求める存在——植物系の細かな毛根とその微生物、つまり「微小変換器（マイクロトランスミューター）」に出会う。水はまず微生物に取り込まれ、微生物は原材料、諸元素と二酸化炭素、酸素、窒素などを、根の毛細管が運搬しやすい大きな分子群や液体状の化合物に変換する。

根は自らの発達のためにこのような栄養の一部を活発に使うが、粗い大分子群は中心に向かって吸引され、植物や樹木の中心構造を形作るために蓄積する。この、増えながら、ゆっくりと流れる形成的物質は、地表の高さのところまで木の構造に組み込まれる。ここは、高度にダイナミックで、輝く肥沃な太陽のエネルギーに満ちた、目に見える、活発な世界への境界である。ここは樹木の二つの側面、二つの分配システム、見えるものと見えないものが出会い、結びつく場所である（二七九ページの図15—4参照）。

人体においては、動脈と静脈は毛細血管に向かうにつれ細くなり、心臓に向かうにつれ太くなる。血液循環は体温と電荷の微妙な差によって、またエネルギー密度とエネルギー活性によって営まれる。脈動的な循環系には二つの主要なものがある。一つは肺に向かい、酸素を取り込んで二酸化炭素と水を排出するもの、もう一つは、心臓から体の周辺部に向かい、栄養と酸素を体のあらゆる部分に運び、戻るときに二酸化炭素と老廃物を集めるものである。

しかし木には脈動する心臓がない。樹液を動かす役割を果たす「脈動器」は、太陽と月なのだ。地球が自転すると、太陽と月の引力の向きは上下に変動し、これにより吸気と呼気のあいだに脈動が生じる。日中は樹液はエネルギーを木に引き上げ（吸気）、夜間には根系に下げる（呼気）。

樹液が地上の高さから上昇するにつれ、樹液管と毛細管はだんだん細くなり、樹液中のより粗い要素はある程度以上に上がれなくなり、その上昇運動が止まったところで木の構造に組み込まれる。樹液の管が細くなるにつれて樹液の流れは上下いずれにも速くなり、ホメオパシー的な力も強まる。最終的に、物質とすら呼びにくいもっとも小さな粒子だけが、ダイナミックでエネルギーに満ちた作用であるらせん状の旋回を強めて、冠まで上昇したり、根まで下ったりする。

生長作用は樹冠の先端と根の部分で最大になるが、これは、この部分では、もっとも効力（ポテンシー）の高いホメオパシー的共鳴と、ほとんど構造化されていないいくらかの量の物質だけが活発になるからである。この上向きあるいは下向きのエネルギーの流れには、非物質的な、形態を支配する側面もある。生長プロセスの外側の端である樹冠では、エネルギーは環境中に放射され、生命が生命をもたらすという作用を示すが、根の部分では、エネルギー的極性は「生命を求める生命」という性質を示すようである。

水分子は、樹冠に達するとき、それまでに根の部分で取り込まれた微量元素の非常に活発な共鳴を帯びている。水はきわめて高い潜在力と微量元素の倍音共鳴を帯びることによって、再びほぼ純水にまで精製されて、葉の微小な気孔に達する。そこから大気中に上昇して、高度三〜四〇〇〇メートルでエネルギーと温度の特異点に向かう。ここで水はもう一度「奪う」存在になり、太陽と宇宙からのより微細で霊的なエネルギーを吸収できるようになる。

この終わることのない水循環は長い時間をかけて「情報」を累積させ、これが新たな刺激となって進化を促すさらなるプロセスや発展を生み出す。

第15章　樹木の代謝

●水中で起こるあらゆるプロセスは、個々の植物の生長の形態の中に再び現れる。[1]
——ヴィクトル・シャウベルガー「森とその意味（Der Wald und seine Bedeutung）」

樹液の動き

ヴィクトルは樹木の代謝についての私たちの理解を刷新した。自然な条件下での生長と、不自然な光の条件下での生長のいずれでも、樹液の動きが、樹木自体の中の温度勾配、そして外部の光、熱、冷たさによって決まることを示したのである。

蔭を求める樹木の生長は、おもに、一般に気温が地上レベルより高い樹冠で生じることを見た（二五六ページ参照）。樹木全体の形状は円筒形であり、〔森の中では〕幹を光から守る必要がないために下には枝がほとんどない。光が水平に射すことはないので幹は大きな温度の変動を受けず、年輪を密に刻む。幹の温度は外側から内側に向かって低下するため、〔温度勾配の働きで栄養分を含んだ樹液が上昇して（後出「樹木の中の温度勾配」の節を参照）〕成長物質は均一に沈着し、質の高い密な木材ができる。このような蔭を求める樹木は、垂直方向の樹液の動きが強く、健康状態が良好で、浮揚性エネルギーをともなうために周囲が細く、成熟した木は浮揚性エネルギーのおかげで強風に耐えることができる。

しかし、蔭を求める樹木を開けた土地に植えると、必要量以上の強さの光と熱に対処を迫られるため、上へ伸びる生長を犠牲にしても地上まで枝を伸ばすことで、できるだけ早く自身を守ろうとする。幹の下の部分にたくさんの枝が茂るため、木は円錐形となる。枝は日の当たる側に生長しがちで、木のバランスは悪く、不恰好になる。

植林地の樹木は強い光にさらされるために、生長し始めの時期は年輪幅が広くなり、枝は通常よりたくさん外側に生長する（図15—1参照）。近くに木が立って保護されるようになれば、外側に枝を伸ばす必然性が減って上に伸びるようになる。だが商業用の林地では、樹木は一定期間のあとに間引かれ、建築用に適しているとされれば製材工場に送られ、残りはパルプ製造工場に送られる。こうして間引きされると、残った樹木は過剰な熱と光にさらされてしまう。生長のためのあらゆるエネルギーが、さらされた部分、おもに日の当たる幹の側に枝を伸ばすことに振り向けられて節やねじれが生じ、木目は軟らかくなってしまう。

年輪は木が光にさらされた履歴を物語っている。図15—1は樹齢三三年の木だが、中心近くの年輪は、この木が若い頃に通常より多い光と熱にさらされていたことを示している。生長がもっとも

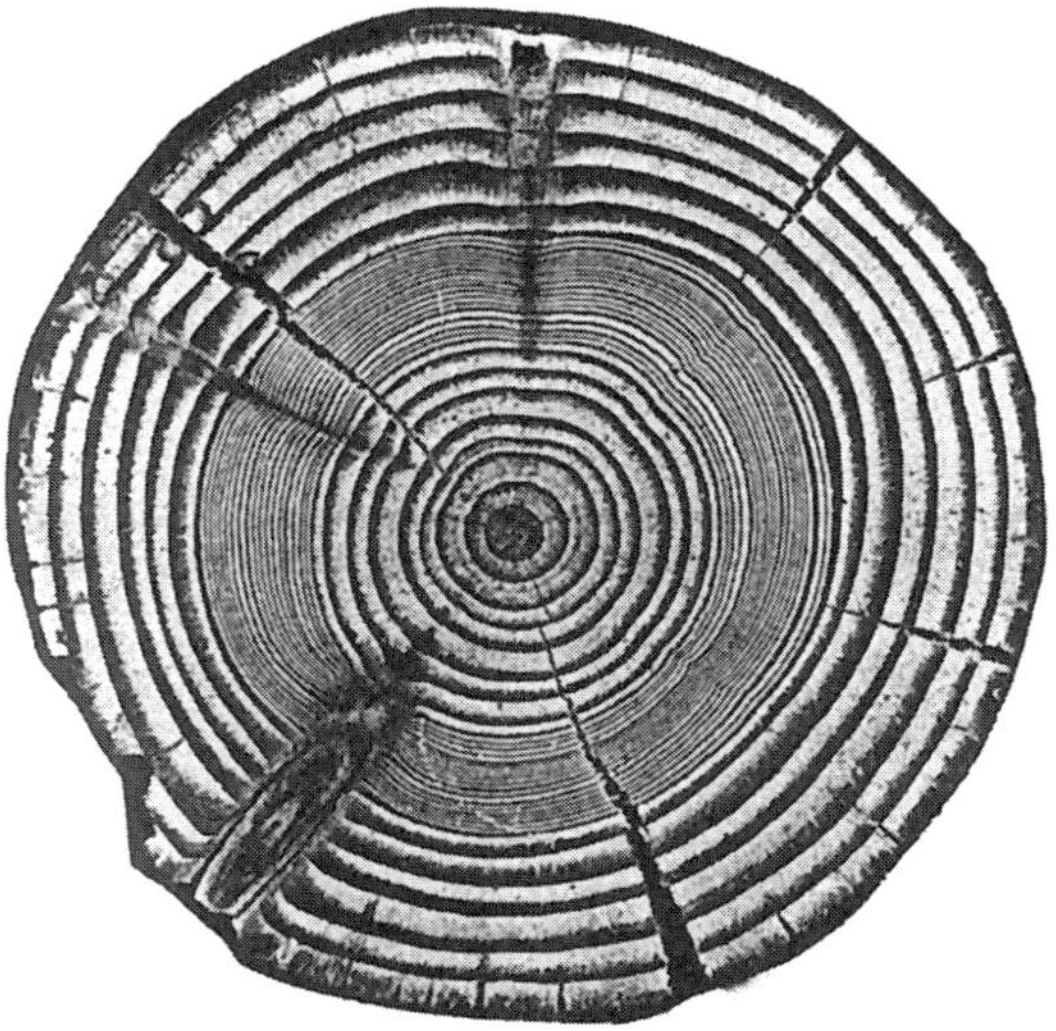

図 15—1　樹幹の断面図
内側の密な年輪は、蔭を求める木の正常な生長を示している。外側の年輪は、近隣の木が伐採されたあとに日光に過剰にさらされたことを示す。

健全だったのは、年輪の幅がもっとも狭いことでわかるように中ほどの三分の一である。最後の数年は、守ってくれていた周りの木が伐採されたときに経験したストレスを示している。

質の高い、共鳴する木材は、年輪が密な木のある地域からしか手に入らない。幹の幅いっぱいに切り出された木の板は、木目が不均一なために歪んでしまう。実用的な目的としては、構造が固く規則的で、歪みにくい良質な年輪幅の狭い木材は、自然林に生える成熟した木からしか取れない。

自然林でも植林でも蔭を求める木は、突然光にさらされる状況に置かれれば、年輪が不規則になって中心が偏り、芯腐れしたり、図15—1に見られるような放射状の割れ目（「シェーク」と呼ばれる）を生じることがある。加熱が強すぎると、木が軟らかくなって芯腐れしやすくなり、細菌や寄生虫を招きよせ、木目に割れが生じる。このように症状の重なった状態をヴィクトルは「木のがん」と呼んだ。

従来の理論では、樹液の動きは浸透圧、あるいは大気圧と毛細管内の圧力の差によって生じることになっている。しかし浸透圧による吸収引き上げ作用には限度があるため、三〇〇フィート〔九一メートル〕を超えることもある高木でも樹液が上昇することが説明できない。機械的吸引も、水を引き上げられる限界は約一〇メートルなので説明にならない。ヴィクトルは、これが代謝プロセスと関係していることを突き止めたのである。

樹液の上昇は、これまでに提案されたような、外的な大気圧の作用などの物理的要素だけでは

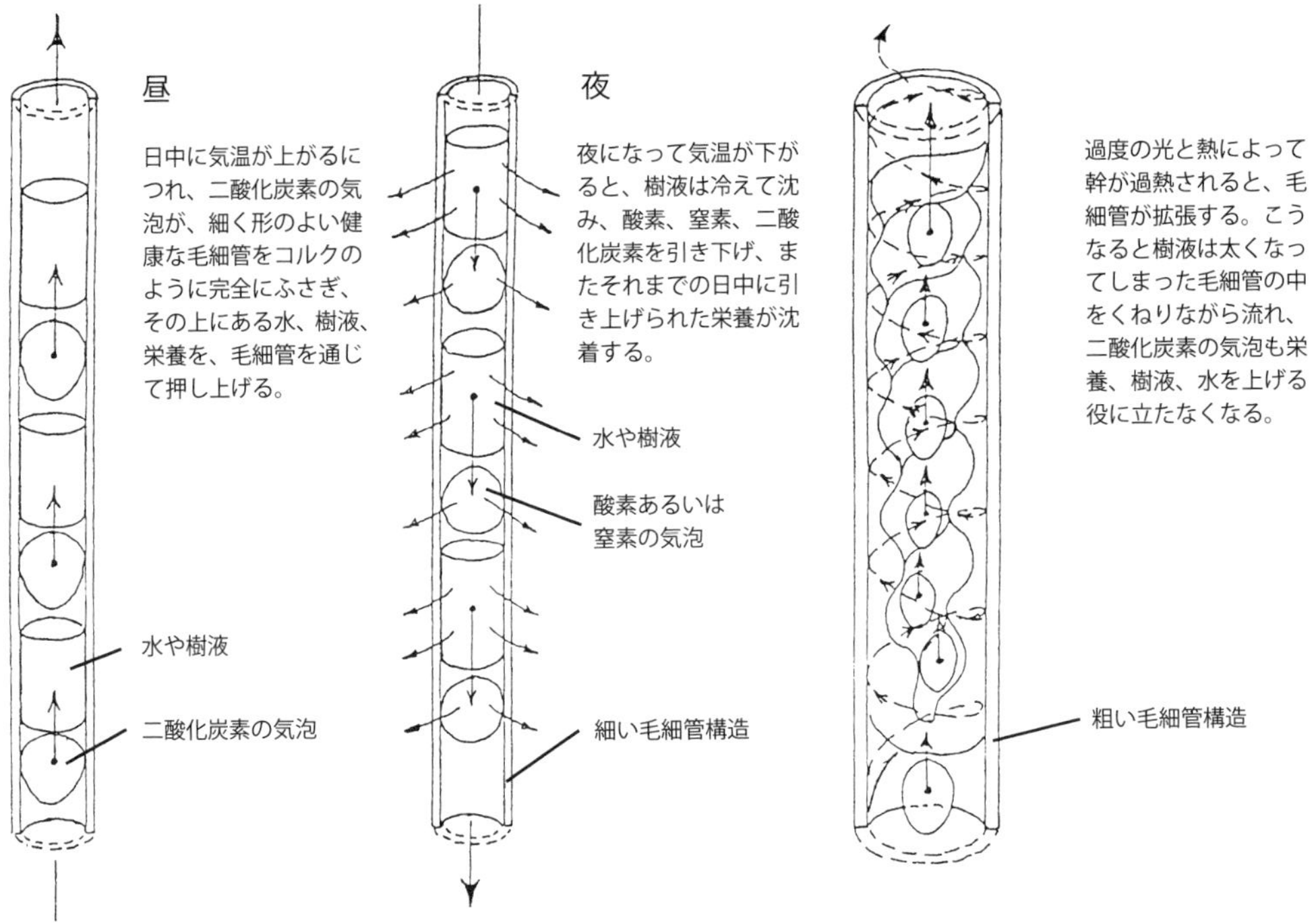
昼
日中に気温が上がるにつれ、二酸化炭素の気泡が、細く形のよい健康な毛細管をコルクのように完全にふさぎ、その上にある水、樹液、栄養を、毛細管を通じて押し上げる。
水や樹液
二酸化炭素の気泡
夜
夜になって気温が下がると、樹液は冷えて沈み、酸素、窒素、二酸化炭素を引き下げ、またそれまでの日中に引き上げられた栄養が沈着する。
水や樹液
酸素あるいは窒素の気泡
細い毛細管構造
過度の光と熱によって幹が過熱されると、毛細管が拡張する。こうなると樹液は太くなってしまった毛細管の中をくねりながら流れ、二酸化炭素の気泡も栄養、樹液、水を上げる役に立たなくなる。
粗い毛細管構造

図 15—2　樹液の上昇
日中に気温が上がると、二酸化炭素の気泡がコルクのように細い毛細管を完全にふさぎ、その上にある水、樹液、栄養を押し上げる。夜になって気温が下がると、樹液は沈み、二酸化炭素、樹液、栄養を引き下げる。

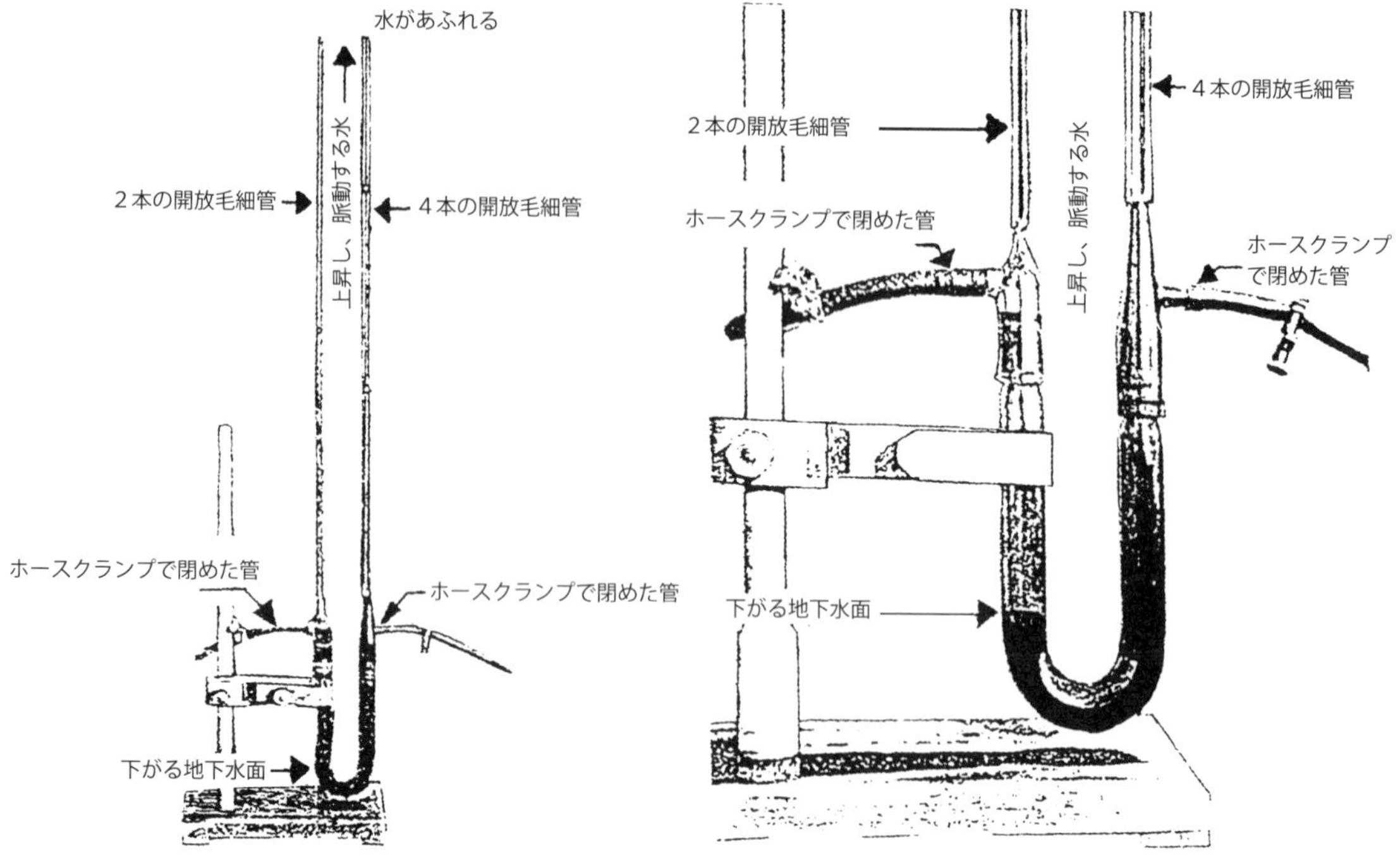

図 15—3　樹液を上げる実験

毛細管のたえまない脈動は、体の血液循環を生み出す脈動とちょうど同じように、木の中で樹液が上昇する原理をまねたものである（ヴィクトルが「自然には平衡状態というものはない」とも述べた原理）。

図 15—3

ヴィクトルは研究室にある簡単な器具で再現できる、驚くほどシンプルだが巧妙な実験を設計した。これはU字管からなり、湾曲部を純粋な水晶の砂で満たし、塩水で飽和させている。こうすることでU字管の両側の行き来はうまく分離、遮断されるが、片側のアームの圧力が上がれば、塩水は横に動くことができる。

片側のアームの先にアダプターをつけて２本の細い毛細管につなぎ、空気と接触できるようにする。もう一方のアームには、やはり先端を開放した４本の細い毛細管を取りつける。両方のアームを、太陽や空気に長くさらされていない、酸素をほとんど含まない質の高い泉の真水で満たす。〔毛細管の内径は約 0.4mm〕

次にU字管を、底に氷を入れ、良質のローム〔砂状泥（シルト）、粘土からなる土壌〕で満たしたバケツなどの断熱した容器に入れる。氷によってU字管の湾曲部〔ロームの下〕に人工的な４℃の環境が生じ、ロームの上から下に向かう正の温度勾配が生まれる。

次に容器を太陽光の熱の中に置くと、下側がじょじょに４℃の温度に近づく一方で、上側は過熱される。４本の毛細管の出口をもつアームの側は〔外気からの影響が大きく〕抵抗が小さいために水位が上昇してあふれるが、もう一方の２本の毛細管の側は同じ水位を保つ。太陽の熱で水中の炭酸が二酸化炭素に変換されて生じた気泡は、その上の水塊を押し上げて水位を上げ、下の水を引き上げて脈動効果を生む。

夜になると４本の毛細管の側の水は下がるが、水中の炭素 e は大気から酸素などのガスを吸収している。このため水の比重は大きくなり、砂の障壁を通してU字管の反対側に圧力をかけ、２本の毛細管の水が上昇する。

これは、自然界のあらゆる液体で生じる脈動の天然のプロセスを再現したものである。この脈動は温度差、圧力、吸引力によって生じる。この実験は、とくに日中に樹液が上昇し（４本の毛細管は木部の管を表している）、夜間に下降する（２本の毛細管は師部の管の動きをまねている）条件を再現しようとしたものである。

自然の泉の作用を再現するために、４本の毛細管のついた短い側のアームのアダプターを外し、開放状態にすると、バケツの底の４℃の環境と、ローム表面の環境の温度差が最大になったときに、開放側の水が上昇してあふれる。夜間には逆に開放側で水位は下がり、２本の毛細管側で上昇する (2)。（175 ページ参照）

説明がつかないが、そのメカニズムは、木のあらゆる細胞で生じるたえまない脈動という持続的な代謝プロセスで説明できること、つまり毛細管状の木の細胞の重要な活動によるものであることを私は何度も述べてきた。ベルリンのクルト・ベルゲル教授（二一九ページ参照）も、動物における心臓と血液の働きについて同様の結論にたどりついている。[3]

――ヴィクトル・シャウベルガー『我らが無益な骨折り』

樹液は、完全に自然に生長した樹木で見られる毛細管の脈動的作用によって、またその毛細管が非常に細いことによって刺激されて健全に動く（図15―2）。水と樹液に含まれる炭酸は、温められると二酸化炭素に変化して気泡を生じる。この気泡が小さな栓のように作用して、上昇するにつれて、あいだにある水や樹液などの塊を上に押し上げ、栄養を含む水や樹液を樹冠のもっとも遠い部分まで上げるのである。

樹液は、木が光合成を行なって酸素を吐き出している日中に上昇する。太陽が沈んで気温が下がると、木が根系と幹を作るのに使うために酸素を取り入れるので、この作用は反転する。夜になると樹液の後退が始まり、樹液は冷却されて密度が高まり、根の部分に向けて引き下げられる。樹冠の毛細管は空になって、部分的に生物学的真空が生じ、CO_2の気泡は凝縮して沈み始める（二七三ページの図15―2参照）。

日中の光合成で作られた二酸化炭素、窒素、酸素、デンプン、糖類、微量ガスは、葉の微細な気孔を通じて引き下げられ、幹を降り、一部は毛根まで達する。ここで沈降した物質の目的は、夜のあいだに木が生命機能を行なうための栄養を供給し、木の内部組織の構造を作る材料を樹木全体にもたらすことにある（後出の図15―4参照）。樹冠と幹が冷えるにつれて、根の部分は〔代謝の活発化で〕温まり、日中と逆の作用が生じる。この作用により土壌は夜や冬季には温かさを維持し、日中や夏期には涼しくなる。このようにして地面は冷えすぎたり温まりすぎることを免れ、腐植土にいる微生物に大いに恩恵をもたらす。

光を求める樹木も同じような機能を果たすことができるが、これは厚い樹皮や、時には繊細な代謝プロセスのバランスを崩す過度の熱と光から自らを守る、反射指数の高い明るい色の樹皮をもつためである。

樹木の中の温度勾配

樹木の代謝で、温度勾配は重要な役割を果たす。幹の外側と枝が活発に生長する領域は、結合と再結合の作用が生じるよう、形成にかかわる諸要素を生産的な、イオン化した液体の状態に維持するために、熱エネルギーを必要としている。

日中は、正の温度勾配は外側から内側に向かって活発となり、冷たい、より内側にある樹液は速く上昇して、もっとも細かい栄養を木のいちばん上まで運ぶ。栄養は葉に取り込まれて、小さな新芽、花、生殖部分を最高の質で生長させるために使われる。ヴィクトルが測定したところ、この上昇流の速度は最高で時速三メートル、つまり分速五〇ミリに達していた。

形成輪の最外層（樹皮のすぐ内側）にある質が低く粗い栄養は、木の構造を作るのに必要となるが、その粗さで上がれるところまでしか上昇せず、粗いほど幹に蓄積し、細かければさらに上がって枝まで届く。この作用の効率は、暗い時間帯に外側から内側（冷たい外側→温かい内側）に向かって活発になる、〔日中上昇した栄養分を〕沈着させたり凝結させる機能をもつ負の温度勾配に左右される。

夜になって空気が冷えると、温度勾配が逆転して内側から外側〔冷たい〕に向かって正となるため、樹木の外側層は内側より冷たくなる。樹冠は早く冷えるために樹液はすばやく下がる。アマゾンの熱帯雨林では、温度が高いほど蒸発速度は速くなって、〔蒸発で熱が奪われて〕樹液の冷却が早まって正午から樹液は沈降し、その向きは翌日になるまで変わらない。負に荷電した師部の樹液に含まれる酸素などのガスは根域に向かって引き下げられる。このようにして、酸素は、土壌の上層一帯の腐敗を進め、また根端の周囲で利用できる状態となって生長を刺激する（図15―4）。

夜間に樹液が下降する師部には、他にも重要な役割がある。師部は停止状態にある正に荷電した木部と相互作用を起こすが、夜間は外部への正の温度勾配が優勢なことから、栄養分は幹の外側に向かって引っ張られる。この作用によって生じる木の生長が、冬の寒さによって高密度で堅いものとなり、年輪が形成されるのだ。

商業用の植林地では、蔭を求める木は自身を守るために余分な枝を伸ばす。このため、樹液は、通常なら幹を上昇するところを、本来伸びないはずの枝に栄養をもたらし、幹には余計な節ができ

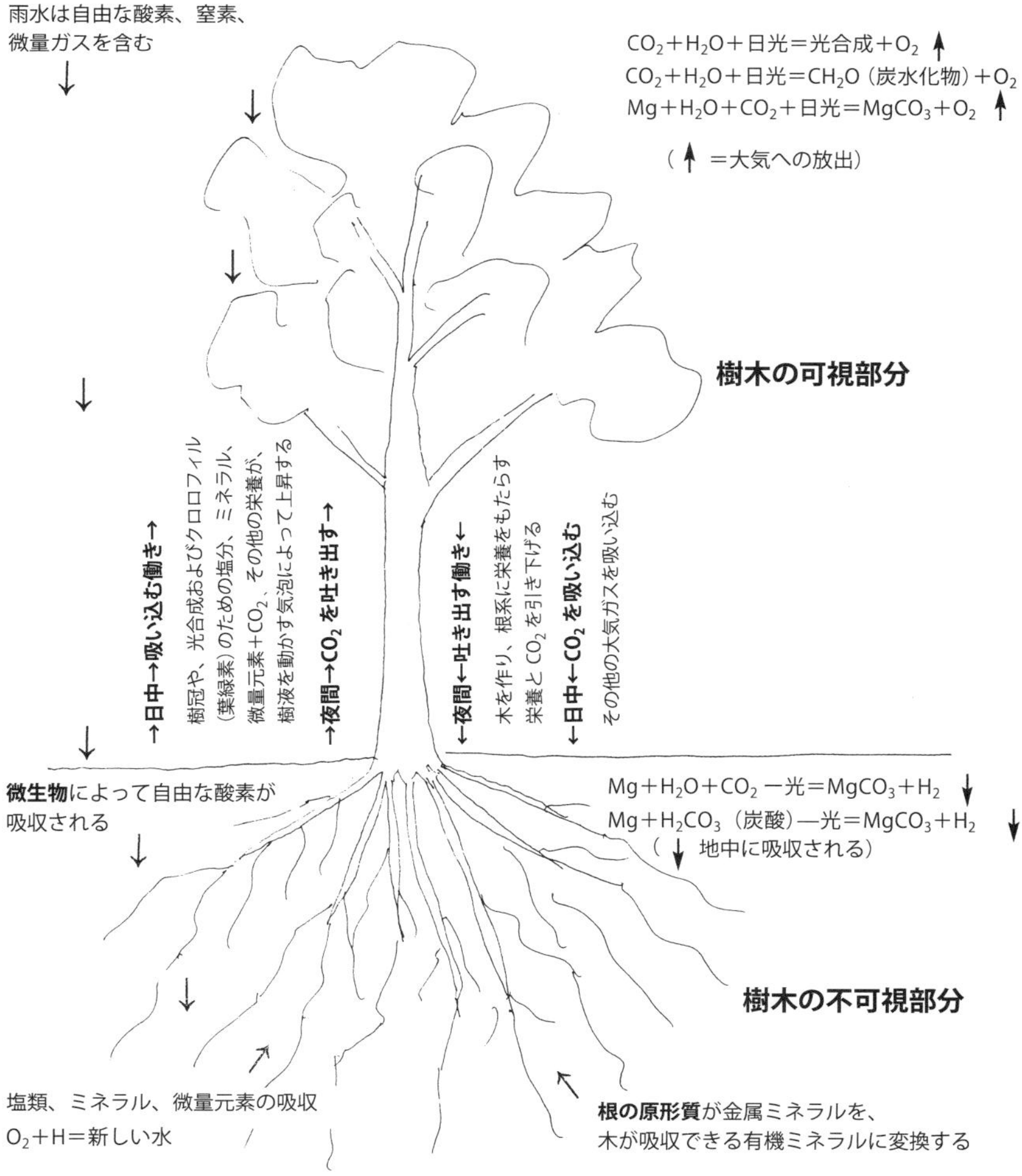

図 15—4　樹木の代謝
「陽」の太陽エネルギーと「陰」の地球エネルギーのあいだの活発な相互作用によって、光合成、クロロフィル（葉緑素）、炭水化物を作り出し、水を生成するという重要な役割が果たされる。

る。また過剰な熱によって樹液管の直径が広がるため、二酸化炭素の気泡が健康な生長に必要となる液体を上げられなくなる。樹冠に届く栄養が減って枝枯れが起こりやすくなり、高品質の木材はできなくなり、木の寿命は短くなってしまう。葉が芽を吹く高さが、樹液の上昇できる限界を示している。

内部の温度が不自然に高いために栄養は通常より早く沈着し、人間の血管でいう動脈硬化や静脈瘤（りゅう）に似た状態が生じる。また、温度が高いために粗い物質が上昇しにくくなって幹の根元近くに沈着し、幹が円錐形になってしまう。これにともなって浮揚性エネルギーが弱まると、樹木は嵐で簡単に倒れてしまう。

〔訳註・内部温度が不自然であることによる不健全な生長の木では、形成的エネルギーの流れも不自然になる（『生きているエネルギー（*Living Energies*）』）〕

「バイオコンデンサー」としての樹木

まえに、形成的エネルギー（四、五次元に属する）があらゆる生物の進化的、物理的発現のための青写真を運んでいることを見てきた（一〇〇〜一〇三ページほか参照）。この生命力（ライフフォース）は電荷を運ぶ。あらゆる生物の成長と発達のプロセスでは、この生命力が「バイオコンデンサー」として知られる作用で高められ、強化される必要がある。

樹木は、生命を生む二つの大きな源である水と光合成との関わりで、自然界で果たす重要な役割の一環として、バイオコンデンサーとして機能するが、その目的は枝と根双方の先端に向かう生命力を強めることにある。

第7章では、地球が自身のバイオコンデンサーによって生命エネルギーを帯びるさまを見た（二二四〜二三〇ページ参照）。樹木も同じような形で機能し、年輪が、荷電した領域のあいだの抵抗分離層となる。この分離層がたがいに近づくとポテンシャル（動的エネルギー）が増加するが、これは幹の高いところで生じる。幹の中心部でもいくらかの生長は生じるが、もっとも活発な生長は新芽の先端で起こる。

木が高く生長するにつれて幹の直径が細くなって年輪が密に生長することになるため、生体電気のポテンシャルは高まる。樹木の最高部ではポテンシャルはきわめて高くなる。葉そのものにいたって、ついにエネルギーポテンシャルは最大となる。これはきわめて重要なプロセスである蒸発散が生じるのに必要となる。樹液の通る葉の毛細管はきわめて細いため、最高の栄養的質をもつもっとも細かい素材を含んだ物質だけが届き、粗い物質はあとに残されて、木の下の部分の構造を作るのに使われる。

さらに、このように葉においてエネルギーが精製されることで、ホメオパシー的効力（ポテンシー）がある程度強まる。このために、高度にエネルギーを帯びた雨滴を受けると、すぐに純粋なエネルギー、つまり生命力（ライフフォース）に変化するのである。このように見れば、葉がもっとも力強い生長の起こる場所であることは驚くにあたらない。

このような、バイオコンデンサーがあり、濃密な生長が生じる領域の構造は繊細であり、穴があいても、過度の加温で乱されても容易に傷ついてしまう。傷つくとバイオコンデンサーは機能せず、木は病気になって枯れてしまう。

ヴァルターは銅製の探針を挿入して、形成層と幹の中心部のあいだの電圧を記録することができたが、これは小さな懐中電灯を灯すことができるほど大きなものだった。健康で、自然に生長した木ほど、明るい光が観察された。

根系

根系は木の中でも見えない部分であり、謎めいた雰囲気をまとっている。発芽しかけた種子は暗闇の中に根を下ろしてから光の中に芽を伸ばす。根系は樹冠を補完するものであり、エネルギーをやり取りするそのシステムは樹冠に劣らず複雑である。

重要なのは木の全体を、負の性質を帯びた地球のエネルギー（受動的な女性的システム）と、正の性質を帯びた大気と太陽のエネルギー（発散的な男性的システム）の結合をもたらすエネルギー経路としてとらえることである。この結合から生物の一次的現れである「樹木」が生じ、ついで、生命を強める二次的なプロセスであるクロロフィル（葉緑素）の産生と光合成が生じる。

私たちは、栄養分の移動は根から葉への一方通行であると教わるが、これは間違っている。微小な毛細管をもつ非常に細い根の先端は、樹冠で新たに生長している葉に相当する存在であり、前述のように夜にはエネルギーと栄養素が降りてきて、このような根端が行なう重要なプロセスに使わ

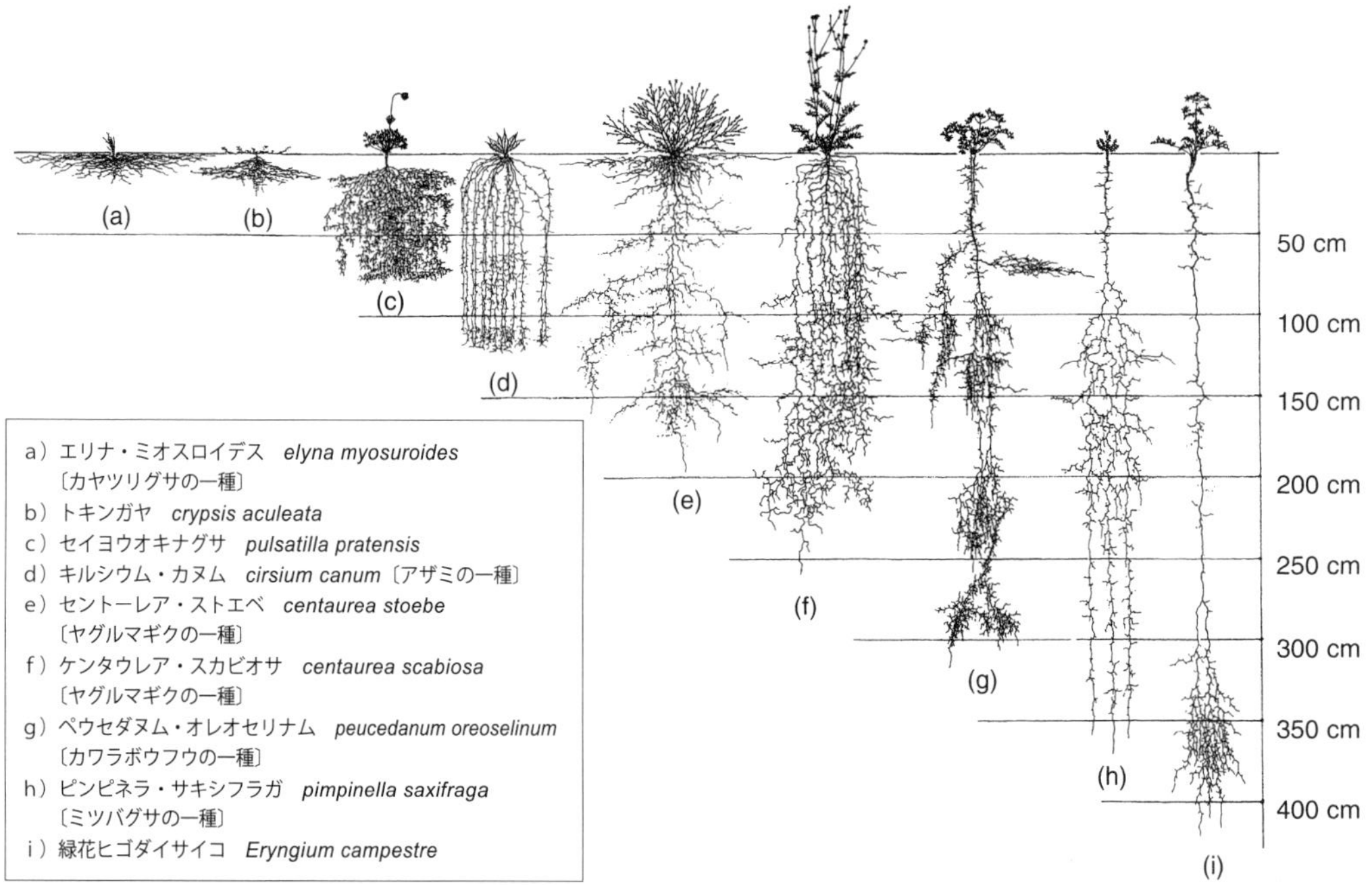

図 15—5　さまざまな根系 (4)

植物の進化では、まず原始的な植物（ａやｂ）が根を張り、温かい地面で質の低い栄養を利用する。この植物によって土壌と水分がわずかに蓄積される。土壌が冷えるにつれて地下水面がじょじょに上昇し、深部のミネラルと栄養をもち上げる。これにより、より高等な植物（ｃからｉ）が発達し、土壌をまとめて固定して腐植土の形成を進め、土壌を分解する微生物を引きつけて肥沃さと豊かさが増し、先駆的植物は枯れていく。

れるのだ。

根端の先には小さな原形質がある。これは、ミネラルを自然の金属状態から樹木が吸収できる有機状態に変換するという重要な役割を担う小さな化学工場である。原形質には、樹冠から得られた「陽」のエネルギーと栄養素を変換して、土壌の活力を高めるという役割もあり、これなくしては微生物は繁殖することができない。さらに、原形質は水素を放出し、これが土壌中の自由な酸素と結合して、新しい水を生み出す。このように、これらの原形質が計り知れない価値をもつ機能を担っていることは明らかである。

おそらくは園芸家であっても、根系がどのように発達するのかはほとんど知らないだろう。植物の茎を支えることは純粋に物理的な一つの機能である。実際に、根の形態とシステムには考えうる限りの多様な種類があるが、それぞれの種(しゅ)の根は土壌のさまざまな深さに達し、異なる栄養とエネルギーを吸い上げてくるため、この多様性が健康な微小環境には不可欠なのである。

樹木は浅根性、心根性、直根性、深根性として記述されることがあり、深根性の樹木は心根性の樹木よりも多くの水分を蒸発させ、浅根性の木の蒸散量はもっとも少ない。このため、それぞれの植物種には固有の根の構造があり、その構造がそれぞれの土壌横断層に達して必要とする元素を吸い上げるのである。しかし、他の植物もこの栄養の一部を共有する。前ページの図15―5はさまざまな根系の種類を示している。

約四億二〇〇〇万年前に初めて植物が出現したときの気候は、厳しい嵐が吹き荒れ、雨が大量に降る、生存に適さないものであった。塩類と金属ミネラルを養分とするもっとも原始的な植物だけが定着を果たした。そんな植物は根をごく少ししか伸ばさなかったものの、地上に伸びる茎によって風に乗った養分に富む塵を捕まえて、非常に原始的な土壌を生み出した。植物の蔭は地表を少し冷やし、水分がいくぶんか集まるようになった。

土壌と栄養

冷却は水出現の鍵である。地被植物が広がるにつれて温度が低下し、これが地下深くに作用して地下水面が上昇して、それとともにミネラル、微量元素、栄養物質が地表に持ち上げられていった。このおかげでさらに高等な植物が進化する条件が生まれた。質の高い栄養を必要とする高等植物は、さまざまな地下横断層からミネラルを吸い上げる深い根系を発達させたが、一番手の植物とのあいだに競争は生じなかった。

さらに進化した植物が土壌をまとめて固定し、より多くの水分を蓄えると、微生物の活動が活発となり、ミネラルがいっそう細かい粒子に分解された。これはさらに高等な植物が登場するのに必要な腐植土形成の礎となった。根系はさらに複雑化して異なる深さでからみ合い、容易に分かちがたくなった。肥沃さが増して土壌はさらに豊かになったが、これは一番手の植物にとっては質が高すぎたため、最初に登場した植物はやがて絶滅した。土壌の質が高くなると好ましい微小気候が生じてさまざまな細菌が繁殖し、さらに複雑な根系の発達を促した。

地面の下では、容易には見ることのできないさまざまな根系のあいだで不可思議で共生的なやり取りが行なわれているが、これは地表の植物の相互関係性より複雑なものである。土壌が複雑になり、樹木が進化することで、土壌は母なる地球の「陰（いん）」のエネルギーポテンシャルを豊かに帯び、それとともに高等な生命形態に必須の要素である処女水（一四〇ページ参照）が生み出された。

この土壌形成のプロセスでは、小さな低木や樹木などの大型植物が定着するまでに数百万年を要した。そして、この大型植物による森林が形成されるまで、さらに数千年もの進化が必要となった。森林は土壌や肥沃な腐植土を築き上げるもっとも生産的な環境である。森は自ら肥沃化し、自己を維持する。巨大な森林は、数千年にわたって約六メートルを超える厚さの土壌を堆積させる。人類は自然の恵み深さを浅はかにも軽んじ、まず森林伐採によって、さらにむきだしの土壌表面をぞんざいに耕すことによって、一〇〇年でこのような巨大な土壌の層を浸食させ、破壊してしまった。

天然の森林で進化した生命の網の目はきわめて複雑で敏感なため、鍵となる生物種が絶滅すれば、いなくなった生物種が食物として手に入らなくなって、さらに生物種が絶滅してエネルギーが枯渇して、システムがじょじょに衰退していくことがある。地下深くと地表をつなぐ存在である複雑な根のネットワークには穴が生じる。根系は地下水面を上げる。ある生物種が絶滅するということは、栄養をもたらす水系に穴が生じるということでもある。長いあいだに栄養が不足することでさらに多くの植物が影響を被り、さらに生物種が減少していく。

これと同じ事態が単一栽培（モノカルチャー）システムで起きている。同一種の木の根がすべて同じ深さに根を張ることで固い層が形成され、その層を超えて栄養が上がって来ることができなくなるのだ。こうなると、肥沃さとそれにともなうあらゆるエネルギーが枯渇してしまう。均一性とは不毛を意味するのであり、これを自然は忌み嫌うのである。

第5部

自然との共働

Working with Nature

第16章　土壌の肥沃化と新しい耕作方法

●我らの太古の母なる大地は、世界のいかなる科学をもってしても合理的に説明することのできない生命体なのである。大地の上でうごめき、飛び回るあらゆる生き物は大地あっての存在であり、我々を養ってくれる大地が死ねば、すべての生き物は希望もなく消え去るのみである。

――ヴィクトル・シャウベルガー[1]

集約農業の危機

一九三〇年代に工業的農業の魅力が喧伝されて熱狂が湧き起こったとき、ヴィクトルはその落とし穴にはっきり気づいており、多くの実地試験を行なって、新しい技術に対して抱かれている幻想を明らかにした。彼は一九九〇年代の農業の劇的な破局を生きて目にすることはなかったが、それをかなりの程度まで予測していたのだ。

集約農業は、当初、広大無辺な平原を非常に大規模な単位で耕したり、牧場にしたりするしかない南北アメリカ大陸で発達した。最初は北米大陸で、ついで南米大陸の平原で行なわれ、牛を非常に大規模に飼育したり、作物の栽培を高度に機械化することが行なわれていた。この種の集約農業ではミネラルの枯渇が避けがたく生じたことと、単一栽培（モノカルチャー）の帰結として、すぐに化学薬品が広範に利用され、牧畜では人工授精、耕作では除草剤が使われるようになった。集約農業は、そもそもの性質からして持続させることのできないものなのだが、これは巨大な利潤を生む国際的ビジネスなのであり、現在は、誰もが知るように、人間や生態学的な価値よりも巨大な利益がものをいう時代なのだ。

一方で持続可能な耕作法に対する関心は高まりつつあり、このテーマについては多くの書物が出版されている。土壌の肥沃さを失うことなく作物を育てることは不可能である。私たちは無機的なプロセスからだんだんと高度な有機的、エネルギー的プロセスにいたる、さまざまな肥沃化の方法を検討すべきなのである。ヴィクトルの研究は、全体が食物の質と土壌の肥沃さを向上させることに深くかかわっていた。彼は肥沃化について独自の考えをもっていたが、もっとも興味深いものは、地球のもつ微細エネルギーを増幅して、植物自身に高度な質をもたらすというものだった。

新しい耕作方法

ヴィクトルの土壌に対する関心は、一九三〇年代に、木材運搬用の水路建設を依頼されてブルガリアを訪れたときに始まった。ブルガリア皇帝ボリス三世は、近代的な機械式の農耕法を導入したあとに、北部で土壌の生産性が低下し、地下水面が低下したことについて調べてほしいとヴィクトルに依頼した。一方、南部はなおも肥沃であり、水は豊富にあった。

貧しい南部に住んでいたのはおもにトルコ出身の人たちで、畑は伝統的な木製の鋤(すき)を、ふつうは女性が束になって引っ張って耕しているのをヴィクトルは知った。南部の畑は非常に肥沃で生産性が高く、作物の質もよかった。一方、北部の畑はトラクターで鋼鉄製の鋤を引っ張って耕していた。ヴィクトルは鋼鉄や鉄が土壌に含まれる水分に与える有害な作用に気づいていたため、北部で水が消え、収穫が減少してきたのは鋼鉄製の鋤を使い、高速で耕していたためだと考えた。このことを知ったヴィクトルは新しい鋤を発明し、土壌の肥沃さを改善するために多くの実験を行なった。だがその実験について見る前に、電磁気についての彼の考えをあらためて理解しておこう。

二種類の電磁気

ヴィクトルは、自然には二種類の温度変化があるように、電磁気にも二つの種類があると考えていた。あらゆる生物の成長を促し、エネルギーを刺激するものは、彼が生体磁気および生体電気と呼ぶ一組のものである。この種の電磁気(反磁性 diamagnetism)に関係のある元素は銅、ビスマス、金である。

もう一方の、電流と結びつけて通常はたんに磁気と呼ばれる強磁性(ferromagnetism)は、一般に電気モーターや電気を生み出す発電機で使われるタイプである。自然界では、このエネルギー形態は物質を分解する場合に用いる。水であれば、その粒子は構成原子まで分解されてしまう。強磁性の元素は鉄、ニッケル、コバルトである。

金の鋤（ゴールデンプロー）

●どこに目をやっても、生命をつなぐ存在である毛細管、それによって生まれた体が恐ろしいまでに分解されていることは明らかである。この事態は、大地の血液——すなわち水から魂を奪い去った、人間の機械的で無思慮なやり方が引き起こしているのだ。

——ヴィクトル・シャウベルガー『我らが無益な骨折り』(2)

ヴィクトルは、鋼鉄製の鋤によって土壌が損なわれるさまを観察した。鋼鉄製の鋤が地中をすばやく引かれると、微少な強誘電性、強誘磁性の流れが生じ、これが電気分解と似た形で土壌中の栄養に満ちた水分子を分解して、水が失われてしまうのだ。水分子の表面張力は低下し、土壌はエネルギーポテンシャルを失い、栄養に満ちた微細エネルギーが消失する。これによって土壌の微細エネルギーが損なわれるだけでなく、栄養元素が変質したり、成熟した水分子から失われてしまう。残った水は、単純な、栄養的価値のない幼い水になる。

土壌との摩擦で鋤の刃先の表面から鋼鉄の微粒子が落ち、さびて分解すると、有害な病原菌の格好の繁殖場となる。土壌中の鉄の含有量が増えると、水分が保持されにくくなる。一方で銅に富む土壌には多くの水を保持する能力がある。

栄養と水を地表にもたらす繊細な土壌の毛細管構造と、栄養などを処理するある種の微生物は、鋼鉄製の鋤の摩擦で生じる熱と圧力のために破壊され、死滅してしまう。通常なら下方から上がってくるはずの栄養供給はとだえ、地下水面は沈下し、土壌は肥沃さを失う。

ヴィクトルは銅で実験を始め、まず従来の鋼鉄製の鋤に厚く銅メッキを施した。こうすることで鋼鉄製の鋤の有害な強電磁的作用は、有益な生体電磁気的イオン化作用に変化し、生長が促進され、土壌の肥沃さが高まった。すばらしい成果が得られたために、この鋤は「金の鋤（ゴールデンプロー）」として知られるようになった。

一九四八年と一九四九年に、ザルツブルグ近郊で、新しい鋤と従来の鋼鉄製鋤の成果を比較する実地試験が行なわれた。鋼鉄と銅メッキを施した鋤を畝（うね）ごとに交互に使って畑が耕された。穀物が実をつけると、それぞれの畝での違いは歴然としていた。銅メッキした鋤を使ったところは、土壌の水分含有量と栄養エネルギーが増加しており、トウモロコシは一五〜二〇センチも高く育ち、穂ははるかに充実していた。銅メッキした農具で耕した畑では、従来の鋼鉄製の鋤を使った対照群の畑と比べ、収穫量が最大で四〇パーセント多いところもあった。土壌の化学的組成、畝（うね）の向き、畝間（ま）の幅などの他の条件はすべて同一だったため、収穫量の差は明らかに銅メッキした鋤を使用したことによるものであった。

二種類の作物では目を見張る結果が得られた。ライ麦は一五センチという長い穂を伸ばし、一本あたり平均一〇四粒の実をつけた（図16―1）。チロルのキッツビュールでジャガイモを育てた実験では、

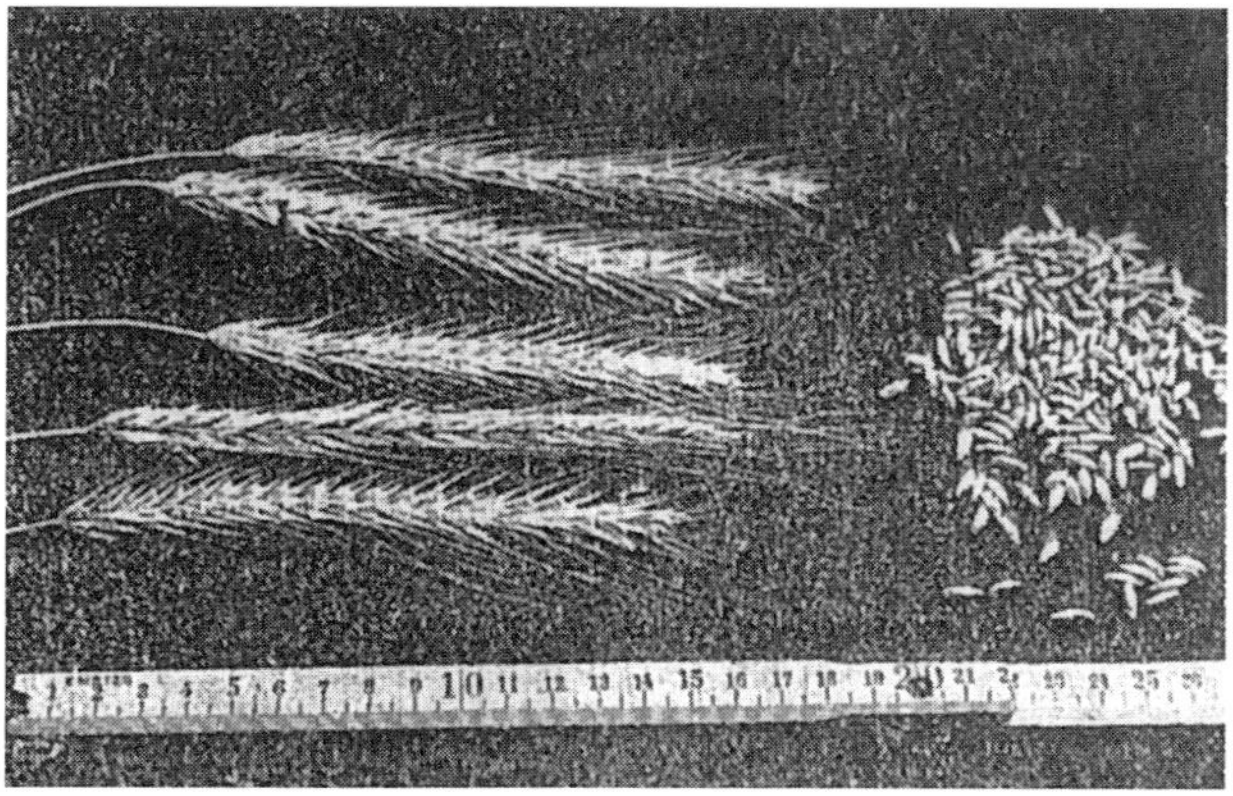

図 16—1　穂の長さ15センチのライ麦。穂1本あたり最高104粒の麦を実らせた。

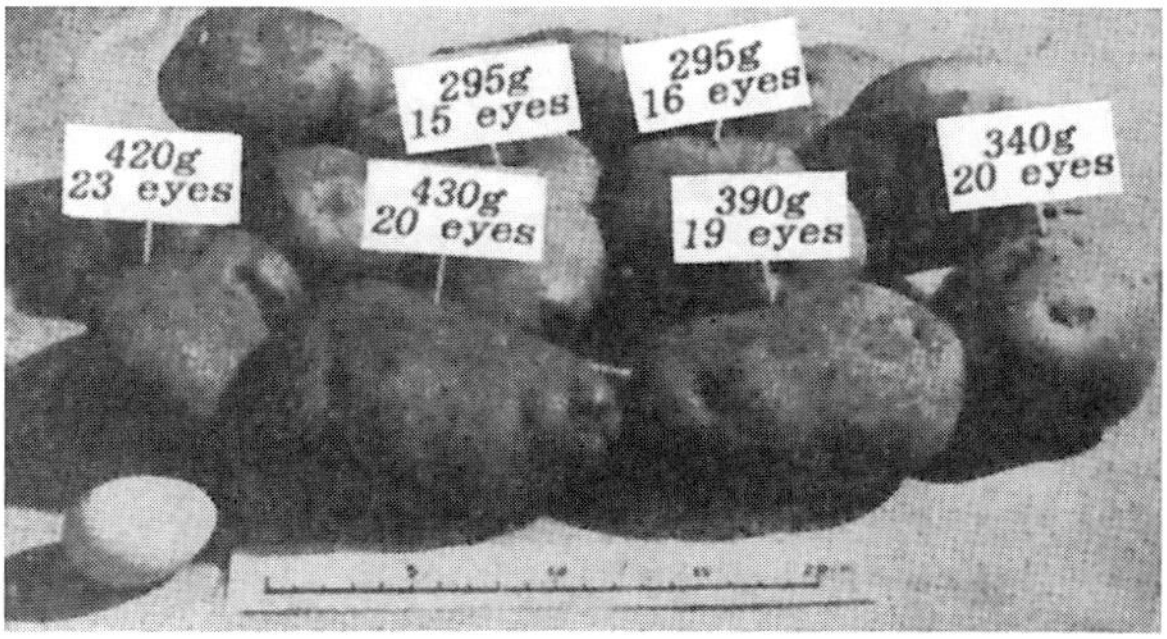

図 16—2　チロルのキッツビュールのアルプスの農場で育ったジャガイモ。

四百数十グラムにも生長し、二〇個以上の「芽」(次年度の作物の源)をもつものが穫れた(図16―2)。

生体鋤(バイオプロー)

従来の鋤は圧力波を生み出し、土壌の毛細管構造を破壊する粉砕切断を生じる。ヴィクトルは一九四八年にハンブルクの技術者、ユルゲン・ザウクを説得して、モグラが穴を掘る動作をまねて、長く切り込んだあとに、曲面になったリン青銅製の鋤の刃で土を8の字状に求心的に内側に巻き込む、鋭い、湾曲した刃を作ってもらった(図16―3)。これは土壌のエネルギーを高めることから、生体鋤(バイオプロー)と呼ばれた。この鋤を使えば土壌を三六〇度回転させ、最初地表にあったものを地表に戻すことができた。こうすれば水分はほとんど失われることがなく、地表下の微生物も決して直射日光(熱)にさらされないために、影響を受けずに働き続けることができた。

このような実験から、銅をベースにした鋤のもつ優れた長所がはっきりと証明された。この鋤を使えば生産性が大きく向上するため、鉄や鋼鉄製の鋤を交換するコストもすぐに回収できるはずだ。この実験は大きな関心を引きつけていたが、ヴィクトルは自身の計画をつぶす官僚的腐敗に突き当たった。

終戦直後のことで銅が不足していたため、彼は必要なものを手に入れるために農務省に出向かなければならなかった。大臣は化学肥料を販売したい化学会社に巨額の賄賂で懐柔されており、ヴィクトルにも同じことを期待したと伝えられている。もちろんヴィクトルは賄賂を贈らなかったため、

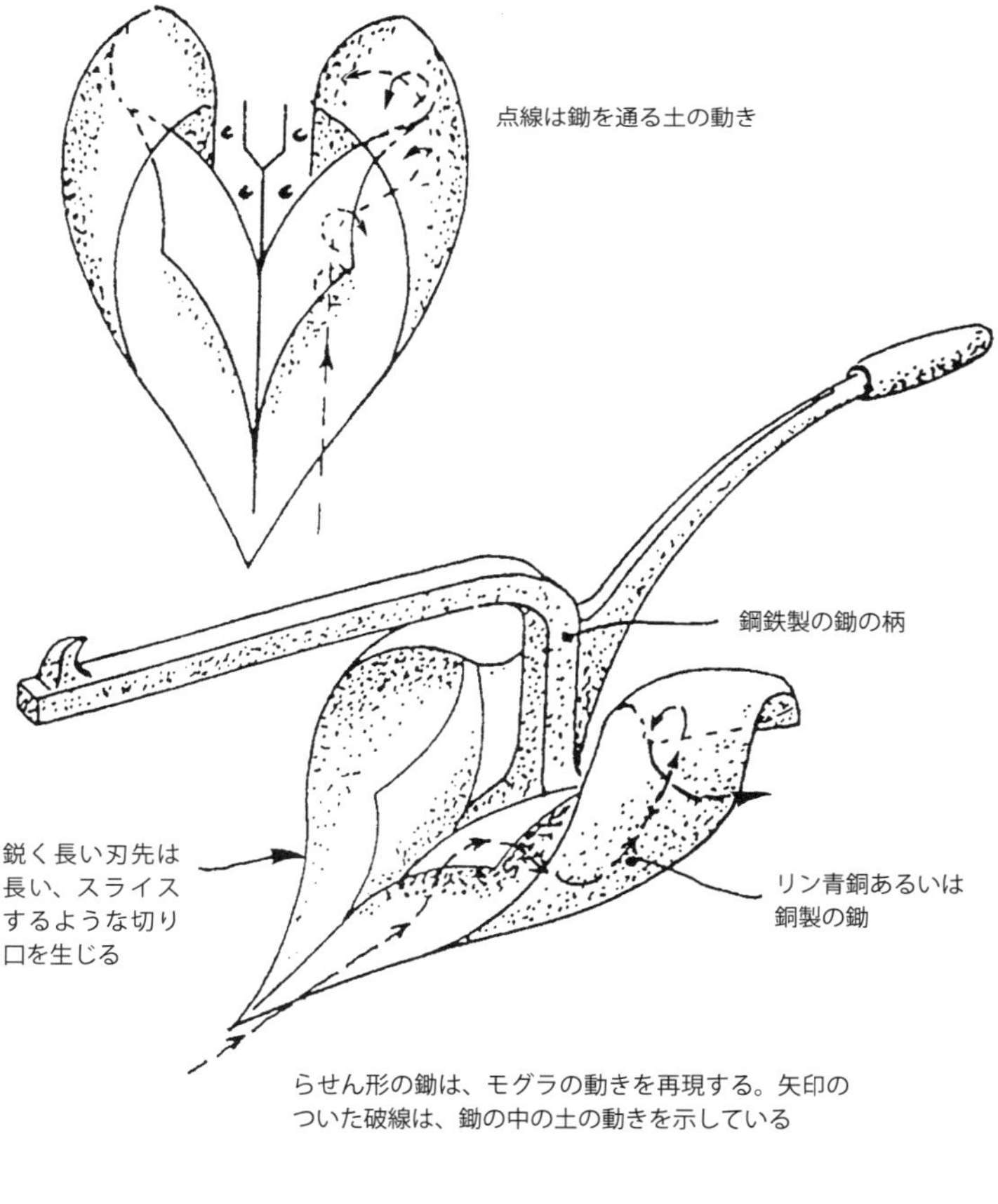
点線は鋤を通る土の動き
鋼鉄製の鋤の柄
鋭く長い刃先は
長い、スライス
するような切り
口を生じる
リン青銅あるいは
銅製の鋤
らせん形の鋤は、モグラの動きを再現する。矢印の
ついた破線は、鋤の中の土の動きを示している

図 16—３　生体鋤（バイオプロー）（1948 年）

銅製の鋤が生産されることは決してなかった。ヴィクトルの研究は他の国では発表されていないので、銅製の鋤は忘れられているが、シャウベルガー研究所、ＰＫＳは銅製の園芸用具の開発を進め、現在では多くの国で販売されている（巻末補遺を参照）。

畝間の並べ方

ヴィクトルはブルガリアで作物の収穫高を調べていて、北部と南部の生産性の違いが生じた原因は、鉄製と木製の鋤の使用の違い以外にもあることに気づいた。北部の畑は馬鍬でもならされていたが、この作業によって土壌は非常に細かい粒子に砕かれ、暑い日差しのために約一〇センチの深さまで乾燥しがちになっていた。

トルコ人の多い南部の農民たちには、馬鍬を使える経済的余裕がなく、すき起こしの作業ははるかに粗く、手早いものだった。彼らの作る畝は不規則で粗く、畝間には大きな土の塊がさまざまな向きに散らばっていた。畝が整えられていないということは、太陽の熱を吸収する広く平らな表面がないということである。こんな散らかった見栄えの表面にも、土壌の最上層に水分を保持するという利点があったのである。

このような例から学ぶべき教訓は、太陽光線にさらされる量に変化が生じるように曲がりくねった畝間を作り、さらに全体を南北に整列させて、日中には畝の傾斜面の蔭になる部分が動いていくようにし、陽がかなり傾いたときにだけ日光が〔傾斜面の片側に均等に〕当たるようにすることであった。こうすることで、生長中の若い新芽がもっとも水分を必要とするときに、最大量の水分がもたらされることになった。

放牧と草刈り

従来の機械的な草刈り機は、標準的な鉄製の鋤が土壌に与えるのと似た影響を草にもたらす。傾斜のついた刃による粉砕作用は、草の茎の毛細管を傷つけ、茎の先端を数ミリにわたって切断するが、これにより草の液が流れ出て、細菌が入ってしまう。草の茎は新たな生長にエネルギーをさけず、傷を癒さなければならないが、これには一週間かかる。

ヴィクトルには動物を非常に深く観察する習慣があった。ある時、彼は肥沃なアルプス高地の牧草地の牛をじっくり観察していた。放牧中の牛は、舌をらせん状に動かして草の茎をまとめ、頭をぐっと引き上げて茎を最小限にしか傷つけない部分で切る。その後、牛は湿った鼻と唾液で茎の端に蓋をし、水分とエネルギーが失われるのを防ぐ。

アルプスの農民は、冬用の飼葉(かいば)をできるだけ多く必要とし、夏場に草を三回刈り取ることもある。彼らが使う器具は、大切にしている長柄の草刈り鎌だが、これは草をスライスする長い切り刃をもち、茎の傷口はごく小さくなる。だがそれ以上に、彼らの刃の研ぎ方が、傷ついた繊維を引き寄せて、すばやく傷をふさぐイオン化エネルギーを刃にもたらしているのだ。

何世代にもわたってこの土地に住んでいる人々は、自然を教師にして学ぶ。この土地の農民は、石で草刈り鎌を研げば鎌が帯びているエネルギーが失われることを知っていた。だから彼らは、エネルギーが強まるように硬木のブロックの上に刃を置いてハンマーで叩いた。木の柄に取りつけて布で包んで暗所に保管すれば、確実にエネルギーが保たれるのだった。

太陽光と熱があると、新しく研いだ草刈り鎌のエネルギーが放出されてしまうために、農民は草刈り前の早朝か夜遅くにハンマーで刃を叩き、早朝か夕方に草刈り作業を行なうことをヴィクトルは知った。

私たちはこのような知恵を失ってしまい、現在では土壌の肥沃さと生産性は危険なまでに低下しているが、これは皮肉なことに、化学肥料を大量に使用していることとともに、間違ったやり方によっても生じているのだ。

化学肥料という毒

●現代の農業は母なる大地を娼婦のように扱い、レイプしている。農業は一年中大地の皮膚を引っかき、化学肥料という毒を注いでいるが、これは自然とのあらゆるつながりを失った科学によってもたらされている。

——ヴィクトル・シャウベルガー(3)

近代的な化学肥料の先駆者は、ドイツの化学者、ユストゥス・フォン・リービッヒ(一八〇三〜

一八七三）である。彼は植物の生長に必要となる元素と化学物質を研究し、農業用の土壌では四つの主要な元素がしばしば不足していることを突き止めた。肥沃さを増すために、彼は石灰の形でカルシウム（Ｃａ）、窒素（Ｎ）、リン（Ｐ）、カリウム（Ｋ）を補うことを奨励した。最後の三元素はＮＰＫと呼ばれることが多い。

このような製品は水溶性で、ほとんどが、ヴィクトルが「火を吐き出す技術」と呼んだものの副産物である。これは、構造を分解しエネルギーを枯渇させる熱によって作られ、噴霧したり、粉末を撒くことで散布される。

化学企業は、廃棄物を利益に変える手段としてこの新製品をいち早く製造した。リービッヒは後に、健康な植物の生長に必要な成分は単純なＮＰＫよりはるかに複雑であることに気づいた。実際に、彼はこのような基本的化学物質に依存すれば土壌に回復不能なダメージが生じるだろうと警告したが、聞く耳をもつものは誰もいなかった。化学肥料の利用が急速に普及すると、土壌の有機的基盤が失われるにつれ、肥沃さが広範に失われた。鋼鉄製の鋤と化学肥料を使う高度に機械化された耕作法によって、アメリカ中西部の広大な土地は黄塵地帯に変わり果て、破産した農民たちは自分の土地を離れざるを得なくなった。同じことが現在、インドを含む多くの第三世界諸国でも起こっている。インドでは、多国籍化学企業が、従来の農耕法を止めて化学的に依存した農業に移行するよう求めている。

化学物質に依存した農法が世界に広まり始めると、収穫量が増加したことから「緑の革命」と呼ばれた。しかし、収穫量の増加は質をじょじょに低下させるという犠牲をともなうものであり、生命を犠牲にしての利益であった（第5章冒頭を参照していただきたい）。化学肥料は生長を刺激する物質であり、土壌が依存的になる麻薬のような作用がある。体調が悪化すると、寿命を少しでも延ばすためにさらに麻薬の注射を必要とする薬物依存症者のように、化学物質に依存するようになった土壌も死にかけているのである。

微粒子状の化学肥料は水分を求め、下位の地下水層や若い植物から水分を奪う。水分が不十分だと蒸散量は減少し、植物の内部の温度は上昇して病気にかかりやすくなる。この細かな粉末は、自然界で生み出された栄養や成熟した水をもたらし、非物質的なエネルギーを上昇させるきわめて重要な毛細管をふさいでしまう。このため植物は雨を吸収しにくくなり、急速な流出が起きて、すぐに再蒸発が生じる。ここにいたると実質上価値のない水である灌漑が必要となる。このような条件で生長する作物がとくに味わい深くもなく、栄養のないものであることは驚くにあたらないことである。

窒素が過剰だと別の問題が生じることがある。根が生長するために利用できるイオン化した物質の量が減り、さらに植物が必要とする水が不足してしまうのである。硝酸塩（窒素を含む硝酸カリウム（硝酸ナトリウム）を主成分とする化学肥料）には、マグネシウムやカルシウムなどの正に荷電したイオン（陽イオン ＋）を捕える負に荷電したイオン（陰イオン ―）があり、根域からこれらの元素を奪ってしまう。マグネシウムはクロロフィル（葉緑素）を作り出すのに欠かせない物質なのだ。

自然が病気を治そうとする場合、病気にかかった生物を取り除く目的で寄生虫（「健康警察」）を登場させるため、人間は殺虫剤や防カビ剤を撒かなければならなくなる。作物が殺虫剤で処理されて消費者向けに出荷されたあと、地面は、非常に有害とされる害虫を駆除するためにビニールシート下に注入された毒ガスで燻蒸(くんじょう)消毒される。ミミズ、微生物、有益な細菌もすべて等しく死んでしまう。多様な生物系は命のない砂漠に変わり果てる。緑の革命は、現在のバイオテクノロジーがそうであるように、世界に食糧をもたらす方法として正当化された。ホリスティックな視点をもつ生物学者メイワン・ホー(『遺伝子を操作する――ばら色の約束が悪夢に変わるとき』〔邦訳、三交社〕)は、持続可能な有機農業がいかに化学的農業より生産的であるかを多数の例を挙げて示しているが、化学的農業は持続不可能なものであり、生命を破壊してしまうのだ。[4]

第17章　ヴィクトルの有機農法

生物学的農業

表土の健全性は、持続可能な農業にとって、もっとも重要な要素である。表土は腐敗した植物由来の物質から生み出され、深さは数センチから数メートルまでさまざまである。森林は一〇〇〇年にわたって世界中で厚い土壌の層を作り出したが、その多くは、人類によるひどい農法によって過去二〇〇年で八〇パーセントも縮小してしまった。

自然条件では、砕けやすい土壌にはミミズなどの生物が大量に棲息している。通常は、この土壌は分解した葉などの植物性の物質からなり、莫大な数の微生物と地面を這い回る生物の棲息する、腐植土の層に覆われている。この豊かな生命の混合体は、土壌が健康で肥沃であるためになくてはならない加工場なのであり、この土壌を繁栄させるためにあらゆる手を打つ必要があるのだ。

土壌の無機成分の補充

一八九四年に、農芸化学者であり、ユストゥス・フォン・リービッヒの同時代人であるユリウス・ヘンゼルは、『石でパンを作る（*Brot aus Stein*）』という本を出版した。これは、舗装材の採石のさいの副産物である岩粉に、土壌の肥沃化をもたらす効果があることを記した価値ある書物である。この本は、新しい化学肥料産業にとって重大な脅威となったために、この書籍を邪魔な存在と思った人間によって買い占められてすぐに姿を消し、潰された。

この岩粉は、内在的エネルギーを維持することのできる冷たいプロセスにより、理想的な形ですりつぶされたもので、微細な、おもに、幅広い種類のミネラルを含む火成岩（花崗岩、玄武岩など）からなる。含まれるミネラル、微量元素、塩類が多様なため、地表に散布されるとさまざまな微生物をふんだんに成長させる。

スイスでは岩粉の使い道は一五〇〇年のあいだわずかしかなかった。しかし、一九七五年に『生き残りを賭けた文明（*The Survival of Civilization*）』[1]を出版したジョン・ハマカーとドン・ウィーヴァーが、再び使われるきっかけを作った。彼らはミネラルと微量元素は植物の生長と質にとって重要なだけでなく、微量元素は極端な気候を調節するのにも欠かせない存在であることを示した。同書では、ハマカーがミシガン州の自宅で一〇年間に表土の深さを約一〇センチから約一・二メートルまで増やした様子を記している。

さらに最近になって、ウエスタンオーストラリア州で、バリー・オールドフィールドが「森林協会」

(メン・オブ・ザ・ツリーズ)〔一九二二年に設立されたオーストラリアのNGOで、砂漠化を防ぐため、植木や森林保護活動を行なっている〕の活動として行なった実験では、岩粉と一緒に植えた苗木の生長と健康は、岩粉のないものと比べて非常に優れていた。岩粉は道路舗装材の採掘の副産物として現在も容易に入手できる。

最初に非常に細かい岩粉を散布すると、一気に微生物が寄ってくるが、細かい粒子と大きな粒子を混ぜておけば、長期間にわたって成分をじょじょに放出させることができる。岩粉は硝酸塩、二酸化硫黄、ニトロキシドに対する緩衝剤であることがわかっており、植物が利用する陽イオンを残しつつ、陰イオンを吸収して固定する。岩粉はいつでも有益ではあるが、ふつうは約五年ごとに散布し、量は土壌の欠乏状態をみて調整する。[2]

パキスタン北部のフンザ族の特筆すべき長寿(一四〇歳にも達する)と健康は、きれいな山の空気のおかげだが、これはミネラルに富んだ氷河の水も一因となっている。ヴィクトル・シャウベルガーの研究家でオーストラリアのクイーンズランド州に住むカラム・コーツは、近所の人たちが岩粉の入ったバケツから果樹に肥料を与えている様子を記している。彼らの飼っている犬たちは、水の入った自分用の水皿には手をつけずにそのバケツにたまった雨水を熱心に飲むが、明らかに何が自分たちにとってよいのかがわかっていたのである。

有機農法は土壌の肥沃さを高めるために、通常は、肥料（ふつうは牛のもの）、堆肥のスラリー（液肥）、植物由来の物質の堆肥を使う。一九世紀に化学肥料が導入されるや、作業がずっと楽で、収穫量が増えるように思われたために人気となり、すぐに従来の有機的方法にとって代わった。だが農家の中には従来の方法を続ける人もおり、農業用の化学物質によって地下水面や川が汚染されていることを示す証拠が増えているため、この五〇年で有機農法が復活しつつある。

有機農法の持続可能性は、自然林のように、有機物質をリサイクルして肥沃さを維持することで実現する。現代の有機堆肥作りでは、土の層に乾燥させていない青野菜を重ねて作ることが多い。この方法では堆積物中にかなりの熱が生じる。できた堆肥は良質なようだが、ヴィクトルは、熱によってミミズが弱るので最高の質とはいえないと考えた。彼はタンパク質や他の非物質的、フラクティゲン的〔生長促進的〕エネルギーの含有量が高くなる冷たいプロセスを好んだ。また、栄養をしみ出させる性質のある、元素に飢えた幼い雨水から堆肥を守ることも重要だと考えた。

ここに示したのは小規模なものだが、もっと大きな堆肥積みにも同じ原理があてはまる。ヴィクトルは図17―1に示すように、広い樹冠をもつ大きな果樹の下に、堆肥を卵の形に積み上げることを好んだ。

木の根元周辺に穴を掘り、幹を数層の新聞でゆるく巻く。これは木を保護するだけでなく、分解したあとには通気孔にもなる。穴の中に、日光で乾燥させた腐植土と植物由来の物質を二〇センチの厚さで入れる。その上に、土、川の砂利、細かな砂の混合物を同じ厚さでかぶせる。これは、これまでに述べたような無機成分の補充に似ている。混合物には微量の銅、亜鉛のやすりくずを加え

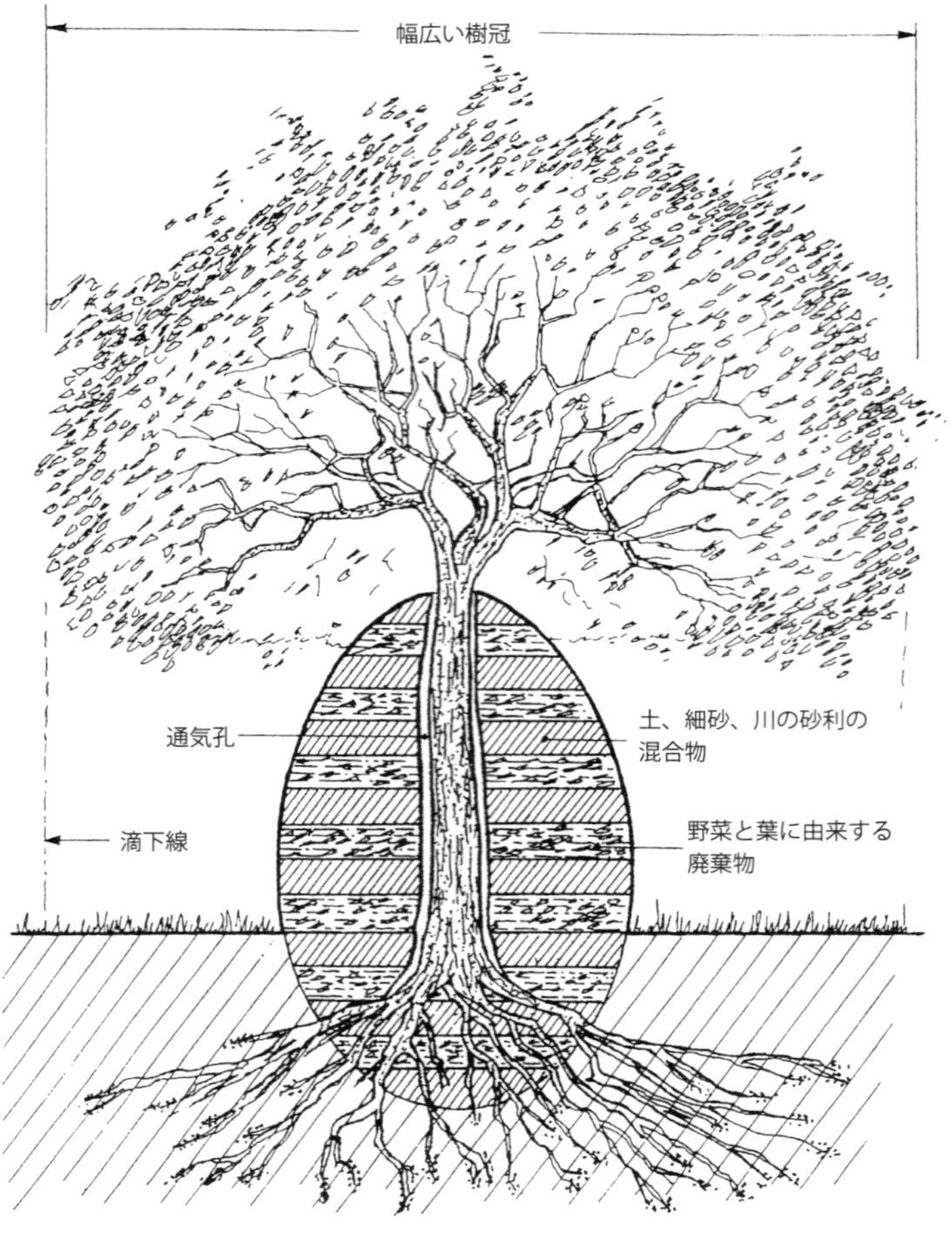

図 17—1　卵形の堆肥の山

る（三一四～三一五ページ参照）。

堆肥積みが濡れないように、一時的に粘土などの水を通さない材料で覆う。この冷却作用（冷たいプロセス）によって、すぐに昆虫、ミミズ、微生物が堆積物に集まってくる。酸素、窒素その他の微量ガスが幹に巻かれた新聞や土と砂の層をふんだんに通り抜けることもあって、生物が廃物を分解し始める。

さらに植物性廃棄物が手に入るたびに、図17―1に示すような安定した卵形に堆肥を積み上げる。雨によって冷たい分解が妨げられるのを防ぐために、完成した堆肥を粘土の層で覆う。雨はすべてほぼ垂直になった表面を流れ落ちる。

ミミズや微生物は堆積物中に無数に増殖し、堆肥の内容物を空気にさらす働きをする。この段階で堆肥積み全体に行きわたっていた生物が死に始めると、その死骸によって堆肥の栄養分は豊かになる。秋になって陽射しが弱まると地面は冷え始め、地面と大気のあいだにはかなりの正の温度勾配が生じる。この段階で、堆肥積みは使用できる状態になっている。できた堆肥を地面の高さまで取り崩し、穴に残る分はその木に栄養をもたらす分として残す。

正の温度勾配があれば、雨や露によって栄養分が地面に運ばれるので、できた肥料は正の温度勾配がもっとも強くなる夕方にかけて近くの畑にまんべんなく撒く。こうして非常に豊かで質の高い天然の肥料ができるが、これは肥沃さを維持するだけでなく、増大させるものなのである。宿主となった木にも恵みがもたらされ、健康で味がよく、色のきれいな虫食いのない果実を大量に実らせる。このような堆肥を毎年違う種類の果樹で作れば、やがてはあらゆる果樹に栄養をもたらすことができる。適当な木がなくても、同じような構造の堆肥をドーム型のこぶ状あるいは樽状の塊として積み上げ、雨水から守り、太陽の加熱作用を遮断するとよい。

バイオダイナミック（生命力学）農法

オーストリア生まれの教育者、哲学者であるルドルフ・シュタイナー博士（一八六一～一九二五）は、人智学運動の創始者であり、バイオダイナミック（生命力学）農法を考案した。人智学によれば、人間は地上における神性の最高の現れであり、物理的発現のあらゆる創造的力とパターンを具現した存在である。世界は人間の内的、外的性質を通じて研究される。人智学の農業に対するアプローチは、ヴィクトルのものと非常によく似ており、エネルギーが第一の原因であり、生長は二次的な結果であるという前提に立つ。ルドルフ・シュタイナーとヴィクトルは何度かかなり長く議論したとされるが、これが本当だとしても、どちらが相手にどれほどの影響を与えたのかは不明である。

バイオダイナミック農法は、秋に牛糞を詰めた牛の角を地中深くに埋める太古の風習の意義を肯定的に認めている。この時期に活発になる地球のエネルギーは、渦巻き状の形態をしている角に引き込まれ、低温で促される冷たい発酵作用によって、内容物を強力なフラクティゲン的（肥沃さを高める）エネルギーに変える。早春に角を掘り出すと、内容物は甘い香りのする、非常に活発な物質に変わっているのである。

エネルギーを与えられたこの物質は、「調合剤５００番」として知られる天然の肥料の基礎となる。

一九四七年以来、この肥料はだんだん普及しつつあり、オーストラリアではこの方法を使って、約五〇〇〇平方キロメートル〔五〇万ヘクタール〕以上の土地に肥料が施されている。空から見ると、この肥料が散布された牧草地の緑がはるかに濃いため、近隣の畑と比べてくっきり際立って見える。隣接する農場の牛がアレックス・ポドリンスキーのバイオダイナミック農場に入ることがあったが、そこで食べた草の質が非常に高いために、帰ってから二、三日は餌を食べないということもあった。[3]

「調合剤５００番」の肥料はアルプスの古来の伝統に従って作られるが、ヴィクトルはかつて年配の山岳農民がこの方法で肥料を作り、驚くべき収穫を得たことを自分の目で見ている。

その原理はホメオパシーと似ている。ホメオパシー薬を作る場合、元の治療薬を何度も希釈するのだが、希釈するあいだに攪拌し、振動を加える。これによって薬の効力（ポテンシー）が高まるのだ。この肥料では、先に述べた方法で変質させた少量の牛糞を水に加えて、まず一方向に攪拌し、その後逆向きに攪拌して、攪拌容器の垂直軸に沿って回る渦巻きを作る。交互に変わるエネルギーの強化によって、調合剤５００番の内在的エネルギーが増大する。これは、川の湾曲が左右に交代することで、縦方向の渦巻きにエネルギーが蓄積する様子に似ている（一四七ページ、および一九三ページの図11―5参照）。

じょじょにエネルギーを高めていくこの方法は、日本の刀作りの技術と似ている。原材料を炉の中で熱し、冷えるさいに金槌で叩き延ばして「構造化」する。さらに白熱するまで熱し、折り曲げてくっつけ、さらに叩く。加熱するたびに、叩いて作った構造の一部は崩れてしまうが、作業を繰り返すことで構造はだんだん強靭になり、無秩序さの度合いが減って、やがては層状でしなやかな

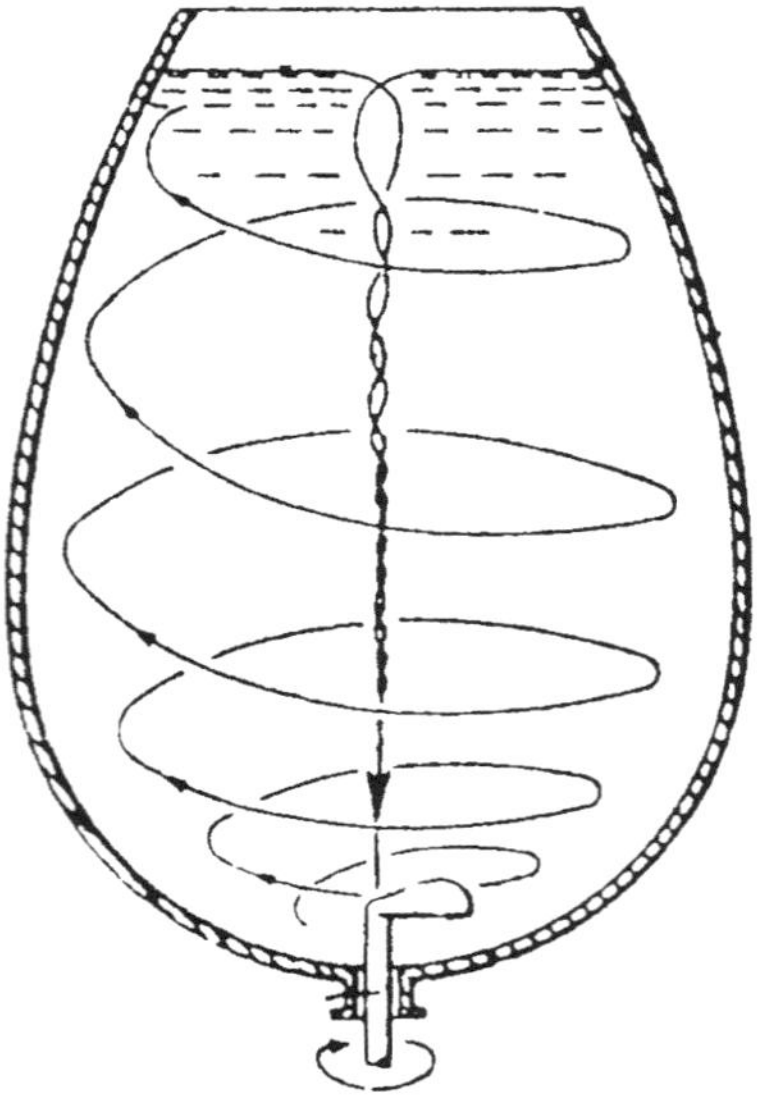

図 17―2　ゴルフクラブ状の回転ブレードをつけたモーター駆動の攪拌装置

構造をもつ、カミソリのように鋭い刃が生まれる。

同じように、肥料を作るさいに交互に渦巻きを作って崩すとエネルギーレベルが高まり、無秩序さの度合いが低下して、約一時間後には使用できる状態になる。これを作ってから二～三時間以内に、蓄積したエネルギーが消散する前に夕方にかけて畑に散布するのだ。

調合剤５００番を大量に作るのであれば、円筒形の容器を使い、モーターで攪拌棒を動かす。ヴァルター・シャウベルガーは、容器が卵形であればさらにエネルギーの蓄積が高まることに気づき、ゴルフクラブのヘッドのようなシンプルな金のブレードを回転翼にして、部分的真空状態を生み出して、たえず二酸化炭素が水に溶け込むようにした容器を考案した[4]（図17―2）。

ある晩、ヴィクトルが観察した農民〔隣人に比べてはるかに多くの収穫を得ていた〕は、混合物に向かって歌も歌っていた。アルミニウムを含む粘土のかけらを水の中に加えながら、木のへらで左にかき回すときに調子を上げ、右方向にかき回すときには下げて歌うのだった。歌によって創造的エネルギーが水の記憶の中に蓄積する（一三八ページの記述を参照）。約一時間後には混合物は畑にまける状態になっていた。翌朝、農夫は、シュロの聖日にシュロの葉で聖水をまき散らすように、小さな葉のついた枝を樽に浸し、活性化した粘土入りの液を地面にふりまいたのだった。

ヴィクトルが天然肥料を作る方法は、ルドルフ・シュタイナーのバイオダイナミック農法的な方法と似ているが、ポドリンスキーのように牛の角を何千本も必要とするものではなかった。角は、現在牛肉への需要が高いことから入手できているにすぎないのだ。コスタリカで最近行なわれた研究を考えれば、結局は角の供給は持続不可能なものである。それによると、一頭分の牛の肉を輸出するために二・五トンの表土が浸食によって回復不能なまでに失われているという。また、一年分の食糧として、肉食をする人では約六五〇〇平方メートル分の土地の農産物が必要となるが、菜食のみの人ではわずか約二六七〇平方メートル分である（これは菜食主義を支持する説得力のある根拠だ）。

自然界における微細エネルギーの役割

第2章でエネルギーについて検討したことを覚えておられるだろうか。人間の物理的存在と通常の意識レベルは物質的三次元の世界に属するが、魂と霊性はより高次元のエネルギーに影響されうる。このような非物質的エネルギーに、とりわけよく通じている人が存在する。ゲーテやルドルフ・シュタイナーのような幻視者と同様、ヴィクトルも間違いなくその一人であった。

地球の環境は三次元とされるが、あらゆる生命と創造性は基本的に四、五次元のエネルギーに依存している。彼は、肥沃化をもたらす太陽の役割のこのような側面（生命の霊的原動力）を、自然のさまざまな目的に従って明らかにした（これについては第2章で検討した）。ダイナゲンは高次の内在的エネルギーを生み出す。フラクティゲンは肥沃さを高める微細エネルギーである。クオリゲンは質を高める。

ヴィクトルは、質の高い生長を促す方法として、このようなダイナミックなエネルギーを土壌に直接播（ま）くほど強力なものはないと考えた。あらゆる創造的分野でそうであるように、正と負のバランス、男性エネルギーと女性エネルギーのバランスはきわめて重要なのである。

いわゆる「宝瓶（トレジャー・ヴェース）」を埋めるという風習をもっていたチベット人は、古来、何らかの吉兆を示す場所の非物質的エネルギーを土壌に播（ま）く意味を知っていたのだ。貴重な石や金属で満たされたその容器は、環境を改善し、守る、有益なエネルギーを放出すると信じられていた。チベット人は、金などの貴金属には大地のエネルギーのバランスをとる役割があるため、そのまま地中に置いておくのがいちばんよいと考えていたが、これはホピ族やオーストラリアのアボリジニーがウランを蔵する場所を聖なるものと考えていたことに通じるものだ。

ヴィクトルの理想は、肥沃でたえず高まっていく質をもち、創造的で活気をもたらすエネルギーをふんだんに作り出すことだった。この目的を達するためには、科学的というより錬金術的ともいえるやり方が必要になる。その方法では、少量の銀、亜鉛、ケイ素といった男性性の元素と、女性性の元素である金、銅、石灰岩を特殊な容器に入れて混ぜ合わせることが必要となる。希少度の高い金や銀については、ほんの数個の粒があれば発酵の質を容易に高めることができる。銅と亜鉛は、やすりくずか粉末の形にする。

ヴィクトルは、地面を二メートルほど掘り返して卵形の発酵槽を作り（樽板のような木材を銅または銅の合金でつなぎ、砂の中に固定する）、その周りをアルミニウムを含む粘土で囲んだものを容器として用いた（次ページの図17—3）。できるだけ新鮮なさまざまな有機的物質、たとえば台所くず、動物や人間の排泄物を容積の三分の一まで加える。残りのスペースを、十分に日光にさらされ、酸素をふんだんに含んだ幼い雨水か地表水で満たす。宇宙と岩石圏とのエーテル性の相互作用によって生じるエネルギーが散逸しないように、開口部には蓋をする。小さなモーターで駆動する生命金属製（バイオメタル）（銀メッキした銅）の渦巻き生成器をつけた青銅製（ブロンズ）の棒を、覆いに開けた穴に差し込む。

この液体を、（ヴィクトルが「惑星的運動」と呼んだ）右回りにかき回す。


液体は「惑星的運動」によって内向きのらせん状に動き、周囲の壁面にかかる外向きの圧力が低下して、冷却が起こり、密度が高まる。この惑星的運動つまり渦巻きでは、物質は自然な、活性化する求心的加速を生じ、これにより両極的な基本的元素の混合物を活性化させる高次の発酵作用が始まる。最終的には繁殖作用をもち、再生的で、高度な進化をもたらすエネルギー形態である生体磁気が生じる。[5]

生体磁気が生じるとともに、（男性性の物質と女性性の物質のエネルギーポテンシャルが、遠心的動き（呼気）と求心的動き（吸気）との脈動によって高められる間に）液体は重要な四℃の特異点に向かって冷却される。

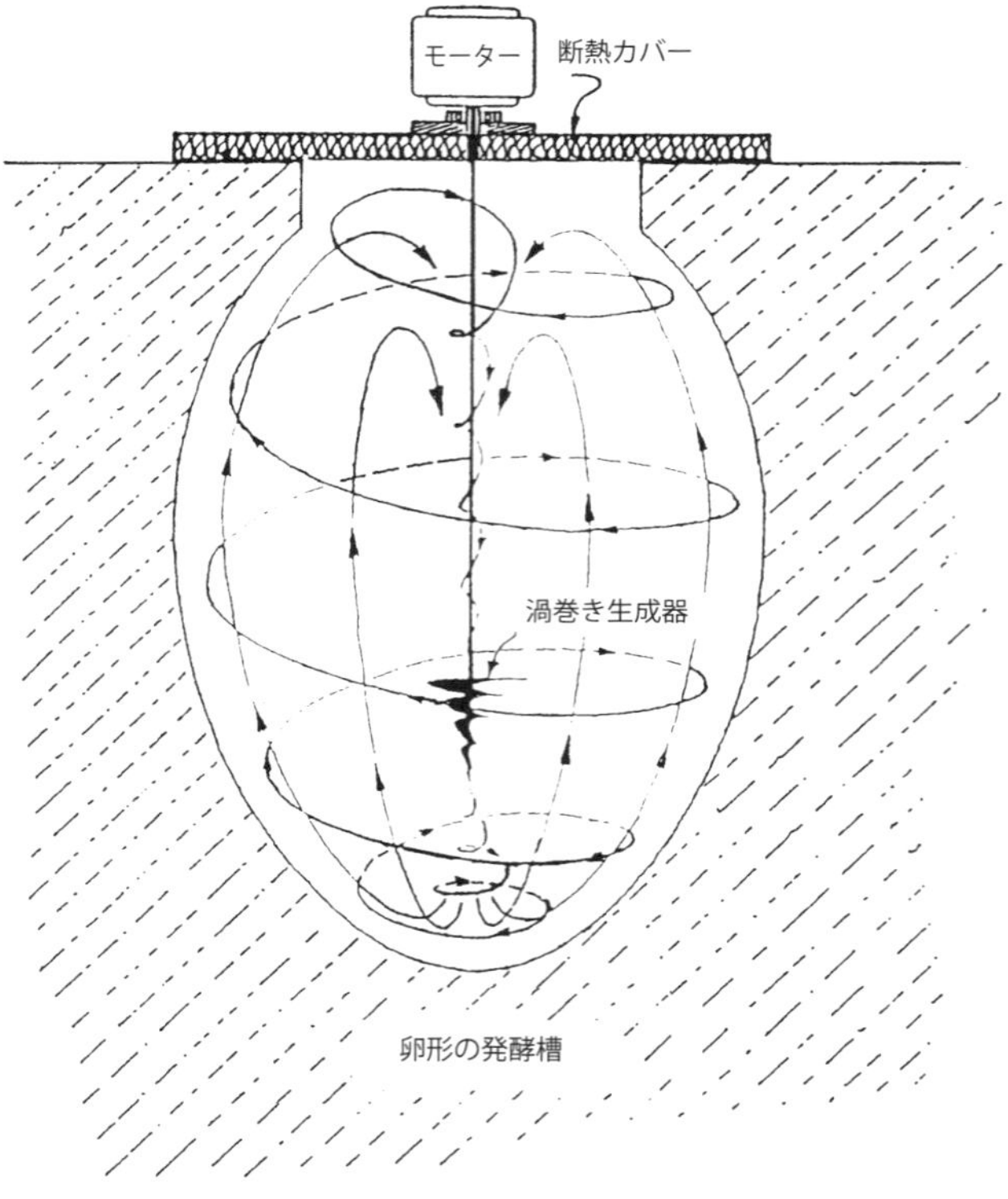

図 17—3　卵形の発酵槽

卵形の作用で粒子は確実に完全に混ぜられ、可能な限り小さな粒子に砕かれて、ホメオパシー的作用を生じる。これについてヴィクトルは次のように記している。

ホメオパシーの原理として、また植物の「独特の」飢餓感を鎮めるために超希釈液を作るにあたって、肥料を希釈すればするほど、前述のエーテル性に近づくため、いっそうの相互作用が進み、それによって生長が早まるのです。(6)

この作用は、天と地の元素を混ぜ合わせるような神秘的な次元のものである。この作用から非常に活発な負の、つまりフラクティゲン的な力が生じ、水がこの力と結びつくと水晶のように透明になる。この水には不快臭もなく、それどころかポドリンスキーの「調合剤５００番」のような甘い匂いを放つ。ヴィクトルによれば、得られる肥料は非常に強力であり、発酵槽が二つあれば、発芽を促進する肥沃な物質を数平方キロメートルの土壌にわたって浸透させるのに十分だろうという。(7)

ヴィクトルはこのプロセスをワイン醸造になぞらえている。ワイン醸造では甘く濁ったブドウ果汁が涼しい貯蔵室の中で熟成し、透明で甘味の減ったワインに変わる。しかし上質のワインを熟成するには一年以上かかるが、このきわめて生産的な液体は、天気が許せばわずか二、三日で作ることができるのである。夕方に畑に撒けば翌日には、太陽エネルギーによる受精を待ちうける、大気に満ちた正のエネルギーを吸収する。ヴィクトルは次のように言う。「このように、ここでは高次の発生的作用が、純粋に性的な生殖プロセスのみならず、量に質をもたらす力を私たちに見せつけるのである」[8]（『我らが無益な骨折り』）

ヴィクトルはダイナゲンのエーテル性についての不気味な体験を記している。これは次のエピソードにおいて、「冷たい炎」として知られる奇妙な生体電気の現象を起こした。

冷たい炎

三〇年以上も昔、アルプスの処女林を歩いていると、周囲から浮き上がったように鮮やかな緑の草と多くの明るい色の花に覆われた、やや平たい丘に出くわした。その丘はシャモの求愛ディスプレイ〔動物のオスがメスを引寄せるための求愛行動〕の場に似ていたため、きれいな鳥が夜明けにディスプレイをするのを見られるかと思い、この辺鄙（へんぴ）な場所で一夜を過ごすことにした。真夜中近くに、丘かららせん状に立ちのぼる青白い炎で目が覚めた。私は山火事を初期のうちに消し止めようと飛び起きた。

そうこうするうちに炎は一メートルの高さまで伸びて卵形になった。それは、時々岩の割れ目から発し、露のしずくのように輝いて岩の尖端に立つ炎と似ていた。何年も前に、ウィーン出身の主任森林監視員のヴァルター・ハッケルがまさにこのように高さが一メートルを超える奇妙な光を撮影していた。その写真の焼増しは残念なことに終戦時に失われてしまった。あるいは略奪者が私のアパートから奪って行ったのかもしれない。

しかし当時はそんな現象については何も知らず、恐怖のあまりあとずさり、漆黒の闇の中に立ちつくしていた。炎はいっそう強く、冷たく燃え上がり、あたりは青白い輝きに揺らめいていた。初め、私はとり憑かれたかのように、登山用の重い杖で、この謎の卵形の炎の舌が次々と湧き出てくるあたりを叩いた。その光の柱が岩のある一箇所だけから出ているのに気づくと、山火事ではないことがわかり、激しく叩くのをやめて周りの土をほぐしてみた。だが何の効果もなかった。

そこで、この卵形の光に手をかざしてみると、熱を感じるはずなのに氷のような冷たさを感じ、手の骨が透けて見えたのだ。凍りつくような寒気が背筋を走った。銃を置いていた木のところまで戻り、安全装置を外して野営場所に腰を下ろし、どうなるのか様子をうかがった。およそ二時間たって、ようやく空が白み始めた。数百メートル離れたところで、シャモが求愛を始めた。そもそもここを訪れた理由だ。その場を動かずに見ていると、不気味な輝きはじょじょに弱まり、突然すべての亡霊は消え失せた。

ようやく朝日がさし始めたので、再び炎の出ていたところに戻ってみると、みずみずしい緑の葉先すべてに、特大の露が、やはり卵形で、きらめくローソクの炎のように静止して立っていた。日の光が葉叢（はむら）にさし始めると、葉先は原初の水（*Ur-water*）の重みにたわみ、日光の熱が強まるにつれ水はみるみる成長していった。[9] そして成熟した露は一つずつ落下した。

次に登山用の杖で塚に穴を掘っていくと、その下の独特の匂いのする腐植土層の中に手ごたえが感じられた。さらに掘り進むと、それはほとんど分解していないシャモア〔アルプスカモシカ」のオスの死骸だった。左前脚にはっきりわかる銃弾の入った穴があったが、銃弾が出て行った穴は見当たらなかった。そのときの季節は狩猟シーズンが終わってかなり経っていたため、密猟者によって撃たれたのだろうと思った。シャモアが厚い腐植土の層に覆われ、その上に明らかに植物が芽を出していることを考えれば、すでにかなりのあいだこの塚の下にあったことになるが、それに気づいたのはあとのことである。さらに詳しく観察すると、目の前にあるのが一種の巨大な墓であることがわかった。

シャモア（ゾウでも同じことが起こる）は、腐敗が起こりにくく分解の遅い特別な死に場所を探し求めるものだと、経験を積んだハンターが話すのをよく耳にしたものだ。病気になった野生動物は、治癒や、苦痛のない死を求めて、冬も夏も、暖かさ、あるいは冷たさの変わらない場所に引き寄せられる。科学的に言うなら、つねに特異的状態が続いているのであり、このため腐敗のない分解が生じるのである。とりわけ熟練した年長の森林監視員によれば、こうした理由のために、高位の聖職者は自分をつねに涼しい教会の地下聖堂に埋葬させたり、もっと下位の司祭では少なくとも自らを雨水から守るために、自分の墓を墓場の東側の壁に沿って作り、その上に小さな屋根を取りつけさせるのだという。後に私は、雨水には分解力を活性化する自由酸素が含まれていることから、実際に腐敗や錆の発生を促すことに気づいた。[10]

肥沃化させるエネルギー

ヴィクトルの埋設型発酵槽は、太陽の男性的な生殖的エネルギー（地球に対し垂直に作用する）と、地球の女性的な肥沃化のエネルギー（地表や地表近くで水平に作用する）が出会う場所となるように据えつけられる。エネルギーの結びつきの残余や副産物が物理的成長となるのだ。ヴィクトルは次のように説明している。

このような発散物は、以前の生命が完全に腐敗しつくした元素から作り出されているため、もっとも自然な肥料であり、かつての空間（空間容積）を変容させ、自らを高用量の（濃縮された）エネルギー成分としてのみ発現できるまでになっているのである。[1-1]（『我らが無益な骨折り』）

これは持続可能性そのものである。物質は、熱と光を通じて高次（四次元あるいは五次元）のエネルギーが固化した活発な廃棄産物であるため、再びエネルギーに変換されれば、考えうる最善の自然の肥料となる。このようなエネルギーで蓄積されるチャージ量は、非空間的なものであるため実際上、限界がない。

肥沃化させるエネルギー（おそらくはダイナゲン、フラクティゲン、クオリゲンの組み合わせ）は、根の先端に付着した、原初の水あるいは羊水を含む小胞である根の原形質を通じて植物自体に入る。夜間や早朝に葉先に生じるもうひとつの原初の水の形態である露のように、この小胞も光や熱にさらされると衰弱する。小さな苗木や幼木を植え替えるときにできる限りの注意を払わなければならないのはこのためである。害をできるだけ少なくするために、この作業は夜間にしか行なってはならない。

植物に絶対に欠かせない、このデリケートな根の原形質は、栄養的エネルギーとミネラルを根が吸収できる形に変換する。ヴィクトルのスケッチ（図17―4）はこのプロセスを示している。これについてヴィクトルは次のように説明している。

> 実際には溶解した物質によって栄養をもらう植物はなく、岩石圏由来の、四次元状態に「昇華した」栄養に富む実体によって栄養をもらうのです。このような拡散するエーテル性は、根の原形質を通じてのみ樹液の流れに入ることができます。原形質においてこのエーテル性は、酸素を含む拡散的なエーテル性によって肥沃化されます。この乳化（原初の生殖〔Ur-procreation〕）から生まれる高次の存在が、五次元に属するエーテル性なのです。このような物質―エネルギーの濃縮物は、負の、エネルギーを高度に帯びた発散物をあらゆる方向に放出し、皮膚つまり樹皮から入り込む、正のエネルギーを帯びたエーテル性を固めます。このように、乳濁液（エマルジョン）の一部が固化した結果生じるものが、いわゆる「生長」なのです。[12]

このように、自然界で肥沃化が生じる方法を使うなら、農業の分野で、健康で持続可能な生長を促すためにできることがたくさんある。この技術を使えば、健康によい食物の唯一の源である土壌を、元の生産性の高い肥沃な状態まで回復させ、さらには高めることさえできるのだ。この技術を

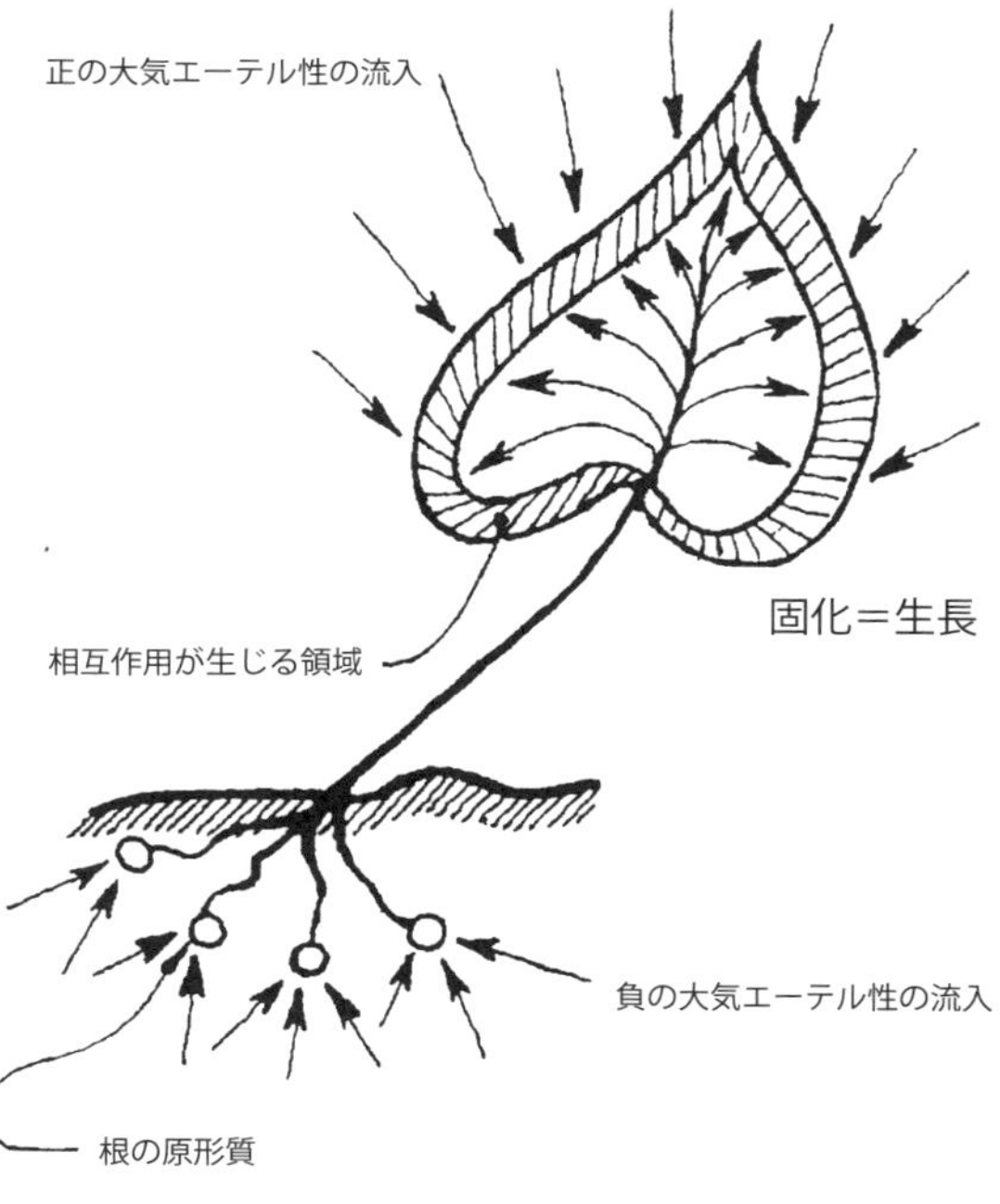

図 17—4　ヴィクトルの記したエネルギーのやり取りを表した図

使えば、有害な化学肥料や殺虫剤を使うよりはるかに経済的なだけでなく、食物の質を高め、量も増やすことができるのである。ヴィクトルは、自然の精妙なプロセスを念頭において、農業のやり方を持続可能で有機的に肥沃化する方法に変え、林業を生物多様性と水資源管理に配慮するものに変えることによって、現在の環境と人間の状況の悪化が食い止められると主張した。

まず人類は自然の働き方を理解し、その法則を受け入れる必要がある。ヴィクトルの人生はこの取り組みに捧げられたのだ。ヴィクトルの仕事が、この目標を追求する人々の力となり、私たちの物質主義的な社会を変えるために必要な変化を促すことを願おう。以下はヴィクトル自身の言葉である。

自由な人間は自由な大地からのみ育つ。母なる大地を犯す人間に故郷はない。なぜなら投機によって破壊された土壌では質の高い人種は生き残れないため、すなわち大地とのあらゆるつながりから切り離されているためだ。人類社会は、拠(よ)って立つ根を失えば滅びてしまう。持続できるはずのない施肥法が腐敗への道をたどっているように、人類社会も頑迷な意志を捨て去るまでは腐敗の道をたどらざるを得ないだろう。そうした意志を捨て去ってはじめてやり直しの機会が与えられ、再び進化の力強い道を歩むことができるのである。[13]

第6部

エネルギーの革新

The Energy Revolution

第18章 内破パワーを利用する

●「機械の全体にわたって直線や円はありません」

——一九三六年に自身の仕事場を訪れた人へのヴィクトルのコメント

先頃、未来学者のアーサー・C・クラークは、人類はエネルギーのアクセス方法で大躍進をとげる直前にいると述べた。こののち、アメリカのシアトルに本拠を置く巨大航空機企業ボーイング社が、ロシア人科学者、エフゲニー・ポドクレトノフの開発した現実的な重力低減装置についての新しい研究を発表することになる（後述）。

明らかに影響を受けるのは輸送の分野である。宇宙旅行は突如簡単なものとなるだろう。飛行機は、大気を汚染することもなく、音も立てずに迅速に私たちを運んでくれることだろう。陸上輸送は迅速かつ安価なものとなるだろう。建築手法も変わるだろう。医学の進歩にも役立つかもしれない。

だが、もっとも重要な利益は、実質的にコストがかからず汚染を引き起こさないエネルギーであり、それが各家庭で作り出せるようになるのだ。費用のかかる全国的な高圧線配電網に依存する必要はなくなる。このような変化は、政治的、経済的権力が、おもに石油とその公共施設である炭素関連産業に関わって存在するために簡単には実現しないだろう。このような電力ブローカーが抵抗することもなく支配権を譲り渡すだろうか？　加えて、道徳的に堕落している現在の人類社会は、新しい技術を使う権利をいつも最初に軍事産業に与えるのではないか。

ポドクレトノフの発明はヴィクトルの研究に触発されたものなので、ヴィクトルが自然を観察することで作り上げた装置によって浮揚力を発見する経緯をたどっていくのは興味深いことだろう。

「内破（爆縮）」研究の始まり

一九二〇年代、ヴィクトルは革新的な木材運搬用の水路を建設することでかなりの富（とともに名誉）を手にした。このおかげで彼は、自然界に見つけ出した強力なエネルギーに基づいて、空気と水から直接エネルギーを引き出す発電所の原型の設計に専念することができた。最初、ウィーンの技術者、ヴィンター博士と一九三一～一九三二年に実験を行なったが、結果が出なかったため、ヴィクトルは実際にマスが水流のエネルギーをあれほど強力な前進運動に変える方法を、もっと正確に観察する必要があることを悟った（五～七、二一～二三ページ参照）。

トラウト（マス）・タービンの原理は、水と空気を、物質を「生きた」状態に変えるように動かす特殊な形状の切り口をもつらせん形のパイプに導くというものである。水や空気は、一定数回転したあとに特殊ならせん状の動きによって高度に活性化した状態となり、そこからエネルギーを取り出すことができるのだ。ヴィクトルが作っていたのは原子レベルの反応だった。しかし、その方法は、水素ガスの原子を強引に圧縮してヘリウムとエネルギーを作り出すのではなく、あらゆる元素を、自然界で生じている、静かだが強力な方法で一緒により合わせることができた。これはどちらかといえば核「融合」に近いものだ。

これまでに見たように、ヴィクトルが自然の働き方の中に見出した優れた洞察の一つに、相互依存性という概念がある。自然のプロセスの多くは、相反するが相補的なエネルギーの形、たとえば熱さと冷たさ、重力と浮揚力、電気と磁気、遠心力と求心力が交代することで機能し、両方の側面が結びついて統合的、相互依存的作用が生じることで全体を作り出す。こうして、ヴィクトルは圧力と吸引力の交代を、このような方法で強力な推進力を生み出す機械の軸に利用できることを発見したのである。

この「バイオ技術的」融合は、ヴィクトルの言う「反磁性（ダイアマグネティック）」の、つまり浮揚する傾向をもつ質の高い物質を生み出した。これは戦争が始まった時期にヴィクトルが設計した機械のもっとも重要な特徴だった。一九四〇年にベルリンの企業によって作られた最初の機械は出来栄えがまずかったため、ヴィクトルを失望させた。そこで彼は組み立てを家の近くのウィーンの工場に移した。そこで最初の空飛ぶ円盤型のプロトタイプを臨時で実験したところ、固定ボルトから外れて、工場の天井にぶつかって穴を開けてしまった。怒った工場所有者はヴィクトルを許さず、二号機の実験には協力しなかった。

ドイツの文化は新しいアイデアに開かれているという評価がある。実際、ヴィクトルの奇妙な発明を耳にしたドイツの実業家は、一九三四年に彼をヒトラーに推薦した。ヴィクトルに強い印象を受けたヒトラーは、面会後に燃料不要のエネルギー生産に関するヴィクトルの研究をできるだけ支援するよう指示した。科学界はこの成り上がりぶりに憤慨し、その面会に居合わせていた量子力学の父、マックス・プランクはヴィクトルの理論について意見を求められて次のように言い返している。「科学は自然とは何の関係もないものです」

自らの名前を冠した革新的な飛行機を開発したエルンスト・ハインケル教授も、ヴィクトルの革命的なエネルギー源を耳にし、その機密の特許申請を盗用して、一九三八年に性能の思わしくないHe280という新型ジェット機に組み込もうとした。ハインケルは特許局を説得してヴィクトルの技術の用途を水の浄化計画のみに制限し、その発明を自身の飛行機研究に自由に使えるようにしようとした。だが、彼は従来の飛行機の機体はヴィクトルの吸引エンジンにはまったく適していないことに気づいた。ハインケルのロストックの工場で、一九四〇年にルドルフ・シュライヴァーが「フライング・トップ」（空飛ぶコマ）を開発したことは、エネルギー発生器を、新たな空飛ぶ円盤のプロトタイプに使ったほうがうまくいっていたことを示している。

一九四三年、シュライヴァーの円盤とその継続的開発は、チェコスロヴァキアの秘密の場所に移され、ヴィクトルは時々そこに派遣された。この新しい「航空機」に関する噂がハインリヒ・ヒムラーの耳に届いた。彼は新兵器開発の発想の源として、従来の枠にとらわれない科学に引きつけられていた。ヴィクトルの活動はこのとき高度な機密となっており、当時はプロジェクト間を渡り歩いていたが、研究開発の責任を任されてはいなかったようである。しかし、一九四三年にヒムラーはドイツの秘密兵器開発の役割をSSに託す。

SSは戦争捕虜を労働力として使い、連合軍に爆撃されることのないポーランドとチェコスロヴァキアの巨大な洞窟地帯の中に、新たに秘密兵器用の製造施設を作った。このような地下施設が戦争のもっと早い段階で作られていたなら、戦争の帰趨は違ったものになっていたかもしれない。機密レベルは非常に高いものだった。このため、戦争終結時に、ある重要拠点では、複雑な新エネルギーを使った原子力軍事施設が迫り来るソ連軍の手に渡らないように、SSは六二名の科学者と研究所の技術者を整列させて射殺したといわれる。[1]

SSは一九四四年にはヴィクトルの機械はすでに生産可能と判断していた。彼らはヴィクトルを徴兵し、死の恐怖を与えて、オーストリア・リンツ近くのマウトハウゼン強制収容所の捕虜技術者を使って五つの計画を進めるよう命じた。優先順位の高い空飛ぶ円盤に加え、浄水装置、高電圧発電機、冷暖房装置、水から水素を生合成する装置のプロジェクトがあった。しかし、連合軍の爆撃が成功したことにより、ヴィクトルは拠点を上オーストリアのレオンシュタインに移し、改良型の円盤である「リパルシン（Repulsine）」〔脈動式機関〕がついに試験可能な状態になったその日にアメリカ軍が到着したのである。SSの警備はその前日にいなくなっていた。

イギリスの技術者、ジョン・フロストは戦後まもなくカナダに移住し、カナダの飛行機工場で、アメリカ資本から大部分の資金提供を受けながら、アヴロカー（Avrocar）と呼ばれる空飛ぶ円盤プロジェクトを進めた。これは垂直に離陸し、高高度を時速約二四〇〇キロで飛ぶはずだった。フロストらは安定性を得るのに苦労していたが、動力装置に問題があることに気づき、ヴィクトルの推進システムを好条件を提示して買い取ろうと彼に接触した。自分の発明を人類のためになることのみに利用するという約束をフロストらが拒んだため、ヴィクトルは申し出を断った。次にアメリカ企業からも三五〇〇万ドルを提示されたが、これも同じ理由で断ったという。この後まもなく、ゲルクシャイマー・コンソーシアムがヴィクトルに接触することになる。

アメリカのコンソーシアム

一九五八年にヴィクトルの秘密を引き出そうとしたアメリカのコンソーシアム（共同事業体）の発起人であるカール・ゲルクシャイマーは、一九四五〜一九五〇年のアメリカ占領地域のドイツで、あらゆる民間運営機関と物流のトップであり、非軍事的存在としてはもっとも力をもっていた。彼はバイエルン人であり、ヴィクトルがどこの出身かわかると考えていた。彼はヴィクトルの論文を何本か読んでおり、山とそこに流れる穢れない水に対して自分と同様の愛情を抱いていると感じたのである。

ゲルクシャイマーは、実業家であり資本家であるロバート・ドナーとともに、根本的に新しい発電技術の開発を進めるためにシャウベルガー親子をアメリカに連れて行く計画を立てたが、当時ヴィクトルの健康状態はかなり悪かった。一九五八年五月、グループは隠密裏にテキサス州の砂漠の人目につかない場所に集まった。さまざまな遅れと深刻な意思疎通上の問題が生じた。ゲルクシャイマーとドナーは、ドナーの財政顧問で、生産を監督するノーマン・ドッドと意見が合わず、論争の末に彼を解雇した。ヴィクトルはやがて、おそらく誤解だろうが、このコンソーシアムがアメリカ政府の一部で、自分の研究を糸口にして非常に強力な原子爆弾を作ろうとしていると思い込み、協力を拒んだ。

基本的に彼らにはそれぞれ問題があった。シャウベルガー父子、ゲルクシャイマー、ドッドはそれぞれが事情について異なる見解をもっていた。ゲルクシャイマーは、ヴィクトルの理論の説明を聞いても要領を得ないことが不満で、彼の理論が間違っているのではないかと考えた。彼はじょじょにヴィクトルからは自分たちの望むものを得られないという結論に達した。ヴィクトルは、やがて自分が八年間滞在しなければならないことが明らかになると嫌悪感をあらわにし、それ以降は実質的にそれ以上のコミュニケーションを拒んだ。

父子が、実質的にコンソーシアムにヴィクトルの文書、設計図、モデル、あらゆる将来のアイデアや発明に対する権利を委託するという趣旨の契約（これはドイツ語に翻訳されなかったため、彼らは読むことができなかった）を新たに交わしてようやく、ヴィクトルは愛するオーストリアに戻ることを許されたが、そのときには彼は失意の人となっていた。

新種の航空機？

一世紀前にライト兄弟が作った飛行機には翼と尾翼、方向舵があった。現在の商業用ジェット航空機もすべて同じ原理で作られているが、燃料効率ははるかに悪くなっており、大気中を飛んでいくために数百倍のエネルギーが必要となる。空気抵抗と重力に抗うためにますます多くの力が使われ、材料と開発には天文学的なコストがかかる。一九五〇年代初めにアメリカの大手航空機会社のいくつかは重力を弱める研究を行なっていた。研究者の一人、タウンゼント・T・ブラウンは円盤状の航空機を設計していたが、表面に大量の電気を流すことで機体が大幅に軽量化し、またこれによって偶然にも機体がレーダーに映らなくなったのだ。

従来の科学理論では、熱力学の第二法則やアインシュタインの相対性理論つまり重力理論などの法則は破ることができないとされる。私たちは学校でそう習うし、違うと主張すればうさんくさく見られ、ばかにされる。量子力学のような科学の最前線で研究している科学者は、現在このような法則が従来の物理的条件下でだけあてはまることを解明しつつあるが、このことはまだ広く受け入れられるにはいたっていない。

重力を弱めることができる、あるいは打ち消すことすらできるという発見は、人類にとって深い意味をもつ。それは私たちの世界に別の次元、いつでも存在していたが、気づくことがなかった次元を加えるようなものである。多くの人（とくにものごとが予測可能であることを好む従来の科学者）にとって、これは恐ろしいことであり、望まざる進展だろう。

重力制御への魅力は大きい。重力を打ち消すことのできる飛行機に乗れば、機体がどれほどの速さで加速したり、方向を変えても乗客はつゆほども不快感を味わうことがないだろう。宇宙探査も革命的に進歩するだろう。他の分野に応用すれば、重力がなくなるために動力をエンジンから車輪に伝える問題も解決され、家庭や工場では燃料が不要となり、他にも医学を含め多くの利用法が出てくるだろう。一九五六年には、重力制御を利用した新しいタイプの航空機が五年以内に開発されるだろうという予測が立てられている。産業用、家庭用に、効率がよく経済的で、清潔で静かな燃料不要の推進力をもたらす新エネルギー技術の時代を迎えるのに必要だったのは、アメリカ政府による投資と若干のてこ入れだけだったのである。

これは決して実現しなかった。あるいは実現したのだろうか？　重力制御についての議論はアメリカでは一九五七年にすべて消え去った。だがその時期に、軍産複合体の研究開発部門が水面下に消え、あるいは通俗的表現で「ブラック」〔秘密の意〕と呼ぶ状態になり、政府にまったく説明が求められることのない存在となり、天文学的な予算の調達は立法府の精査から巧妙に隠されるようになったのである。この状態は冷戦時代には国家の安全という名目で正当化されたが、その後も同じ状態が続いている。実際、アメリカは、一九四三年に新しい兵器の開発のイニシアチブを軍需産業からＳＳの指揮する極秘の（ほぼ文字通り地下（アンダーグラウンド）の）プログラムに移管したナチスドイツの例を踏襲していた。

アメリカの航空産業の暗部で開発されている秘密の航空機についてはさまざまな報告がある。もっとも特筆すべきはノースロップ社のＢ―２ステルス爆撃機である。これはロッキード社のステルス戦闘機のあとを継ぐものである（「ステルス（Stealth）」という言葉はレーダーに映らないという意味だ）。一九九三年にＢ―２が実戦配備されて以来、二〇機が製造され、費用は一機につき二〇〇億ドルに上った。[2]

実験的な空飛ぶ円盤型航空機の試験飛行によってＵＦＯの目撃が説明できるのではないかという意見がある。たしかにその可能性はあるが、今もアメリカの空飛ぶ円盤の開発計画がうまくいったという証拠はない。

ニック・クックは、著書『ゼロ・ポイントを求めて（*The Hunt for Zero Point*）』の中で、巨大な航空機産業は基本的に保守的であるという結論にいたっている。彼らは一九四〇年代の終わりにタウンゼント・Ｔ・ブラウンが先駆けたタイプの重力制御研究を採用できなかったが、それは航空学界内で信用を失い、産業が悪影響を被りかねないと判断したからなのだ。

> 私が学んだのは、科学には二種類あるということである。大学で教えられているものと、教えられないあらゆる奇妙なものである。このことを知るのは危険である。これは真の大変化であり、理解しにくいものだ。航空宇宙産業や防衛産業は独創的な人を重んじるというが、これは、彼らが人類に飛躍……つまり、レーダー、爆弾、ステルスなどをもたらす人たちであるからだ。しかし、あまりに先を見通してしまうと、彼らは狂人を見るような目で見る。やがては彼らに消されかねないのだ。[3]

技術分野が保守的である理由としてもう一つ見逃されがちなのは、政治的、経済的権力が、輸送分野にある程度集中し、とくに炭素燃料産業に深く集中しているということである。現在高価で中央集権的な石油製品と電力の分配に依存している無数の人々に、はるかに大きな自由を必然的にもたらす、実質的に無料のエネルギー源を研究することで、この権力を不安定化させる理由があるだろうか？　くみ上げられる石油が潤沢である限り、そうする理由はないだろう。

ヴィクトルの新エネルギー研究

しかし、二〇〇二年七月のイギリスの軍事専門誌「ジェーンズ・ディフェンス・ウィークリー（*Jane's Defence Weekly*）」は、航空宇宙産業界の巨人、ボーイング社が、低温容器の中に入れた三つの電気コイルの磁場の中に、超伝導セラミックのディスクを浮遊させて高速で回転させるロシアの装置を積極的に検討していることを認める研究論文の存在を公表した。

この研究の背後にいるのは、当時フィンランドで研究を行なっていたロシア人科学者、エフゲニー・ポドクレトノフ博士である。博士が一九九六年に重力低減装置の詳細について初めて公表したとき、同僚からのけ者にされ、大学を解雇された。その理由は、重力の法則は破ることができないからというものだったのだ！　その後彼は、水力工学の第一人者であった父親が終戦時にヴィクトルの原論文を入手していたことを認めた。

新しい科学的発想をもつもっとも創造的な先駆者とは、本来、自分のアイデアを実現させたいという強い思いを抱く実際的な人間である。ヴィクトルもその例外ではなかった。従来の人類の技術で開発された機械はきわめて効率が悪いだけでなく、環境破壊の大きな原因となっていることに気づいたヴィクトルは、自然の創造的方法を利用するが、ほとんど費用をかけずに莫大なエネルギーを生み出せる装置の設計に着手した。

ヴィクトルは直線と曲線からなるユークリッド幾何学のモデルを放棄した。彼の機械のあらゆる機能面は、自然界に見られる非ユークリッド幾何学の開かれた形態であるらせん、湾曲、カーブなどを利用している。彼が活用した卵形やらせん形は、自然なプロセスを安定させ、高め、修復する生命肯定的なエネルギーを生み出す。

ヴィクトルがプロトタイプの装置を設計した当時、複雑な曲線からなる面を作り上げることはきわめて難しかった。現在では、コンピュータプログラムを使えば自然の卵形、らせん形、渦巻き形を容易に再現することができる。自然に優しいシステムを設計するにあたってのデザイン上の解決は理論的には簡単なのだ。欠けているのは洞察力と想像力なのである。

一九三〇、四〇年代には多数のプロトタイプを開発している。質の高い湧き水を生み出す機械、家庭用の冷暖房装置、とほうもない量の原動力を生み出すさまざまな装置である。このような機械はすべて同じ原理で機能し、本質的に静かで稼動コストが低いという共通点があった。男性と女性のエーテル性、創造的渦巻き運動、温度勾配、生体電気と生体磁気などの自然界にあるすべての重要な要素がその本領を発揮する。

ヴィクトルは次のように述べている。「二つの温度勾配が交差するところでは原子のエネルギーが解放される。そのエネルギーが形成的になるか破壊的になるかは、それぞれのケースで動きの種類と、動きを生み出す機械を作るのに使われた合金の組成によって決まってくる(4)」

生物学的真空

●私は、間接的に作用し、完全に検出不可能な吸引力を生み出すことができる。空気の流れは気づかれない。手の甲を口の前にかざして空気を強く吸い込んだときのような、ほとんどわからないほどの涼しさがあるだけである。このため私が熱帯のサイクロンや台風をまねたというのは正しくない。

——ヴィクトル・シャウベルガー(5)

ヴィクトルが作ったあらゆる機械の力学的原理は吸引によるもので、水を深く張った浴槽の栓の穴に手を当てたときに経験するような、もっとも単純なものである。手を引き離して、もう一度置いてみれば吸引力が莫大であることがわかる。ヴィクトルの計算を手伝ったフェリクス・エーレンハフト教授が、吸引力つまりエネルギー用語でいう内破力を計算したところ、爆発より一二七倍強力であった。

浴槽の吸引は重力によって生じるが、これは求心力と、それと相補的な遠心力が関わってくるものである。航空機のジェットエンジンが同軸上で吸引と圧力の相互作用を利用するのと同じように、ヴィクトルは生物学的真空を生み出すために同軸上の遠心力と求心力のバランスを利用した。

これは気体や液体をらせん状に高速で回転させて密度を高め、冷却することで生み出される。水を使う場合、水に含まれる気体の量は一℃冷却するごとに二七三分の一ずつ減少していく。しかし平均的な量の水蒸気を含む空気を使う場合、水に対する空気の圧縮比は八一六対一となる。四℃の水一リットルの重さは一キログラムだが、通常の大気一リットルの重さは〇・〇〇一二二六キログラムである。これが内破エネルギーの基礎である。

体積が大きく減少すると、生物学的真空が生まれ、これが理想的な、環境に無害な原動力となる。気体は水に変換され、水に含まれる気体は、さらに生物学的真空の形成で生じる持続的な冷却作用によって、エネルギーに変換される。

ヴィクトルの機械は、物理的実体を空間的に縮めることに加え、非物質的エネルギーに変換し、実際には三次元から四〜五次元への移行が生じるのだという。カラム・コーツは次のように記している。

> この高次の領域の存在は、神智学の教えで「ラーヤ点」（零点）と呼ばれるものである。これはきわめて高い力をもつポイント、いわば針の目であり、それを通って、またそこからすべての発現エネルギーが増殖する。ヴィクトルはこのプロセスを「高次の内側への落下」と呼び、一九三六年八月一四日の日記に次のように記している。
>
> 私は、「真空」と呼び慣れた、非物質化による圧縮である見かけ上の「虚空」に向かい合っている。今や私には、人類がこの「無」から自分たちのために望むあらゆるものを作り出

せることが理解できる。その因子は、地球の血液であり、もっとも普遍的な生物である水なのだ。(6)

ヴィクトルは、物理的次元から物質を取り除いて生じる非空間的、別世界的な真空を、変換された物理的実体に対応する、無限ともいえる量の純粋な形成的エネルギーで満たす方法を示した。通常は光か熱によって適当に刺激を与えるだけで、この莫大なポテンシャルとエネルギー源を解放することができる。(7) 彼は自身のねらいを次のように記している。

私は、核分裂によるエネルギー生産が非経済的どころか、ばかげて見えるほどに安価にエネルギーを作れるエネルギー源を、生命を守り、救おうとする人たちの手にもたらさなければなりません。これは残されたわずかな時間で自分に課された任務なのです。(8)

冷たい核融合

遠心的技術と求心的技術の相違は、核エネルギーにおいてもっとも顕著となる。ヴィクトルは核分裂(爆発的)の危険性についてたびたび痛烈に批判し、現代の技術の時代における理想郷(シャングリラ)である核融合(爆縮的)の秘密をあと少しで明らかにするところまで迫った。その鍵は極限的な生物学的真空であり、これはあとに見る「空飛ぶ円盤」でもう少しで達成されかけた。このプロセスは「冷たい核融合」と呼びうるものである。

ヴァルター・シャウベルガーは、物理学と数学の知識を駆使して、物質を仮想的（ヴァーチャル）な状態に変換するプロセスを他の科学者が理解できるように説明することができた。このようにして、父と息子の手法はたがいを補い合ったのである。著名な環境保護運動家で、「森林協会（メン・オブ・ザ・ツリーズ）」運動の創始者であるリチャード・セイントバーブ・ベーカーは、シャウベルガー父子の物理学の試みのもつ可能性に感銘を受け、クレメント・アトリーが首相をしていた〔一九四五〜一九五一〕イギリス政府にヴァルターとヴィクトルの内破（爆縮）研究を援助するよう吹き込んだが、残念ながらうまくいかなかった。

かわりに、ベイカーは一九五〇年にヴァルターをイングランドに招いて一流の科学者たちを相手に講義し、対話してもらった。まずオックスフォード大学で物理学者、化学者、林業研究者の会合がもたれた。科学者たちは丁重な関心を示したが、コメントは差し控えた。しかし、ケンブリッジ大学ではラザフォードとともに初めて原子を分裂させたジェームズ・チャドウィック卿がヴァルターの講義に深く感銘を受け、他の原子物理学者に彼を紹介した。

バーミンガム大学の、一流の原子物理学者のグループは、この新しい物理学に強い関心を寄せ、刺激を受けたことを認めている。数週間後、ベイカーが再びバーミンガム大学に戻り、科学者たちに、その後ヴァルターの講義について話し合ったかと尋ねた。「ええ、話し合いました」と彼らは認めた。講義の内容は「反論の余地がない」ことで意見が一致した。「それでどうするつもりですか？」とベイカーが尋ねた。「何もしません」と彼らは答えた。「どうしてです？」「世界中のあらゆる教科書を書き換えることになるからですよ」[9]

湧き水をエネルギー的に生成する

ヴィクトルは一九三〇年代早期に、この機械(リパルシン)(図18—1左)に取り組み始めた。これは劣化した水や蒸留された水を、湧き水のような高品質な、活性作用のある新鮮な水に変えることを目的として設計された。作用面の一部を銀でメッキした銅製の、容量一〇リットルの卵形の容器が用いられた。これは生体磁気と生体電気のエネルギーが保持できるように絶縁されている。尖底部近くの動力つき回転ブレードによって、水塊に左右交互に渦巻きを起こし、自然に流れる川の湾曲で生じる、正と負に荷電された縦方向の渦巻きを再現する。ヴィクトルは自身のエネルギー生成装置のために卵形を選んだが、それはこの形が唯一自然に渦巻き運動を発生させる閉鎖形であったため必然的なことだった。

内回転と外回転の動きによって水は、山の湧き水の化学的組成に近づくように、特定の順序で加える二酸化炭素やさまざまな微量元素を吸収できるようになる。二酸化炭素を入れながら、四リットルほどの水を排出する。いったんモーターが動き始めると、二酸化炭素が水に吸収される。渦巻き作用とその結果生じる冷却作用によって、二酸化炭素は炭酸に変化し、〔生物学的〕真空状態が生じる。水が四℃まで冷却されると、冷たい酸化が起こり、添加した微量元素とミネラルが吸収される。

このプロセスには四五分かかり、その後、水を低温で二四時間放置する。この水を八℃以下の温

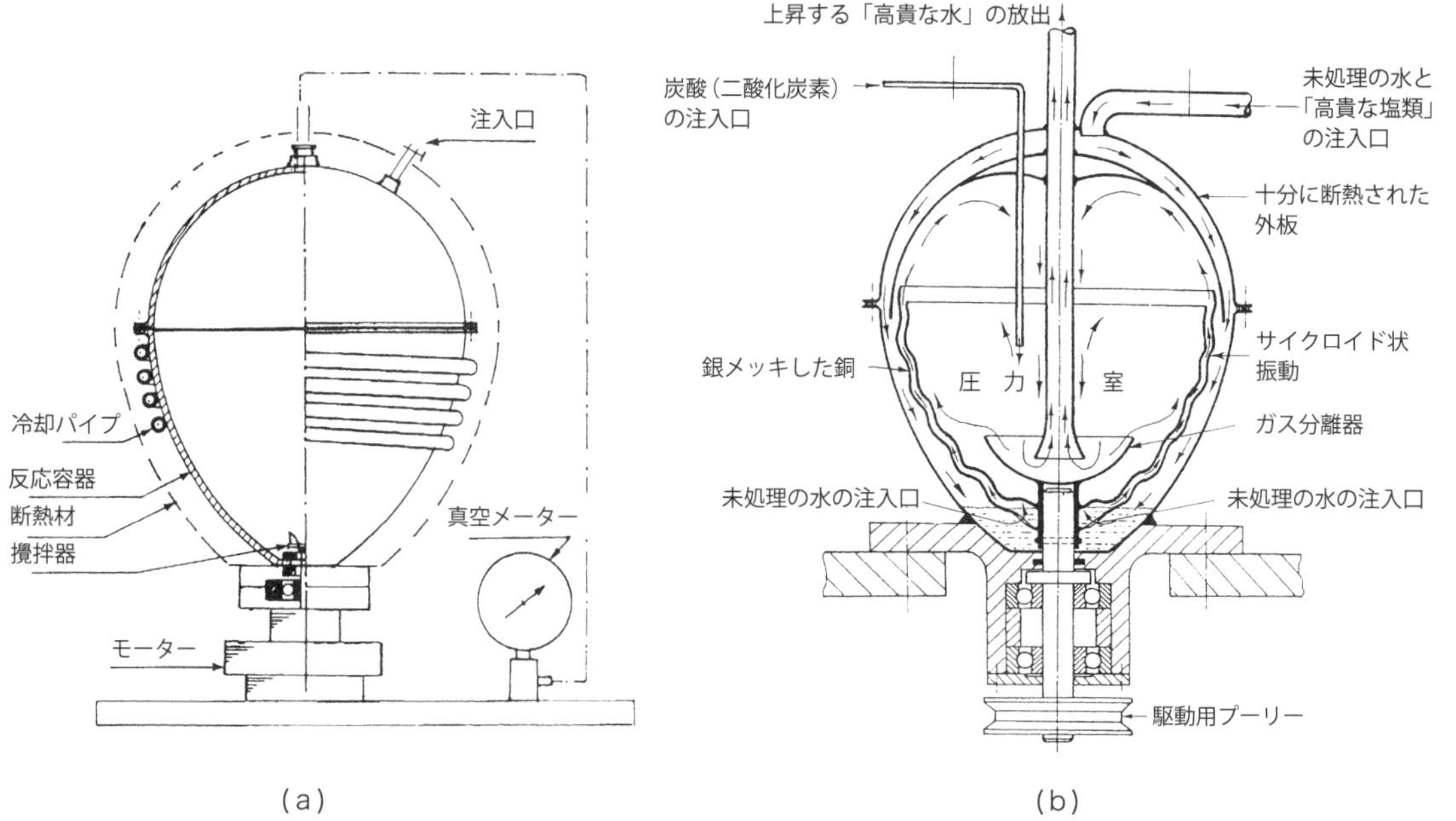

図 18—1　湧き水の生物学的合成
（a）オロフ・アレクサンダション式「リパルセーター」、（b）シャウベルガー式「リパルシン」。

度で、卵形容器からゆっくりとじかにすすれば、体内の過剰になった酸性が中和され、酸素（この温度では受動的になる）が取り入れられるために細胞の健康が回復する。

〔訳註・本書の原書ではこの装置を「リパルセーター（Repulsator）」としているが、カラム・コーツの『生きているエネルギー』ではヴィクトル自身による装置を「リパルシン」としているのでそれに従った〕

内破エンジン

この野心的な装置は発電機として設計されたが、質の高い水も生み出した。これはリパルシンと同じ原理で作用し、まず空気を除くために水を満たし、その後二酸化炭素が同時に入るように十分に排出する。

これは、クーズーアンテロープの角の形（二六ページ参照）を再現するよう考えられた同形のらせん形の管をつなげて水を噴出させることが鍵となるもので、作るのが難しかった。断面が卵形という興味深い形状の管の中では、水はほぼ完全な二重の対数らせんを描いて流れる。この管の形状とじょじょに減少する直径は、黄金分割の比率に従っている（八〇〜八二ページ参照）。

ヴィクトルはシュツットガルトでの実験で、水を内側に巻き込むように流して管の壁から離れさせ、摩擦を大きく低下させる形状のパイプを使ったが（二一五〜二一九ページ参照）、内破エンジンの仕組みも同じ原理で作用する。後出の図18―2（三四六〜三四七ページ）に示した二種類のらせん形パイプの中では、選択したらせん管の種類によって、水はらせん管のねじれと同じ方向に回転するか、反対の方向に回転する。それぞれの水力学的効率は実験によって決定される。実際には、いずれか一方のらせん管の構成が中心ハブに取りつけられる。

この作用によって水に二重らせん状の動きが生じ、水は冷却され、凝縮する。また〔添加された微量元素との作用により〕エネルギー極性の変化、たとえば磁気から生体電気へ、また電気から生体磁気への変化が可能となる。このような極性の変化によって、抵抗を生じるエネルギーが、浮揚性をもち反磁性体的なダイナゲン〔非物質的エネルギーの増幅にかかわる要素〕のような、動きを強めるエネルギーに変わる。

この「セントリパルサー（centripulser）」（中心脈動発生器）をモーターで毎分一二〇〇回転させると、水は二重らせん状の求心的圧縮力を受けながら、遠心力をかけられてらせん管の先へと向かう。水は高密度と高速のために、莫大な力で直径一ミリのノズル（管一本につき四本のノズルがある）から出て行く。流出速度は約一二九〇メートル／秒（音速の約四倍）となり、この速度では水は鋼線のように硬くなる。

ヴィクトルの立会人の一人、アルノルト・ホールとともにいたグレトル・シュナイダーという女性は、目撃したことを次のように記している。

ヴィクトル・シャウベルガー氏は機械を私に見せてくれた。かつての巨大な構造物の姿はなかった。元の半分のサイズまで小型化されていて、作動させると莫大なエネルギーを生み出す。私は鍋の水を機械の底に注ぎ入れた。機械の立てる音はほとんど聞き取れないほどだっ

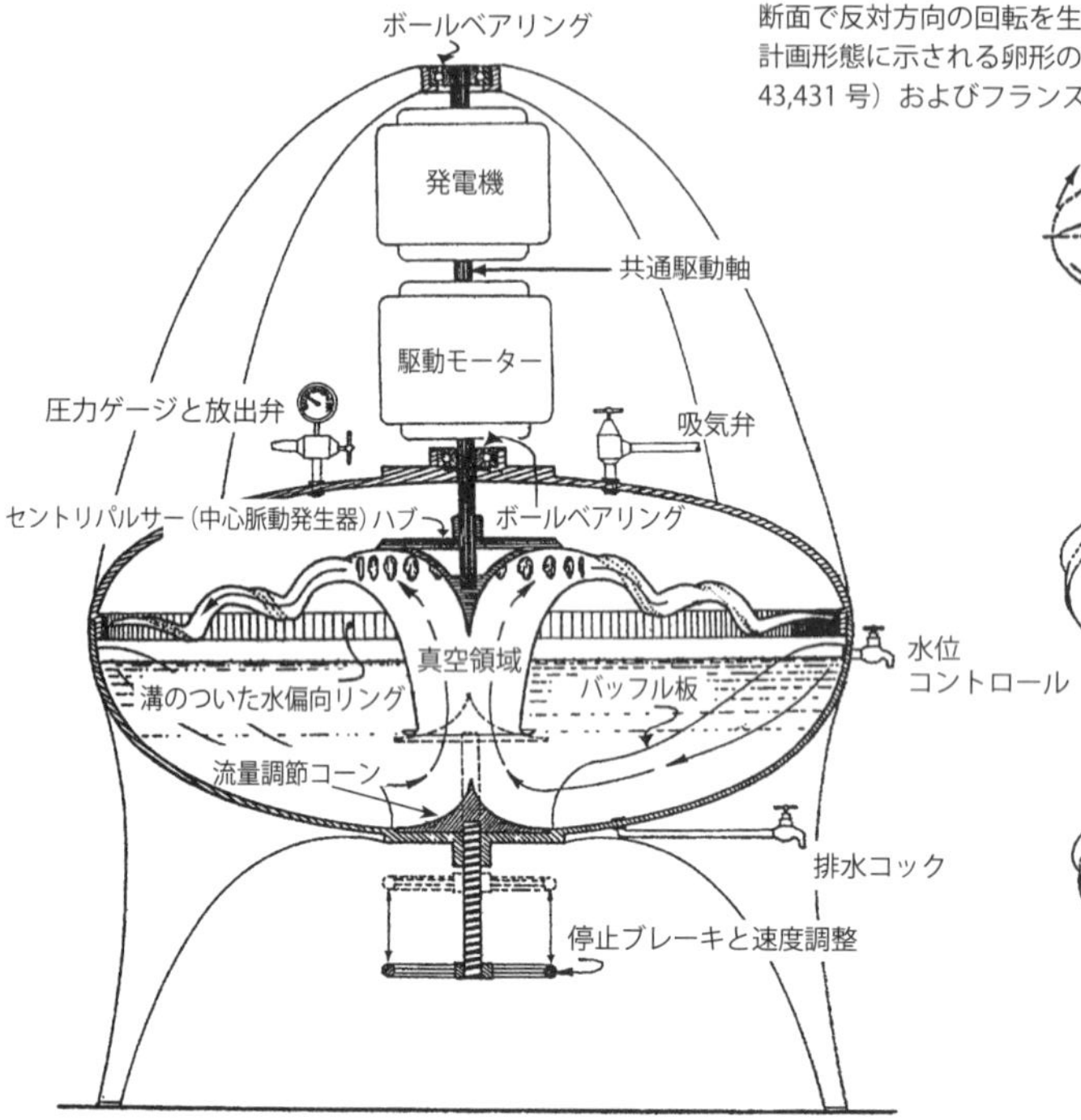

トルネード（竜巻）型発電機の断面図

断面で反対方向の回転を生じる水を示す、考えうる二種類のらせん管の設計。計画形態に示される卵形のらせん管の断面図は、1953 年のブラジルの特許（第 43,431 号）およびフランスの特許（第 1.057.576 号）から再録。

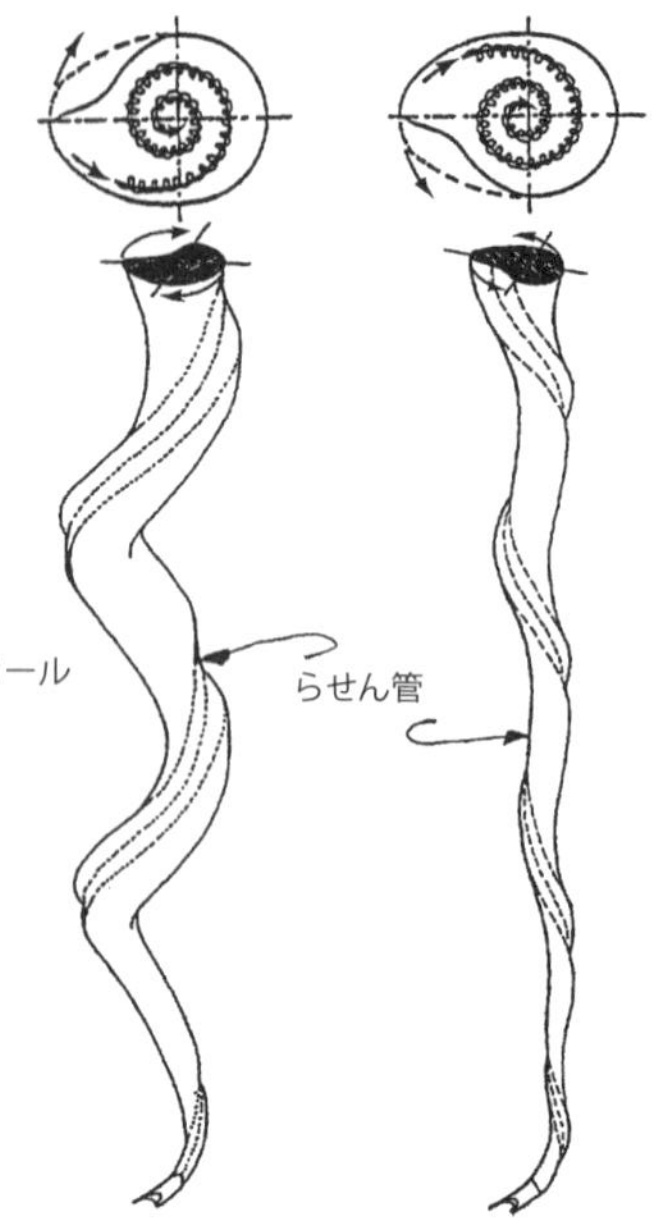

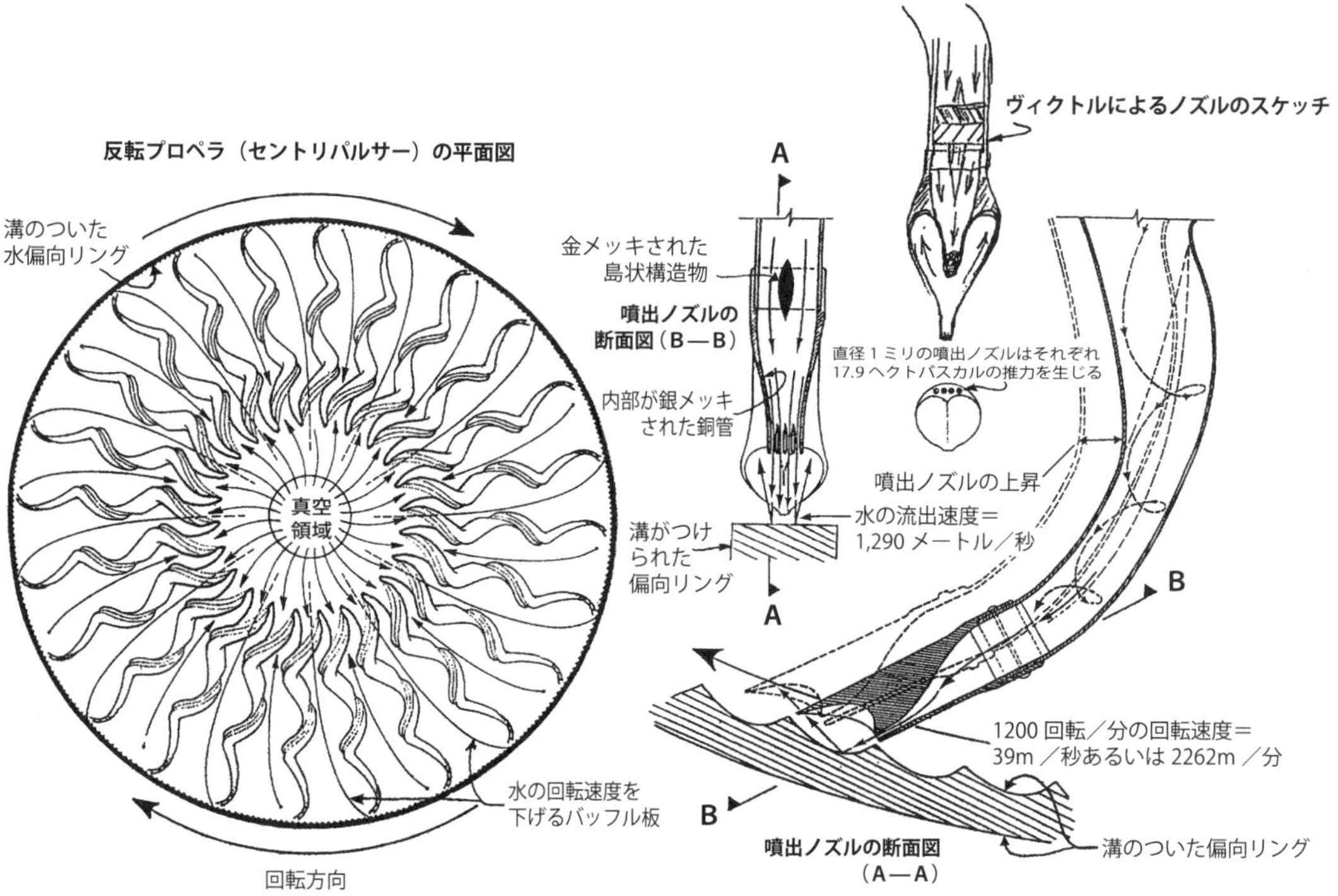

図 18—２　家庭用トルネード（竜巻）型発電機
特許出願その他のデータに基づく略図。

たが、「プッ」という音がした瞬間、水は厚さ四センチのコンクリート板と厚さ四ミリの超硬鋼板をすごい力で貫き、さらに水の粒子は目にもとまらぬ速さですべての服を貫通し、皮膚にチクッという電光のような痛みが感じられた。コップも同様に貫かれ、色ガラスの表層の外側に、長さ五センチの硬い髭状の突起が生じた。(10)

ヴィクトルの機械には始動用モーターの不要なものがあり、手動の始動用ハンドルを何度か回すだけで自力で動き続けた。重いセントリパルサーの場合はモーターが必要になるだろうが、十分な速度に達すれば自力で回転できるだけのエネルギーが生じる。機械がヴィクトルの主張する通りに働くなら、発電機はモーターの必要とする量の一〇倍の電流を生み出し、九倍分は余剰の電流となる。ヴィクトルの機械の問題の一つは、どのように動かすかということより、どのように停止させるかにあった〔水の供給を断って止めるなど〕。他に、生じる浮揚性エネルギーによって空中に浮き上がるのを防ぐために床に機械を固定状態に保つことも課題であった。

リパルシン（脈動式機関）と「空飛ぶ円盤」

第1章〔三五ページ〕で見たように、この機械についてはいくつかのモデルが開発されている。最初のものは一九四〇年にヴィクトルの主張する新エネルギーの生成を調べるために、次には彼の浮揚力飛行の理論を実証するために開発されたが、一九四〇年代半ばに開発されたものは、第三帝国の新たな秘密兵器のプロトタイプとしてであった。

この時期にヴィクトルが実際に何をしていたかについてはさまざまな憶測があり、その多くは、軍との契約下で「空飛ぶ円盤」の開発に従事していたことを示唆している。一九四五年二月一九日にプラハで打ち上げられた「空飛ぶ円盤」は、マウトハウゼン強制収容所でヴィクトルが建造したプロトタイプの発展型であることが後に知られるようになった。これは三分間で高度一五〇〇〇メートルまで上昇し、時速二二〇〇キロに達した。ヴィクトルは次のように書いている、「私がこの出来事について初めて耳にしたのは、戦後、一緒に働いたことのある技術者からであった」。友人に宛てた一九五六年八月二日付の手紙では次のように記している。[11]

「機械は［陸軍元帥］カイテルの命令によって終戦の直前に破壊されたと聞いています」

これはヴィクトルがウィーンのシェーンブルン宮殿で作った直径二〇センチのリパルシン式機関をはるかに大きくしたバージョンであった。これは毎分最高二万回転できる小型の高速電動モーターを搭載しており、その回転数に達するとセントリパルサーの自動回転が始まった。「この機械は（ヴィクトルの不在時に）始動させたときに、直径六・二五ミリの高張力鋼鉄製固定ボルト六本を引きちぎって上に飛び上がり、格納庫の屋根にぶつかるほどの強力な浮揚力を生み出した」[12]

リパルシン式機関には実際には二種類のものがあった。一つは地面に固定され、水平軸によって電力を生み出す設計のもの。もう一つは空を飛ぶよう設計されたものである。いずれも強力な浮揚

図 18—3（上）と図 18—4(下）「空飛ぶ円盤」のプロトタイプ

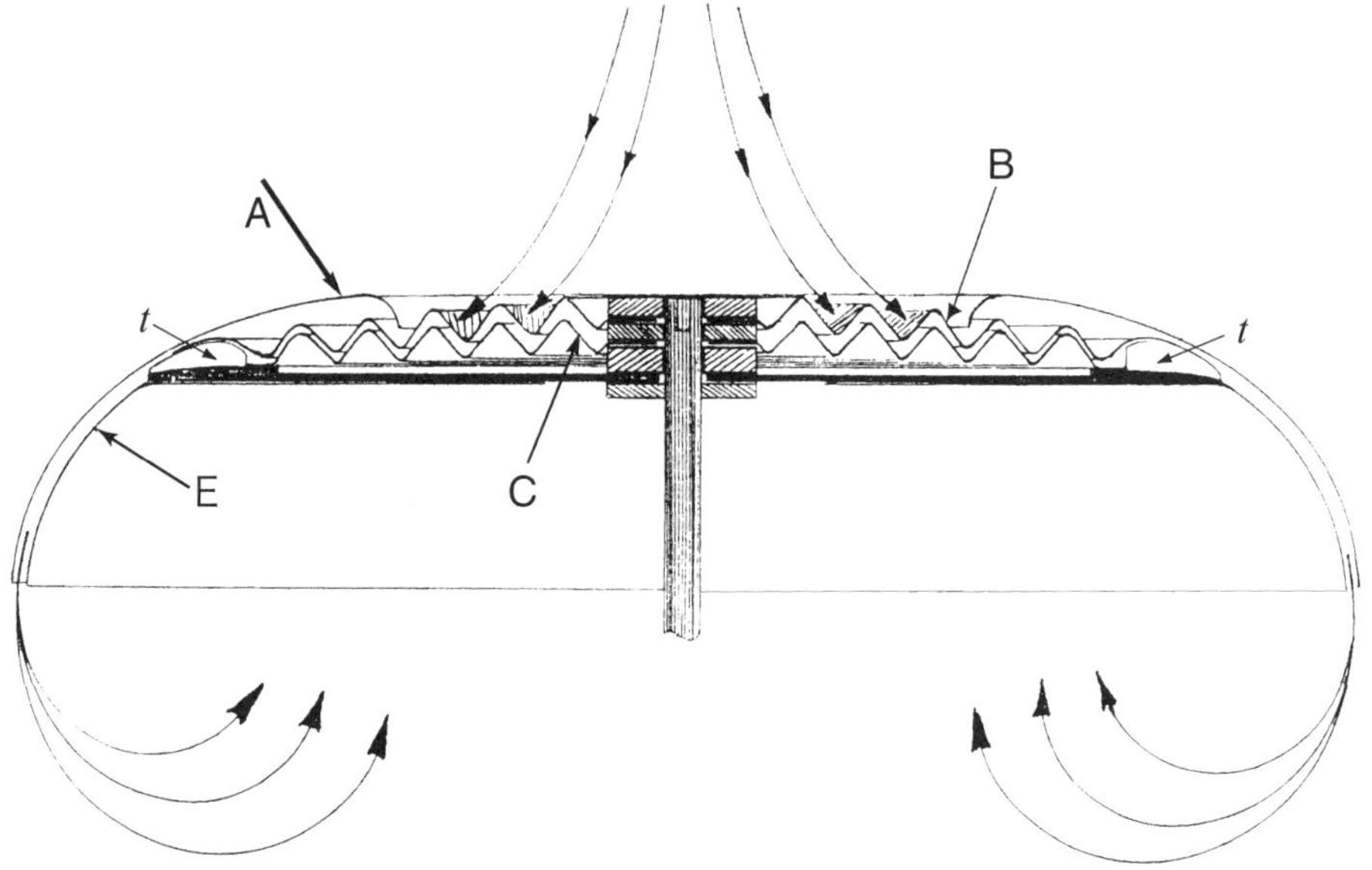

図 18—5　「空飛ぶ円盤」の断面図

A＝厚さ 1.2 ミリの湾曲した銅板で、図 18—3の写真に見られるような開口部が中心にある。セントリパルサー（中心脈動発生器）〔この機関ではプレートB、Cとその間隙がセントリパルサーを構成する〕の高速回転によって、溝のついたプレートBとCのあいだに空気が引き込まれ、その空気を冷却し、密度を高める強力な遠心的、また求心的な力〔間隙内でのらせん状の動きによる〕がかかる。空気が水に変換すると 816 分の 1 に収縮して真空（生きている〔生物学的〕真空）が生じ、さらに吸気が加速する。20,000 回転／分で回転することで真空と高密度化の度合いが強まり、分子を固く圧縮することで浮揚性が生じる。原子はヴァーチャルな状態に変化し、圧縮されて形のない元の四次元の状態に戻される。

性のエネルギーを生み出したため、前述のエピソードが起こったのだ。
中心脈動(セントリパルス)の作用で生じる速度が増すにしたがい、空気の分子は、求心力と遠心力の相互作用によって冷たく、高密度になる。体積の減少は八一六分の一にも達する場合があり、この場合、空気は水に変換され、内側に強力な真空状態(生きている〔生物学的〕真空)が生じてさらに大量の空気が流入し、円盤の上に副次的に真空が生じる。極端な中心脈動と高密度化によって、電子と陽子は圧縮されて元の四次元の存在に戻され、物理的レベルを超えた領域へと押し出される。以上のすべてが浮揚効果を生むと考えられる[13]。

右と並んで浮揚効果をもたらす作用としては、圧縮されて高密度になった〔通常状態の〕分子や原子が、多数並んだタービン羽根「t」(図18―4の下部に見えている)のスリットを通ったあとに、外側カウル「A」と内側カウル「E」のあいだから爆発力で追い出されることがある。これによって上昇力が強まり、円盤は上の真空領域に持ち上げられる(図18―5参照)。

カラム・コーツは、自著の「エコ・テクノロジー叢書(シリーズ)」の四巻目、『エネルギー革命(*Energy Revolution*)』で、ソ連とアメリカ当局の収用を免れたヴィクトルのノート、コメント、検討をまとめている。この本は興味深いもので、空気タービンマシン、水駆動および空気駆動の内破マシン、リパルシン、クリメーターといった機械を取り上げている。残念ながら、本文で参照されているスケッチは行方不明になっているものが多い。

空気タービンマシンは、竜巻の原理で機能するもので、人工の雷雨を作り出す。ヴィクトルはこれを、前方に真空状態を作り出して前方への吸引力を生み、推力をもたらす航空機用の燃料不要の無音エンジンとして構想した。水駆動、空気駆動の内破マシンは、強力な真空の原理で機能する。ヴィクトルは水駆動の内破エンジンを用いる潜水艦を設計した。クリメーター（Klimator）とは、家庭用の空調用に設計された冷暖房用の装置である。

ヴィクトルがさまざまな用途に、印象的で非常に革新的な機械を多数製作したことは疑いのないところであり、ヴィクトル自身の手になるノートが存在するものもあり、いくつかについては目撃談もある。しかし、プロトタイプや実際に作動するモデルはいずれも戦争中にドイツで破壊されたか、最初にウィーンを占領したロシア人によりアパートから没収されたか、あるいは終戦時にレオンシュタインに侵攻したアメリカ人に没収されたか、失敗に終わったが、ヴィクトルの秘密の知識を手に入れようとして、ヴィクトルをテキサス州に連れ去ったドナー＝ゲルクシャイマー・コンソーシアムによって没収されるかしてしまった。

なお、ヴィクトルの機械のどれもがかなりの期間にわたって意図したエネルギーを生み出したことを示す、信頼するに足る証拠はないことはここで記しておかねばならない。

アメリカとオーストラリアにはヴィクトルのアイデアを研究する者が多数いるが、政治情勢により彼らの研究は抑圧されている。このような状況が改善して、ヴィクトルの機械のいくつかが改良されて世に現れることを願おう。本書の補遺では、ヴィクトルの研究に触発された新たな動きを取り上げる。

ヴィクトルの人生の悲劇は、人類が力を得、自由になるための手助けをしようという彼の夢に関心をほとんど寄せない社会に彼が生まれてきたことにあった。それどころか、自然と共働するという霊感を受けた試みが、現代のもっともサディスティックな政権の一つの軍事目的にねじ曲げられたことを知って彼は非常に悲しみ、心を痛めたのである。

アメリカの科学界は、正統科学の教育を受けていない者を本気で受け入れることができなかった。ヴィクトルは宇宙時代の革新競争において競争相手とみなされることはほとんどなかった。彼は自然を観察し、渓流を泳ぐ魚について語っただけだが、重力に関する難問を解いた人物でもあった。彼は自ら次のように述べている。

内破は従来の意味での発明ではなく、時の経過の中で失われた古代の知識を復興させたものである。(14)

第19章　ヴィクトル・シャウベルガーと社会

ヴィクトルが人類に遺したもの

本書ではこれまで、自然が精妙なレベルでいかに働くかについてヴィクトルがつかんだ洞察のあらましを見てきた。ヴィクトルは、人類社会がどこで間違い、どのようにすれば変化を起こせるかについても明確な考えをもっていた。本章ではヴィクトルの人類レベルでの洞察を詳しく検討し、補遺ではヴィクトルの研究に触発された進行中の開発と研究について述べる。

ヴィクトルは、自らを人類の達成の頂点にいると考える文明の世界観それ自体に疑問を投げかけた、自然の科学者（ナチュラル・サイエンティスト）であり預言者であった。彼の観点は政治的なものではなく、ことさら倫理的なものでもない。彼は権力の座にある者の想像力を欠く盲目性や、目の前にあるものごとを理解できない無能力さにたえず憤慨していた。(1)

ヴィクトルの観察と構想は、人類が陥っている環境問題の窮地を脱するための鍵をもたらすものである。彼の洞察が対象とする範囲は、技術や人類の振舞い方にとどまるものではなく、生命のあらゆる面に及んだ。私たちの教育、社会制度、哲学、宗教、医学、科学のいずれもが限定された世界観から作られていることを知り、物質的世界観から抜け出し、相互に関連し合う自然の様相の中に自分たちが占める位置を受け入れられれば、このすばらしい惑星上の人生がどれほど心躍り、満ち足りたものなのかがわかるはずなのだ。

だが、アンデルセンの裸の王様の寓話に出てくる王様の空想につき合った群集のように、私たちは全員が悲劇的な茶番劇の共犯者となってしまっている。ヴィクトルは説得力のある言葉で次のように述べている。

人類がいずれ正気に戻るということもなく、知的指導者に誤った方向に導かれ、間違った情報を教えられていることに気づかないなら、あまねく存在する自然の法則は（因果応報の理で）、このいびつになってしまった文明に必ずやふさわしい結末をもたらそうとするだろう。残念ながら、破滅は自らの過ちが招いたものだと気づくまでに、必ずやきわめて恐るべき破局が起こったり、恥ずべき事実が明るみに出るだろう。この状況を変えるには避けがたく多大な困難が伴うだろうが、それはまさに過ちを犯しているのがおもに権力の座にある者だからである。自分たちの利益を守ってきた制度や人物は、自分たちに非があるなどとは考えず、同胞たる人間が数百万人の規模で死ぬようなことがない限り自分の過ちを認めはしないだろう。

いわゆる専門家の多くは、このような間違いを正そうとするいかなる系統立った試みにも団結して抵抗する。彼らは自分たちが認められた道を弁護せざるを得ないのだが、それは、その道こそが彼らの食いぶちであり、自分たちが死ぬその日まで面倒を見てもらうことを望んでいるためである。それでも、過ちが特定の産業部門だけのものであればこの難題も克服されるかもしれない。数世紀にわたってなされてきたもっとも普遍的な過ちを徹底的に分析すれば、間違った原理と正道を踏み外したやり方から生じた問題の根の深さが明らかになる。そこで明らかになるものは、きわめて重大な文化的、技術的、経済的違反行為であり、いかなる産業部門も無関係なものはない。専門分野が何であれ、必ずしも悪意のない専門家であっても、罪を免れることはできないのだ。

まず、強い抵抗を覚悟しなければならない。このような状況では専門家はほとんど一人残らず脅威にさらされることは明らかなので、彼らからはいかなる支援を受けることも望めないだろう。だがこの障害におびえてはならない。というのも私たちが問題にしているのは少数の人間の食いぶちではなく、目くらましされた人類全体の存続だからである。今日の多くの若い人たちの考え方をみれば、なおも人類が倫理的に健全であることは明らかである。彼らはいたるところで生じつつある腐敗の徴候に強く反発し、経済的、文化的な袋小路に迷い込む（……）道を考えもなく進み続けることを拒む。

しかしながら、反発するだけでは何も成し遂げることはできない。原因を突き止め、先行する世代や私たちが犯し、世界を破滅に導きつつある過ちを明らかにしてこそ、若い人たちの努力は現実に成功を収めることができるのだ。(2)（『我らが無益な骨折り』）

ヴィクトルは自然がいかにバランスを切実に求めているかについて繰り返し記し、人類が自然のバランスの法則に反していると何度も述べている。世界中のほぼあらゆる国で見られる富と機会の大きな不平等は、そのような不均衡の一つである。とうてい認めがたい深刻な迫害、人権の乱用と無視、無思慮で快楽主義的な物質的活動の追求、そして何よりも、出自を問わず同胞たる人類、また動物界、植物界に向けるべき思いやりと尊敬の欠如。これは人類を〝倫理的に〟評価して言っているのではない。なぜ私たちが自然、つまりこの地球の生物圏の健全さを損なっているのかを冷静に分析した結果なのである。

第2章で、すべての物質的実体がたえまなく運動している原子と粒子からできていることを踏まえれば、あらゆるものをエネルギーとして理解できることを見たが、覚えておられるだろうか。エネルギーにはさまざまな種類がある。思考や感情もエネルギーである。エネルギーには周波数とともに質もある。質の異なるエネルギーや作用は、たがいに好影響を及ぼすことも、悪影響を及ぼすこともある。たとえば、人間の自由意志という天与のものの重要な成分は、〝意図〟と〝責任〟である。意図の質（尊大／貪欲あるいは愛情／思いやり）は、私たちのあらゆる行動とその結果の質に影響する。あらゆる種類の癒し、またあらゆるレベルの癒しは、癒す者のエネルギーの質に影響される。これは現実の経験の上ではきわめて明らかなことなのだが、現在の科学が扱える範囲を明らかに超えている。ヴィクトルはこのような基本的知識が教育に含まれていないことに驚いた。

ヴィクトルはもっと裾野の広い知識に通じていたことから、現代社会の世界観が狭くなっている大きな原因は現在の教育システムにあると考えた。彼はこの点についてはとくに記していないが、最近の教育研究からもたらされた以下の文章は彼が感じていたことを端的に代弁しており、どのように事態を変えていくべきかを理解するのに役立つ。

> 現在のご自慢の教育システムは、すでに知られていることを教え込むことに長けている。その特徴として、知る過程に対する認識についてははなはだ不足していることが多い。真の知者の真価は、ほぼどんな教育システムにおいてもなかなか認められない。自ら知ることは、現実には、分割、分離し、個々の部分に囲い込む心性を助長する従来の教育の中では軽んじられてしまう。知識は、真の知者から大きくかけ離れ、世界の現実的生活とのつながりから切り離された、たがいに孤立した個々の学問から得られる。その結果、生徒が学校を卒業するときには、幸運であれば頭脳はかなり研ぎ澄まされているかもしれないが、それは専門化や特殊性に焦点が合ったもので、知識の広大な裾野に開かれているというより、ものごとにラベルをつけて整理することに長けているだけである。彼らのエネルギーはうまく道筋をつけられているかもしれないが、小さな子どもの示す無垢の創造性や、生きることへの渇望、学ぼうという渇望はごくわずかしかもち合わせていない。
>
> ——ジャン・アーデュイ、ピーター・ウリクザ著『開いていく方法（*The Way of Unfolding*）』[3]

未来はどうなるのか？

ヴィクトルは、自然が人類に求める避け難い報いがもたらされるまでに、人類社会が進む道を変更し、自然の法則に従い始めるには残された時間がほとんどないことに気づいていた。彼は若い世代に対し、彼らは権力の座にある少数独裁者の支配をくつがえす力をもっているはずだという胸を打つような信頼を置いていた。だが過去五〇年で、統制されたメディア、とくにテレビの力によって文化的行動が操作され、骨抜きにされ、また回復不能と思われるドラッグ文化のために、若者から変革が起こるという望みは小さくなっている(4)。

ヴィクトルの死後の歳月は、資本主義の最悪の実現として、多国籍企業の触手が世界のあらゆる国に伸びていく歳月でもあった。過去およそ五百年で発達してきた資本主義システムは、世界中の数百万の人間に前例のない富をもたらしてきた。個々人の収入の増加（これは明らかに人々の選択肢を増やした）は、人類全体と環境のバランスを崩すという恐るべき犠牲によって達成されたのである。資本主義は生物多様性の敵、それゆえに自然の敵なのだ。現在の人類社会が、金儲けよりも道徳的、倫理的な問題に関心を寄せるようになるのでなければ、おそらく人類は資本主義を手放さないだろう。なぜなら産業の国有化は必ずしもうまくいかないことが判明しているからである。

もう一つ私たちが背負わされているというべきシステムは、いわゆる民主主義である。これはその響きとは裏腹に、いかなる全体主義とも比肩するほど権力を集中させる腐敗したやり方であることが判明しているのだ。社会に参加しようと思えば、私たちは多かれ少なかれこのようなシステムに加担することになってしまう。

自分たちの利益よりも道徳的、倫理的な根拠に基づいて選択がなされるようになれば、資本主義システムは滅びるだろう。そして、自然とその進化のプロセスを突き動かす原動力が、至高の霊的中枢とあらゆる創造性の源（自然はその写しである）からくることを理解できるようになれば、人類の倫理的原則はもっと安定した基盤をもつようになるだろう。自然には倫理性はない。しかし自然の法則は、「神」が人類のために定めた道徳的、倫理的基準（たとえば十戒）と調和するように、至高の意識によってデザインされているように思われる。自然の法則の中でも人類にいちばん関わりがあるのはおそらく、バランスの法則、生物多様性の法則、高次の意識へ向けた進化の法則だろう。

現在のようなやり方を続けていれば、人類社会が二一世紀まで存続できるかどうかは疑わしい。人類の自己破壊の種子は非常に広く播（ま）かれてしまっている。私は、現在の腐敗したシステムが崩壊するには世界規模の災害が起こらざるを得ず、そこでようやく意思決定は本来属していた場所、つまり地域社会に戻り、自然環境を敬う関係に立ち返ることができるのだろうといつも考えている。そのような自然との共生は過去には現実のものであったことを、人類は認めなければならない。

卓越した心理学者であるドロシー・ロウ博士は、先頃のインタビューで次のように語っている。

「苦しみの九九パーセントは不可抗力によって生じるのではなく、私たちの抱く考えから生まれるのです。そのような考えを絶対的な真実と信じれば自らが苦しむし、周囲の人も苦しませることになります。しかし考えは自分たちの作り出したものにすぎないと思えれば、その考えを自由に変えられることに気づくのです(5)」

補遺

ヴィクトルの未来図を具体化する

現在、自然の法則をよく理解し、その法則と調和してやっていこうというヴィクトルの呼びかけに明らかに多くの人が応えようとしている。彼らは、このやり方こそが、待ち受けている終末的災厄から引き戻すための唯一の方法であることに気づきつつある。何も手を打たなければ確実に人類はそんな災厄に見舞われるのだ。人類の歴史で生じたあらゆる意識の重大な変化がそうであったように、少数の先駆者が触媒となり、その存在を通じて社会全体が覚醒し、宇宙的変化(コズミックシフト)のように、覚醒はとどまるところなく広がっていく。

これから紹介するのは、そのような先駆者たちが考えていることの具体例である。多くは非常に具体的な計画であり、浄水、河川管理、エネルギー生産についてのものが多い。これらの革新の多くに共通するのは、らせん、つまり渦巻きエネルギーの作用である。欠けている領域としては内破的エネルギー生成の分野がある。ヴィクトルのモデルと詳細な図面がない状態では、アメリカやロシアの情報機関の内部の人間が重要なノートを（エフゲニー・ポドクレトノフのように）漏らさない限り、この難問を解決することは難しいだろう。

しかし、自発的、同時的発生の理論というものがある。かつて電気などの技術的躍進が同時に発見されたのもこれが原因だと言う人もいる。時期が熟し、強い必然性がある場合は、おそらくは人類の進化に懸念をもつ何らかの高次の知性が、自然と協力して多くの創造力に富む人の精神に必要な種を同時に播くのだろう。

スウェーデン

オロフ・アレクサンダションは一九五六年にヴィクトルの研究に興味を抱いたスウェーデンの技術者であり、『奇跡の水――シャウベルガーの「生きている水」と「究極の自然エネルギー」』（邦訳、ヒカルランド）という優れた入門書を書いた。彼はヴィクトルに会ったことはなかったが、息子のヴァルターと交友関係を育み、ヴィクトルの旧友や同僚の多くと会った。一九六三年に、「バイオテクニカル・テクノロジーのスウェーデン科学者グループ」を結成し、この団体は（他の装置とともに）ヴィクトルのリパルシンに似た「湧き水を生物学的に合成する装置」（リパルセーター）を作った（図18―1（三四三ページ）参照）。

この重要な研究は、現在、スウェーデンのイェーテボリにある「エコロジカル・テクノロジー研究所（IET　Institute for Ecological Technology）」（http://iet-community.org）で進められている。

IETはバイオテクニカル・テクノロジーの研究を継続するための基盤として、オロフ・アレクサンダションによって設立された。一九八〇年代早期に、ＩＥＴはフィンランドのオウランカ国立公園への調査隊を組織した。その目的は、未開の自然環境でヴィクトルの観察を検証することにあった。後に、ＩＥＴはヴィクトルの「二重噴射水流」実験を再現し、リパルセーターの研究を続けた。

現在、ＩＥＴはヴィクトルのアイデアと理論の評価、展開、応用を行なう協会として運営されている。この協会はＩＥＴコミュニティというゆるやかなネットワークを運営しており、この分野の研究プロジェクトに関わるアイデアをもつ人なら誰でも支援し、ネットワーク・セミナーも開催している。ＩＥＴは、ライプツィヒで開催された自然エネルギーについての国際ワークショップ(International Workshops for Natural Energies　ＩＷＯＮＥ２００１)とスウェーデンのマルメ近郊で開催されたＩＷＯＮＥ２００３の準備に協力している。

ＩＥＴ(「マルメグループ」として知られていた)は、ヴィクトルのシュツットガルトでの実験を再現し、この実験を現在のカオス系と自己組織系の研究の観点から解釈している。今もおもに三つの分野で研究が続けられている。水の浄化、改善、淡水化の研究、リパルシンのタービンから得られたアイデアを利用したエネルギー生成の研究、航空用および水用の乗物用の推進法の研究である。

オーストリア

父の死後、ヴァルターは一九七〇年代に、上オーストリアのザルツカンマーグート山地のエンライテンに「ピタゴラス・ケプラー・スクール（ＰＫＳ　Pythagoras Kepler School）」を設立した（現「ピタゴラス・ケプラー・システム」）。ヴァルターは物理学者、数学者であり、父の研究を数学的に証明する作業に着手した。彼がとくに関心をもっていたのは調和理論（モノコード）と非ユークリッド幾何学（対数らせん的円錐の断面）の概念であった。彼は決して自分の研究を公表しなかった。しかしカラム・コーツはＰＫＳでヴァルターと共同研究を行なったことがあり、現在ヴァルターの研究のいくつかについて詳細を執筆中である。ヴァルターの長男で弁護士であるティルマン・シャウベルガー博士がＰＫＳで父のあとを継ぐ予定になっていたが、結局、ヴァルターが一九九四年に死去すると、ティルマンもすぐそのあとを追ってしまった。

エンライテンにあるピタゴラス・ケプラー・システム（PKS）

　これを受けて、ティルマンの弟、ヨルクは、祖父の研究を救う役に立つようにとヴァルターの研究をオーストリアのメディアに無償で提供した。妻の助けを得て、ヨルクはＰＫＳでエコ・テクノロジーの遺産について学びたい人のための講習を運営している。ドイツでは毎年、通例六回ほどセミナーが開催され、参加者はオーストリア、ドイツ、スイスからだけでなく、イタリア、ハンガリー、ベネルクス諸国（ベルギー、オランダ、ルクセンブルク）やスカンジナヴィア諸国からも来ている。頻度は少ないものの、現在彼らは英語でも国際セミナーを開催しており、世界中からヴィクトルに触発された研究を行なっている人々が情報を交換するために集まってくる。このようなセミナーの講演者は、従来とは異なる方法で自然の働き方を研究したいと考えている、水や環境問題についての専門家、技術者である。現在、ＰＫＳのメンバーは世界中の多くの国で講演を行なっている。

水と渦巻きが現在のＰＫＳの主要研究テーマである。しかし彼らは、エネルギー体と流水ガイドによって川のバランスをとり、川が自然に流れるようにして、価値ある土地と財産を洪水から守るというヴィクトルのアイデアについても実験しようとしている。

シャウベルガー家の文書保管所は予約を取れば研究のために利用することができる。ＰＫＳのホームページを参照していただきたい。ここではヴィクトルやヴァルターの短い伝記も読むことができる。ＰＫＳの銅製園芸用具、書籍、カード、ビデオはメールによる注文により購入できる。

(PKS, Kaltenbach 162, A-4821, Bad Ischl, Austria. http://www.pks.or.at / http://www.kupferspuren.at)

ドイツ

ヴィクトルの同世代人も、またヴァルターの世代の人たちも世を去って久しいが、なお彼らを知る人たちがいる。ノルベルト・ハートゥーン博士は、「グルッペ・デア・ノイエン」(Gruppe der Neuen「新しいグループ」）を再結成し、ヴィクトルとヴァルターの理論を探求し、現代の科学の文脈で解釈しようとしている。

一九六七年には「環境汚染」や「環境保護」という言葉はほとんど使われていなかった。当時は自然に配慮した優しい技術を望む人などいなかった。そのような年に、ヴァルターは当時「孤独な主張」を述べる科学者として、汚染のひどいルール地方（ドイツの主要な炭鉱地域）の中心地で「生物学的志向の技術」について講義を行なった。

ヴァルターのメッセージに触発されたノルベルト・ハートゥーン博士をはじめとする専門家たちは、自然の法則に従う技術を推し進めるために、アーヘンの「グルッペ・デア・ノイエン」に参加するようヴァルターを説得した。グループは、自然と協調していく新しい科学の可能性を探る論文を発表するための自分たちの科学雑誌、「人間と自然技術（Mensch und Technik—naturgemäß）」を発行することも決めた。この革新的な雑誌は二六年後の現在もこの分野のリーダー的存在である。

グループのメンバーは、質の高い人生に必要な条件としての、自然と環境に対する愛情を取り戻す方法というテーマについて、母国や海外で多くの講演を行なっている。このグループをはじめとする先駆的な活動から、三〇年前には考えられなかった意識の変化が起きつつある。「グルッペ・デア・ノイエン」は、一貫して機関やスポンサーに頼らずに活動している。現在も活動を続けており、ホームページ（http://home.arcor.de/gruppederneuen/）で発表論文の詳細を見ることができる。

『内破（*Implosion*）』は、〔戦中から戦後すぐの期間、ヴィクトルの協力者であった〕アロイス・コカリーがおもに一般読者を対象として一九五八年に創刊した季刊誌であり、現在もクラウス・ラオバーによって季刊あるいは年二回の頻度で発行されている。（http://www.implosion-ev.de）この雑誌は間違いなくヴィクトルの著述を（ドイツで）もっともよく収録しているものであり、「エコ・テクノロジー叢書（シリーズ）」（三五二ページ参照）はかなりの部分についてこのソースを参考にしている。

イギリス

サセックスにあるエマーソン大学の芸術家であり彫刻家であるジョン・ウィルクスは、「ヴァーベラ・フローフォーム（Virbela Flowforms）」を創り出した。これは一定の形の水鉢を連ねたもので、傾斜地に配置して水を8の字の渦巻き状に動かし、リズミカルに脈動させるようにしたものである（次ページ）。この動きは渓流を模倣したもので、水を活性化し、構造を作り直し、酸素をより多く溶け込ませる作用がある。彼が最初につくったフローフォームは、一九七三年にスウェーデンのストックホルム近郊に設置されたものだが、これは二〇〇の地域社会用の生物学的下水リサイクルシステムの一環で、大きな成功を収めている。

最近設立された「フローデザイン研究所（Flow Design Research Institute）」は、「ヴァーベラ国際協会（Virbela International Institute）」を通じて三五カ国と連絡をとっており、フローフォームは三〇を超える国で一〇〇〇箇所以上に設置されるにいたっている。その目的は観賞用、教育用から生物学的浄水、農業、インテリア空調、医学、治療用までさまざまである。詳しくは、ウィルクスの著書『フローフォームズ——水の律動的な力（*Flowforms: the Rhythmic Power of Water*）』（Floris Books, 2003）を参照していただきたい。

フローフォーム

ウィルクスは傑出した数学者であるジョージ・アダムズの下で射影幾何学を研究し、ドイツのヘリシュリートの「フロー研究所（Institut für Strömungswissenschaften）」でアダムスに加わり、そこで後にテオドール・シュベンク（『カオスの自然学——水・大気・音・生命・言語から』〔邦訳、工作舎〕を参照）と共同研究を行なった。ヴィクトルの水についての洞察とアダムズの洞察とには、おそらく共通する根拠があると考えるのは興味深いことである。たしかに人々はウィルクスのフローフォームとヴィクトルの水についての洞察を結びつけることが多いのだ。

ヴィクトルのアイデアに基づく銅製の園芸用具を販売しているイギリスのグループ、「インプルメンテーションズ・コッパー・ガーデン・ツールズ」（Implemantations Copper Garden Tools）（http://www.implementations.co.uk）は、ヴィクトルがプロトタイプを使って肥沃さが増すのを発見した現象（二九三〜二九八ページ参照）を再試験するための、原寸大のリン青銅の「金の鋤（ゴールデンプロー）」も開発している。

プリマスの「内破研究所」（ＣＩＲ　Centre for Implosion Research）（http://www.implosionresearch.com）は、癒しの技術とヴィクトルの渦巻きの原理を組み合わせた新しい製品を開発している。特殊な方法で内破した水を、らせん—渦巻き状の円錐形の銅管に注入する。その特殊な形状によって、環境につねに存在する宇宙エネルギー（エーテル）で内破水が持続的に充填されるという。これは静水や飲料水の質を改善したり、地域環境のエネルギーのバランスをとるのに用いられる。

ＣＩＲははるかに小さい「パーソナル・ハーモナイザー」も作っている。これはアイルランドのニューグレンジにある新石器時代の巨大な儀式跡で見つかった渦巻き状の刻印に着想を得た、平らならせん状の管である。細い管の中には内破水が入っており、らせん形であることから持続的に環境から充填される。装身具や宝飾品として身につければその人のエネルギー場を強めるし、水の入ったグラスやワイングラスの下に置けば飲み物の質が改善されるという。

デンマーク

数ある渦巻きによる水処理グループの一つ、「クリーン・ウォーター」(http://www.clean-water.dk)は、家庭用の実用的な二リットルの水差しを開発している。その「リビング・ウォーター・ヴォルテクス・ジャグ」は、ねじ込み式の蓋に、銀の攪拌用羽根を駆動する小型モーターを組み込んだものである。これで三分半にわたって水にきれいな渦巻きが生じる。こうすることで洗練された、建設的エネルギーが重ね合わさり、誤って使われた水の履歴が消えるという。水は再構築され、冷却され、柔らかくなり、浄化される。これは世界数カ国で好評を博している。

アメリカ

アメリカでは開拓者精神は今も健在であり、シャウベルガー的発明家のリストには今後アメリカ人が多数追加されるはずである。アメリカではパーマカルチャー(生態系農法〔二四一ページ参照〕)やバ

ヴォルテクス・ウォーター・システム

イオダイナミック農法に対する関心が高く、ヴィクトルの先見性に多くの人が関心をもっている。

そんな一人、テキサス州のダン・リースは、アレクサンダションの『奇跡の水』を読んで触発され、「ヴォルテクス・ウォーター・システム」（Vortex Water Systems）を開発した。

これは、アメリカ南部で不要な塩類やミネラルによる井戸の汚染が悪化しているのを解決し、水を再構築して滑らかにし、石鹸の使用量を減らし、純粋な風味になるよう設計されたものである。このシステムには可動部やフィルターがなく、化学物質を使用せず、井戸のポンプの力だけで駆動される。

このシステムは一つの井戸で最大七六世帯まで使えるよう拡張できることが判明した。塩が混入した井戸からミネラル塩を除去するシステムや、綿の腐敗の問題を改善し、少ない水で同量の作物を生長させられる大規模な農場用システムが現在試験中である。このようなシステムはこの産業にとって大きな突破口となるだろう。

オーストラリア

アメリカと同様に、オーストラリアにもヴィクトルのアイデアに共感的な人が多い。多くの人たちが水源を川に頼っている。

ヴィクトルの実験の多くを検証している著述家、カラム・コーツは、ヒントを得て川から濾過した水を受ける井戸を設計した。川の規模によって変わるが、川岸から約五〜一〇メートル離れたところに直径約一・五メートルの、川床の深さに対応した深さの井戸を掘る。川と井戸の縦穴のあいだの土壌が多孔性であれば、水は土壌により濾過される。土壌が不透性の場合は川と井戸の縦穴をつなぐ水路を掘って、フィルターの役目を果たす細砂(さいしゃ)で満たす必要がある。井戸の表面は完全に覆って井戸を冷暗に保ち、病原菌の繁殖を抑える。ポンプは汚染を防ぐために開口部から十分離れたところに設置し、川が氾濫して井戸に流入する可能性がある場合は、開口部を高くしなければならない(『生きているエネルギー(*Living Energies*)』二〇二ページ参照)。このシステムは一九七二年に初めて設置され、最近カラム・コーツが現在の土地の所有者(一九七九年に購入)に連絡をとったところ、給水機能はずっと問題なく作動しているということだった。

カラム・コーツは、他にもニューサウスウェールズ州バイロンベイの、「フィルムストリーム」

のマーティン・セレッキと共同で、ヴィクトルの理論についての三巻からなるビデオを制作したり、やはりバイロンベイの「リビングウォーター・フローフォームズ」(http://www.livingwaterflowforms.com)のフィル・セジマンと共同で、水を冷却する容量五〇リットルの卵形の容器を作っている。

訳者あとがき

本書は日本ではこれまでほとんど紹介されたことのない、ヴィクトル・シャウベルガー（一八八五〜一九五八）の自然に対する科学的思想、またそこから生まれた技術的産物について記した書籍 *Hidden Nature: The Startling Insights of Viktor Schauberger* (Alick Bartholomew, Floris Books, 2003) の翻訳である。

ヴィクトル・シャウベルガーはオーストリアに生まれ、自然に囲まれた環境の中で成長して独特の感性、思想を育み、長じてはオーストリアの未開のアルプスで森林監視員として自然に対する洞察を深めた人物である。彼は、その類まれなる自然観察により、常識外れの運搬能力で木材を森から運ぶ水路を考案、設置することで世の中に認められる（彼の作った水路の一部は今もオーストリアで見ることができる）。彼はこの実績により、オーストリア政府の要職に就くが、その科学があまりに革新的でありすぎたためか、彼の科学を理解できない当時の主流派科学者からは悪意をもって迎えられることになる。その後、残念なことに彼の研究はナチスドイツに利用されたりして軍事的なヴェールの裏に隠れるようになり、表舞台から姿を消してしまう。ヴィクトルの思想は現在の科学的な思考の枠組みからは異端とされるものであり、正面から取り上げられることなく、これまで日の目をみずにいた。

だが時代は移り変わり、ヴィクトルの科学思想に再び光が当てられる時が到来しつつあるようである。彼の科学思想、技術の本質は自然との共生にあり、環境問題が悪化しつつあるいま、持続可能な社会を作り上げていく上でヒントとなる叡智に満ちているからである。

本書はヴィクトル・シャウベルガーの研究家である著者、アリック・バーソロミューが、ヴィクトルの人となり、思想、技術についてまとめたものである（彼は一九六三年、編集者としてレイチェル・カーソンの『沈黙の春』の刊行に携わっている）。

本書は六部構成となっている。まずヴィクトル・シャウベルガーの思想とその実現を象徴する「水の魔術師」としてのエピソードが紹介される。その中でヴィクトル独自の世界観、鍵となる概念が、それが培われた彼の生い立ちや経歴とともに描かれる。

次にヴィクトルの思想の中でも中核となる、現代科学が見逃しているこの世界の働き方の原理について述べられる。現在の科学技術文明が用いている方法の根本には、破壊を生み出す性質があるという。

次に、ごくありふれた存在である水が、実は奥深い性質を持っていることを明らかにする。生命にとって水が不可欠な要素であることは当然の知識ではあるが、ヴィクトルの水についての理解は、現代科学のパラダイムをはるかに超えたものである。彼は水を生きた生命と捉え、水に内在する性質、振舞いを深く理解し、その上で水との付き合い方、扱い方を探っていかなければならないと主張する。この点を考慮していない現在の治水技術のために、水を取り巻く環境は深刻に悪化しているという。現在の河川工学や水道事業の持つ問題点を具体的に取り上げ、その解決策を示す。

水とならび、地球上のあらゆる生命になくてはならない要素、樹木もヴィクトルの思想の重要なテーマである。彼の観察によれば、樹木、森林と温度、水、光の関係には従来の教科書的記述には収まらない奥深さがある。そのことを無視した商業的植林などに警鐘を鳴らす。

また現代の機械的な農業の問題点を指摘し、その解決策を提示する。彼の方法を実現すれば、化学肥料に頼らずとも収穫量を大幅に増やし、しかも環境を破壊することがないという。

最後に、従来の科学の枠を超えるヴィクトルの科学理論による画期的装置開発の取り組みについて触れる。彼のテクノロジー思想の中心に「内破」(implosion)という概念があり、この概念を具現化した動力源が開発できれば、環境を汚染することなく人類を悩ませているエネルギー問題を解決できるという。

ヴィクトルの科学の全体像については本文をお読みいただくとして、いくつか重要な概念を挙げれば、温度勾配というものがある。これは水の体積が最も少なくなる四℃という温度(特異点)を中心に、そこに向かっていく方向を正(の勾配)と、遠ざかっていく方向を負(の勾配)とするものであり、河川の流れ、泉の湧き上がり、土地の肥沃化、さらには樹木の生長など、水の関わる現象すべてに深い影響を及ぼしているという。またらせん状の動きを中核とする「内破」理論がある。これは外側に直線的に爆発し、効率が悪く、さまざまなマイナス面を伴う、現在広く用いられている原理とは異なり、内側にらせん状に向かう爆縮とも呼べるエネルギー生産の原理であり、非常に効率が高く、クリーンなものだという。またエネルギーの理解についても、東洋的な陰陽思想や「気」の概念に通じる独自の体系を持っている。このように、ヴィクトルの科学には従来の科学のパラダイムに見られない概念が多数みられる。

ヴィクトルは「水の魔術師」と呼ばれていたことからもわかるように、なによりもまず水のスペシャリストだった。彼は水を通常の方法——即物的、機械的な力学によってモノとして扱う方法——ではなく、神秘的とも言える方法で接し、理解したようである。彼の方法論は、水を客観的に対象化して観察するに留まらなかった。意識を水の中に入り込ませて水と同一化し、その性質や水が流れたがっている方法を探るというエピソード(一三五ページ)に象徴されるように、本流の科学とは異なるところに彼の真骨頂があった。

このような方法論は近代科学が要求する再現性になじみにくく、万人が理解できるような形で表現することは大変難しい。だが、対象に寄り添うという彼の方法論の基本的精神は、現代社会において大きく欠落してしまった人々の叡智を生み出すにあたり、欠かすことのできないものではないだろうか。たとえば、動物や植物を育てたことのある人はよくご存じだと思うが、生き物と付き合っていく場合、教科書に書かれているような知識はもちろん有益ではあるものの、それに留まらない、言葉に表しにくい皮膚感覚が必要である。動物でも植物でも、相手とじかに接しなければ決してわからない、そのときそのときの真実がある。おそらく生き物を育てることに長けた人たちは、どうすればうまく育てることができるのかと考える前に、相手が何を必要としているのかを目の前の生き物との固有の関係の中で悟っているのだ。そこには育てる主体と育てられる対象という客観的な関係には収まりきらないなにかがいつも存在している。自然の懐の中で成長したヴィクトルはそのような視点を決して失うことなく、距離を置かずに自然を理解していったと思われる。

現在、自然環境は急速に悪化しつつある。すでに地球温暖化の影響はそこかしこに現れている。さらには、近い将来、中国やインドなどの巨大な人口を抱えた国々も、本格的な工業化をなしとげ、国民一人当たりで現在工業先進国と呼ばれる国とほぼ変わらないエネルギーを消費するようになるはずである。また現在の科学技術の根本的発想は、物事を要素還元的に理解してコントロールするというものであるため、往々にして対象は「モノ」扱いされることになる。生命や生態系、自然も例外ではない。自然に内在する豊かな複雑性は顧みられることなく一律に扱われ、やせ細っていく。

これからの時代、力ずくでエネルギーを生み出し、その廃棄物や廃熱などのマイナス面を自分たちの生活圏外へと押しやって豊かさを享受することはもはやできない。自然の多様性を破壊する開発も人類の存続を足元から脅かす結果を生じている。

これまでのやり方に代わり、周りの生き物、環境、隣国、地球全体を視野に入れた持続可能な代替エネルギー源の開発や、自然の多様性、複雑性を維持していく方策が強く求められている。

このような状況においてこそヴィクトルの思想は価値を増すのではないだろうか。ヴィクトルのアプローチは主客を厳しく峻別することがなく、むしろ対象と一体化し、真理に対する洞察を深める。この点では、対象をコントロールしようとする西洋的な発想よりは、自然と共生・協働してきた東洋的な感覚に近いものがあるのかもしれない。このような自然に対するまなざしによって、彼は直線的な思考では抜け落ちてしまうような、自然が内包する大切なニュアンスを掬(すく)い取ることができたのではないか。彼の科学の深奥には、自分を取り巻く自然に対する深い敬意があるのだろう。彼は決して何事も力任せに解決しようという発想を持たず、環境が許容してくれる条件の中で、自然の持つポテンシャルを最大限に引き出し、人類に役立ちつつ、自然を損なわない解決策を探ったということもできる。

二十世紀の科学万能といえる雰囲気の中では彼の思想は不遇であったが、近代科学の方法論がさまざまな面で行き詰まりを迎えている現在、ようやくその価値が再評価される機運が熟したということなのだろう。

自然学者のライアル・ワトソンは著書『アースワークス——大地のいとなみ』（邦訳、筑摩書房）で、ヴィクトルの水についての技術的業績と思想を紹介しており、また、遺伝子組み換え作物への反対論者として知られる英国の生物学者メイワン・ホー（『遺伝子を操作する——ばら色の約束が悪夢に変わるとき』（邦訳、三交社））は、本書への推薦文を書いている。「シャウベルガーは正規の教育を受けなかったが、時代に先んじた天才だった。水や生きたエネルギーについての彼の注目すべき洞察と研究は、当時も今も、既成科学のドグマに異議申し立てを行なっている。（……）生体エネルギー、意識、地球科学、流体力学、熱力学、そしてまだ名づけられていない多くの分野についての純粋なインスピレーションと具体的アイデアを得るために、この本を読んでほしい」

自然との共生のために、この先見性を持った異色の自然科学者、技術者の思想に目を向け、現在の技術文明の根本的な問題点について新鮮なヒントを得ることは大変有益なことと思われる。

なお、全体の訳出にあたり、本文中の科学的データの数値については、最新の統計や資料を参照し、より正確と思われるものに一部改めたところがある。

また、本書のもとになったヴィクトルの研究家カラム・コーツによる詳細な解説書である『生きているエネルギー――ヴィクトル・シャウベルガーの理論に関連した諸概念の解説』(Callum Coates, *Living Energies: An Exposition of Concepts Related to the Theories of Viktor Schauber* (Gateway, 1996/2001)』を参照し、説明の助けになると思われる記述は適宜訳註として本文に補い、また一部、表現の統一をはかった。各種の用語については基本的に、ドイツ語ではなく、本書および『生きているエネルギー』で用いられている英語から訳出したことをお断りしておく。いくつかの章で、内容が重複していたり、論旨との直接的な関係が薄いと思われる記述の一部については編集部の判断で縮訳した。

最後に、翻訳作業の全面にわたりお世話になり、訳文の完成度を高める的確なアドバイスを下さった日本教文社の田中晴夫さん、また株式会社バベルの鈴木由紀子さんにこの場をお借りして心より感謝申し上げます。

平成二〇年三月

野口 正雄

●訳者紹介――**野口正雄**(のぐち・まさお)＝一九六八年京都市生まれ、同志社大学法学部卒。医学関係をはじめ自然科学系の文献の翻訳に従事している。京都市在住。

●**主な関連文献など**＝ヴィクトルの思想と技術についてさらに詳しく知りたい方は、オロフ・アレクサンダションの著書『奇跡の水』（三六三ページ）や前記『生きているエネルギー』の他に、「補遺」の章にある情報源および以下の文献など（ドイツ語原典を含む）を参照されたい。

【他の著者による概論】＝Jane Cobbald, *Viktor Schauberger: A Life of Learning from Nature* (Floris Books, 2006); Franz Ferzak, *Viktor Schauberger* (Michaels-Verlag, 2001); Martina Rodier, *Viktor Schauberger-Naturforscher und Erfinder* (Verlag Zweitausendeins, 1999); Siegbert Lattacher, *Viktor Schauberger. Auf den Spuren des legendären Naturforschers* (Ennsthaler, 1999)

【ヴィクトル自身の著書・論文】＝Viktor Schauberger, *Unsere sinnlose Arbeit— Quelle der Weltkrise* (1933)（J. Schauberger, 2001); Viktor Schauberger, Jörg Schauberger（註解）, *Das Wesen des Wassers* (AT Verlag, 2006); Viktor Schauberger, Alois Kokaly（編）, *Die geniale Bewegungskraft. Physikalische Grundlagen der Biotechnik* (1939/Selbstverlag, 1960)

【ヴィクトル自身の論文などの英訳】＝Viktor Schauberger, Callum Coats (Translator), *The Water Wizard: The Extraordinary Properties of Natural Water* (Eco-technology Series volume 1) (Gateway, 1998); Viktor Schauberger, Callum Coats (Translator), *Nature as Teacher: New Principles in the Working of Nature* (Eco-technology Series volume 2) (Gateway, 1998); Viktor Schauberger, Callum Coats (Translator), *The Fertile Earth: Nature's Energies in Agriculture, Soil Fertilisation and Forestry* (Eco-technology Series volume 3) (Gateway, 2000); Viktor Schauberger, Callum Coats (Translator), *The Energy Evolution: Harnessing Free Energy from Nature* (Eco-technology Series volume 4) (Gateway, 2000); Riley Hansard Crabb, Thomas Maxwell Thompson（編）, *Implosion: Viktor Schauberger and the Path of Natural Energy* (Borderland Sciences Research Foundation, 1986)

【DVD、ビデオ】＝Franz Fitzke, *Viktor Schauberger, Die Natur kapieren und kopieren/ Comprehend and Copy Nature* (DVD, Schauberger Verlag, 2008)（音声・独／英）; Callum Coats, *Sacred Living Geometry: The Enlightened Environmental Theories of Viktor Schauberger* (VHS, LL Productions, 1995)

り越えることのできる浮揚性エネルギーを、上流から流れてくる水にもたらす。
11. A. Khammas, 'Aufbruch der Biotechnik', *Implosion*, No.83, p.19.
12. *Living Energies*, p.287.
13. このような諸現象は*Living Energies*, pp.275-93や、とくに以下で検討されている。Viktor Schauberger, translated and edited by Callum Coats, *Energy Evolution: Harnessing Free Energy from Nature* (The Eco-Technology Series, volume 4) (Gateway, 2000).
14. Viktor Schauberger, *Implosion*, No.36, p.3.

第19章　ヴィクトル・シャウベルガーと社会

1. 「人類は眠っている」というロシアの神秘家ゲオルギー・イヴァノヴィッチ・グルジェフ（Georges Ivanovich Gurdjief, 1866-1949）の金言にますます私たちは引きつけられる。
2. Viktor Schauberger, *Unsere sinnlose Arbeit*.
3. 未発表原稿。著者ピーター・ウリクザ（Peter Wrycza）はＮＬＰ（神経言語プログラミング）のトレーナーである。
   彼の著書、*Living Awareness: Awakening to the Roots of Learning and Perception*は、1997年にGateway社から出版された。少数の教育界のパイオニアは、ホリスティック（全人的）で包括的なアプローチを採用することで、生徒と何のゆかりもない個々ばらばらの事物を詰め込むことに偏りすぎるやり方を正そうとしている。もっとも成功した例は、おそらくマリア・モンテッソーリ（Maria Montessori）（幼児、児童対象のモンテッソーリ学校）と、全年齢を対象としたルドルフ・シュタイナー（Rudolf Steiner）（ヴァルドルフ学校）だろう。
4. Cathy Scott-Clark and Adrian Levy, 'Fast Forward into Trouble', *Guardian Weekend*, June 14, 2003では、ケーブルテレビにより46のチャンネルが導入されてわずか4年後に、平和で平穏な仏教国ブータンに、殺人、詐欺、ドラッグ犯罪がはびこり始めた様子を記している。
5. ロウ博士の著書*Beyond Fear* (Harper Collins, 2002)の出版と関連したアーシュラ・ケニー（Ursula Kenny）によるインタビュー。*The Observer*, September 1, 2002.

ンを付したもの。
13. *Implosion*, No.37, p.8.

第18章　内破パワーを利用する

1. Nick Cook, *The Hunt for Zero Point: One Man's Journey to Discover the Biggest Secret Since the Invention of the Atom Bomb*, Century, 2001. ニック・クック（Nick Cook）はベテランの航空研究家である。彼は、世界屈指の軍事問題の雑誌 *Jane's Defence Weekly* の航空部門の編集長・航空宇宙問題顧問であり、航空業界誌 *Interavia* の産業／防衛部門の編集者である。
2. 同上。
3. 同上。
4. Viktor Schauberger, *Implosion*, No.71, p.12.
5. Viktor Schauberger, *Implosion*, No.83, p.17.
6. *Living Energies*, p.276. ヴィクトルによる文章の引用は、*Mensch und Technik*, year 24, vol.2, 1993からのものである。
7. カラム・コーツは1992年に発表された、低温核融合に関するロシアの研究を引用している（*Living Energies*, p.276）。この研究は、空間を複数の層として記述している（ここでいう各層は、異なる次元に属していると言ってもよい）。それによれば真空は、通常理解されるような「湾曲した虚空」ではなく、実際の電子と陽電子、陽子と反陽子などが対消滅によって、私たちのいる空間ではなく、相補的な層の中に存在する仮想的な状態に転換することによって生じる基本的な真空粒子から成るとする。以下を参照。
   (NEW APPROACH TO COLD FUSION (LOW-TEMPERATURE NUCLEAR FUSION) I. L. Gerlovin, R. Kh. Baranova, and P. S. Baranov (Translated from Zhurnal Obshchei Khimii, Vol. 62, No. 1, pp. 230-232, January, 1992. Original article submitted December 15, 1991. 0022 - 1279/92/6201-0193, 1992, Plenum Publishing Corporation)
   http://depalma.pair.com/discussions.html
8. 1953年にアロイス・コカリー（Aloys Kokaly）（367ページ参照）に宛てた手紙。*Implosion*, No.29, p.22.
9. 後に *Living Energies* となる書物、*The Schauberger Departure* (September 28, 1980) へのリチャード・セイントバーブ・ベーカーの序文より。
10. 彼女の注いだ水にはおそらくケイ酸塩が多く含まれていたのだろうとカラム・コーツはコメントしている。ヴィクトルはケイ酸塩を、健康な水に不可欠のものと考えていた。健康な川で自然に振動する集中的な渦巻き流も、ミネラルと微量元素（ケイ酸塩を含む）の微粉を分散させてヴィクトルの言う「乳濁液」を生み出すが、これはマスやサケが高い滝を乗

and Macmillan, 2000).（『遺伝子を操作する —— ばら色の約束が悪夢に変わるとき』メイワン・ホー著、小沢元彦訳、三交社、2000）

第17章　ヴィクトルの有機農法

1. John Hamaker and Donald A. Weaver, *The Survival of Civilization: Depends Upon Our Solving Three Problems; Carbon Dioxide, Investment Money and Population* (Hamaker-Weaver Publishers, 1982).
2. 岩粉についてのさらに詳しい情報については、以下を参照していただきたい。
   - Donald Weaver, Hamaker Weaver Publishers, P.O.Box 1961, Burlingame, CA 94010, USA (phone: 415-347-9693)
   - Joanna Campe, Executive Director, Remineralize the' Earth, 152 South St., Northampton, MA 01060, USA (phone: 413-586-4429, fax: 413-586-6064, e-mail: jcampe@remineralize.org　http://remineralize.org/)
   - Barry Oldfield, President, Men of the Trees, P.O. Box 103 Guildford Western Australia 6935, Australia (phone: 61-8-9250-1888, fax: 61-8-9250-2735, e-mail: contact@menofthetrees.com.au　http://www.menofthetrees.com.au/)
   - Helmut Snoek and Horst Wülfrath, *Das Buch vom Steinmehl. Entstehung, Verwendung und Bedeutung im Land- und Gartenbau*, Motorbuch Verlag, Germany.
3. アレックス・ポドリンスキー（Alex Podolinsky）の研究は以下を参照。Peter Tompkins and Christopher Bird, *Secrets of the Soil: New Age Solutions for Restoring Our Planet* (HarperCollins, 1990)（『土壌の神秘 —— ガイアを癒す人々』ピーター・トムプキンズ、クリストファー・バード著、新井昭広訳、春秋社、1998）
4. オーストリア特許No.265991。
5. *Implosion*, No.45, p.3.
6. ヴィクトルが1950年代半ば頃にダグマル・サーカー（Dagmar Sarkar）に宛てた手紙の要約。この図（17—3）は明瞭にするためにカラム・コーツが描き直し、キャプションを付したもの。
7. *Living Energies*, p.273に、別の卵形の羊水状液体肥料変換器についての説明がある。
8. Viktor Schauberger, *Implosion*, No.37, pp. 2-3.
9. ヴィクトルは、「ur-」という接頭辞を、彼の言う「最初に生まれたもの」あるいは原初的なものを指すのに用いている。
10. The Schauberger Archives, Linz, January 1952.
11. Viktor Schauberger, *Unsere sinnlose Arbeit*.
12. ヴィクトルが1950年代半ば頃にダグマル・サーカーに宛てた手紙の要約。この図（17—4）は明瞭にするためにカラム・コーツが描き直し、キャプショ

Cables and Recurrent Head-aches and Depression': *Practitioner*, 1988, pp.435-6 も参照。
7. デヴィッド・コーワン（David R. Cowan）と ロドニー・ガードルストン（Rodney Girdlestone）は、*Safe as Houses? Ill Health and Electro-Stress in the Home* (Gateway, 1997) で、ドイツの研究者ウォルフガング・フォルクロート（Wolfgang Volkrodt）の、ある種の木の葉や針状葉の共鳴性は無線受信機のそれと類似性があるという理論について記している。
8. 同上 .
9. ガードルストンは、“健康な状態で”電子レンジからの放射に短期間さらされても危険ではないと考えている。問題は許容放出量が国によって異なることだという。彼はドイツで行なわれたある試験を引用している。101台の電子レンジのほぼすべてがメーカーの公表した仕様を超える量のマイクロ波を放出していたにもかかわらず、ドイツでの基準に合格していた。これはロシアの基準ではすべて不合格になる。
10. カラム・コーツは*Living Energies*, pp.218-220で光合成についてさらに詳しく説明しており、本書の図14—5は同書からの引用である。
11. Peter Bunyard, *The Breakdown of Climate: Human Choices or Global Disaster* (Floris Books, 2001) p.77.

第15章　樹木の代謝

1. Victor Schauberger,「森とその意味（Der Wald und seine Bedeutung）」, *Tau* magazine, Vol.146, p.1, 1936.
2. この実験の詳細については、*The Water Wizard*, pp.50-52（第11章—2の文献）のヴィクトルによる説明か、カラム・コーツの*Living Energies*, pp.131-32の説明を参照していただきたい。カラム・コーツは、1860年代にウィリアム・モーガン（William Morgan）が設計し、真の泉の作用を示した別の実験についても記している。
3. Viktor Schauberger, *Unsere sinnlose Arbeit*, Pt. II, p.34.
4. L. Kutschera and E. Lichtenegger, *Wurzelatlas; mitteleuropaischer Grunlandpflanzen*, Vol. 1, 'Monocotyledoneae' 1982, および Vol. 2, 'Pteridophyta und Dicotyledoneae', 1992 (G. Fischer, Stuttgart, Germany) からの略図。

第16章　土壌の肥沃化と新しい耕作方法

1. *Tau* magazine, Vol.146, p.11, 1936.
2. Viktor Schauberger, *Unsere sinnlose Arbeit*, Pt.I, p.13.
3. The Schauberger Archives より。
4. Mae-Wan Ho, *Genetic Engineering—Dream or Nightmare?* (Gateway , 1998; Gill

一方、熱帯雨林、とくにアマゾンでは、自ら降雨を作り出して循環させている。空気を温めることになる太陽エネルギーは25パーセント前後にすぎない。残る75パーセント前後は、植物の葉や茎から大気へと水が汲みあげられるメカニズムである蒸発散によって、「潜熱」に変換される。湿潤な空気は急激に上昇して積乱雲つまり層状の雲を形成し、風下の地域に水をもたらして潜熱のエネルギーを大気中に戻す。世界の降水量の3分の2は、赤道の両側の細い地域で、世界の雷のほとんども発生させるこのような雲系に影響を受け、アマゾン川流域から近隣諸国の届く範囲に余剰エネルギーをもたらすのに役立つ。

8. エルニーニョ〔ペルー中で数年に一度クリスマス頃に起きる海面温度の上昇〕が逆の風系を作用させている場合を除く。
9. •Permaculture Research Institute of Australia
 1158 Pinchin Road, The Channon, NSW 2480, Australia
 phone: 61(0)419 741 358 (e-mail: sales@permaculture.org.au.)
 http://permaculture.org.au/

第14章　樹木という生物とその性質

1. ヴィクトルは、私たちの環境における樹木の決定的な重要性をもっと理解するべきだと主張した。本章では最後のセクションを除き、植物界の最高形態として動物界と仲介的役割を果たす樹木について、比較的標準的な情報を扱っている。
2. J. Bell Pettigrew, *Design in Nature* (Longman's Green, 1908), p.671.
3. Dr. John N. Ott, *Health and Light: The Effects of Natural and Artificial Light on Man and Other Living Things* (Devin-Adair, 1973), p.22 から改変して引用。
4. この原則には興味深い例外がある。あらゆる木材の中でもっとも軟らかいバルサは赤道地域の森林で生長する。これは、木材の質を決定する周波数が、硬木を生じるポイントを通り過ぎて、丸1オクターブ分低いものの、軟木を生じる周波数の共鳴条件に再び入ったことを示している。というのもバルサ材は、通常のもっとも軟らかい軟材より、さらに格段に軟らかいからである。
5. ヴィクトルは、自然の小川や二重らせんの管を流れる水に浸すと、木材の共鳴性が改善すると主張した。実際、響きのすばらしさで有名なストラディヴァリウスのヴァイオリンは、アルプスの渓流から流した木材から作られた。
6. Wertheimer, N.,'Electrical Wiring Configurations and Childhood Cancer': *American Journal of Epistemiology* (Mar.1979) を参照。また、Perry, S and Pearly, L.,'Power Frequency Magnetic Fields and Illness in Multi-Storey Blocks', *Public Health* (1988) p.102 および Dowdson, D. et al.,'Overhead High Voltage

理由で機能しなくなる可能性がある。（a）アマゾンの熱機関が海流をカリブ海から押し上げることができなくなる。（b）グリーンランド周辺の冷たく塩分の多い水が、二つの「ポンプ」を動かし、温かいメキシコ湾流を北西ヨーロッパに向けて引っ張り、冷たい水を南に送り返している。重く冷たい水はグリーンランド沿岸を下り、深海に流れ込み、軽く温かいメキシコ湾流を前進させる（図13—1〔235ページ〕を参照）。融けつつあるグリーンランドの氷原からの真水によってこのポンプの働きが弱まり、メキシコ湾流を途切れさせる可能性がある。重要な新しい理論は、メキシコ湾流がグリーンランド沖からポンプ作用を起こすことができなくなって数年のうちに、北大西洋に急速に新たな小規模の氷河期が生じ、アメリカ北東部、西ヨーロッパの気温が約12℃低下するというものである（ウッズホール海洋研究所〔Woods Hole Oceanographic Institution〕、*Nexus*, Feb.2003、とくにwww.whoi.eduを参照）。興味深いことに、70年以上前にヴィクトルは森林が過度に伐採され、水供給の管理に重大な問題がある場合は、新たに氷河期が起こると予言していた（*Unsere sinnlose Arbeit*）。

4. 森林床の土壌には、近くの草原と比べてはるかに多くの水が保持されている。最後の氷河期にはアマゾン盆地の湿潤な熱帯雨林は大きく後退したといわれる。森林が伐採されると昼夜の寒暖差が大きくなり、強い風が起こり、土壌が乾燥する。開墾伐採と焼畑によって近隣の森林には立ち枯れが生じ、地下水面は消失し、砂漠化が進む。
5. 森林の樹冠には150～200万種の動物が棲息している。繁茂する着生植物（シダやランなど）が強い雨により流された栄養分を取り込む。あらゆる栄養分は生態系全体の中に保持され、森林は横方向に広がっていく。薬用植物も多数あるが、その多くはまだ研究されておらず、永遠に失われる可能性がある。熱帯雨林環境は最高レベルの進化的発展と生物多様性を示している。
6. Peter Bunyard, 'Deforest the Amazon: Destroy the World,' *The Ecologist*, Jul/Aug 2002.
7. アマゾンの熱帯雨林は潜熱（後述）を生み出し、三方向に空気塊を動かす（図13—1〔235ページ〕参照）。

    1）カリブ海を超えてフロリダに向かい、メキシコ湾流を北東に向かって動かす。
    2）アンデス山脈を超えて西向きに太平洋に向かい、貿易風に沿って流れる。
    3）南方に向かい、パタゴニア高原まで進む。

  温帯地方では、雨は海から流入する大量の水分を含む風から生じる。

9. 同上 .
10. Viktor Schauberger, *Unsere sinnlose Arbeit*.
11. Barry Groves, *Fluoride: Drinking Ourselves to Death?* (Gill and Macmillan, 2001) はこのテーマについての事実情報に詳しい。
12. 同上 .
13. Waldblott, McKinney and Burgstahler: *Fluoridation: The Great Dilemma* (Coronado Press, 1978), p.288.
14. *Journal of Dental Research*. 1990; 69: 723-7.
15. 'Living in a democratic fluoridated country', *Australian Fluoridation News*, Sep-Oct 1995; 31(5).
16. Barry Groves, *Fluoride: Drinking ourselves to Death?* p.227.
17. Viktor Schauberger, translated and edited by Callum Coats, *Nature as Teacher: New Principles in the Working of Nature* (Eco-Technology Series volume 2) (Gateway, 1998) , p.5.
18. 最高のものは４段階のシステムになっている。細菌用のセラミック、化学物質および有機汚染物質用の炭素、重金属用のイオン交換、最終浄化用のブロック状炭素である。フィルターは簡単に交換でき、６カ月ごとに交換する。
19. 私たちの物理的世界と相互浸透する高次のエネルギーについては、第2章で検討している。
20. Viktor Schauberger, *Unsere sinnlose Arbeit*, Pt. II, p.14.
21. これらのエネルギーは本質的にダイナゲン、つまり成長促進的で、バイオ金属的組成 —— 銀（男性性）、銅（女性性）—— により生成される。銀には殺菌作用もある。ダイナゲンは、管の中心を流れる主水塊の、全体的生命力、生命エネルギー、水の健全さを高める求心的な動きによっても生成される。
22. カラム・コーツは*Living Energies*の第14章でこの実験について詳しく記している。
23. Viktor Schauberger, *Unsere sinnlose Arbeit*, Pt.II, p.34.
24. 心臓専門医は先頃、心臓と動脈を通る血流がらせん運動に依存していることを発見して驚いた。（*New Scientist*, Feb.6, 2001）
25. British United Patents Assoc. (BUPA) advert., *Evening Standard*, London, 31st January 1994.

第 13 章　森林の役割

1. The Schauberger Archives より。
2. Viktor Schauberger,「死にゆく森 (Der sterbende Wald)」, Pt.1: *Tau* magazine. Vol.151, Nov. 1936, p.30.
3. 北西ヨーロッパに非常に温暖な気候をもたらすメキシコ湾流は、二つの

第10章　泉の形成

1. 泉を表すフランス語は「source」である。
2. カラム・コーツは、ヴィクトルの1936年の空気タービンの特許の回転ブレードの設計を採用した。

第11章　川の生命性

1. ヴィクトルの論文、「水の温度と運動（Temperatur und Wasserbewegung）」：*Die Wasserwirtschaft*, No.20, 1930.
2. ヴィクトルは新しい設計も率先して手がけ、そのようなダムを14基建設した。詳細は、*Living Energies*, pp.159-160と、*The Water Wizard: The Extraordinary Properties of Natural Water* (Viktor Schauberger, translated and edited by Callum Coats (Eco-Technology Series volume 1) (Gateway, 1998), pp.101, 121, 122-134, 209を参照。
3. *The Water Wizard*, p.207も参照。
4. ヴィクトルは、「乱流（Turbulenz）」というタイトルで発表した論文で、乱流が、流水における自然界の自動的な加速 — 制限ブレーキであることを明らかにした。
5. カラム・コーツの*Living Energies*, pp.176-177に彼の見たものが記されている。〔オーストリア・ＰＫＳ（364〜366ページ参照）のグループが試作した装置〕

第12章　生きた水の供給

1. *The Ecologist*, May 30, 1999.
2. 国際水管理研究所（International Water Management Institute. IWMI）による。
3. *Guardian Weekly*, March 14, 2001. 国連経済社会局は、6カ国で増加分の半分を占めると推計している。その6カ国とはインド、バングラデシュ、パキスタン、中国、インドネシア、ナイジェリアである。彼らが行なった驚くべき予測は、肥沃さが持続的に低下するという前提に基づいている。人口爆発はHIV/AIDSの流行がなければさらに劇的となるはずである。報告では国際的移民が増加するとしている。食糧源に対する緊迫度は莫大なものとなるが、発展途上国の水の供給に対する影響は、破局的という他ない。
4. *National Geographic Magazine*, 'Earth's Fresh Water Under Pressure', Sep. 2002.（「ナショナルジオグラフィック」(日本語版)、2002年9月号「世界の水不足」）
5. *The Ecologist*, May 30, 1999.
6. 前掲 4。
7. *The Ecologist*, May 30, 1999.
8. 同上、Casper Henderson.

6. この実証法についての詳細は、ケルヴィン卿（1824—1907）およびヴァルター・シャウベルガーの実験についての、コーツの記述を参照していただきたい（*Living Energies*, pp.95-99)。
7. Leopold Brandstatter, *Implosion statt Explosion*（私家版）, Linz 10, Fach 20, Austria.
8. 温度が1℃上昇すれば、大気中にさらに10億立方メートルの水蒸気が貯留されるが、分布は必ずしも均一とはならない。（*Living Energies*, p.100）

第８章　水の性質

1. Viktor Schauberger, *Unsere sinnlose Arbeit*, Pt.I, p.11.
2. Christopher Bird, *The Divining Hand* (Dutton, 1979).
3. Kenneth S. Davids and John Arthur Dag: *Water: The Mirror of Science* (Doubleday, 1961).
4. *Implosion*, No.8., 1945.
5. 安全な飲み水を得る方法については第 12 章で検討している。
6. ヴィクトルは1922年に、通常損傷率が高くなる従来の方法を使わずに、近づきにくい未開の山岳の森林から安価に丸太を搬送する革新的な木材運搬用の水路を設計したときに、初めて水力学者の注目を集めた（第1章を参照)。この、科学界からの反対に初めて遭遇したことは、*Living Water: Viktor Schauberger and the Secrets of Natural Energy* (Olof Alexandersson, Gateway, 2002)（『奇跡の水——シャウベルガーの「生きている水」と「究極の自然エネルギー」』オロフ・アレクサンダーソン著、遠藤昭則訳、ヒカルランド、2012）と、*Living Energies*第12章に詳しい。
7. 末尾の「e」は、通常の「carbon」の意味を広げ、生命の物理的構造形成に用いられるあらゆる範囲の元素を含めるためのものである。(第 3 章〔57 ページ〕参照)
8. Viktor Schauberger, *Unsere sinnlose Arbeit*、Pt. I, p.4.

第９章　水循環

1. Michel Schiff, *The Memory of Water: Homeopathy and the Battle of Ideas in the New Science* (Thorsons, 1995). カラム・コーツはジャック・バンヴェニスト（Jacques Benveniste）教授の研究とそれにまつわる議論について、*Living Energies*, pp.119-121に詳しく記している。
2. 図 9—3ab、9—4 に示す温度は、必ずしも実際の温度に一致するわけではなく、プロセスを示すためのものである。

第６章　動き――バランスのための鍵

1. Viktor Schauberger, *Implosion*, No.51, p.22.
2. Viktor Schauberger, *Implosion*, No.48, 1954.
3. *Living Energies*, p.56.
4. ティルマン・シャウベルガー（Tilman Schauberger）博士はヴィクトルの孫で、祖父の研究の第一人者であり、祖父の理想的ならせん――渦巻き運動、つまり「サイクロイドらせん空間―曲線」を、目的志向で、構造化、集中化、増幅化、濃縮化、力動化、自己組織化、高価値化をともなう、波状で、律動的（周期的）、脈動的、内回転的、求心的（かつ外回転による遠心的）な運動であるとしている。これは第 12 章の図 12―1（「二重らせん形の縦方向の渦巻き」）、12―2（「二重らせん状のパイプ内の流れの力学」）（216 ～ 217 ページ）にもあてはまる。
5. 最初の半径が1、最初の抵抗が内側に回転する経路で1の場合、半径が半分になれば、抵抗は2分の1の2乗つまり4分の1になり、回転周期、周波数、速度は2倍になる。

第７章　大気と電気とのエネルギー的関係

1. 水の比熱が高いということは温まりにくく、冷めにくいということである。水には熱を保持する性質があるため、熱貯蔵システムに適している。
2. 温度は一貫して下がることも上がることもなく、上昇してさまざまな大気層を通過するさいに上下し、一定の高度、たとえば約18キロでは温度はマイナス60℃になり、80キロでは10℃になる。
3. これは間隔の2乗に反比例して増加する。たとえば間隔が10ミリであればポテンシャルは12である。図7―2と7―3に示すように、間隔が2分の1、つまり5ミリになればポテンシャルは2^2（＝4）に、という具合に変化する。したがって間隔が小さいほど対応するポテンシャルは大きくなり、これは誘電体の「誘電率」が克服されれば解放される（誘電率とは物質が電荷の移動を促したり、抵抗したりする量である）。
4. 純水の誘電率は81で、真空（＝1）の81倍である。このため純水の蒸気からなる薄層には莫大な電荷の移動に抵抗する力があり、非常に高い電圧とポテンシャルを蓄積することが可能である。このため4℃の水蒸気の同心円状の層は、エネルギーで地球を充電する入れ子状の球でできた球形のコンデンサーとして作用する可能性がある。
5. 低高度にある高密度の水蒸気は、活性が低く、エネルギー状態が調和して安定していることから、共鳴によって低波長の入射光に対応するのは自然なことで、その周波数は大気の抑止効果に触れて低減し、ラジオ波がはね返って地球に戻る層が生じる。

の加速化がもともとの周期によるものかどうかを確実に判断するには記録が不十分である。しかし、ますます深刻になっている影響が莫大な量の二酸化炭素の排出のために大幅に複雑化していることはほぼ間違いない（*Observer*, January 5, 2003)。第13章冒頭のヴィクトルの言葉も参照していただきたい。

2. 〔ヴァルターの計算では〕一般的な平均的燃料消費の自動車なら、1000キロワットのエネルギー消費で1000キロの移動が可能だが、これは一人の人間が一年に消費するエネルギーに相当する。酸素消費量という点では、自動車を時速50キロで走らせた場合は22.25キログラムの酸素が必要となるが、これは同じ時間で人間が必要とする酸素の量の約750倍である。自動車は11時間あまりで人間が1年に必要とする酸素を消費する。カラム・コーツの計算では、世界にある約4億5000万台〔1989年現在〕の自動車が消費する酸素を補充するには、健康で生産的な森林が約3800万平方キロメートル、つまり世界の陸地面積の総計の約28パーセント分が必要であるという。〔訳註・2010年までに世界の自動車台数は約10億台になるという推計がある〕
3. 生成された物質とそれを生成するのに必要となるエネルギーの比は、1984年に、スイスの原子物理学者カルロス・リーベルス（Carlos Riebers）博士によって、およそ1対10億であることが明らかにされた。これはまさに、私たちが実感できる現実的割合の限界といえる。
4. エントロピーにはその対応物 —— エクトロピー（「ネゲントロピー」とも呼ばれる）がある。エントロピーの法則、つまり熱力学の法則は、「閉鎖系」である機械的科学の産物にはあてはまる。しかし自然は開放系であり、実際、エントロピー的傾向は、優勢なエクトロピー的傾向によって食い止められていることがわかる。そうでなければ生命は生まれなかったはずである。進化とは、だんだん複雑化する生命がさらにエネルギーを調和的に安定させるものであり、その性質はエネルギーを発散させるものではなく、エクトロピー的、つまり統合的である。
5. Weston Andrew Price, *Nutrition and Physical Degeneration* (1838, 1945, 1998).（ウェストン・プライス著『食生活と身体の退化 —— 未開人の食事と近代食・その影響の比較研究』、片山恒夫訳、豊歯会刊行部、1978)。経験豊富な歯科医師である筆者は、顎と骨の構造の退化について記しているが、食の西洋化が進んだあとに知性の劣化が生じたことにも触れている。
6. *Living Energies*, p.35.
7. *Living Energies*, pp.50-53 に、自然界におけるらせん形の例が他にも示されている。（原註 4—8 参照）
8. H.H.Price,Wyckham professor of Logic at Oxford (Hibbert Jour, 1949).

3. *Living Energies,* p.42.
4. 絶対零度（マイナス273℃）より上の場合。
5. BBC *Wildlife* magazine, June 2001.
6. バクスター（Backster）の研究の詳細については、バクスター自身の著書 Cleve Backster, *Primary Perception: Biocommunication with Plants, Living Foods, and Human Cells* (White Rose Millennium Press, 2003)（『植物は気づいている —— バクスター氏の不思議な実験』穂積由利子訳、日本教文社、2005）および、Peter Tompkins and Christopher Bird, *The Secret Life of Plants* (HarperCollins, 1989)（ピーター・トムプキンズ、クリストファー・バード著『植物の神秘生活』新井昭廣訳、工作舎、1987）を参照していただきたい。
7. Hans Jenny, *Cymatics: The Study of the Interrelationship of Wave-forms with Matter* (Basilius Press, Basle, 1966).
8. カラム・コーツは*Living Energies*, pp.51-53で以下の文献から自然界の例を多数示している。J. Bell Pettigrew, *Design in Nature* (Longman's Green, 1908).
9. Harold Saxton Burr, *Blueprint for Immortality: The Electric Patterns of Life* (Neville Spearman, 1972).（『新版　生命場（ライフ・フィールド）の科学 —— みえざる生命の鋳型の発見』ハロルド・サクストン・バー著、神保圭志訳、日本教文社、2006）
10. Lawrence Edwards, *The Vortex of Life: Nature's Patterns in Time and Space* (Floris Book,1993).
11. 地球の直径は約12700キロ、月は約3500キロである。
12. 12世紀にイタリアのピサで生まれた数学者、レオナルド・フィボナッチ Leonard Fibonacci（フィリウス・ボナッチ filius Bonacci）の名にちなんだもの。アレキサンドリアに赴任していたイタリアの税官吏の息子として生まれたフィボナッチは、アラビア数字をローマ世界にもたらし、現代の十進法を普及させるのに一役買った。彼の名を冠した数列は、先行する二つの数字を足すことによって続いていく。たとえば1, 1, 2, 3, 5, 8, 13, 21, 34, 55, 89.....（彼はウサギの繁殖モデルとしてこの数列を使ったと言われている）。フィボナッチ数をその前の数字で割ると、黄金数（黄金比）が現れ、数値が大きくなるほど小数点部分が正確になる。
13. この現象についてのヴァルターの研究は画期的なものである。

第５章　自然なエネルギーの生産

1. 人間の活動が地球温暖化の“原因”かどうかについては意見が分かれる。気候変化には長大な周期がある。たとえばイギリスでは1000年前には現在よりはるかに温暖で（スコットランドでブドウが栽培された）、200～300年前にはテムズ川にゾウが乗れるほどの氷が張るなど変化があり、そのあいだにもさまざまな変動があった。現在の世界規模の温暖化

5. この図は、こうした概念についての非常にわかりやすい入門書である、Paul Walsh-Roberts, *From Atoms to Angels: The Spiritual Forces Shaping Your Life* (Gateway, 2001) から引用した。
6. 量子物理学研究の副産物で他に重要なものに、アメリカの物理学者、ヒュー・エヴェレット（Hugh Everett）の研究がある。彼は1957年に、ある量子系で測定を行なった場合、考えうるすべての測定結果が実際に生じると主張した。これは多くの可能性のある状態のうち一つしか観察されないという従来の考え方と対照的である。彼の提案によれば、宇宙はたえず分裂して莫大な数の平行宇宙を生み出しており、それらはたがいに相互作用を起こさず、私たちはその多くの宇宙の一つにいるという結論になる。
7. 次元のシフトと、それが私たちすべてにどのような影響を及ぼすかについての適切な入門としては、Patricia Cori, *The Cosmos of Soul: A Wake-Up Call For Humanity* (Gateway, 2001) を参照していただきたい。
8. さらに、カラム・コーツ（Callum Coats）はこの一見矛盾する要素の解決を「弁証法的思考」と呼び、これによって統一が見出されるとし（*Living Energies*, pp.61-64, とくに Fig. 4.6 の表〔P.63〕を参照）、ヘーゲルがこれを「たがいに矛盾する要素〔正と反〕が、両者を包含する高次の真実〔合〕において融合する思考過程」として定義しているのを引用している。
9. Callum Coats, *Living Energies*, p.74.

第３章　対極物の吸引力と反発力

1. オゾン層はＵVa ～ＵVc として知られる紫外線を吸収するが、害のあるUVa は大半が地上に届く。ＵVb はある程度大気を通過して、生物が成長する上で大きな役割を果たす（たとえば健康な骨の形成を促すなど）。
2. ヴィクトルは、ニュートン卿はなぜリンゴが地面に落ちたのかを自問するのではなく、まずどうやってそこに上がったのかを問うべきだったと皮肉たっぷりにコメントしたことがある。

第４章　自然界のパターンと形状

1. John Diamond M.D., *Your Body Doesn' t Lie* (Behavioral Kinesiology) (Harper and Row, New York, 1979).
2. これは人によって毒となる可能性のある食物を発見するための「筋肉テスト」の基礎である。被験者は左手あるいは胸部に検体（たとえばワインボトル）をもち、「試験者」は被験者が挙げた右腕を押し下げるように動かし、被験者はこれに抵抗する。腕の筋肉の力が抜ければ、その食物は被験者にとって望ましくないものである可能性がある。

6. 第18章（341～342ページ）の、リチャード・セイントバーブ・ベーカー（Richard St. Barbe Baker）の件を参照していただきたい。
7. Viktor Schauberger, *Unsere sinnlose Arbeit—Quelle der Weltkrise* (Krystall-Verlag, Vienna, 1933-34 / J. Schauberger Verlag, Bad Ischl, 2001)

第１章　ヴィクトル・シャウベルガーの先見性

1. The Schauberger Archives より。
2. *Die Wasserwirtschaft*, 20,1930 に発表。
3. Helena Norberg-Hodge, *Ancient Futures: Learning from Ladakh* (Sierra Club Books, 1991).（『ラダック　懐かしい未来』ヘレナ・ノーバーグ・ホッジ著、『懐かしい未来』翻訳委員会訳、山と渓谷社、2003）

第２章　さまざまな種類のエネルギー

1. 数年前、空気力学の法則に従うなら、正確な計算を行なってもマルハナバチの体重では飛ぶことができないことが明らかとなった（マルハナバチがそう告げられなかったのは幸いだった）。明らかに、従来の科学には自然について理解していないことがたくさんあるのだ。
2. 聖職者にして科学者でもあったピエール・テイヤール・ド・シャルダン（Pierre Teilhard de Chardin）は、止むことのない自らの内面の疑問に答えて、次のような問題を提起した最初の人物である。「私たちの経験の二つの領域、外なる世界と内なる世界は、いかにして折り合わせることができるのだろうか？」物理学者デイヴィッド・ボーム（David Bohm）はさらに歩を進め、物質とエネルギーは同じ一つのものであると主張した。彼は、測定可能で、ある程度まで説明可能な「明在系（Explicate Order）」と、測定不可能で、現在の知識と進化の状態では適切に記述することができない「暗在系（Implicate Order）」という二つの秩序について書き記している。
3. この自然の法則の意味するところは、共感が自己中心性に、寛容が貪欲に勝るということであり、進化の階段を上がるほど明らかとなる法則である。この帰結は現段階では可能性が低く思えるかもしれないが、そうなるはずだと信じるなら、変化を起こそうとする私たちのささやかな努力に、全能なる自然が協力してくれるはずである。人間が最初の一歩を踏み出しさえすれば神が力を貸してくれるというキリスト教徒の信念もこれに近い。また。第３章の「対極物が作用し合ってバランスをもたらす」(59～62ページ）の節を参照していただきたい。
4. 高次元の性質は、四次元 —— 時間（空間／時間の支配）、五次元 —— 存在（「空間／時間」の外側）、六次元 —— 潜在性（非次元的な創造的状態）、七次元 —— 神への門となる。

原註

Endnotes

序章

1. Callum Coats, *Living Energies: An Exposition of Concepts Related to the Theories of Viktor Schauberger* (Gateway, 2001), p.28.
2. A. Khammas, 'Aufbruch der Biotechnik', *Implosion,* No.83, p.19.
3. The Schauberger Archives, Linz, Jan, 1952.
4. 科学界の環境は相当狭いものになった。1930年代の科学的研究はおもに政府が出資したが、多くの場合、研究は商業的利益とは関係がなかった。今なお物質的世界観と結びつけて考えられる現在の研究環境がほぼ完全に産業界の資金に依存しており、そのため科学研究がビジネスや商業の必要を満たすことが求められていることをヴィクトルが知ればぞっとすることだろう。さらに匿名の「ピアレビュー」〔同僚同士による技術的観点に立った評価〕システムは、慣行に従わない研究や、審査側自身の価値観を脅かす研究を志す研究者に対する一種の検閲である。
5. Callum Coats, *Living Energies*, p.9. ヴィクトルの大敵であるウィーン技術者協会は、ＳＳの監視の下、彼を精神病院に送り込む策略を練っていた。ヴィクトルは第一次世界大戦で受けた負傷の定期診察のために、近くにあるウィーン大学の診療所を訪れることになっていた。その前に偶然、彼は旧友のメダ・プリマヴェシ（Mäda Primavesi）夫人とお茶を飲み、20分で戻ると彼女に伝えて席を外した。ヴィクトルは戻らず、家にも帰っていないことを夫人は知る。彼女は知人が所長をしているその診療所に行き、ヴィクトルが見つかるまでは帰らないと頑張った。ヴィクトルはその病院の狂人専用の区画で拘束服を着せられ、死にいたる注射を打たれようとするところを発見されたのである（当時の政権下では望ましくない人物に対してふつうに行なわれていたことである）。いうまでもなく、夫人はすぐにヴィクトルを救い出した（ヴィクトルに対する策略が、彼に会ったことのあるヒトラー本人からの指令だったという説もある）。

HIDDEN NATURE: The Startling Insights of Victor Schauberger
by Alick Bartholomew

自然は脈動する――ヴィクトル・シャウベルガーの驚くべき洞察

初版第1刷発行　平成20年4月25日
初版第6刷発行　令和6年1月15日

著者　アリック・バーソロミュー
訳者　野口正雄
発行者　西尾慎也
発行所　株式会社 日本教文社
〒107-8674　東京都港区赤坂9-6-44
電話　03-3401-9111（代表）
FAX　03-3401-9139（営業）
振替　00140-4-55519
装丁　山田英春
印刷　港北メディアサービス株式会社
製本　牧製本印刷株式会社

ISBN978-4-531-08164-6　Printed in Japan

●日本教文社のホームページ　https://www.kyobunsha.co.jp/
乱丁本・落丁本はお取り替えします。定価はカバー等に表示してあります。

お客様アンケート　　　　　　　　　　日本教文社のホームページ

新版　生命場（ライフ・フィールド）の科学――みえざる生命の鋳型の発見

●ハロルド・サクストン・バー著　神保圭志訳

人間をはじめとしてすべての生命には、宇宙の秩序とつながった電気場「Lフィールド」がある。生体エネルギー研究の最重要書籍が、未収録資料を加えて待望の改訳復刊。

¥1980

植物は気づいている――バクスター氏の不思議な実験

●クリーヴ・バクスター著　穂積由利子訳　〈日本図書協会選定図書〉

1960年代、植物が人間の意図や感情に反応することを発表し、一大センセーションを巻き起こした当事者自身による初めての著作。実験の詳細から世間の反応、実験が示唆するスピリチュアルな側面まで。

¥1676

パクス・ガイアへの道――地球と人間の新たな物語

●トマス・ベリー著　浅田仁子訳　〈いのちと環境ライブラリー〉

生態系の危機の重大さとその原因、危機を乗り越えるための対策、そして意識的存在としての人間の役割について、壮大なスケールで考察する。エコロジーの思想的基盤を知りたい方には必読の書。

¥1781

異常気象は家庭から始まる――脱・温暖化のライフスタイル

●デイヴ・レイ著　日向やよい訳　〈いのちと環境ライブラリー〉

地球温暖化の基礎知識と現状分析、日常生活との関連、採るべきライフスタイルまで、平均的家庭をモデルケースに読み物形式で分りやすく解説。温暖化を防ぐために今、あなたができることはたくさんあります！

¥1676

昆虫　この小さきものたちの声――虫への愛、地球への愛

●ジョアン・エリザベス・ローク著　甲斐理恵子訳　〈いのちと環境ライブラリー〉

古来、数多くの文化が虫を聖なる存在と捉えてきたが、近代以降なぜ、人々は虫を嫌うようになったのか？　ハエ、蚊、ゴキブリ、アリなど、身近な昆虫に対する再認識を迫る画期的エッセイ。

¥2096

地球を冷ませ！――私たちの世界が燃えつきる前に

●ジョージ・モンビオ著　柴田譲治訳　〈いのちと環境ライブラリー〉

地球温暖化による世界の終末を防ぐため、2030年までに先進国のCO_2排出を90%削減しよう！　私たちの文明を壊さずに地球を冷ますための、カーボンレス社会への実現可能な行動プラン。英国ベストセラー

¥2096

株式会社 日本教文社　〒107-8674　東京都港区赤坂9-6-44　電話03-3401-9111（代表）
日本教文社のホームページ　https://www.kyobunsha.co.jp/
宗教法人「生長の家」〒409-1501　山梨県北杜市大泉町西井出8240番地2103　電話0551-45-7777（代表）
生長の家のホームページ　http://www.jp.seicho-no-ie.org/
各定価（10%税込）は令和6年1月1日現在のものです。品切れの際はご容赦ください。